Terre de lumière

Jean-Julien JAKELIN

Terre de lumière

Roman

Michel LAFON

S'agissant d'une fiction, toute ressemblance
avec des personnes ayant existé
ne serait que pure coïncidence.

© Nelka Films, 2008.

*Tous droits de traduction, d'adaptation
et de reproduction réservés pour tous pays.*

© Éditions Michel Lafon, 2008.
7-13, boulevard Paul-Émile Victor - Île de la Jatte
92521 Neuilly-sur-Seine Cedex

www.michel-lafon.com

– 1 –

Aline

Un souffle, presque un râle dans le vent qui cogne contre le cirque de montagnes, une noirceur dans l'ombre d'une faille, une présence réduite à un regard perçant. Indécelable. Le regard épie... Le souffle s'accélère, l'ombre grandit, le regard accroche la jeune fille et ne la lâche plus...

Elle est là, debout dans la bourrasque, tournant le dos à l'abrupte muraille de pierres blanches qui accroche la lumière et blesse le regard. Elle se dresse sur un gros rocher d'où elle peut apercevoir, loin devant elle, la mer et sa promesse d'infini. Elle sourit. Ici, dans le paysage grandiose et rude de ce nid d'aigle de l'arrière-pays du Mentonnais, elle est chez elle. Entre l'éclat des cailloux surchauffés et le bleu dur de la Méditerranée, elle se sent libre. Seule avec ses moutons et son chien, elle est heureuse.

Un bruit de sonnailles et quelques aboiements l'arrachent à sa contemplation. Le grand chien blanc ramène deux brebis attardées. D'un bond, la jeune fille saute de son perchoir et rejoint la cinquantaine de bêtes qui paissent l'herbe rase. Grande, charpentée, dans l'épanouissement de ses vingt ans, elle est à la mesure du paysage. Elle écarte de son front les mèches de cheveux collés par la transpiration, essuie les gouttes et s'élance vers le bas de la combe où coule un filet d'eau. Elle dévale les derniers mètres sans précaution et glisse au milieu du ruisseau. Riant de plaisir, elle mouille son visage, éclabousse ses bras, trempe sa chemise dont les bretelles glissent sur la peau hâlée, dévoilant furtivement la blancheur d'un sein, n'y prête pas attention et relève haut ses jupes pour rincer ses jambes couvertes de poussière.

Brusquement, le chien grogne, dressé vers un surplomb de rocher. Aussitôt, sa maîtresse s'immobilise, aux aguets. Les épaules et les jambes dénudées, elle ressemble à un animal sauvage à l'affût. Tendue, elle scrute le moindre trou dans la paroi minérale. Rien ne bouge. Elle n'a pas vu l'ombre menaçante qui s'est tapie au premier mouvement du chien. À peine a-t-elle aperçu un oiseau contrastant, là-haut, avec la blancheur de la roche. Pas d'autre bruit que le sifflement du vent entre les pierres.

Immobile, elle guette. Elle attend encore. Tout paraît calme. Elle se détend et remet sa robe en place.

– C'est rien, Cajou, viens ici !

Vivement, elle rejoint le troupeau et le chien saute autour d'elle, réclamant sa part de caresses. Elle est penchée sur l'animal lorsqu'un craquement dans le buisson derrière elle la fait bondir.

Impossible pour le grand gaillard de vingt ans qu'elle extirpe des ronces d'échapper à sa poigne. Il se laisse faire avec un gloussement de plaisir en fixant le décolleté de la fille et en tentant de se coller à elle.

– Recule, Antoine.

– Fais pas ta mijaurée, Aline. Tu sais que tu me plais... Tu peux pas rester tout le temps dans ta montagne comme une sauvage.

– Et si moi, j'aime ça ? Il n'y a qu'ici que je me sens bien.

– Viens au moins au bal avec moi, ce soir.

– J'irai pas.

Butée, elle toise cet escogriffe si sûr de lui, qui s'est déjà sûrement vanté de sa conquête.

Il s'agace de sa résistance.

– On raconte plein de trucs sur toi au village. Si t'étais avec moi, personne n'oserait.

Elle le défie.

– Qu'est-ce qu'on raconte ?

– Oh, je sais pas... Que t'es une sorcière... Et aussi...

Elle le foudroie du regard. Il s'interrompt.

Elle le provoque.

– Et aussi quoi ?

– Ben... Mougins, le fils du gendarme. Il raconte que tu t'es donnée à lui... Dans la ferme de Fournon.

– Saleté de menteur ! Il me paiera ça ! Quand Henri sera revenu de l'armée, il lui fera rentrer ces mensonges dans la gorge !

Le visage crispé de fureur, Aline a un geste brusque qui fait glisser son corsage. Le garçon n'a d'yeux que pour le sein dévoilé.

– C'est pas d'un frère que t'as besoin, c'est d'un homme...

Incapable de se retenir, il pose la main sur la gorge offerte et bredouille :

– Choisis-moi, Aline, je t'aime depuis qu'on est mômes...

Elle se recule et son regard devient glacial.

– Enlève ta main !

– Sois pas comme ça. Je veux juste...

Il se jette sur elle et tente de l'embrasser. Aline le repousse violemment. Déséquilibré, le garçon dérape dans la caillasse, pousse un cri et glisse sur le bord du précipice en tentant vainement de se rattraper. Le réflexe d'Aline est fulgurant. Elle plonge en avant et parvient à agripper une main d'Antoine. Brusquement stoppé dans sa chute, les jambes dans le vide, il lui lance un regard effrayé.

– Donne-moi l'autre main ! Donne !

Il parvient à lui tendre sa deuxième main. La jeune fille l'attrape, s'arc-boute et tire. Avec une force irréelle, elle le remonte sur le bord où il reste complètement sonné. Debout, Aline cherche son souffle après cet effort insensé. Antoine la regarde un instant, effrayé, comme si les propos tenus au village sur la sauvageonne de la montagne prenaient tout leur sens. Il se relève péniblement avant de s'éloigner sans même la remercier de l'avoir sauvé. De son côté, Aline regarde ses mains, elle aussi étonnée de l'exploit qu'elle vient d'accomplir.

– T'as intérêt à déguerpir encore plus vite et à laisser ma sœur tranquille !

Une voix familière dans son dos la fait sursauter. Avec un sourire lumineux, elle se retourne pour voir Antoine fuir devant un beau et solide soldat en uniforme, à la prestance naturelle, qui grimpe avec agilité. Elle se jette dans les bras du nouveau venu et le couvre de baisers.

– Henri ! Henri ! Tu es là. C'est tellement bon !

Il sourit en la serrant contre lui.

– Doucement, petite sœur ! Doucement. Tu vas déchirer mon uniforme.

– T'es arrivé quand ?

– Il y a une heure. J'ai une permission de cinq jours. Maman se demande ce que tu fabriques.

– Tu me connais, je voulais voir le coucher du soleil.

Il ne peut s'empêcher de jeter un coup d'œil méprisant au paysage et au troupeau de moutons.

– Tu aimes toujours cette vie-là, hein ? Courir la montagne avec tes sales bêtes ?

– Ne dis pas ça ! Toi aussi, tu aimais ça avant... Tu te souviens ? On restait des journées entières ici. Avec toi, je me sentais forte. Rien ne pouvait nous arriver.

– Moi, j'en ai fini de cette vie-là.

Le ton est âpre. Il se radoucit pour poursuivre :

– Tu te rappelles nos rêves quand nous étions enfants ? Je veux sortir de cette misère... Et t'en sortir toi aussi, petite sœur.

Il fouille dans sa poche et en sort un beau couteau pliant, qu'il lui tend.

– Tiens, j'ai un cadeau pour toi.

Elle le prend avec un sourire émerveillé et l'ouvre. C'est une belle lame effilée, crantée sur le dessus. Elle le soupèse, puis passe en connaisseuse son doigt sur le bord de la lame.

– Merci, il est magnifique. Tu sais toujours ce qu'il me faut.

– Allez, viens, rentrons...

Elle siffle le chien et entraîne le troupeau. Dès que les bêtes sont en route, elle prend la main d'Henri et, en riant de plaisir, le provoque à la course.

Tout en bas de la pente, sur une colline plantée d'oliviers, une femme guette l'apparition du frère et de la sœur. C'est leur mère, Marie Boissières. L'esprit ailleurs, elle étend du linge dans la cour d'une petite ferme. Elle est encore jeune, pourtant son visage tanné est marqué, ses cheveux déjà striés de gris. Vêtue d'une sévère robe noire, les mains calleuses, elle semble porter une fatigue originelle propre aux gens de la terre.

– Mon neveu et ma nièce préférés ne sont toujours pas là ?

La femme qui la rejoint est tout l'opposé de Marie. Pimpante, maquillée et pomponnée, Flora est aussi extravertie et spontanée que sa sœur est réservée et réfléchie. Le décolleté plongeant de sa robe aux fleurs vivement colorées met en valeur des formes généreuses dont elle joue facilement. Avec naturel, elle attrape du linge dans le panier pour le tendre à Marie.

– Laisse, tu vas abîmer ta belle robe pour le bal...

Le ton est rogue, le regard qui a détaillé sa tenue n'est pas tendre, mais Flora reste aussi enjouée pour s'inquiéter du retard de sa sœur.

– Si je ne t'aide pas, tu ne seras jamais prête.

– Comme si tu ne savais pas qu'il y a bien longtemps que je mets plus les pieds dans ce genre de sauteries.

– Et tu as tort ! T'étonne pas de rester seule sans homme pour t'aider dans cette maudite ferme si tu fais pas le moindre effort pour en rencontrer.

– Parle pour toi. Tu supportes pas de rester seule ! Moi, j'ai assez donné avec un mari qui a pris vite fait la poudre d'escampette sans jamais plus demander de nouvelles des deux enfants qu'il laissait !

– C'est pas parce que t'es tombée sur un mauvais numéro qu'il faut en vouloir au monde entier. Ce soir, tu fais un effort et tu viens avec moi et les enfants. À propos, où est passé le mien ? Yvon !

La tête hirsute au nez chaussé de lunettes rondes d'un grand lascar dégingandé apparaît à la porte d'un appentis.

– Oui, maman !

– Je t'ai emmené ici pour que tu respires le bon air, pas pour que tu restes enfermé !

– Oui, maman, je respire.

Et il disparaît aussitôt à l'intérieur.

Flora soupire.

– Tu peux me dire quel plaisir mon fils peut avoir à passer son temps à ramasser des vieilleries et à les bricoler pour en faire Dieu sait quoi ?

Mais Marie ne lui répond pas. Un bruit de sonnailles l'a alertée et son visage s'est éclairé d'un grand sourire.

– Les voilà !

Aline et Henri apparaissent, suivis par le troupeau. Le frère et la sœur sont magnifiques et lumineux. Leur complicité, leur plaisir d'être ensemble sautent aux yeux et leur mère les couve du regard.

Aline pousse les moutons dans l'enclos et Henri va embrasser Flora.

– Toujours aussi élégante, ma tante ! Tu comptes trouver un nouveau prétendant, ce soir ?

Flora éclate de rire.

– Bien vu, mon neveu ! J'ai déjà rendez-vous. Il s'appelle Edmond et j'aimerais bien que ça colle entre nous. Alors faut ce qu'il faut !

– Ton Edmond est un beau crétin s'il a besoin de ça pour te passer la bague au doigt.

Un cri les interrompt. Aline a du mal à faire rentrer les dernières bêtes et appelle son frère pour l'aider. Mais sa mère s'interpose : ce n'est plus un travail pour Henri ! Sans prendre garde à l'humeur d'Aline qui s'assombrit, elle la houspille et rejoint son fils.

– Viens, tu dois avoir faim.

Pour détendre l'atmosphère, Flora rejoint sa nièce et l'encourage à aller se faire belle pour le bal.

– J'y vais pas, s'entête Aline, toujours aux prises avec les brebis récalcitrantes.

– Et pourquoi, s'il te plaît ?

– Ça m'ennuie.

– Ah non ! Tu vas pas faire comme ta mère !

– Tu vois bien que j'ai encore à m'occuper des bêtes.

Henri échappe à Marie, rejoint sa cadette à grands pas et pousse sans ménagement la dernière brebis dans l'enclos avant de fermer la barrière.

– Et voilà ! Maintenant, petite sœur, tu vas vite t'habiller. Moi j'ai un truc que je dois voir avant le bal, mais je te retrouve sur la place dans deux heures. Et pas question de te défiler, hein ?

Aline le regarde un moment, butée, puis cède, incapable de résister au sourire charmeur de son frère.

– 2 –

Bal du 14 juillet 1931

C'est escortée par son cousin qu'en fin de journée Aline descend jusqu'au village. Une heure plus tôt, Flora leur a faussé compagnie bien avant que sa nièce ne soit prête. Un Klaxon avait signalé la présence de l'automobile du nouveau prétendant venu chercher sa belle. Flora s'était échappée, confiant à son fils le soin de veiller sur sa cousine. Mission acceptée par Yvon avec bonheur.

La compagnie d'Aline est la seule qui puisse sortir le jeune homme solitaire et secret de ses mécaniques fantaisistes. Des mécaniques dont personne ne comprend vraiment l'utilité ! Comme celle qu'il a apportée tout à l'heure à sa cousine pendant qu'elle se lavait sommairement. Il était entré dans la chambre, surprenant Aline quasi nue. Sursautant, elle s'était enroulée dans une serviette trop petite. Il avait alors pris conscience de la situation et s'était excusé avec gêne. Elle avait ri. Yvon était pour elle comme un petit frère, un complice de son âge trop absorbé en apparence par sa passion du bricolage pour prêter attention aux filles. C'était son sujet de plaisanterie favori, qui le faisait toujours rougir. En fait, Yvon avait pour Aline un amour dont il ignorait la véritable nature et qu'il dissimulait sous un excès de maladresse.

Sa cousine lui disait souvent en riant que c'était lui qui méritait le surnom donné aux habitants du village : les « luneblous », c'est-à-dire les nébuleux. En référence à la brume qui noie souvent le paysage, mais, dans le cas d'Yvon, à son côté lunaire. Le cadeau fait ce soir à Aline en était une preuve poétique. Il avait posé sur son lit une petite structure métallique comportant un minuscule écran de papier devant une lampe, puis il avait déclenché le mécanisme. Des personnages découpés s'étaient mis à défiler, projetant leur ombre sur l'écran : un surprenant petit théâtre d'ombres ! Une nouvelle invention dont les autres, trop prosaïques, souligneraient une fois de plus l'inutilité. Mais Aline avait été émerveillée comme une enfant et son expression avait été la plus belle récompense dont Yvon pouvait rêver. Et les voilà donc maintenant tous deux, bras dessus, bras dessous, comme deux gamins insouciants, descendant vers le village.

Devant eux, Gorbio, bourg médiéval encerclé de murailles, se découpe sur le ciel teinté de rose par le soleil couchant. Les maisons souvent moyenâgeuses se serrent autour du château, dominées par la tour, vestige du XIIe siècle. Ils franchissent la porte en ogive et marchent dans les ruelles pavées, sous les passages couverts, pour atteindre la place où résonnent déjà les flonflons de la fête.

Un orme imposant de plus de deux cents ans les accueille près de la fontaine. Tout autour tables et chaises sont sorties, des multitudes de lampions sont accrochées, les habitants, jeunes et vieux, s'interpellent joyeusement. Au fond de la place, sur l'estrade, près du bar improvisé en extérieur, les musiciens, violoneux et accordéoniste, jouent les airs à la mode, bientôt rejoints par le chanteur engagé pour l'occasion.

Devant le bar, un groupe de jeunes gens bruyants et déjà un peu éméchés est attablé en compagnie de deux filles à la mise plutôt provocante, Janine, une grande perche sûre d'elle, et Mireille, une jolie petite boulotte. Parmi eux, Antoine Derrain, le coq du village, celui qui a importuné Aline dans la montagne quelques heures plus tôt. Près de lui, le fils du gendarme, Étienne Mougins, et un troisième larron, Maurice Fourrasse.

Aline et Yvon contournent les couples qui dansent une valse musette, cherchant Flora. La jeune fille est rare au village. Et quand elle y va, envoyée par sa mère pour quelque course, c'est toujours dans sa robe délavée, avec ses cheveux emmêlés par le vent qui lui mangent la figure. Ce soir-là, grande et élancée dans sa robe fleurie au décolleté arrondi, les cheveux retenus par un ruban de satin, le teint doré et les yeux brillants, la bouche à peine rougie, elle est éblouissante dans sa simplicité. Son apparition fait taire les conversations des garçons et, déjà jalouses, les filles murmurent, jaugeant la nouvelle venue.

– Regarde-la, celle-là ! Pour qui elle se prend ?

Janine voit le regard hébété d'Antoine, Étienne et Maurice.

– Hé, les crétins ! Fermez la bouche, vous ressemblez à des entonnoirs !

Mireille sourit à Yvon à qui elle fait signe de venir les rejoindre. Mais Yvon ne voit rien et se fait bousculer par un couple de danseurs qui le repousse plus loin. Aline fonce vers les garçons sans se laisser intimider par qui que ce soit. Elle se plante devant Étienne.

– Dis donc, Étienne, paraît que tu m'as eue dans la ferme de Fournon ?

Des yeux se tournent vers eux, les filles gloussent. Le fils du gendarme, effroyablement embarrassé, s'étouffe.

– Ben... Non... Je comprends pas...

– Je te préviens ! Si tu continues à raconter des mensonges, t'auras affaire à moi ! Pareil pour vous deux.

– Elle vous a bien mouchés, la sorcière ! ricane Janine.

Piqués au vif, les trois garçons se lèvent ensemble, un peu ivres, et s'avancent menaçants vers Aline, qu'ils bousculent en lui touchant les bras ou les épaules. Harcelée, seule contre eux trois, elle doit reculer, un pas, puis un autre, poussée par ses assaillants. Soudain, elle bute contre un obstacle et se retourne comme piquée par une guêpe...

... pour sc rctrouvcr dans les bras d'un bel inconnu au regard clair et franc qui l'hypnotise. Elle ne voit même pas son uniforme de soldat, elle est là, contre lui, incapable de bouger. Derrière elle, les trois garçons s'arrêtent, pétrifiés par quelque chose qui les dépasse. Une rafale de vent soulève les robes et fait voler les chapeaux.

Peu à peu, tout disparaît autour d'Aline et de l'inconnu, sauf la brise qui agite leurs cheveux... Le son de la musique, les lumières, les cris des villageois, tout s'éteint. Il ne reste plus que le léger contact de leurs deux corps, leurs regards rivés l'un à l'autre. Un moment unique qui semble durer une éternité.

Puis, insensiblement, le bruit de la fête revient. La musique, les bavardages et des éclats de voix :

– Aline ! Aline ! Aline !

Ce troisième cri arrache la jeune fille à sa torpeur. Elle se rend compte qu'elle est collée à l'inconnu. Avec un sursaut de surprise, elle fait un pas en arrière tandis que sa tante continue de l'appeler.

– Aline, t'es sourde ou quoi ? Viens, je voudrais te présenter.

Profondément troublée, elle ne répond pas, son regard revenant vers l'inconnu pour s'apercevoir qu'il a disparu. Presque affolée, elle le cherche des yeux, partout autour d'elle. En vain.

Encore sous le coup de l'émotion provoquée par cette rencontre insolite, elle se dirige machinalement vers la table de Flora.

– Edmond, je te présente ma nièce, Aline...

Le voisin de Flora se lève, serre la main d'Aline et dit quelque chose que la jeune fille n'entend pas. Elle voit bien ses lèvres bouger, mais rien ne s'imprime dans son cerveau. Inconsciente de l'étrangeté de son attitude, immobile et absente aux autres, elle est toujours à la recherche de l'inconnu.

Flora n'a pas le temps de réagir car l'orchestre entame une danse entraînante. Edmond se lève, lui prend la main, l'enlace et disparaît avec elle au milieu des couples qui se forment précipitamment.

Yvon surgit près de sa cousine.

– Tu veux danser ?

Aline n'a pas le temps de répondre que, brusquement, Mireille s'interpose : résolue, elle attrape la main d'Yvon et se colle contre lui. Étourdie par la bousculade des danseurs qui tournent autour d'elle, Aline s'écarte et sursaute lorsqu'une main se pose sur son bras.

– Tu ne danses pas, petite sœur ?

Elle sourit à son frère et aperçoit derrière lui un grand gars massif qui fait de gestes désordonnés pour attirer leur attention. C'est le simplet du village. Quoique plus âgé qu'Henri, il a un visage juvénile et un regard d'enfant émerveillé. Les gens s'écartent et il rejoint le frère et la sœur. Il tend ses deux mains vers Aline comme on présente une offrande. La jeune fille sourit en voyant les deux galets polis.

– Pour toi... Parce que tu es la plus belle...

– Merci, Saturnin. Tu me les gardes jusqu'à la fin du bal. D'accord ?

Saturnin hoche vigoureusement la tête et observe Henri avec adoration.

– Bon... jour... Henri. On... est... toujours... amis ?

– Et comment qu'on est amis ! Tu es le meilleur ami que j'aie dans ce pays de misère.

Le visage du simplet se fend d'un sourire lumineux. Mais il se renfrogne vite en voyant Janine s'approcher d'Henri et l'accaparer.

– Henri, t'es drôlement beau en militaire ! Tu me fais danser ?

Henri fait un geste fataliste à Aline et se laisse entraîner dans la danse par Janine.

Les morceaux s'enchaînent et les filles se succèdent dans les bras du bel Henri. Yvon, quant à lui, est accaparé par Mireille qui flirte gentiment avec lui. De son côté, Flora, tout à son nouvel amour, s'oublie dans les bras d'Edmond qui tourne, infatigable, au son d'une valse lente.

Accroché à la buvette, Antoine Derrain ne lâche pas Aline des yeux tout en avalant un nombre de canons impressionnant.

– La petite garce, si elle croit qu'elle peut me repousser !

À ses côtés, Étienne tente de calmer son copain.

– Laisse tomber, tu vas avoir des ennuis.

– Fous-moi la paix !

Car Antoine est décidé. Il vient d'apercevoir Janine tirer Henri à l'écart et le frère d'Aline se laisser faire en riant. Le couple disparu, la voie est libre pour lui. Il cherche son courage dans un dernier verre. Passablement titubant, il se rue sur Aline assise un peu plus loin.

– Tu me dois bien une danse !

Elle fait signe qu'elle ne veut pas danser, mais il saisit sa main en insistant.

– Allez, quoi ! Juste une danse. Pour faire la paix.

La jeune fille cède avec réticence et se laisse enlacer. Ils tournent au son de la valse. Mais peu à peu le garçon s'échauffe, serrant Aline de plus en plus fort, le souffle court. Il essaye plusieurs fois de l'embrasser. Elle le repousse, mais il la tient solidement.

– Laisse-moi, Antoine... Arrête...

Saturnin, voyant son amie dans l'embarras, veut s'interposer, mais Antoine l'expédie à terre d'un mouvement brutal.

– Toi, le débile, tu dégages !

– Arrête !

La voix d'Aline est pleine de fureur. Elle enfonce ses ongles dans les joues de l'agresseur. Antoine, le visage profondément griffé, recule en hurlant. Furieux et ivre, il lève le poing pour frapper la jeune fille lorsqu'une silhouette se glisse entre elle et lui. Aline, le cœur battant la chamade, reconnaît immédiatement l'inconnu qui l'a tant troublée au début de la soirée. Il se tient face à Antoine, bien campé sur ses jambes. Ce qui fait sourire méchamment ce dernier quand il constate à quel point le nouveau venu est bien moins lourd et costaud que lui.

– Dégage, le gringalet, si tu ne veux pas recevoir une correction.

Menace sans effet sur son opposant qui reste immobile et regarde placidement son adversaire. Antoine met toute sa force dans son coup de poing. Le jeune homme bouge à peine. Il se contente d'esquiver d'un léger mouvement du tronc, écartant le poignet d'Antoine tout en lui tendant un croche-pied. Mû par son propre poids, celui-ci part en avant et s'écrase violemment, à plat ventre, sur une table. Il reste là un instant, complètement sonné, puis se relève fou de rage. L'autre l'attend, tranquille...

– Espèce de...

Il ne finit pas sa phrase car il vient d'apercevoir Henri qui revient et s'approche en souriant. Antoine regarde les deux hommes devant lui et se déballonne. Il se redresse difficilement et s'éloigne en titubant, soutenu par Étienne. Henri sourit à sa sœur.

– Décidément, on ne peut pas te laisser seule une seconde... Je vois que tu as fait connaissance avec mon copain, Arnaud.

Surprise d'Aline.

– Ton copain... ?

– Oui. C'est un gars de la ville. Il savait pas trop où passer sa perm, alors je l'ai invité chez nous. Arnaud, je te présente ma sœur, Aline.

La jeune fille ne prend pas la main tendue. Le trouble laisse soudain place à la colère.

– Oui, ben, ton copain, tu lui diras de se mêler de ses affaires la prochaine fois !

Elle s'éloigne d'un pas furieux sans voir le sourire amusé d'Arnaud.

Henri rassure son ami.

– Fais pas attention ! On l'appelle la sauvage par ici.

Aline a filé devant sans attendre les garçons. Ces derniers prennent tranquillement le chemin du retour éclairé par la luminescence des milliers d'étoiles de ce ciel d'été. Arnaud admire la beauté violente des montagnes qui les dominent. Il s'inquiète de savoir si la ferme est loin du village, s'il n'y a pas de risques pour une jeune fille seule, la nuit.

Petit rire d'Henri.

– T'inquiète pas pour ma sœur ! Depuis que notre père nous a abandonnés, on a appris à se défendre tout seuls. Tu as déjà eu l'occasion de la voir à l'œuvre, elle ne se laisse pas faire.

– Pourquoi les gens lui en veulent-ils autant ?

– Bof, ce sont des paysans. Pour eux, une fille ne peut pas vouloir autre chose que de se trouver un mari, elle doit être docile et obéissante ! Et depuis qu'elle est enfant, Aline est indépendante. Ce qui compte avant tout pour elle, c'est d'être libre. Alors ils lui font payer son entêtement par la médisance. Je me suis juré de la sortir de ce trou...

– C'est pas en restant troufion que tu y arriveras.

Henri lance à son copain de régiment un regard mauvais.

– Eh ! Elle a raison, ma sœur. Mêle-toi de tes affaires !

Mais, très vite, il sourit pour adoucir son propos.

– Si tu crois que je le sais pas ! Et j'ai bien l'intention de monter en grade.

Henri a rattrapé sa brusquerie, mais il n'en accélère pas moins le pas. Il est clair qu'il n'a pas envie de poursuivre la discussion sur le sujet. L'autre, assez fin pour le sentir, ne répond pas. Les deux garçons poursuivent leur route en silence, Henri indifférent au paysage qu'il ne connaît que trop, Arnaud, les yeux perdus dans le scintillement des étoiles...

Sur la place du village, indifférent aux astres, le visage balafré, l'air mauvais, Antoine noie son humiliation dans les verres de vin. Son complice de toujours, Étienne, essaye bien de le convaincre de rentrer, mais l'autre, éructant toutes les injures qu'il connaît, refuse de décrocher du bar. C'est pourtant l'heure de la fermeture et le cafetier, sourd aux cris de poivrot de son dernier client, fait disparaître toutes les bouteilles. Il faut l'aide du deuxième acolyte, Maurice, pour arracher le pochard du comptoir et lui faire traverser la place désertée par les danseurs. Antoine se débat et repousse l'aide de ses deux potes, qui finissent par renoncer et par l'abandonner près de la fontaine.

– Té Antoine ! Quand tu seras décidé, t'auras qu'à prendre tout droit et tourner au fond à droite.

Aussitôt dit, les deux compères filent à l'opposé, en direction de leurs maisons. Demeuré seul, Antoine râle contre la Terre entière, les amis qui trahissent et plus spécialement les furies aux vilaines griffes... Enfin, fatigué de ne plus avoir d'écho à ses lamentations, il finit par s'engager dans la rue peu éclairée qui lui fait face.

Brusquement, Saturnin apparaît devant lui. Le simple d'esprit tend à Antoine une pipe qu'il a ramassée on ne sait où.

– Tiens... Pour te... consoler... Parce que tu... n'auras... jamais... la fille...

Il éclate d'un petit rire clair haché par les soubresauts de son corps. Fou de rage, Antoine l'attrape et le projette violemment au sol. Saturnin, se relève, continue de rire et entame une comptine.

– Le fils du boucher n'aura pas la fille... La belle Aline n'est pas pour son lit...

Antoine tente de poursuivre le simplet, mais, insaisissable, ce dernier s'échappe dans un passage couvert dont la noirceur l'avale. Le fils du boucher reste un instant planté là, puis finit par poursuivre son chemin jusqu'à la prochaine venelle où il s'engouffre, à son tour happé par l'obscurité...

Un souffle, presque un râle dans les ténèbres, une présence réduite à deux yeux perçants. Indécelable. Le regard épie... Le souffle s'accélère, l'ombre grandit...

Brusquement, un faible rayonnement dessine la forme d'une silhouette.

Antoine titube vers l'ombre qu'il distingue à peine.

– Je t'ai prévenu, le débile ! Cette fois, tu vas l'avoir, ta raclée !

Une lame brille soudain et s'abat. Antoine pousse un léger cri de surprise. Le sang éclabousse le devant de sa chemise.

– 3 –

Romance

Le sommet des montagnes rosit dans un ciel léger. Le jour se lève à peine. Aline ouvre déjà la barrière de l'enclos pour mener paître le troupeau lorsque Arnaud apparaît, le cheveu en bataille. Il n'est plus en militaire, mais a enfilé chemise et pantalon civils empruntés à Henri. Il est séduisant dans ces vêtements juste un peu trop grands pour lui, ce qui ne manque pas de troubler Aline et la pousse à se montrer plus brusque qu'elle ne le souhaiterait.

– Vous êtes déjà réveillé ?

– Oui... Il y a longtemps que je n'avais pas si bien dormi.

Il s'étire en souriant, tout en ne perdant pas une miette du spectacle de cette grande fille indomptée dans sa robe délavée, aux longs cheveux qui lui cachent à moitié le visage, flanquée d'un grand chien blanc au milieu de ses moutons.

– Je peux vous accompagner ?

– Où ça ? Là-haut ! Sûrement pas ! J'ai pas besoin d'un gars de la ville pour effrayer mes moutons.

La réponse a fusé, trop brusque et trop rapide pour ne pas révéler l'émotion qui serre la gorge d'Aline. Elle en a conscience et s'active à faire sortir les bêtes pour que le garçon ne voie pas la rougeur qui a envahi ses joues. Elle est surprise par l'acceptation et la douceur de sa réponse.

– Vous avez raison, je vous gênerais. Excusez-moi.

Tranquillement, il fait demi-tour pour regagner la maison. Elle l'observe à la dérobée et s'entend dire, sans même l'avoir voulu :

– Bon, d'accord. Venez !

Et très vite elle se reprend, histoire de ne pas lui donner l'impression qu'elle désire sa présence.

– Mais vous faites ce que je vous dis et je vous préviens, y a des endroits où ça grimpe dur. Si vous y arrivez pas, je vous attends pas !

– D'accord !

Il s'est retourné si vite qu'elle peut penser qu'il savait qu'elle céderait.

Aline se sent maladroite et furieuse. Elle ne comprend pas pourquoi, en présence de ce garçon, elle sent son habituelle assurance la quitter. Ça l'agace et la titille. Elle fait mine de se désintéresser de lui pour refermer la barrière pendant que Cajou, le chien, pousse le troupeau sur le chemin des montagnes. Elle se met en marche sans un regard pour Arnaud. Tranquillement, il la suit. Aline court se mettre en tête du troupeau.

– Eh ! Vous faites quoi ?

C'est la voix d'Henri qui vient d'apparaître encore tout ensommeillé à la porte de la maison.

– J'accompagne Aline... Tu viens ?

– Tu rigoles ! Je les ai assez vus, ces moutons. Je vais prendre un petit déjeuner. Fais gaffe, ça grimpe, là-haut !

Son copain grimace en répondant sur un ton ironique :

– Je crois que j'ai bien compris ça !

Henri, déjà rentré, n'a pas entendu, mais la réflexion tire un petit sourire à Aline, qui se garde bien de se retourner et fonce bien plus vite qu'à son habitude vers le panorama grandiose du cirque de montagnes.

*
**

Bien loin de l'âpre beauté de l'arrière-pays, privé de la lumière du jour, au sous-sol d'un bâtiment, un homme est cloîtré dans une vaste pièce sombre et poussiéreuse, structurée par des enfilades d'étagères en bois : la salle des archives de la Sûreté de Menton.

Assis près de la porte, derrière un petit bureau sommaire, l'homme à la quarantaine fatiguée, visage sévère, peau blanche et regard froid, recopie les numéros de classification et l'intitulé du contenu des dossiers qui s'entassent près de lui. Il a retiré la veste de son costume noir et retroussé les manches de sa chemise. La pièce est mal aérée, la transpiration coule dans son cou et mouille son dos. Régulièrement, il essuie son front et reprend méticuleusement son travail.

Lorsqu'il a fini de noter les indications de la première pile, il se lève, dépliant sa haute taille, prend les dossiers traités et va les ranger par ordre alphabétique dans des casiers, eux-mêmes classés par ordre chronologique.

Un petit homme au ventre bien rebondi, à la calvitie avancée, apparaît à la porte.

– Inspecteur Le Hennin, je peux vous parler ?

Victor Le Hennin, le préposé aux archives, se tourne lentement vers celui qui vient d'entrer, le commissaire Morland.

– Inspecteur ? Voilà bien longtemps qu'on ne m'avait pas appelé comme ça.

Le commissaire se frotte nerveusement les mains. Il déteste la mission qui lui a été confiée, mais il n'a pas le choix. C'est toujours sur lui que ses supérieurs se défaussent d'un problème embarrassant. À lui de trouver comment en sortir. Ce qui ne lui vaudra ni reconnaissance ni avancement, bien au contraire, a-t-il tendance à penser. Et en ce qui concerne le cas Le Hennin, il n'a pas vraiment pris le temps de réfléchir, les circonstances en ont décidé pour lui. Ignorant comment va réagir l'homme connu pour son caractère peu amène, il bafouille, ce qui l'agace encore plus.

– Écoutez... Je sais qu'on n'a pas été très justes avec vous. Mais vous comprenez... Les pressions ont été très fortes à l'époque et...

L'autre le coupe brusquement.

– Peu importe. Que puis-je faire pour vous ?

– Euh ! J'ai une enquête à vous confier... À Gorbio. Un fils de boucher qui a été poignardé... Je ne dis pas que c'est l'affaire du siècle, mais ça pourrait vous remettre en selle.

Imperturbable, l'inspecteur continue de ranger les derniers dossiers.

– Je finis ça et je vous rejoins.

Soulagé par cette réponse laconique, le commissaire s'empresse de quitter la pièce.

Victor Le Hennin prend tout son temps pour classer le dernier dossier. Puis il rejoint son bureau, déplie très lentement les manches de sa chemise, ferme soigneusement les boutons des poignets, enfile sa veste un peu trop étriquée, la ferme avec la même lenteur et resserre le nœud de sa cravate. Rien ne paraît sur son visage, pourtant il a les mâchoires serrées de rage contenue. Il s'immobilise un bref instant sur le pas de la porte pour jeter un dernier regard à la salle des archives.

À Gorbio, dans la ruelle sombre où s'était engagé Antoine Derrain à la fin de la nuit, le brigadier de gendarmerie Mougins se tient devant le corps sans vie du fils du boucher, que personne n'a déplacé en attendant l'arrivée de l'inspecteur annoncé. Un tout jeune gendarme, du nom de Fermiot, le rejoint et se force à observer le cadavre qu'un grand drap blanc tendu à la verticale dissimule aux yeux des curieux. Il tente de cacher son malaise dans l'espoir de donner le change au brigadier. En vain : il est blême et colle son mouchoir sur son nez.

– Qu'est-ce qu'on fait, chef ?

– Rien jusqu'à l'arrivée de l'inspecteur.

– J'ai jamais rien vu de pareil. Le gars qui a fait ça devait être drôlement en rogne.

– Ce gosse-là, c'était une sale engeance. Ça lui pendait au nez !

– Personne ne mérite de mourir comme ça. C'est pas un meurtre, c'est une destruction.

La voix dans leur dos est sèche et coupante. Les deux gendarmes sursautent et se retournent pour découvrir un grand homme maigre dans un costume noir, qui les regarde avec froideur en s'annonçant :

– Inspecteur Le Hennin, Sûreté.

Les deux gendarmes le saluent. Le Hennin s'approche du corps et s'accroupit pour l'examiner.

– Qui est-ce ?

– Antoine Derrain. C'est le fils du boucher.

Le Hennin jette un œil en direction de la place.

– Il y a eu bal, ici, hier soir ?

– Oui, inspecteur. C'est en rentrant que l'Antoine s'est fait... Mon fils et lui étaient copains. Il m'a dit qu'Antoine s'était battu, hier soir. Avec un militaire.

Il s'interrompt, attendant question ou commentaire, mais rien ne vient. Le Hennin se contente d'observer Mougins, attendant la suite. Le gendarme se sent mal à l'aise sous ce regard neutre, qui n'exprime rien.

– Antoine a voulu tripoter une fille... Aline Boissières.

– Une sacrée belle fille ! ne peut s'empêcher d'ajouter Fermiot.

Son enthousiasme est vite refroidi par l'injonction du policier.

– Trouvez-les-moi ! Le militaire et la fille !

*
**

Là-haut, sur les premiers contreforts de l'alpage, le troupeau de moutons s'est engagé sur un chemin escarpé. Aline regarde Arnaud qui grimpe devant elle avec agilité. Quand il se tourne vers elle, elle détourne vivement la tête.

– Ça va ? Je ne te retarde pas trop ?

Il s'est arrêté pour l'attendre. Mouchée, elle passe vite devant lui sans ralentir.

– Si tu te moques de moi, ça ne va pas aller !

– Pardon, tu as raison.

– Oh ! Et puis arrête de t'excuser, ça m'agace.

Elle avance. Il la regarde sans bouger avec un léger sourire. Elle revient vers lui.

– Bon, d'accord, je suis odieuse ! Mais, je viens toujours seule ici... Sauf quand Henri était encore là...

– Tu n'as aucune justification à me donner.

Il reste toujours immobile, contemplant la Méditerranée qu'il peut maintenant apercevoir.

– Je te comprends, c'est tellement beau, ici. Je t'envie. J'aurais aimé, moi aussi, avoir un lieu comme celui-là... Un lieu de solitude. Un lieu où puiser toute la force qui me manque.

Aline l'observe, de plus en plus troublée. Cajou, inquiet de leur immobilité, fait des allers et retours entre eux et les bêtes qui ont pris de l'avance. Sa maîtresse ne bouge toujours pas, les yeux fixés sur le garçon tourné vers la ligne floue de l'horizon.

– Où est-ce que tu as passé ton enfance, toi ?

– Mes premiers souvenirs datent de l'orphelinat. La chambre du dortoir donnait sur un mur. On passait des heures à le regarder comme si c'était la plus belle chose du monde... Ma montagne à moi !

Il se tait, happé par les images du passé. Un mur bien différent de la muraille derrière eux.

– Et ensuite ?

– À quatorze ans, j'ai été adopté par un négociant en vins de Menton et sa femme. Ils n'étaient pas très affectueux, mais gentils. Quand j'ai eu dix-sept ans, la femme est tombée malade, alors ils ne pouvaient plus s'occuper de moi. C'est comme ça que je me suis retrouvé à l'armée.

Il se retourne vers elle et ils échangent un léger sourire. Mais brusquement, l'expression d'Aline change. Elle devient soucieuse et regardant attentivement autour d'elle. Elle est redevenue cet animal instinctif que son flair prévient du danger et elle guette, aux aguets.

– Qu'est-ce qu'il y a ?

– Je ne sais pas, une impression bizarre... Comme si quelqu'un m'épiait.

Un souffle dans le vent, une noirceur dans l'ombre, une présence réduite à un regard perçant. Indécelable. Le regard épie... Il accroche la jeune fille, passe sur le garçon, revient sur elle et ne la lâche plus...

– Viens, on change de pâturage...

Aline siffle Cajou et entraîne Arnaud dans une combe, disparaissant ainsi aux yeux de tout observateur qui pourrait s'être dissimulé dans la muraille.

Le soleil est bas sur l'horizon lorsque les deux jeunes gens reviennent à la ferme suivis par le troupeau. Dès qu'elle les aperçoit, Flora fonce vers eux.

– C'est affreux ! Antoine Derrain a été assassiné hier soir.

– Quoi ? Par qui ?

Aline est sous le choc.

– On n'en sait rien ! Y a un policier qui interroge tout le monde. Il vous attend.

Elle fait un signe de la tête pour indiquer le fond de la cour où se tient l'inspecteur, immobile, assis sur un banc de pierre, qui les observe sans que rien ne puisse se lire sur son visage, ni sympathie, ni antipathie, juste une apparente indifférence. Un peu plus loin derrière lui, les gendarmes parlent avec Henri.

L'inspecteur se lève et vient vers Aline. Elle est presque aussi grande que lui. Elle le regarde droit dans les yeux.

– Aline Boissières ?

– Oui.

– Inspecteur Le Hennin. Je...

Elle l'interrompt avec ce ton qui fait dire aux villageois qu'elle s'y croit.

– Vous permettez que je fasse entrer les moutons ?

Est-il impressionné ? Ou se contente-t-il d'observer ses manières de faire ? Toujours est-il qu'il acquiesce. Il se pose contre un muret et regarde Aline se diriger vers l'enclos, dont la barrière est attachée avec une corde nouée. Elle essaye de défaire le nœud sans y parvenir, en dépit de ses efforts. Les moutons se pressent derrière elle, la bousculent, commencent à s'échapper, poursuivis par le chien. Exaspérée, elle sort le couteau offert par son frère, le déplie avec dextérité et coupe la corde d'un geste expert.

Le Hennin semble avoir vu ce qu'il voulait. Il a un petit sourire à peine esquissé en se tournant vers Arnaud, qui s'est précipité pour récupérer un mouton et revient avec l'animal.

– Vous êtes Arnaud Villiers ?

– Oui, monsieur.

– Vous vous êtes battu avec la victime, hier soir ?

– Ah, c'est lui qui... Je ne connaissais pas son nom. Je ne

me suis pas vraiment battu. Il était tellement saoul qu'il est presque tombé tout seul.

– C'est pas ce qu'on m'a dit, mais bon...

Aline vérifie que tous les moutons sont maintenant bien dans l'enclos. Elle fait sortir Cajou, se glisse à l'extérieur et coince la barrière avec une pierre. Puis elle rejoint Arnaud, à qui elle jette un rapide coup d'œil avant de fixer l'inspecteur.

– Je vous écoute.

– Antoine Derrain vous a importunée, hier soir ?

– Oui... Il fait ça avec toutes les filles.

– Mais ce sont les marques de vos ongles qu'il porte sur le visage.

– Je ne faisais que me défendre.

– Je n'en doute pas.

Mais le sourire dubitatif de l'inspecteur indique exactement le contraire.

Arnaud intervient.

– Écoutez, monsieur, on est rentrés tranquillement après le bal...

– Je ne vous ai pas posé de question, jeune homme. C'est à cette demoiselle que je parle...

– Peut-être, mais je trouve vos questions déplaisantes et insidieuses !

– Les questions d'un policier le sont toujours.

Le ton péremptoire indique qu'il se moque bien de l'effet que produit son interrogatoire.

Il continue à questionner Aline.

– Votre frère nous a dit que vous étiez rentrés directement à la ferme tous les trois, après le bal ?

– Oui.

– Le meurtre a eu lieu tard dans la nuit. Vous pouvez m'assurer qu'aucun de vous n'a pu ressortir sans éveiller la maisonnée ?

Aline répond affirmativement. L'inspecteur a un regard interrogateur vers Arnaud, qui hésite.

– Heu... Oui.

Aline ne laisse pas le garçon poursuivre et ajoute avec fermeté, en le désignant.

– C'est la première fois qu'il dort chez nous, il n'a pas l'habitude de guetter les bruits des bêtes. Personne n'est ressorti !

– Très bien, je vous remercie.

Le Hennin s'éloigne sur le chemin. Le voyant quitter les lieux, les gendarmes se précipitent.

– Attendez, inspecteur, on vous ramène au village.

– Non, je vais marcher, merci.

Et il avance en les ignorant. Les gendarmes, un peu interloqués, retournent serrer la main d'Henri, de Marie et de Flora. Puis ils saluent Arnaud et Aline en allant rejoindre leur véhicule.

Un silence se fait et Arnaud prend soudain conscience du regard courroucé de la jeune fille. Il comprend.

– Je me suis encore mêlé de ce qui ne me regardait pas, c'est ça ?

– Exactement !

– Je suis dé...

Il s'interrompt net.

– Et je ne vais pas non plus m'excuser, d'accord ?

La camionnette des gendarmes dépasse l'inspecteur qui marche d'un pas calme et régulier sans leur prêter attention. Le brigadier a des difficultés à se faire une idée de la personnalité de cet inconnu qui le met mal à l'aise. En fait, il doit s'avouer qu'il n'apprécie pas du tout de devoir collaborer avec lui. Mais son sens aigu de la discipline lui ôte tout choix. Il soupire.

– Drôle de bonhomme !

– Sa tête vous dit rien, brigadier ?

– Non... Pourquoi, je devrais ?

Le jeune Fermiot se réjouit en comprenant que son chef n'a pas reconnu Le Hennin.

– Vous vous souvenez de l'affaire Andrieu ?

– Le sénateur Andrieu ? Ben ouais ! Quel rapport avec Le Hennin ?

– Rappelez-vous, l'inspecteur enquêtait sur lui. Il était même à deux doigts d'inculper le sénateur pour trafic d'armes... Juste à ce moment-là, une certaine Louise Billot a porté plainte contre lui pour viol. Ça a fait un sacré barouf ! L'inspecteur a été dégradé et condamné à deux ans de prison. Ça n'a pas empêché l'enquête de se poursuivre... Et six mois plus tard, le sénateur tombe ! On apprend alors que Louise Billot est sa maîtresse. On étouffe vite l'affaire, on sort Le Hennin de prison et on le mute aux Archives, où on peut l'oublier tranquille !

– Ouais, sale affaire... Il n'empêche que le bonhomme est glaçant, ça ne me donne pas vraiment plus de sympathie pour lui.

À la ferme, une fois la maréchaussée disparue, Marie n'a plus voulu entendre parler du mort ou de l'enquête : elle n'avait pas de pitié pour le fils du boucher, dont elle pensait qu'il avait provoqué le ciel avec ses mains qui traînaient sur tous les culs des filles du village ! Quant aux enquêteurs, leur besoin de soupçonner tout et tout le monde leur faisait voir le mal là où y en avait pas. À croire que pour eux le monde tournait à l'envers. Alors autant les ignorer !

Elle a remis tout le monde au travail : Flora et Aline à la cuisine avec elle, Yvon, Henri et le soldat, son copain, à construire des clapiers pour les lapins qu'elle avait échangés contre un agneau.

La voici maintenant qui contemple avec satisfaction la tablée qui termine de souper autour de la table, dehors, dans la chaleur du soir. Le soleil descend doucement et le ciel flamboie à l'orient. Tout est à sa place.

– Alors, les soldats ? Vous allez bientôt finir votre temps ?

Flora a toujours été incapable d'éviter les sujets qui fâchent ! Depuis l'enfance, elle a toujours eu le don de gâcher les meilleurs moments du frère d'Aline.

– Ben, peut-être pas. On nous a proposé d'intégrer l'école d'officiers.

Marie voit la mine de sa fille s'assombrir à l'annonce d'Henri. Elle s'en agace. Elle veut le meilleur pour son fils.

Elle le regarde avec fierté, son Henri, si beau, si ambitieux.

– C'est bien. Autrefois, un paysan devenir officier, ça se voyait pas !

– C'est vrai ! T'entends, Yvon ? Ta mécanique, ça pourrait pas les intéresser, à l'armée ?

Yvon plonge le nez dans son assiette sans répondre. Et Flora, haussant les épaules d'impuissance, continue à interroger Henri.

– Et vos classes, vous allez les faire où ? À Toulon ?

– Non, on s'est portés volontaires pour rejoindre les troupes du protectorat à Rabat.

Aline sursaute.

– C'est où, ça ?

– Au Maroc. C'est le meilleur endroit pour prendre vite fait du galon !

Tout en écoutant son frère, la jeune fille n'a pu s'empêcher de jeter un œil du côté d'Arnaud et a croisé le regard du garçon qui lui sourit. Elle détourne vite la tête pour apostropher Henri avec colère.

– Au café, l'autre jour, ils disaient qu'on se battait là-bas.

– Tu sais, ce ne sont pas vraiment des combats. Juste quelques tribus rebelles... Et ça m'étonnerait qu'ils y envoient de jeunes officiers.

– Alors, pourquoi y aller ? La dernière guerre a fait des millions de morts, ça vous suffit pas ?

– On va où on nous dit d'aller.

La colère d'Aline monte et sa voix devient plus aiguë.

– Vous n'avez pas besoin de devenir des officiers ! On a besoin de vous ici !

Marie s'interpose sévèrement.

– Arrête, Aline ! Ton frère ne sera pas un paysan ! Il a de l'ambition et je trouve ça bien !

– Ah oui ! Par contre, pour moi, la ferme, c'est assez bon !

– Pour une fille, c'est pas pareil ! Tout le monde te déteste, par ici ! Si t'étais moins dure, il y a longtemps que tu te serais trouvé un bon mari !

Aline se dresse brusquement et fait tomber sa chaise.

– Ah oui ! Un mari comme le tien ! Un sale type qui disparaît en abandonnant sa femme enceinte, merci bien !

Marie se lève d'un bond et la gifle part avant que quiconque ait pu intervenir. Aline, suffoquée, s'enfuit. Et Henri se précipite pour prendre sa mère dans ses bras. Marie accepte un moment l'étreinte de son fils avant de se dégager avec raideur et de disparaître dans la maison.

Arnaud, saisi, n'a pas bougé sur l'instant. Mais maintenant il est debout et regarde Aline s'enfuir vers la bergerie. Il interroge Henri des yeux. Son ami lui fait un signe d'assentiment et Arnaud part très vite vers le bâtiment.

Aline s'est figée face aux moutons, bouleversée. Arnaud s'approche et reste tout près d'elle, épaule contre épaule, immobile. Leurs mains se touchent... Le contact la surprend, elle l'observe, frémissante. Soudain un bruit dehors la fait sursauter, rompant la magie du moment. Inquiète, craignant de voir apparaître sa mère ou son frère, elle s'échappe.

À l'extérieur, rien ni personne en vue. Tout juste entend-on les voix des autres dans la cuisine et des bruits de vaisselle.

Arnaud la rejoint.

– Je sais que tu t'inquiètes pour Henri. Mais je le connais un peu, maintenant... Il aime trop la vie pour prendre des risques inconsidérés.

– Non, tu ne le connais pas. Ce qu'il aime, c'est briller... Le panache... S'il y a des combats, il sera le premier à se porter volontaire. Tout ça pour devenir général !

Arnaud sourit. Elle pivote vers lui avec brusquerie.

– Quoi ?

– C'est le mot « général » qui m'amuse... La plupart sont des vieux et je doute qu'Henri reste trente ans dans l'armée.

– Cinq ans, dix ans, trente ans, peu importe ! Un jour suffit pour se faire tuer... Et puis... Y a pas que pour Henri que je m'inquiète.

Elle évite de le regarder et, plus bas, comme pour elle-même, ajoute :

– Fallait que tu viennes, toi. Comme si j'avais pas assez d'un seul à me faire du souci !

Il soulève doucement son visage vers lui et voit les larmes qui font briller ses yeux.

– Je ne veux pas te voir pleurer. Je veillerai sur ton frère.

Elle se dégage et fait quelques pas en fixant la montagne.

– Tu crois connaître Henri ? Je vais te raconter quelque chose. Il avait à peine quatorze ans et un loup nous avait tué plusieurs moutons... Henri est monté en pleine nuit avec deux moutons et son couteau. Il a veillé des heures avec les deux moutons attachés qui bêlaient de terreur. Le loup est arrivé au petit matin et Henri l'a tué. J'oublierai jamais. Il est arrivé ici avec le loup sur ses épaules... C'était un gosse inconscient...

– C'est plutôt un signe de courage que d'inconscience.

– Tu ne comprends pas... Il se fichait éperdument du troupeau. Si le loup nous avait chassés de cette ferme, il aurait été content. Non, ce qui comptait pour lui, c'était sa victoire. Il se tenait là, devant la dépouille du loup égorgé, les yeux brillants. Après, il est devenu un héros dans tout le pays. Tout le monde le craignait. Il aurait pu prendre un fusil, organiser une battue comme tous les paysans. Mais non ! Il était l'enfant qui avait tué un loup avec ses mains.

– Je comprends...

Et comme elle se tait, les yeux toujours perdus au loin, il insiste.

– Aline... Je te fais la promesse de veiller sur lui.

La voix d'Aline est triste quand elle répond.

– Il te laissera pas faire.

– Je peux être aussi teigneux que lui.

C'cst cllc, maintcnant, qui sc tournc vcrs lui ct lc rcgardc avec insistance.

– Tu ne mens jamais, n'est-ce pas ?

– Jamais.

– Alors je te crois... et...

– Et ?

– Veille sur toi aussi.

Le trouble se réinstalle et ils finissent par rentrer dans la maison sans oser en dire plus.

Le matin suivant, Aline s'est levée aux aurores pour éviter sa mère. Elle file avec le troupeau sans attendre qui que ce soit. Mais une fois dans la montagne, elle marche lentement, de façon mécanique, son bel enthousiasme envolé. Elle reste insensible à la lumière du soleil levant qui dore la roche, pourtant elle garde la tête baissée. Cajou semble inquiet et s'agite autour d'elle. Sans succès.

Les heures passent sans qu'Aline, assise dans l'herbe au milieu des moutons, change d'humeur. Soudain Cajou file comme une flèche dans le sentier et elle l'entend aboyer plus bas, sans pouvoir le voir. Elle se relève et se met à courir, inquiète qu'une bête ait pu se blesser ou tomber, ce qui arrive parfois.

Elle contourne l'amas de rochers qui lui cache le chien. Cajou apparaît, bondissant autour de l'homme, assis contre une souche, un livre à la main : Arnaud ! Instantanément, Aline s'illumine et le chien aboie vers sa maîtresse, comme s'il lui offrait ce qui lui manquait.

– Qu'est-ce que tu lis ?

Il lui sourit.

– Les *Histoires extraordinaires* d'Edgar Allan Poe.

– Je ne connais pas. Faut dire qu'il n'y a pas tellement de livres chez nous. Lis-moi une phrase.

Arnaud tourne les pages, cherche un passage particulier, s'y arrête et lit.

– *Pour être heureux jusqu'à un certain point, il faut...*

Il s'arrête. Aline le regarde, en attente... Il revient à la page précédente et continue sa lecture silencieuse.

– Il faut quoi ?

Arnaud ne répond toujours pas...

– Arnaud ? Il faut quoi ?

Il lève les yeux et les plonge dans ceux d'Aline.

– Je te lirai la suite plus tard.

Ils reviennent vers le troupeau, suivis par le chien qui semble veiller sur eux. Ils passent le reste de la journée, lui à lire, elle à profiter pleinement de cette présence qui la trouble chaque jour un peu plus.

Le soleil descend doucement derrière la montagne. Assis dans la pente d'un pâturage, Arnaud a rangé son livre et tous deux contemplent la vallée. On entend les aboiements de Cajou qui galope plus haut derrière un animal. Soudain le mouton effrayé surgit et continue sa course sans vouloir rejoindre les autres. En tentant de le bloquer, Arnaud glisse sur la caillasse et dévale la pente sur le dos. Il finit sa course un peu plus bas et sans bouger.

Aline pousse un cri et se précipite vers lui. Elle s'approche et se penche jusqu'à le toucher... Arnaud ouvre les yeux brusquement et l'attrape par la taille. Elle sursaute, se dégage comme prise au piège et s'échappe. Il se relève d'un bond. Plus loin, elle semble l'attendre, le provoquant malicieusement. Il veut l'attraper, elle s'échappe encore, il la poursuit. Ils rient tous les deux comme des enfants.

Le soleil disparaît. Arnaud s'arrête net.

– On devrait rentrer.

– Encore un moment.

Elle se laisse tomber dans l'herbe, il s'assoit à côté d'elle.

– Vous partez demain ?

Il acquiesce. Chacun sent chez l'autre la tristesse de la séparation. Ensemble, ils veulent dire quelque chose.

– Aline...

– Arnaud, je...

– Quoi ?

– Non, toi, vas-y.

Il hésite encore, puis se lance.

– Quand je suis arrivé ici, il y a cinq jours, sur cette place en fête, je n'ai vu que toi... J'ai ressenti quelque chose que je n'avais jamais éprouvé...

Il hésite encore, elle s'impatiente.

– Oui... Et alors ?

Il sourit.

– Après ça, je n'ai pas cessé de commettre des gaffes... De parler pour toi... De te traiter comme si tu avais besoin de ma protection.

Elle rit.

– Je t'aurais volontiers arraché les yeux !

– Et puis...

– Et puis ?

– Ces cinq jours près de toi ont été les plus incroyables de ma vie. Tu étais là, si proche et en même temps si loin... Je...

Oh ! C'est effrayant de dire ça à quelqu'un qu'on connaît à peine, mais je...

Il s'interrompt encore, elle s'énerve.

– Si tu ne le dis pas, je t'arrache vraiment les yeux !

Il parle. Si bas qu'elle a du mal à l'entendre.

– Plus fort !

Elle ferme les paupières et il redit les mots qu'elle a à peine discernés.

– Je t'aime, Aline... Je t'aime au point de savoir que je n'aimerai jamais plus personne comme ça. Je t'aime...

Il suffoque d'émotion. Elle pose la main sur sa bouche.

– J'ai mis tout mon mauvais caractère pour éviter ça, mais je t'ai aimé dès que je t'ai vu.

Les yeux dans les yeux, ils se disent des choses que les mots ne peuvent plus dire. Ils sont soudain l'un contre l'autre, leurs lèvres se cherchent, leurs mains s'agrippent, ils tombent lentement, enlacés, sur la mousse...

Et là au creux de la combe protectrice, ils se donnent l'un à l'autre pour la première fois avec une passion qui les emporte loin de tout.

Le lendemain vient trop vite. Avec les derniers moments à s'effleurer en surveillant que personne ne les voie, à échanger des regards brûlants vite détournés pour ne pas être surpris, à se remémorer les instants de passion là-haut dans la montagne, à veiller, incapables de dormir avec ce désir brûlant de retrouver l'autre et de se perdre dans ses bras.

À la sortie du village, une route serpente au milieu des oliviers. Un autocar est garé devant le calvaire, moteur fumant. Des paysans, les bras chargés, commencent à s'y installer. Aline est là face à son frère. Elle tente de cacher le tremblement qui la saisit, mais Henri la connaît trop bien. Il la serre contre lui.

– Je serai là à Noël, petite sœur.

– N'oublie pas ! Tu m'as promis de faire attention...

– Ne t'inquiète pas ! Quand je reviendrai, tu seras fière de moi. J'aurai un bel uniforme, avec plein de galons et de décorations !

– Je m'en fous !

Henri éclate de rire.

– Pas moi !

Il la serre une dernière fois contre lui et monte dans l'autocar. Elle le suit du regard jusqu'au moment où il s'installe tout au fond et lui sourit à travers la vitre.

Arnaud, resté à l'écart, s'approche d'elle. Elle lui tend la main et il la touche du bout des doigts. Le contact les fait frissonner. Ils ne se quittent pas des yeux. Elle tremble, incapable de proférer un son. Il se refuse à dire le moindre mot d'adieu. Chacun sait que l'autre n'attend que le moment de se revoir. Il fait un pas vers la porte de l'autocar.

Mais au moment de monter, il fait brusquement demi-tour et revient vers Aline. Il la serre violemment contre lui, murmurant dans son oreille.

– Je t'aime...

Elle trouve la force de lui glisser un « Reviens vite » qui s'étrangle dans sa gorge. Ils s'étreignent de toutes leurs forces. Elle ôte sa chaîne de baptême qu'elle enfouit dans la main de son compagnon.

Cette fois, tout le monde est installé dans le car. Arnaud n'a plus le choix. Il grimpe sur le marchepied, mais Aline le retient encore.

– Et la phrase... ? Dis-moi la fin de la phrase !

Arnaud sort le livre d'Edgar Poe de sa poche et le lui met dans les mains.

– Garde-le, mais n'oublie pas : il n'y a que moi qui ai le droit de te dire la fin de la phrase. Promets !

Elle n'a pas le temps de répondre. Le chauffeur s'impatiente et Arnaud disparaît à l'intérieur. Il fonce à l'arrière s'asseoir près d'Henri et se retourne pour voir Aline courir derrière le car en faisant un dernier signe et en criant quelque chose qu'il n'entend plus.

– Je te le promets !

– 4 –

Absence

Plusieurs jours se sont écoulés et Aline passe tout son temps dans les pâturages, ne rentrant qu'à la nuit. Elle retourne sans cesse sur les lieux où elle s'est arrêtée avec Arnaud. Elle chantonne, raconte à Cajou l'apparition d'un inconnu dans son dos, au bal, et comment elle a perdu conscience de tout ce qui l'entourait, serrée tout contre lui... Et aussi comment elle a perdu le nouveau venu dans la foule et comment il est réapparu pour la défendre ! Elle parle de cet amour si évident, si fort, qui s'est emparé de tout son être. Elle se tait, demeurant silencieuse à rêver du moment où Arnaud reviendra. Et reste des heures dans le creux de la combe où ils se sont aimés.

Un soir, sur le chemin du retour, Cajou se met à japper et file en direction d'un buisson.

Saturnin jaillit des fourrés, tout penaud.

– Gentil, Cajou ! Gentil !

Le chien vient lui lécher la main.

Aline sourit au simplet dont le visage s'éclaire. C'est avec beaucoup de douceur qu'elle lui demande ce qu'il fait là.

– Tu braconnes, Saturnin ?

Il s'agite avec nervosité, se tord les mains.

– Non, non...

Aline l'a rarement vu dans un tel état de fébrilité, presque d'affolement. Il répète.

– Ils disent que c'est moi... C'est pas moi.

– Saturnin, je comprends rien. Qui dit que c'est toi ?

Complètement paniqué, il bégaye.

– La police... Je l'ai pas tué. C'est pas vrai !

En dépit de sa taille et de sa force, Aline a du mal à prendre dans ses bras, pour tenter de le calmer, ce grand bonhomme baraqué aux larges paluches.

– Allons, allons, Saturnin... Je sais que ce n'est pas toi.

– Je veux Henri ! Il a toujours défendu le pauvre Saturnin.

– Henri est loin, Saturnin. Il reviendra cet hiver. Tu comprends ? Quand la neige sera là, tu verras Henri. En attendant, moi je suis là et je te défendrai. Personne ne te fera du mal.

Il sourit brusquement comme s'il la reconnaissait.

– Aline !

Il fouille dans sa poche, en sort deux cailloux, qu'il lui donne avec un regard d'adoration.

– Pour toi. Parce que t'es gentille...

Il s'éloigne en chantant.

– Le fils du boucher n'aura pas la fille... La belle Aline n'est pas pour son lit...

Frappée de stupeur, soudain inquiète, Aline hésite sur ce qu'elle doit faire. Le rappeler ? L'interroger ? Elle se reproche aussitôt la question qui a pris forme dans sa tête, refusant de l'entendre. Elle siffle Cajou et continue d'avancer avec le troupeau sur le chemin de la ferme.

*
**

Aline serait encore plus alarmée si elle pouvait entendre la conversation entre le commissaire Morland et l'inspecteur Le Hennin dans un bureau de la Sûreté de Menton. Le premier consulte le dossier que vient de lui remettre le second.

– Qui est cette Aline Boissières ?

– Une paysanne du coin. Une belle fille. Vingt ans ! Très belle. Elle semble susciter des passions... hors du commun !

Le commissaire a l'air surpris.

– Vous la soupçonnez ?

Le Hennin hésite avant de répondre.

– Elle aurait pu le faire. Elle en a la force. Et la fureur aussi. Cette fille a un problème avec les hommes, elle s'est emportée devant moi...

– Elle a un alibi pour l'heure du meurtre ?

– Elle était chez elle. J'ai vérifié... Mais elle aurait très bien pu quitter la ferme sans être vue. Sinon, il y a aussi un idiot, un certain Saturnin, qu'on a vu tourner autour d'elle et de la victime pendant la soirée... Mais mon instinct me dit que cette fille n'est pas étrangère au meurtre.

Morland a une moue dubitative.

– Ouais ! Moi, l'instinct ! Vous n'avez pas grand-chose, en somme... Bon ! Avec toutes les affaires que nous avons sur le dos en ce moment, je ne peux pas monopoliser un inspecteur sur cette enquête. On va laisser ça aux gendarmes.

Le Hennin ne semble pas avoir entendu.

– Tout de même... Il y a un côté rituel dans ce meurtre... Et la personnalité de la fille... Je pense...

Morland s'exaspère. Il ferme le dossier et le rend à l'inspecteur.

– Pensez, Le Hennin, pensez... mais en dehors du service. À vos heures perdues !

Estomaqué et frustré, Le Hennin prend le dossier et se lève brusquement. Il quitte la pièce sans ajouter un mot, sans saluer le commissaire qui murmure pour lui :

– C'est ça, au revoir, inspecteur !

*
**

Ignorant tout des soupçons de l'inspecteur, Aline se laisse aller au bonheur d'avoir trouvé une lettre d'Arnaud en rentrant à la ferme. Il lui faut cependant subir les plaisanteries de sa tante et les soupçons de sa mère. La première rassurée de voir enfin sa nièce intéressée par un garçon, la seconde insistant sur l'absurdité de s'attacher à un homme toujours parti. Aline va vite s'enfermer dans sa chambre, non sans avoir prié son cousin accouru la soutenir de la laisser seule. De dépit, Yvon part bouder dans son appentis.

Maintenant assise devant une petite table dans sa chambre, la jeune fille relit la lettre de son amoureux avant de la serrer un long moment contre son cœur. Quand elle la pose enfin sur la table à côté d'un encrier, c'est pour sortir du tiroir un porte-plume et un cahier d'écolier dont elle déchire une page. Elle trempe la plume dans l'encre et commence à écrire avec lenteur, en s'appliquant, formant soigneusement ses lettres...

Après une dizaine de mots, elle s'arrête et barre le dernier. Elle hésite, réfléchit encore, puis d'un geste brusque range la feuille et referme l'encrier.

Le lendemain matin, debout à l'aube, Aline a tout le loisir d'admirer les premières lueurs du jour qui font flamboyer la ligne de crêtes de ses chères montagnes. Elle guette avec une impatience grandissante l'apparition de son cousin pour lui demander de s'occuper des bêtes, en attendant qu'elle revienne du village. Où elle file sans donner plus d'explication à Yvon.

Elle évite la place, son orme séculaire, sa fontaine et ses commères qui montent en épingle le moindre événement et se glisse dans la rue de l'école. Grande maison de pierre, flanquée d'un préau et d'une vaste cour ombragée par deux arbres, la bâtisse semble vide en ce mois de vacances. Pourtant, la grille est entrouverte et on entend un garçon et une fille se disputer à l'étage.

Aline se faufile dans la cour en appelant.

– Monsieur Frolot !

Personne ne répond. La jeune fille traverse la cour, pousse une porte-fenêtre du rez-de-chaussée, entre dans la classe... vide... et observe ce qui l'entoure. Elle découvre la petite bibliothèque toujours à la même place. Elle examine les livres qui y sont soigneusement rangés, cherchant celui qu'elle est venu consulter.

Soudain, un bruit derrière elle la fait sursauter. Un homme d'une quarantaine d'années, assez grand, brun aux yeux noirs, lui fait face.

– Pardon, je vous ai fait peur. Je suis le nouvel instituteur, Paul Desmazures... Et vous, vous êtes ?

– Aline... Aline Boissières.

– Je peux faire quelque chose pour vous ?

– C'était ma classe, quand j'ai passé le certificat. Je viens voir monsieur Frolot...

– Monsieur Frolot est parti à la retraite en juillet. C'est moi qui le remplace. Que vouliez-vous lui demander ?

– J'ai besoin d'un dictionnaire... pour écrire une lettre... Je cherche le sens de certains mots. Y en a aussi que je ne sais pas comment écrire... J'aurais bien aimé continuer après le certif, mais ma mère avait besoin de moi.

Paul prend un dictionnaire sur les étagères et le lui tend.

– Je peux vous prêter celui-ci... Vous me le rapporterez quand vous aurez fini.

– Merci.

Elle n'est pas facilement intimidée, Aline, mais se retrouver à l'école, dans ce lieu de savoir qui l'a toujours attirée, l'impressionne. Paul, attentif, en est conscient.

– Il n'est jamais trop tard, vous savez... Venez quand vous voulez, je suis toujours là.

Elle n'a pas le temps de répondre : une petite fille, aux yeux aussi noirs que son père, trottine jusqu'à lui en tenant une de ses nattes défaite. Aline lui donne huit-neuf ans.

– Papa, papa, François m'a tiré les cheveux.

– Allons, Virginie, on ne rapporte pas.

Il se penche avec tendresse sur sa fille, refait rapidement la tresse et noue le ruban au bout.

– Et puis tu vois que je suis occupé. Retourne avec tes frères, j'arrive tout de suite...

L'attention d'Aline est soudain captée par un grand planisphère accroché au mur juste au-dessus de l'enfant. Elle le dévore des yeux, oubliant Virginie qui repart aussi vite qu'elle est venue.

– Excusez-moi, je suis seul avec mes trois enfants et je suis un peu débordé. Du reste, je cherche quelqu'un pour faire le ménage à l'école. Je demande à tous ceux que je rencontre. Si vous connaissez quelqu'un...

Elle a à peine entendu, les yeux rivés la carte. Elle répond presque machinalement.

– Non, je ne vois pas... Mais là, sur cette carte, vous pouvez me dire où est le Maroc ?

Prenant une longue baguette, Paul retrouve ses manières

d'instituteur pour montrer les lieux au fur et à mesure qu'il les désigne.

– Voilà, nous sommes là, juste au-dessus de Menton, dans le sud de la France... On traverse la Méditerranée... Et là c'est le Maroc... Voilà Tanger en face de Gibraltar... Casablanca, sur l'océan Atlantique, et Marrakech, aux portes du désert.

– Le désert ? C'est là tout en bas ?

Paul sourit, charmé par son innocence. Aline fixe le point indiqué par la baguette, comme si un miracle pouvait l'y transporter. Elle est loin d'imaginer que, là-bas, Arnaud, lui aussi, vient de contempler un somptueux lever de soleil sur les contreforts de l'Atlas.

*
**

L'endroit est sauvage, il y règne un silence minéral. Arnaud, installé sur son paquetage, sensible à ce paysage sauvage si semblable à celui qui domine Gorbio, écrit sur un bout de papier, tandis que ses compagnons s'affairent sur le bivouac.

« Aline, ici, tout va bien. Il y a bien eu quelques coups de fusils récemment, mais c'était seulement pour tirer sur les drôles de lapins qu'on trouve ici. J'ai tout dit à Henri pour nous deux... Un moment j'ai cru qu'il m'en voulait, mais il m'a rassuré... Je pense à toi sans cesse... »

Henri revient avec un lapin ensanglanté, dont la tête pend sur le côté, et le lance à un soldat affairé près d'un feu. Il cherche Arnaud.

– Oh, l'écrivain !

À cet instant précis, un tir claque, provenant des collines avoisinantes. Arnaud et Henri se jettent à terre tandis que les soldats se ruent sur leurs armes dans le désordre. Le chef de l'escouade, le capitaine Borgeau, à peine quarante ans, sort de sa tente et donne des ordres pour organiser la défense.

Plusieurs salves retentissent encore. Les jeunes soldats s'éparpillent en tout sens, complètement affolés. Le capitaine s'écroule, touché à l'épaule. Henri fonce vers lui et le tire à couvert. L'officier est gravement blessé, mais conscient. Un des soldats prend une balle dans le dos et s'écroule en hurlant. C'est la panique chez les bleus. Plusieurs d'entre eux lâchent leur fusil et déguerpissent. Nouveaux coups de feu, deux des fuyards s'effondrent.

– Les fumiers, ils tirent bien !

D'un coup d'œil, Henri a repéré la provenance des tirs. Il repose la tête du capitaine Borgeau, fonce couper la route aux soldats qui détalent et les menace de son arme.

– Reprenez vos fusils, enfoirés ! Et mettez-vous à couvert...

Il cherche un abri et désigne des sacs de sable empilés.

– Là-bas !

Un jeune soldat, toujours paniqué, poursuit sa course, mais Henri tire devant ses pieds.

– J'abats le premier salopard qui tente de fuir !

Les jeunes soldats, dominés, obéissent, reprennent leur arme et plongent derrière les sacs. Le capitaine Borgeau relève la tête pour regarder Henri commander la troupe. Plusieurs balles sifflent autour du garçon qui, debout, immobile, semble intouchable.

Après le succès de la riposte, la prise de quelques rebelles et les soins apportés au capitaine Borgeau, il faut enterrer les morts et confectionner une civière de fortune. Henri continue de donner les ordres. Il organise le départ et fait lever le camp.

Dans la poussière soulevée par un vent de sable, la cohorte de soldats progresse dans le désert, encadrant le blessé et les prisonniers. Soudain, devant Henri, un captif trébuche, ralentissant la marche. Henri lui colle un coup de crosse entre les omoplates.

Arnaud sursaute, choqué.

– Merde, Henri ! On est des soldats ! Pas des brutes !

– On est des soldats, pas des poètes !

La réponse a claqué. Sans un regard pour son compagnon, Henri presse le pas, menant durement les hommes qui, matés, suivent scrupuleusement ses ordres. Arnaud observe son ami qu'il ne reconnaît plus et que la guérilla semble avoir révélé à lui-même : un être puissant, autoritaire, dominateur !

*
**

À la ferme, personne ne se doute des dangers réels encourus par Henri et Arnaud. Marie a décrété une fois pour toutes que son fils était invincible. Dans son mélange de foi et de superstition, elle est persuadée que c'est le meilleur moyen de le protéger : ne pas craindre pour lui et prier pour ses succès futurs ! Quant à Aline, elle bride son imagination et reste fixée sur les souvenirs des moments heureux passés avec Arnaud.

Pour l'instant, d'autres événements agitent la maisonnée. C'est bientôt la fin des vacances et Flora et Yvon s'apprêtent à retourner à Grasse, où se trouve leur résidence depuis le veuvage de Flora.

Ce jour-là, Marie aperçoit sa sœur revenir du village en grandiose équipage. Flora conduit elle-même une superbe automobile, qui n'est autre que celle avec laquelle Edmond était venue la chercher le soir du bal.

Aline, sur le point de partir dans la montagne avec ses bêtes, alertée par le coup de Klaxon de sa tante, quitte l'enclos et se précipite vers la voiture, admirative.

– Qu'est-ce que c'est que cette merveille ? Tu as gagné à la loterie ?

Flora sort de l'engin, fière de l'exhiber.

– Renault Monaquatre ! 4 cylindres, 8 CV ! Edmond me l'a prêtée !

Marie arrive sur ces entrefaites et admire la belle machine.

– Ben, dis donc ! Il a confiance !

– Ça oui ! Il est adorable avec moi, il ne peut rien me refuser. Il est hôtelier, il a une petite pension de famille à Menton. Alors tu penses, la crise, lui, il s'en fout !

– Tu vas te remarier, alors ? s'écrie sa sœur, heureuse pour elle.

– Penses-tu ! J'ai réfléchi. Avec ma pension du Chemin de Fer, j'ai de quoi m'assumer. Et je tiens à ma liberté... Mais enfin... J'ai accepté de me mettre en ménage avec lui. C'est tellement bon, chaque soir, les bras d'un homme !

Aline jette un coup d'œil en coin à sa mère, inquiète de la

réaction de la prude Marie, mais celle-ci a un gloussement de rire pour rétorquer.

– On prend son plaisir où on le trouve ! Et, ma foi, tu as toujours su où aller le chercher !

Flora pouffe et embrasse sa sœur.

– Je prends ça comme un vœu de bonheur ! Je peux t'assurer que je ferai tout pour être heureuse ! Et tu sais à quel point je te souhaite la même chose !

Marie écarte cette perspective de la main.

– Ce qui est sûr, c'est que tu vas être tout près de nous, maintenant.

Elle disparaît dans la maison, laissant Flora et Aline examiner la voiture en détail.

– Va falloir que tu viennes nous voir, ma chérie... Y aura toujours une chambre pour toi. Imagine, dans un hôtel !

Yvon sort de la maison. Il fait une tête d'enterrement. Flora éclate de rire.

– Et t'as intérêt à venir vite ! Regarde-moi ce grand nigaud. Il ne supporte pas de laisser sa cousine... Au fait, on a des nouvelles d'Henri et de son copain, là, Arnaud ?

Marie, réapparue avec les bagages de sa sœur, se crispe.

– Tu sais, le courrier, c'est pas facile... Le Maroc, tu te rends compte ?

Tournée vers sa sœur, elle ne voit pas l'expression douloureuse qui passe sur le visage d'Aline. Yvon, lui, l'a bien remarquée, mais trop préoccupé à pleurer sur son sort, il est convaincu que sa cousine partage la même peine que lui à l'idée de leur séparation.

Flora serre une dernière fois sa nièce sur son cœur et, discrètement, lui glisse quelques billets. Aline refuse fermement, mais Flora n'admet aucune protestation et introduit l'argent dans la poche de sa robe.

– Chut ! Au revoir, ma belle... Essaye de prendre un peu de bon temps.

Elle grimpe dans la voiture et presse son fils d'en faire autant.

– Et tu n'as rien oublié ?

Yvon, toujours aussi lunaire, ne voit pas...

Aline a vite filé dans la maison et revient avec le sac de son cousin.

– Ça, peut-être ?

Yvon, confus, récupère son bagage. Les trois femmes s'en amusent.

– Tu ne changeras pas !

Le jeune homme ne partage pas leur hilarité et Flora s'agace de sa mine de six pieds de long.

– Allez Yvon, ne fais pas cette tête, tu reviendras pour Noël !

Aline s'empresse de déposer un dernier baiser sur la joue de son cousin.

– À bientôt ! Et merci pour le petit théâtre !

Il a un pauvre sourire en s'installant près de sa mère, laquelle fait des signes joyeux à Marie et Aline qui la regardent démarrer.

La voiture disparaît au bout de la route.

*
**

Les jours passent, monotones, et chaque matin Aline attend fébrilement le facteur. Mais de la route, sans s'arrêter, jour après jour, le postier fait un petit geste de dénégation. Rien !

Marie a repéré le manège de sa fille. Un jour où elle la voit particulièrement triste, elle s'approche et Aline se laisse spontanément aller dans les bras de sa mère. Moment rare car la pudeur et même une certaine dureté sont de mise entre les deux femmes.

Moment suspendu pendant lequel Marie caresse doucement les cheveux de sa cadette.

Moment de vérité aussi, lorsque Marie murmure :

– Ne rêve pas trop, ma petite fille. Ce garçon, tu l'as vu en tout que cinq jours.

Aline se redresse, farouche.

– Mais je l'aime, maman. Tu peux pas comprendre.

– Oh si ! La passion, crois-moi, ça fait souffrir. Et je ne veux pas que tu souffres ! Essaye de penser à autre chose.

– Je ne peux pas. C'est trop dur...

– Il faut plus t'occuper. À courir la montagne, ton esprit vagabonde et t'as vite fait d'aller te raconter des histoires.

– Justement, j'ai pensé que je pourrais travailler.

Marie la regarde, interloquée.

– Pour faire quoi ? Où ?

– Le nouvel instit, il cherche quelqu'un pour le ménage à l'école. Je vais accepter.

– Femme de ménage !

Marie est vraiment choquée.

– On n'en est pas encore là que tu doives faire le ménage chez les autres. J'aurais honte.

Aline tente un geste maladroit pour réconforter sa mère...

– Il n'y a rien d'humiliant à ça. Ça m'empêchera de penser.

– Et les bêtes ?

– Le ménage, je dois le faire avant que les enfants arrivent à l'école. Après, je mènerai le troupeau là-haut.

Il n'y a rien à redire. Le ton est volontaire et Marie connaît trop bien l'entêtement de sa fille. Et après tout, qu'elle voie d'autres gens ne peut que la distraire de cette amourette qui lui tourne la tête !

C'est ainsi que, à la rentrée, Aline se retrouve balayant la salle de classe de l'école de Gorbio. Il est 6 heures sur l'horloge de la classe...

Elle poursuit sa tâche en passant un coup de chiffon sur chaque pupitre. Elle observe avec attention tout ce qui l'entoure, s'arrête parfois pour ouvrir un livre et y regarder une illustration, puis très vite reprend son époussetage.

Lorsqu'elle arrive au bureau de l'instituteur, elle tombe en arrêt devant la couverture d'un livre dépassant du cartable posé sur la chaise du maître : *Les Aventures d'Arthur Gordon Pym* d'Edgar Poe. Elle hésite, avance la main, la retire, puis très vite, prend le volume, le feuillette et se plonge dans la lecture...

Soudain, la porte de la classe s'ouvre à la volée sur Paul Desmazures. Se sentant prise en faute, Aline sursaute et fait tomber le livre.

Paul s'empresse de le ramasser et de le lui rendre, non sans avoir découvert le titre avec surprise.

– Vous aimez Edgar Poe ?

Aline n'en mène pas large. La façon dont elle s'est emparée du livre et le fait que, dans son cœur, l'auteur soit lié à Arnaud la trouble.

– Je ne sais pas...

Paul sourit, encourageant.

– J'espère que vous aimerez... Brillant esprit, mais torturé, autodestructeur... S'est fâché avec tout le monde ! Le génie s'accommode mal avec le bonheur.

– Je suis bien contente de ne pas être un génie, alors !

La réponse a fusé, spontanée. Paul rit de bon cœur.

– Dites-moi, monsieur Desmazures... Est-ce que vous croyez qu'il y a des livres que je devrais lire ? Je sais que ça ne me servira pas vraiment, mais c'est juste que je ne voudrais pas vivre idiote !

– Chacun de nous a le droit d'apprendre et je vous les choisirai...

– Merci.

Elle range balai et chiffon, ôte son tablier et se dirige vers la porte-fenêtre. Au moment où elle va sortir, elle entend la voix de l'instituteur.

– Je suis heureux que vous soyez là, mademoiselle. On va bien s'entendre tous les deux !

Elle se retourne avec un grand sourire et le voit passer au tableau sur lequel il inscrit, de son écriture appliquée : *Jeudi 1er octobre 1931* et, en dessous, *La liberté...*

Le fait de travailler à l'extérieur et les échanges avec Paul Desmazures ont transformé l'humeur d'Aline, redevenue pleine d'allant. Et ce soir-là encore plus particulièrement, car mère et fille ont reçu du courrier en provenance du Maroc.

Aline termine de lire à haute voix la lettre de son frère.

« Heureusement la semaine prochaine, on sera relevés. Tant mieux parce que j'en ai marre de bouffer du sable et de courir sur des cailloux... Sinon, ce pays offre des moyens inouïs pour celui qui a de l'ambition. Le capitaine de notre escouade m'a

proposé au grade d'adjudant pour l'avoir sauvé devant les rebelles... Bien sûr, certains camarades sont morts, mais vous me connaissez, n'ayez pas peur pour moi ! Ce protectorat, c'est exactement ce qu'il me fallait pour avancer ! J'espère bien être avec vous pour la Noël. Henri. »

Marie ne peut s'empêcher de soupirer.

– Quelle idée d'aller si loin, aussi ! Enfin, si ça lui donne de l'avancement !

Mais Aline ne l'écoute pas. Ce qu'elle vient de lire l'a rendue impatiente d'avoir des nouvelles d'Arnaud. Elle est plongée dans la seconde lettre.

Marie s'est levée pour débarrasser la table et observe discrètement sa fille.

– Et ta lettre à toi, tu la lis pas ? J'y ai pas droit ?

Pas de réponse. Aline n'écoute toujours pas, elle poursuit sa lecture silencieuse, un petit sourire de bonheur flottant sur ses lèvres...

Marie renonce et, en bougonnant quelques mots incompréhensibles, commence à laver leurs deux couverts.

Très vite, Aline se lève et, avant que sa mère ait pu réagir, disparaît dans sa chambre. Elle s'installe à sa table avec papier, encrier et porte-plume devant elle. Elle sort le dictionnaire que l'instituteur lui a dit de garder pour pouvoir continuer à écrire d'autres lettres. Elle le pose près des *Histoires extraordinaires* de Poe, le livre d'Arnaud, dont elle caresse la couverture avant de se plonger dans l'écriture encore laborieuse de sa missive.

« Mon amour, après toutes ces semaines d'attente, mon cœur a fait un bond en lisant ta lettre. Fais bien attention à toi ! Souviens-toi, tu me l'as promis... Je travaille maintenant à l'école où je fais le ménage... À côté de moi, je garde le livre que tu m'as donné... Tu me manques tout le temps... »

*
**

Au-delà de la mer, loin dans le Sud marocain, au milieu du reg, sous un ciel pur où se dessine nettement le chemin de lumière de la Voie lactée, celui à qui sont destinés ces mots est étendu côte à côte avec Henri sur leur couverture réglementaire.

La voix de son compagnon le tire de sa rêverie.

– Tu vois, camarade, ce qu'il nous faudrait, c'est un bon fait d'armes ! Avec une médaille militaire à l'appui. Une médaille militaire, si on veut s'engager en politique, ça accélère bien les choses !

Mais Arnaud a tout autre chose en tête.

– Je vais demander ta sœur en mariage, Henri...

Absorbé par ses rêves de grandeur, Henri ne répond pas. Arnaud insiste.

– Tu as entendu ?

Henri reste immobile, le regard perdu dans la voûte du ciel.

– Oui...

– J'ai ton accord ?

– C'est à elle qu'il faut le dire.

Le ton est froid, la voix se tait. Un temps de silence. Puis Henri ajoute, le regard toujours fixé vers le haut :

– Mais je serai content de t'avoir comme beau-frère. Tu as ma bénédiction... Si c'est ce que tu demandes !

– Merci...

Le silence retombe, aussi glacé que la nuit.

*
**

L'appétit d'apprendre d'Aline enchante Paul Desmazures, qui profite de ses trop rares instants de liberté pour nourrir l'esprit de la jeune fille. Ses choix relèvent de ses propres goûts littéraires et de ses idées socialistes, mais Aline n'a pas conscience de la manière dont cela la modèle. Paul essaye de la tenir au courant de ce qui se passe non seulement en France, mais aussi dans le monde. Il se heurte à la résistance inconsciente de la jeune fille qui ne s'intéresse vraiment qu'au Maroc.

Elle y revient sans cesse et ne se lasse pas d'interroger Paul. Quand il lâche le mot *protectorat*, elle veut en comprendre la signification.

Il lui parle alors de Lyautey et du sens que le général a donné à sa mission de pacification définie par la convention de Fès en 1913 : réduire la dissidence, rétablir l'autorité du sultan, ramener la paix et l'ordre dans le pays.

Avec malice, Aline veut savoir si c'est ça, la colonisation ? Paul lui a déjà dit que coloniser des gens, ce n'était pas bien !

L'instituteur sourit, touché par la justesse de la remarque. Il précise la différence : dans ce cas précis, pendant les treize ans où le général Lyautey est resté au Maroc, il en est allé autrement. Pour Lyautey, les Français ne devaient en aucun cas coloniser le Maroc, mais l'aider à tirer parti de ses richesses pour le bien de tous ! Cette volonté était liée à la personnalité du Résident général, qui avait exigé des fonctionnaires français qu'ils parlent la langue du pays et demandé aux officiers de ne se lancer dans des opérations militaires que lorsqu'ils avaient épuisé tous les moyens pacifiques.

– Bon, d'accord ! Mais aujourd'hui, on est presque à la fin de 1931 et on se bat encore au Maroc. Mon frère est soldat là-bas et il y a eu des morts. Votre général a donc raté son coup ? s'étonne Aline.

– Non, pas tant qu'il y était. Mais un autre Résident l'a remplacé en 1925, qui avait une tout autre conception de la présence française au Maroc. Lui a voulu que des colons viennent exploiter les terres et il a fait venir beaucoup d'immigrants en leur facilitant le paiement de la terre. Il a privilégié les anciens combattants et les familles nombreuses. Puis un troisième Résident lui a succédé, qui a approuvé cette nouvelle politique et l'a poursuivie...

Aline ne renonce pas à la question qui la taraude et l'interrompt.

– Ça ne me dit pas pourquoi il y a encore des combats ?

– Dans le sud du pays, les tribus berbères n'ont jamais accepté la présence française sur leurs terres. Aucune ne s'est soumise sans lutter jusqu'à la dernière extrémité. Dans cette région, une vraie guerre de conquête s'est installée, longue et difficile. Une certaine paix régnait partout dans les campagnes, sauf dans le Sud ! Les Résidents ont alors dû se résigner à laisser les grands caïds ramener le calme chacun dans sa région en « tenant » ses tribus. C'est une forme de féodalisme...

– Féodalisme, c'est quoi ?

– Des seigneurs qui ont toute autorité sur ceux qu'ils protègent, qu'on appelle leurs féaux. Et ça forme une échelle depuis les caïds jusqu'en bas de l'échelle.

– Donc, on ne devrait plus se battre.

– Plus ou moins. Il faut savoir que, par tradition, ces tribus ont toujours mal supporté l'autorité du sultan. Elles acceptent des alliances, mais refusent la soumission. Elles prennent les armes à la moindre tentative de les assujettir... Oh, déjà 7 h 30 ! Les enfants vont arriver et il faut que je corrige les derniers cahiers.

– Oui, et moi les bêtes m'attendent...

Elle file jusqu'à la porte, se retourne au moment de disparaître :

– Merci de m'apprendre. Avec vous, c'est comme si je voyageais et que je comprenais le monde.

Il sourit.

– À demain, mademoiselle.

Pour aller plus vite, Aline, ce matin-là, traverse la place qu'elle évite en général. Étienne Mougins, le fils du gendarme, y glande en compagnie de son copain Maurice et de quelques autres garnements plus ou moins du même âge. Il a repéré le simplet assis sur le bord de la fontaine, le corps agité de tics, qui s'amuse à jeter des cailloux dans l'eau. Il se marre, donne un coup de coude complice à Maurice et, suivi de sa cour, rejoint Saturnin. Sans un mot, en rigolant, il pousse brusquement le malheureux qui bascule et tombe dans l'eau.

Saturnin, furieux et trempé, se redresse et jette une pierre qui atteint Maurice au front. Furieux, ce dernier attrape le simplet et lui plonge la tête dans l'eau. Soudain, une main fine mais étonnamment puissante tire l'agresseur par les cheveux, le faisant lâcher prise.

Hurlant, Maurice ne peut se débattre sans augmenter la douleur. Quand il parvient malgré tout à se retourner, il a la surprise de découvrir Aline. Fou de rage, il se dégage d'un violent coup de tête, non sans laisser une poignée de cheveux dans la main de la jeune fille. Celle-ci le surprend par sa rapidité. Il n'a pas le temps d'esquiver la riposte, Aline lui attrape le cou et le fait tomber à la renverse. Hors d'elle, à cheval sur lui, transfigurée par la fureur, elle resserre sa prise. Maurice suffoque...

– Eh ! Tu vas le tuer !

Étienne et un des garnements tentent de faire lâcher la jeune femme. Brusquement, Aline se rend compte que Maurice devient bleu. Effrayée, elle desserre les mains. Maurice reste un temps dans une immobilité inquiétante. Aline, affolée, le secoue et le garçon tousse, s'étrangle, crache de l'eau. La jeune femme le lâche et se relève.

Elle n'a pas vu, de l'autre côté de la place, sur le perron de la gendarmerie, l'inspecteur Le Hennin, qui a assisté à la scène et la regarde s'enfuir en courant.

Sur le chemin de la ferme, Aline, encore sous le coup de son empoignade avec les garçons, est prise d'une brusque nausée. Elle doit s'arrêter sur le bord de la route. Elle se sent la proie d'une soudaine faiblesse et doit faire un effort de volonté pour se traîner jusqu'à la bergerie.

Elle y trouve Marie occupée à nouer une ficelle à la queue des agneaux.

– Ah ! Te voilà ! Qu'est-ce que tu faisais à traîner comme ça, ce matin ? J'ai dû commencer toute seule !

Face à l'humeur massacrante de sa mère, Aline ne dit rien et vient prendre un agneau qu'elle tient fermement pour permettre à Marie d'accomplir l'opération sans que la bête ne cherche à lui échapper.

Marie serre fort la ficelle autour de la queue de l'animal qui bêle tant qu'il peut.

– Leur nouer la ficelle à la queue encore passe, mais ce que je n'aime pas, c'est quand il faut la leur couper...

– S'ils ne se la tétaient pas entre eux, au risque de se faire des abcès, ces idiots-là, on serait pas obligés de la leur couper !

Aline veut proposer à sa mère de la laisser faire seule, mais elle n'a pas le temps de dire plus de deux mots que la nausée revient et qu'elle se précipite dehors pour vomir.

Marie a renoncé à prendre un nouvel agneau pour venir voir sa fille, livide, qui titube.

– Qu'est-ce qui t'arrive ?

– Je ne sais pas... J'ai dû manger un truc qui n'est pas passé.

Marie la retient sans ménagement par les épaules, notant les cernes violets sous les yeux de sa fille. Celle-ci fuit son regard.

– Aline, regarde-moi... C'est quoi, ces histoires ? Tu as eu tes affaires, ce mois-ci ?

La jeune fille hésite avant de répondre, dans un souffle :

– Non.

– Depuis combien de temps ?

– Deux mois.

– Oh non ! Manquait plus que ça ! Et moi qui te faisais confiance ! Tu te rends compte que tu le connais à peine, ce garçon ? Tu sais même pas s'il va revenir...

Aline, le regard buté, crie presque.

– Il va revenir !

Cette attitude de sa fille fait exploser la mère.

– Mais t'es trop bête, ma pauvre fille ! Tu crois que t'es la première qui se laisse avoir ?

Aline, sans rien ajouter, se dirige vers les agneaux.

Le lendemain matin, l'instituteur est déjà dans la classe et écrit la date au tableau selon son rituel quotidien : *Lundi 2 novembre 1931...*

Il jette un coup d'œil à l'horloge qui marque 6 h 40. Il est inquiet car c'est la première fois qu'Aline est en retard. Elle est là tous les matins à 6 h 30 tapantes. Paul va jusqu'à la porte lorsqu'il voit la jeune fille traverser la cour.

Son visage s'éclaire.

– Ah, mademoiselle Boissières ! Je m'inquiétais...

Aline, tendue, des larmes plein les yeux, ne le laisse pas poursuivre.

– Excusez-moi, monsieur Desmazures, je ne vais pas pouvoir continuer à travailler à l'école.

Paul veut rester positif, mais il est incapable de cacher sa déception.

– Ah bon... Vous avez trouvé autre chose ? Je comprendrais très bien...

Aline a de plus en plus de mal à contrôler ses larmes. Elle a un sanglot et se mouche bruyamment pour donner le change.

– Excusez-moi, c'est ridicule...

– Si vous voulez emprunter des livres... Ou continuer nos discussions...

Aline va vite chercher balai, seau et pelle et commence à faire le ménage. Cela l'aide à contrôler son chagrin. Il lui faut faire de même avec sa voix.

– Vous êtes quelqu'un de bon, je vous remercie...

Paul la regarde balayer, ne sachant pas bien quoi faire. Aline croise ses yeux, elle s'arrête et le fixe comme si elle le jaugeait. Elle semble hésiter, mais finit par se décider d'un coup. Elle parle vite comme si elle avait peur d'être interrompue ou de ne pas avoir la force d'aller au bout de son aveu.

– Je suis enceinte, monsieur, et ça ne va pas tarder à se voir franchement ! Et comme vous le savez, je ne suis pas mariée. Donc vous voyez... Une fille-mère dans l'école de la commune, ça la ficherait mal !

Paul l'interrompt avec virulence.

– Ça, c'est à moi d'en juger, mademoiselle. Vous êtes enceinte ? Vous avez connu un jeune homme, que vous aimez, je suppose ? Oui... Et alors ?

Aline l'écoute, surprise, et ne répond pas. Il continue avec cette véhémence qu'il met pour parler de littérature ou d'histoire.

– Vous croyez vraiment qu'après vous avoir parlé de Louise Michel, de Virginia Woolf, de Christine de Pisan, je vais me formaliser d'apprendre que vous avez aimé assez un jeune homme au point de vous donner à lui ? C'est bien mal m'estimer, mademoiselle ! Maintenant, si c'est la honte de votre état qui vous guide...

Piquée au vif, elle bondit.

– Mais je n'ai pas honte de ce que j'ai fait !

– Alors je veux vous voir ici, comme d'habitude, tant que votre état le permet bien entendu, à 6 h 30 tous les matins... Et si quelqu'un a à redire à cela, je m'en occuperai personnellement... Merci, mademoiselle Boissières, maintenant j'ai à faire...

Il lui sourit.

– Comme tous les matins, je suis en retard sur mes corrections.

Elle est bouleversée et, cette fois, elle va éclater en sanglots.

– Ah non ! S'il vous plaît !

Elle rit, elle pleure, elle sourit... et cherche le soutien de son balai. Elle reprend son travail tandis que Paul feuillette les cahiers de ses élèves et écrit quelques remarques à l'encre rouge dans la marge.

Elle lui tourne le dos lorsqu'elle l'entend demander :

– J'ai l'intention d'emmener mes enfants en randonnée dimanche... Voulez-vous vous joindre à nous ?

Quand, un peu avant 8 heures, Aline quitte l'école, croisant les enfants qui arrivent, seuls ou accompagnés de leur mère, elle hâte le pas. Mais soudain, alors qu'elle traverse la place, elle s'arrête, avec cette attitude qu'elle a déjà eue dans la montagne, lorsqu'elle se croyait observée. Elle se retourne brusquement et croise le regard de l'inspecteur Le Hennin qui la fixe.

Elle attend quelques secondes comme pour voir ce que le policier va faire. Il ne bouge pas, se contente de l'examiner. Elle avance alors, redressant tête et épaules, avec cet air qui la fait taxer d'insolente, de fière ou de farouche par les commères du village.

Elle marche tranquillement de sa démarche chaloupée, bien décidée à montrer à cet homme qu'elle n'a pas peur de lui et que les élucubrations qui peuvent agiter son cerveau ne la concernent pas.

Le dimanche suivant, dans la cour, Paul a bien du mal à calmer l'excitation de ses enfants, tous sur le pied de guerre pour l'expédition promise dans les hauts de Gorbio.

On entend la grille qui grince et Aline apparaît, un panier à la main. Elle est ravissante, dans la lumière douce du petit matin. Les enfants se taisent, impressionnés, ce qui fait sourire leur père.

Il les désigne à la jeune fille.

– Virginie que vous avez déjà croisée. Antoine, le plus petit...

– Pas petit, papa, jeune !

Aline éclate de rire. L'aîné s'avance avec cérémonie et lui tend la main.

– Bonjour, mademoiselle, je suis François.

– Les enfants, voici mademoiselle Boissières !

– Aline.

Elle l'a corrigé avec spontanéité. Il la regarde avec reconnaissance.

– Aline, donc, va nous faire découvrir aujourd'hui un bout de sa montagne.

Virginie la dévisage, ébahie.

– C'est vrai ? C'est à toi, la montagne ?

Son grand frère hausse les épaules, exaspéré.

– Mais non ! Il faut toujours que tu fasses ton intéressante ! Papa dit ça parce qu'elle est née ici !

Aline et Paul échangent un sourire. Paul donne le signal du départ et la petite troupe sort rapidement du village encore endormi.

La journée s'annonce magnifique malgré la fraîcheur. Virginie a tout de suite pris la main d'Aline, tandis que les garçons, qui se sont fait des cannes en coupant des branches de noisetiers, gambadent en simulant des combats d'épée. Paul avance en éclaireur, sac sur le dos, panier à la main, se retournant parfois pour voir si tout le monde suit. Soudain, il entend la voix de son petit dernier.

– Aline, défends-moi ! Défends-moi !

Antoine se met à tourner autour de la jeune fille, accroché à sa robe qu'il tirebouchonne. François a couru derrière son frère et tente de le toucher avec sa badine. Aline se pique au jeu et la lui chipe. C'est elle qui joue maintenant les escrimeuses.

Paul rit, fasciné par l'impressionnante muraille qui les domine.

– Allons, allons, les enfants ! Regardez ce paysage. Sentez cet air qui picote. Comme c'est bon !

Il se penche brusquement vers une branche.

– François, tu as ton bocal ?

François cesse d'asticoter Aline et fouille dans son havresac, d'où il sort effectivement un bocal en verre. Puis il rejoint son père.

Paul, accroupi devant la branche, guide son fils. Les autres les ont rejoints et observent.

– La petite boule en carton, là... essaye de nous l'attraper, délicatement, je la montrerai en classe. C'est un nid de guêpes, nous le disséquerons... C'est une merveille de technique !

Virginie se recule, brusquement effrayée.

– Des guêpes !

François ricane en se moquant de sa sœur.

– Mais il est vide, cruche ! Il n'y a pas d'insecte, en novembre !

– C'est toi, la cruche !

Aline sourit de la manière dont ces deux-là se titillent. Cela lui rappelle ses virées dans la montagne avec son frère.

Penser à Henri la ramène brusquement à sa situation et à l'absence d'Arnaud. Elle chasse le soupçon d'angoisse qui a surgi et s'assoit sur une roche plate.

– On va déjeuner ici, les enfants !

Mais une fois le nid de guêpes dans le bocal, les trois enfants se poursuivent en poussant des cris de bonheur. Paul vient s'installer près d'Aline et pose le panier. Elle lui sourit.

– Vos enfants sont adorables. On sent à quel point ils vous aiment...

– Oui... Je crois même qu'ils me préservent un peu depuis la mort de leur mère, il y a trois ans... Et vous, vous n'avez toujours pas de nouvelles ?

– Non. Mais le courrier de là-bas met parfois des semaines...

– Oui... Et puis la vie militaire, l'éloignement...

Le sourire d'Aline disparaît. Elle détourne les yeux et regarde vers l'horizon. Paul se rend compte qu'il l'a peut-être blessée.

– Pardon, je suis maladroit. Je suis certain qu'il va vous revenir bientôt !

Aline se force à sourire à nouveau.

– Oui. Pour Noël, mon frère et lui seront là. J'ai hâte...

*
**

Dans le désert marocain, un convoi de cinq camions avance dans un défilé dont les parois rocheuses cachent presque le ciel. Les hommes se réjouissent d'échapper un peu aux brûlures du soleil. Ils essuient la sueur qui ruisselle sur leur visage et trempe leur uniforme. Soudain, une explosion immobilise le premier camion, bloquant ceux qui suivent. Des coups de feu partent des failles des murailles sans qu'ils puissent voir les tireurs. Les soldats sautent, cherchant les trop rares abris.

Prise au piège au fond du défilé, la troupe riposte. De tous côtés, les balles sifflent. Henri et Arnaud ont sauté parmi les premiers et courent maintenant vers un énorme rocher tombé de la paroi de pierre. Le chauffeur de leur camion les suit mais, touché, s'écroule.

Henri, avisant une succession de rochers qui permettent de gravir la paroi, les indique à Arnaud.

– Couvre-moi !

Henri grimpe, tandis qu'Arnaud fait feu pour couvrir sa progression. Puis c'est Arnaud qui rejoint Henri, protégé à son tour par son ami.

Les deux hommes poursuivent leur escalade pour s'éloigner du piège où se débattent leurs camarades. Ils crapahutent jusqu'en haut de la paroi et cherchent une issue pour sauver le reste de la troupe. Ils rampent jusqu'à l'autre côté pour estimer la situation. Arnaud se redresse pour se frayer un passage et c'est en pleine tête qu'une balle le frappe. L'impact le propulse dans le vide.

Henri se précipite en criant, mais il ne peut plus rien faire. En bas coule un oued et ses eaux tourbillonnantes ôtent tout espoir d'apercevoir ou de retrouver le corps.

Dans le cirque de montagnes au-dessus de Gorbio, Aline s'immobilise brutalement. Elle n'entend plus ni les enfants ni Paul, qui s'inquiète de la voir soudain si pâle.

Sans entendre les appels, elle avance à nouveau. La main appuyée sur son cœur qui bat la chamade, elle cherche à retrouver son souffle...

*
**

Décembre est là et la grisaille de la brume efface le paysage. Sur la route, la silhouette floue d'un marcheur émerge peu à peu et se rapproche de la ferme.

Tournant le dos à la route, Marie coupe du bois sur le côté de la maison et Aline porte les bûches à l'intérieur. Lorsqu'elle ressort, la jeune fille observe le marcheur qui est maintenant à une centaine de mètres. Elle le reconnaît instantanément. Elle va s'élancer, quand elle prend conscience du vide à son côté. Elle reste un instant sans réaction, incapable de bouger, hagarde.

Soudain, un hurlement de douleur lui échappe et elle court se jeter dans les bras de son frère. Elle pleure, elle crie, elle se débat.

– Henri... où est Arnaud ? Dis-moi, où est Arnaud ?

Henri l'écarte doucement et plante ses yeux dans les siens. Elle sonde le regard de son frère et ce qu'elle y voit la déchire.

– Non !

Henri l'empêche de tomber et la serre à l'étouffer contre lui.

– 5 –

Douleurs

Aline est couchée dans son lit. Elle n'a pas repris de couleurs et une crispation marque ses traits. Un homme aux cheveux gris, à la barbe taillée, vérifie son pouls, penché sur elle : c'est le Dr Boutin, le vieux médecin de la famille. Dès qu'elle a vu surgir son fils portant sa sœur évanouie, Marie a immédiatement envoyé Henri le chercher. Et maintenant, elle attend que le médecin la rassure sur l'état physique de sa fille.

Le docteur se relève et l'entraîne près de la porte. Il chuchote.

– Je ne peux pas grand-chose, ma pauvre Marie.

– Qu'est-ce qu'elle a ? C'est juste le chagrin ?

Le Dr Boutin a un sourire attendri.

– Mais oui... Il y a eu un épanchement pleural qui a noyé le cœur. C'est ce que vous appelez le cœur gros.

– Mais ça se soigne ?

– Si elle ne réagit pas, non. Elle est en train de se laisser mourir d'amour...

Marie ferme les yeux. Elle sait trop bien que la peine de l'âme n'est pas affaire de médecine. Elle sent la main du docteur posée sur son épaule avec compassion et l'entend sortir. Elle s'approche doucement du lit, s'assoit sur le bord et regarde sa fille longuement. Les minutes s'écoulent, lentes et lourdes.

Aline s'agite soudain, elle continue de se débattre contre une réalité qu'elle refuse. Marie a un geste pour écarter les mèches tombées devant les yeux de sa fille. Puis sa main hésite et va, dans un geste si rare chez elle, caresser la joue de sa toute petite. Un bruit la fait sursauter. Elle se retourne pour apercevoir dans l'encadrement de la porte la silhouette de Paul Desmazures.

Elle se lève.

– Oh ! Monsieur l'instituteur.

– Votre fils m'a dit que je pouvais...

– Oui, oui. Entrez.

Elle tire une chaise près du lit et s'éclipse silencieusement. Resté seul, Paul demeure un instant debout à regarder Aline, bouleversante d'abandon et de tristesse. Il finit par s'asseoir près d'elle sans la quitter des yeux.

Une demi-heure plus tard, Paul redescend sans rencontrer quiconque. En sortant de la ferme, il aperçoit le frère d'Aline qui termine la corvée de bois pour sa mère. Henri s'interrompt en le voyant et le rejoint.

– Merci de votre visite.

– C'est normal.

Henri le jauge du coin de l'œil.

– Je dois repartir demain... Ça m'embête de la laisser dans cet état avec notre mère.

Paul n'a pas l'ombre d'une hésitation pour répondre.

– Écoutez... Si ça peut vous rassurer, je viendrai la voir tous les jours. J'essayerai autant que je peux de donner un coup de main à votre maman.

Henri continue de le dévisager et lui tend la main.

– Je vous remercie.

Sous un soleil implacable, une troupe de Touareg armés de fusils avancent lentement, perchés sur des dromadaires. Trois hommes presque nus, mais la tête et le visage couverts de vieux keffiehs délavés, sont attachés aux selles des dromadaires et marchent en titubant. Le chef de la troupe, un homme en djellaba blanche, les houspille sans cesse en les interpellant du mot *abid*. Esclaves !

À bout de forces, l'un des trois hommes s'effondre soudain et son poids mort ralentit aussitôt le chameau. Le chef se retourne un bref instant en tirant sur la corde, traînant le corps sur quelques mètres. Ses hurlements se révèlent inutiles. Il sort alors son poignard et coupe sans hésiter la corde de l'homme évanoui. Le chameau libéré reprend son rythme de croisière et les deux autres prisonniers titubent à nouveau dans le sable brûlant.

La sinistre caravane disparaît dans le désert, abandonnant au creux d'une dune le troisième esclave à son sort. Les rafales de vent défont le keffieh qui laisse maintenant deviner les traits de l'homme inconscient. La peau est brûlée et une grande cicatrice boursouflée barre le front, mais le visage fouetté par le sable est celui d'Arnaud !

Le cri poussé par Aline, qui se redresse brusquement dans son lit, alerte Marie qui tricote dans un fauteuil près du lit. Elle se précipite pour prendre sa fille dans les bras, lui essuyer le front mouillé de sueur et effacer le cauchemar qui la torture. Elle berce la jeune femme qui a du mal à reprendre doucement conscience de ce qui l'entoure.

– Je l'ai vu, maman, je l'ai vu !

Tout en la tenant serrée contre elle, Marie tente de calmer Aline.

– C'était un rêve, mon cœur...

– Non, non... Il est quelque part, maman... Vivant...

Les caresses de sa mère ramènent doucement Aline à la réalité. Elle aperçoit une silhouette d'homme endormi dans le fauteuil de l'autre côté du lit. L'instituteur !

– Qu'est-ce qu'il fait là ?

– Ça fait deux jours qu'il est là.

Marie prend un bol de soupe sur la table de chevet et tente de nourrir sa fille.

– Tiens, bois ça !

Aline détourne la tête comme une enfant.

– J'ai pas faim.

– Le docteur dit que si tu ne manges pas, tu... tu vas mourir.

– C'est tout ce que je demande.

Paul ouvre les yeux. Il a entendu l'échange. Il voit Marie, bouleversée, qui se résigne à reposer le bol de soupe et qui sort vite pour cacher ses larmes.

– Vous devriez boire ça.

Aline refuse d'entendre cette voix d'homme. Elle ne veut voir personne. Elle veut juste qu'on la laisse rejoindre Arnaud là-bas, dans cet autre monde de sable et de vent.

Mais la voix près d'elle refuse de se taire.

– Je sais ce que vous ressentez. Je l'ai vécu lorsque j'ai perdu ma femme. Moi aussi, j'ai eu envie de mourir. Et puis, c'est atroce à dire, mais le temps fait son travail... On a toujours de la peine, mais c'est de plus en plus supportable.

Il a touché juste. Aline le regarde et répond d'une voix faible.

– Vous avez vos enfants... Moi, j'ai plus rien.

– Vous portez son enfant.

Aline le fixe. Il a un sourire tendre. Elle détourne la tête et laisse ses yeux s'échapper par la fenêtre.

Dehors, une lune toute ronde brille dans le ciel pur au-dessus du cirque de montagnes.

La même lune éclaire quelques tentes dressées au milieu de nulle part. Sur le seuil de l'une d'entre elles, des femmes en robe noire brodée, parées de lourds bijoux d'argent, préparent le repas, lorsqu'un corps est jeté sans ménagement à leurs pieds.

Un cavalier en djellaba noire, le visage dissimulé, parle vite en berbère. Une des femmes, la plus vieille, s'approche du corps et l'examine. Une vilaine blessure barre la tempe. L'horrible boursouflure, le sang coagulé mélangé à du sable et la peau brûlée par le soleil rendent le visage presque méconnaissable. Posant sa main sur le cou, la vieille vérifie s'il y a toujours un pouls. Rassurée, elle fait signe à une de ses compagnes de lui apporter de l'eau. Alors, en ayant versé un peu sur un linge, la vieille commence à humecter les lèvres du blessé et à nettoyer délicatement sa plaie...

Dans son inconscience, l'homme murmure quelques mots en français, dont personne ne comprend le sens. Quelques syllabes qui chantent, juste un prénom de femme happé par le vent : Aline...

L'hiver se termine. La grisaille a cédé la place aux ciels de printemps qui baignent la campagne d'un soleil tout neuf.

À l'image de la nature qui l'entoure, Aline est sortie de sa léthargie avec les premières primevères. Elle a repris le chemin de l'école malgré les réticences prévisibles de Marie, mais aussi malgré celles de Paul, inquiet à l'idée qu'elle se fatigue trop.

La jeune femme a tenu bon, réaffirmant son besoin d'apprendre et... taisant sa crainte de se retrouver toute la journée en tête à tête avec sa mère. Paul a bien tenté de lui faire changer d'horaires, mais il a pu mesurer la force d'entêtement d'Aline. Tout est donc redevenu comme avant, sauf le ventre de la belle qui s'arrondit à vue d'œil et qu'elle ne peut plus cacher.

Situation qui n'a pas été sans poser quelque problème à sa première réapparition à l'école. Ce matin-là, alors que Paul rassemble les élèves pour les faire entrer en classe, Aline sort de la classe, contrainte de passer devant les mères encore présentes. Des murmures malveillants se font entendre, de plus en plus précis au fur et à mesure que la jeune femme avance. Soudain un mot fuse, dont l'infamie la brûle.

– Putain !

La mégère a à peine craché le mot qu'Aline l'a déjà jetée à terre. Les deux femmes roulent dans la poussière au milieu des cris.

Les enfants se sont précipités pour jouir du spectacle tandis que Paul accourt... et sépare les deux combattantes.

– Mesdames, je vous en prie !

Mais la femme n'en a pas fini. Tout en se réajustant, bien décidée à débarrasser l'école de celle par qui le scandale a surgi, elle défie le maître.

– C'est cette traînée qui s'est jetée sur moi comme une furie !

– Cette quoi ?

Paul en suffoque.

Une deuxième mère en profite pour venir à la rescousse de la première.

– Franchement, monsieur l'instituteur, elle a raison, vous devriez la chasser ! Ça se fait pas d'avoir une fille comme ça à l'école...

Choqué par la violence de ces mères, Paul prend la mouche.

– Bien sûr, mesdames, vous vous êtes toutes mariées vierges, n'est-ce pas ?

Un murmure de désapprobation parcourt l'assistance. Les mères se sont drapées dans leur dignité.

Et Paul aperçoit les enfants regroupés devant la grille qui n'en perdent pas une miette et pouffent.

– Retournez dans la cour, vous autres !

Les enfants déguerpissent en grand désordre et les mères s'éloignent en petits groupes agités. Paul cherche Aline. Sans succès...

Jusqu'au moment où Antoine, sorti en catimini, tire sur la veste de son père pour lui montrer la silhouette d'Aline à l'autre bout de la rue, elle disparaît dans un passage qui lui évite de traverser la place.

Le lendemain matin, Aline est là, fidèle au poste. Elle ne reparle pas de l'incident mais annonce à Paul sa ferme intention de quitter désormais l'école un quart d'heure avant l'arrivée des enfants. Décision que Paul accepte avec sagesse.

Et tout continue dans une certaine monotonie bienfaitrice. Jusqu'à ce jour du début d'avril où Aline et Paul, debout sur leurs vélos, grimpent une côte plutôt raide qui serpente au milieu d'un bois.

Loin devant eux, on aperçoit François, Antoine et Virginie qui roulent aussi vite qu'ils peuvent. Malgré sa grossesse bien avancée, Aline devance Paul qui a l'air à bout de forces. Il pose pied à terre et appelle son équipière. Elle s'arrête et revient vers lui. Il admire.

– Vous tenez une sacrée forme !

– L'habitude. Venez, on va se reposer un moment.

Ils posent leurs vélos et s'installent au pied d'un arbre. Paul souffle. Les enfants font demi-tour et reviennent vers eux.

– Ben alors, qu'est-ce qui se passe ? C'est encore toi, papa ?

Aline répond très vite :

– Non, c'est moi, je suis fatiguée.

– Allez jouer un peu dans le bois. On repart dans cinq minutes.

Paul remercie la jeune femme.

– Merci pour ce petit mensonge. Vous avez sauvé ma dignité paternelle ! Cela dit, ils me connaissent par cœur et ne manquent pas de se moquer de ce papa si peu sportif, le nez toujours dans les livres !

François saute hors d'un fourré.

– Hé, j'ai bien vu que c'était pas Aline qui avait craqué !

Il repart dans le bois. Paul et Aline éclatent de rire en échangeant un coup d'œil complice. Puis Aline fixe Paul.

– Monsieur Desmazures...

– Vous vous souvenez de mon prénom ?

– Ben... Oui.

– Alors, utilisez-le.

Elle sourit, touchée, et se tait.

– Qu'est-ce que vous vouliez me dire ?

– Je voudrais vous remercier.

– De quoi ?

– De votre amitié durant ces derniers mois. De m'avoir soutenue avec vos merveilleux enfants... Et de m'avoir rendue moins bête, aussi !

Paul regarde ses enfants qui passent près d'eux en se poursuivant et en criant de plaisir.

– Je vous en dois tout autant, Aline. Depuis la mort de leur mère, mes enfants ne se sont jamais laissés aller à être vraiment heureux. Sauf avec vous ! À chaque fois qu'ils vous voient, ils sont détendus et joyeux. Ils vous aiment énormément.

Ils restent un moment silencieux. Aline s'est appuyée contre le tronc d'un arbre. Paul la surveille discrètement.

Soudain, il se lance.

– Aline... Ce que je vais vous dire va peut-être vous paraître indécent. Mais... la vie nous a cruellement frappés tous les deux. Peut-être... pourrions-nous unir nos détresses. Pour en extraire un peu de bonheur.

– Qu'est-ce que vous voulez dire ?

– Aline... Je vous aime depuis la première minute où vous êtes entrée dans ma classe. Je ne vous demande pas d'éprouver la même chose. Mais avec le temps, peut-être... Épousez-moi, Aline !

Troublée, Aline se lève et fait quelques pas.

Un peu plus loin, les enfants sont cachés derrière un arbre. Ils ont entendu la demande de leur père et attendent avec angoisse la réponse de la jeune femme.

– Je ne sais pas, Paul... Je... Tout cela est difficile... J'ai besoin de réfléchir...

– Bien sûr.

Aline remonte sur son vélo et disparaît à toute vitesse. Les trois enfants s'approchent de leur père et l'entourent de leurs bras, tout en regardant Aline disparaître.

Le soir, la petite famille de l'instituteur se retrouve autour de la table. Tous sont épuisés et chacun cache sa déception. Car chacun, en secret, a peur de ne plus revoir Aline, peut-être trop effarouchée par la demande de Paul. Ainsi, quand des coups retentissent à la porte, après un bref instant où personne n'ose bouger, c'est subitement l'explosion et tous se précipitent ensemble vers la porte.

Aline est là, debout, et ils sont si surpris que personne ne pense à l'inviter à pénétrer dans l'appartement.

Elle rit doucement.

– Je peux entrer ?

Six petites mains se tendent vers elle et un homme lui prend la sienne pour lui faire franchir le seuil.

La noce a lieu deux semaines plus tard. Des tables ont été dressées dans la cour de la ferme, devant l'enclos des moutons. Des guirlandes de fleurs de papier sont suspendues aux façades des bâtiments et dans les arbres. Sur les draps blancs qui servent de nappes, les assiettes, les couverts et les verres dépareillés de Marie et de Flora, plus tous ceux que Paul a pu récupérer à l'école.

Le vin coule à flots. Après les pâtés et les poulardes, les tomates et les légumes du potager, les fromages de brebis fabriqués par Marie, la pièce montée est accueillie avec des cris d'admiration. Commandée par Flora dans la meilleure pâtisserie de Menton, veillée jalousement par Yvon pendant les huit kilomètres pour monter à Gorbio, elle est là, avec son couple de mariés au sommet.

Antoine tend une main gourmande, vite saisie par Virginie.

– Non, Toine ! Tu attends...

Edmond, le compagnon de Flora, s'est levé pour aller chercher sa surprise. Du vrai champagne qu'il sert avec fierté dans les verres de la cantine.

Les convives sont joyeux. Ils rient et chantent. Ils sont tous là, dans leurs beaux habits de fête, chemises blanches et costumes noirs pour les hommes, robes fleuries et rubans de couleurs pour les femmes.

Les trois enfants de Paul, la mère, la tante et le neveu de la mariée, sans oublier son frère en uniforme. Quelques voisins avec lesquels Marie entretient de bonnes relations.

En bout de table, le maire de Gorbio, Auguste Figuière, ceint de son écharpe tricolore, lève son verre en direction des mariés, Paul dans un costume noir tout neuf et Aline, sobrement vêtue de blanc, comme il convient à une mariée très, très enceinte.

– Je lève mon verre au bonheur de Paul et Aline Desmazures... et de leurs enfants... présents et à venir !

Le marié, très ému, dépose un baiser sur les lèvres de la mariée.

Elle a des larmes dans les yeux en murmurant pour lui seul.

– Merci de ce bonheur.

Il lui prend la main et la garde. Toine échappe à la surveillance de sa sœur et vient se jeter dans leurs bras. Virginie se précipite derrière lui et arrive trop tard pour le ramener à sa place. L'enfant s'est blotti contre Aline. La petite fille s'assoit sur les genoux de son père et Paul fait signe à François de les rejoindre. Le garçon, dans son premier costume dont il a refusé, à l'instar des autres, de tomber la veste, s'approche et pose la main sur l'épaule de son père. Aline lui sourit et lui tend la sienne.

La noce applaudit le joli tableau de famille et chacun trinque à la félicité des mariés et à l'avenir heureux des enfants.

Henri se lève à son tour et remercie Paul d'avoir si bien rempli la mission qu'il lui avait confiée avant de repartir au Maroc. Certes, il lui avait demandé de veiller sur sa sœur, pas de la lui enlever !

Tout le monde rit et Henri se rassoit avec un dernier toast silencieux en direction d'Aline. Sa sœur n'a pas le temps de lever son verre, elle est happée par Flora qui vient offrir à sa nièce une belle valise pour emporter ses affaires chez son mari...

Les toasts se succèdent et peu à peu la table se vide, des petits groupes se forment. Marie vient demander à son nouveau gendre la permission de lui enlever Aline. C'est lui qui se lève et entraîne les enfants, laissant sa place à sa belle-mère.

Les deux femmes se regardent, attendries. Marie défait la chaîne en argent qu'elle porte, à laquelle est suspendu un camée.

– Ça vient de maman, qui l'a eu de sa mère... Sois heureuse !

Aline a baissé la tête pour que sa mère fixe la chaîne dans son cou. Dans son dos, celle-ci poursuit :

– Tu fais le bon choix, ma fille. Ton enfant aura un père, c'est ce qui compte. C'est un homme bien, rends-lui les bienfaits qu'il te donne.

Aline regarde Paul et sourit sans rien dire. Les deux femmes s'étreignent un long moment.

Bien plus tard, dans l'après-midi, une voiture se gare devant l'enclos. Un homme d'une cinquantaine d'années à l'allure joviale en descend. Le marié se précipite pour l'accueillir. L'accolade entre les deux hommes est chaleureuse. Le nouveau venu s'excuse de n'avoir pu venir plus tôt. Ses obligations ne lui permettent pas toujours d'honorer ses devoirs d'amitié.

Paul l'entraîne vers sa femme, qu'il aperçoit en grande discussion avec son frère et le maire.

– Aline, Henri, monsieur le Maire, permettez-moi de vous présenter un vieil ami à moi, André Marcy.

L'homme prend la main de la jeune mariée et lui adresse tous ses vœux de bonheur. Avec humour, il lui dit quelques mots sur l'homme exceptionnel qu'elle vient d'épouser, un homme de cœur qui consacre sa vie aux enfants et à la justice sociale !

Paul proteste contre ce portrait trop flatteur. Mais Aline le fait taire et acquiesce à des propos si appropriés, avant de s'éloigner pour aller chercher une coupe de champagne pour leur nouvel invité.

Henri en profite pour intervenir.

– Vous êtes le député Marcy ?

L'homme, agréablement surpris, fixe son interlocuteur.

– Je ne me savais pas si célèbre.

– J'ai été écouter un de vos discours, il y a trois semaines.

Aline revient sans champagne, mais avec une bonne vieille gnole de derrière les fagots. Elle confie la bouteille à Paul et s'excuse de devoir les abandonner pour aider sa mère. Elle s'éloigne, non sans qu'André Marcy, très impressionné par sa beauté et sa stature, ne se réjouisse encore de la chance de son ami.

Les trois hommes se sont installés autour de la table et font honneur à l'alcool local. Les langues se délient.

Henri parle encore et toujours de sa récente expérience au Maroc et surtout de son ambition.

– L'armée, j'ai compris ! Paysan, j'irai jamais plus loin qu'adjudant, même en me faisant trouer la peau !

André Marcy est intéressé par la fougue du jeune homme et par sa volonté de faire bouger les choses.

– Ça vous dirait de participer à notre combat ? De militer ?

Henri comprend qu'une ouverture se présente à lui. Il lui faut convaincre pour emporter le morceau.

– Et comment ! Avec la misère qui s'est abattue sur nous après la crise de 1929, on n'a pas le droit de rester neutres. La société est en train de changer. Les gens voient bien que le système est en bout de course.

Le député passe vite au tutoiement des camarades de lutte.

– Je partage ton point de vue. Nous préparons les élections qui auront lieu dans trois semaines. L'Union des gauches a de bonnes chances, même si les buts communs entre radicaux et socialistes ne sont pas aussi nombreux qu'en 1924.

Henri confirme.

– Tout est à reconstruire, il faut tirer une bonne fois pour toutes les leçons de 14 !

– Avec des hommes comme Blum et Thorez, on peut espérer que ça va bouger.

Le député sort une carte de sa poche, qu'il tend à Henri.

– Viens me voir dès que tu auras fini ton temps...

Henri a un sourire furtif. Paul se réjouit de sa future adhésion. Edmond et des voisins viennent apporter contradiction ou soutien. François se glisse près de son père. La politique triomphe et la discussion se poursuit jusque dans la soirée.

La lumière baisse, la lune est visible et les femmes accompagnent Aline dans la maison pour l'aider à ranger ses affaires dans la valise, la toute première que la jeune femme ait jamais eue. Marie demande aux enfants de rester avec elle à la ferme et Toine se réjouit déjà de conduire le troupeau dans la montagne. Virginie, en revanche, a du mal à accepter de quitter son père.

Aline l'embrasse et lui offre le peigne qu'elle a dans les cheveux.

– Je te laisse ma chambre. Tu y trouveras peut-être d'autres petites choses à emporter chez nous. Tu veux bien ?

Virginie, curieuse, accepte.

Il fait nuit lorsque les mariés prennent place dans la voiture d'Edmond qui a tenu à les raccompagner en grand équipage à l'école.

Sur le bord de la route, Marie a quelques larmes en voyant sa fille quitter la maison et Virginie glisse sa petite main dans la sienne.

La voiture disparaît en direction du village. Marie fait rentrer tout le monde. Mais Henri n'est plus là. Elle cherche son fils et l'aperçoit qui grimpe le sentier en direction du cirque de montagnes. C'est là-haut, au pied de la muraille de pierres, qu'il a choisi de passer la nuit.

Dans l'appartement au-dessus de l'école, les mariés ont posé la valise et se regardent, un peu gênés. Paul, autant attentif que maladroit, a fini par faire faire le tour des trois pièces à son épouse : la pièce à vivre avec une petite cuisine au bout, la chambre des garçons, celle de Virginie et la sienne, enfin la leur maintenant !

Comme deux gosses empruntés, ils se bousculent un peu pour poser la valise et l'ouvrir. Paul s'excuse, montre encore le lavabo derrière un paravent et s'éclipse pour laisser sa jeune femme se préparer. Il va se déshabiller dans la pièce voisine.

Aline sort sa chemise de nuit de la valise et se prépare. En venant poser sa robe de mariée dans l'armoire, elle a un regard pour la valise, hésite... pour finalement soulever le rabat et fouiller dedans. Elle y récupère une liasse de lettres maintenues par une ficelle, glissée dans le livre de Poe que lui a donné Arnaud en gage de leur amour. Debout en chemise de nuit dans cette chambre inconnue, elle serre le tout contre son cœur.

Paul arrive discrètement sur ces entrefaites et surprend la scène par la porte légèrement ouverte. Il se retire sans bruit et revient quelques minutes plus tard, toussotant bruyamment pour prévenir de sa présence et laisser à Aline le temps de ranger son trésor.

Quand, enfin, il pousse la porte, il est subjugué par la beauté de sa femme. Elle est assise sur le lit et, dans cette simple chemise de coton blanc, ses cheveux épandus sur ses épaules, ses yeux brillants – de larmes ? –, son côté farouche et innocent à la fois, elle le touche au plus profond. Il s'immobilise au pied du lit.

– On n'en a jamais parlé, Aline... Je veux dire... Rien ne presse...

Aline lui sourit et, sans dire un mot, lui tend la main.

Paul s'approche et l'enlace. Doucement, il l'embrasse, la sent se raidir. Sans insister, il pose sa tête sur le ventre arrondi d'Aline. Tous deux restent ainsi et il sent avec émotion les coups de pied qui soulèvent la peau sous sa joue.

Soudain Aline se plie violemment, Paul se redresse et voit la grimace de douleur qui défigure la jeune femme. Il a déjà compris et sourit en l'entendant balbutier.

– Paul... Ça y est !

Paul a fait prévenir Marie par un petit voisin. Et, bien sûr, François, Virginie et Toine ont refusé d'être exclus de ce grand moment.

C'est ainsi que le lendemain matin, Paul et ses trois enfants patientent dans le couloir, devant la chambre où Aline accouche. Bruits mystérieux, allées et venues du Dr Boutin et de Marie avec des cuvettes d'eau chaude et des linges propres. Le temps s'étire et les enfants s'impatientent. Paul veut les envoyer jouer dehors, mais ils ne veulent pas rater la naissance.

Soudain, un cri les tétanise, aussitôt suivi par des pleurs de bébé...

Toine pousse son père.

– Vite, on y va, papa.

Paul fait un pas vers la porte lorsque celle-ci laisse apparaître la tête de Marie, abasourdie.

– Il y en a deux ! Ce sont des jumeaux ! Un fils et une fille !

Toine hurle de joie. Virginie reste bouche bée. Et François ne sait que répéter.

– Des jumeaux ? C'est pas vrai ! Deux d'un coup !

Mais celui qui reste tétanisé par la nouvelle, à la fois incrédule, médusé et fou de bonheur, c'est Paul.

Au chevet d'Aline, les enfants, impressionnés, n'osent pas bouger. La jeune femme tient l'un des jumeaux contre elle. Marie prend l'autre des mains du Dr Boutin qui vient de l'examiner et le tend à Paul.

– Votre fils !

– Comment il s'appelle ? demande Toine timidement.

Son père embrasse délicatement le front du nourrisson. Puis ce dernier regarde tendrement Aline.

– Tu es toujours d'accord ?

Elle sourit.

– Oui. Nous avions heureusement prévu deux prénoms, l'un pour une fille, l'autre pour un garçon...

– Et alors ? insiste Virginie.

Paul sourit en lui montrant le bébé qu'il tient.

– Voici Jean !

Aline berce l'autre.

– Et voilà Julie !

L'émotion que ressent la jeune accouchée à la vue des nouveau-nés est si violente qu'elle détourne la tête pour cacher les larmes qui lui montent aux yeux. Elle murmure dans un souffle au creux de la minuscule oreille du bébé qu'elle tient.

– Jean... Julie... mes amours !

Virginie fait le tour du lit pour voir la petite et Aline se redresse.

– Tu veux la prendre ?

– Je peux ?

– Oui, viens t'asseoir contre moi...

Aussitôt dit, aussitôt fait. Virginie se fige, n'osant plus bouger, examinant en détail le nourrisson.

Elle semble soudain perplexe.

– Dis Aline... Je me demande... Ils sont quoi pour moi ? Mon frère et ma sœur ?

– C'est ce que tu décideras, Virginie... Tu es plus grande qu'eux, c'est à toi de savoir...

– Moi, je dirais bien qu'ils sont pareils que Toine et François, puisque c'est la même famille !

Aline rit de bon cœur et serre Virginie contre elle.

– Tu sais que tu es mon trésor, toi !

Toine se précipite aussitôt.

– Et moi ?

– Toi aussi, Toine. Toi, Virginie, François, Jean et Julie, vous êtes tous mes trésors... N'est-ce pas, François ? Tu veux bien m'apporter Jean ?

François hésite une seconde, mais déjà son père lui tend le bébé et le garçon le prend avec précaution pour venir près d'Aline.

Paul reste un peu en retrait et regarde sa famille avec tendresse. Il doit se retenir pour ne pas pleurer de bonheur.

– 6 –

Famille

Ainsi, dès le lendemain du mariage, la vie de la famille Desmazures reprend-elle avec une intensité particulière. Cinq enfants, dont deux nourrissons, voilà de quoi occuper les journées d'Aline.

Il faut d'abord organiser l'espace. C'est dans la chambre de Virginie qu'est installé un lit de bois apporté par Marie, dans lequel les jumeaux dorment tête-bêche. La petite fille est folle de joie à cette idée, mais très vite elle est gênée par les pleurs qui la réveillent la nuit ou l'empêchent de faire ses devoirs. Elle découvre un autre inconvénient : les bébés ne sont pas des poupées à qui elle peut faire faire ce qu'elle veut ! Il faut vite trouver une solution. Et lui créer un espace à elle dans une pièce de l'école qui sert vaguement de débarras.

Après l'espace, c'est le temps qui demande à être restructuré. Obligés de respecter les horaires de l'école, Paul et ses enfants vivaient leurs heures de liberté dans une assez grande improvisation. Désormais Aline, l'air de rien, organise les journées en fonction du rythme des bébés et chacun ne peut que s'y plier. Elle n'est pas autoritaire, mais sait rester ferme face aux caprices, aux bêtises ou aux protestations des trois grands. Elle parvient même à obtenir des garçons qu'ils lui donnent un coup de main pour les tâches ménagères, ce qui ne va pas sans rouspétances : c'est un boulot de filles ! Mais ils savent qu'ils n'ont aucun recours car, même s'ils vont se plaindre à leur père, ce dernier donne raison à Aline, mettant un terme à toute tentative de rébellion.

La vie coule ainsi avec des bébés qui grandissent, magnifiques, et des grands qui s'épanouissent, curieux de tout. En dehors des cours, on chante, on raconte des histoires, on joue aux cartes, on se lance des défis, on court dans la montagne avec les moutons, on passe du temps chez Marie. Une vie normale pour une famille nombreuse, dans un petit village des années trente. Une vie pleine, dans un bel endroit, loin des rumeurs du monde et de l'inquiétante arrivée au pouvoir en Allemagne d'un petit peintre qui hurle des slogans antisémites et brûle les livres sur la place publique.

Une vie qui a toutes les apparences du bonheur, bien faite aussi pour dissimuler aux yeux de tous le chagrin qui ronge Aline, le deuil qu'elle ne parvient pas à faire. Il lui arrive souvent, quand elle est seule, de relire les lettres d'Arnaud et de murmurer son nom. Ou de dévisager longuement ses bébés pour y trouver la moindre ressemblance avec leur père.

Le temps s'écoule, les mois passent et une autre absence devient évidente : Henri ne donne pas de nouvelles. Depuis qu'il a rejoint le député Marcy, Aline ne sait plus rien de lui. Il n'est même pas passé faire la connaissance des jumeaux. Quand Aline en parle à sa mère, Marie, comme toujours, défend son fils : Henri a dû suivre le député à Paris. Il plaît à sa mère d'imaginer son aîné dans les couloirs de l'Assemblée nationale. Une grande carrière l'attend ! ne cesse-t-elle d'affirmer. Une perspective qui ne console pas Aline.

Les jumeaux vont bientôt fêter leurs deux ans, ils marchent et ont inventé un langage à eux. Ce soir-là, Paul est absent, il est allé assister à une réunion politique. Lorsqu'il revient, les enfants dorment et Aline l'attend en lisant. Elle voit tout de suite l'air soucieux de son mari. Elle le prend tendrement dans ses bras.

– Tu as des ennuis ?

– Non, non.

– Si je vois bien... Raconte.

– Tu as des nouvelles d'Henri ?

L'angoisse est immédiate.

– Non... Qu'est-ce qui se passe ?

– Je ne sais pas. Marcy était présent à la réunion. Pas ton frère. Henri a milité très activement pendant dix-huit mois et il a brusquement disparu.

– Tu sais, Henri a toujours été comme ça. Quand nous étions enfants, il lui arrivait de disparaître plusieurs jours. Il restait dans la montagne... Il revenait toujours... Il reviendra.

Mais en dépit de son apparente assurance, Aline ne cesse de penser à la disparition d'Henri. Où peut-il être ? Et surtout pourquoi reste-t-il à l'écart de sa famille ? Pourquoi ne lui donne-t-il, à elle, aucune nouvelle ? C'est la nuit que l'angoisse monte, avec des scénarios inquiétants, qu'elle chasse en se levant et en briquant tout ce qui lui tombe sous la main. Paul, désolé, ne sait plus quoi faire pour la rassurer et se reproche de n'avoir pas su se taire.

Rongée de l'intérieur, Aline ne voit plus le temps passer. Elle accomplit toutes ses tâches machinalement et ne se déride qu'avec les jumeaux, à qui elle est incapable de résister. Leurs facéties la font rire et elle a bien du mal à les gronder.

Ce matin-là, elle est avec eux sur la place du village où a lieu le marché. Pour récupérer ce qu'elle vient d'acheter et pour payer, elle doit leur lâcher la main et il lui faut régulièrement courir derrière les deux petits qui s'échappent en trottinant. Une fois encore, la voilà obligée de se précipiter près de la fontaine, autour de laquelle Jean et Julie se poursuivent en riant.

– Jean, Julie, venez, on rentre.

Une silhouette élégante, appuyée contre le vieil orme, la stoppe net dans son élan. Henri ! Il la regarde en souriant et ce sourire donne à Aline l'envie de le frapper autant que de l'embrasser.

– Tu n'as pas le droit de me laisser sans nouvelles si longtemps !

Avec son charme habituel, il avance et la prend dans ses bras.

– Pardon, petite sœur.

Incapable, depuis l'enfance, d'en vouloir à son frère plus de trente secondes, Aline fond. Les jumeaux, intrigués de voir leur mère ne plus s'occuper d'eux pour parler avec ce monsieur inconnu, s'approchent et s'accrochent à sa jupe.

Henri se recule pour observer le tableau.

– Ils sont superbes !

Jean lève ses yeux bleus pour dévisager l'intrus. Henri sourit.

– C'est fou ce qu'il ressemble à...

Un nuage assombrit le visage de sa sœur. Il n'ose finir et Aline change vite de sujet.

– Paul a parlé au député Marcy. Il paraît que tu as complètement abandonné le parti et que tu as rejoint un groupe d'extrémistes.

L'expression d'Henri se durcit.

– Marcy et ses militants sont de doux rêveurs. Des inutiles ! Ils ne savent que discuter autour des mêmes idées.

– On peut faire de la politique autrement ?

– Oh oui ! En mettant ses idées en pratique et en se donnant le pouvoir de les imposer.

Aline, tirée par les petits qui s'impatientent, marche vers la rue de l'école, tout en continuant la discussion avec son frère.

– Tu sais bien ce qui arrive quand on veut imposer ses idées. Ça conduit souvent au fascisme.

Son frère rit doucement.

– Tu as grandi, petite sœur, c'est bien.

Tous deux observent un instant de silence, puis, brusquement, Henri s'enflamme.

– Laisse-moi atteindre mon but ! Quand je serai au sommet, je viendrai te chercher. Et c'est tout en haut que nos rêves d'enfants se réaliseront.

– Je n'ai jamais rêvé d'atteindre les sommets. Je veux être fière de ma vie, c'est tout !

Henri sourit et plonge la main dans une poche de sa redingote.

Il en extrait une petite boîte qu'il tend à Aline.

– Je sais que, normalement, c'est pour le baptême. Mais je voulais que ça soit du beau, alors j'ai attendu un peu... beaucoup !

Elle s'arrête pour ouvrir le petit écrin et découvre deux gourmettes aux noms de Julie et de Jean.

– Elles sont magnifiques !

Elle pose son panier et s'accroupit pour mettre la première au poignet de Julie.

– Regarde comme c'est beau. Dis merci à ton oncle Henri.

La petite fixe son oncle en balbutiant un merci. Et Aline recommence avec Jean qui, lui, file sans dire quoi que ce soit. Aline le rappelle, mais Henri vient d'apercevoir Paul qui sort avec ses élèves dans la cour.

– Laisse-le, va... Je dois y aller !

– Oh, non ! Tu pars déjà ?

Il l'embrasse rapidement.

– Dis bonjour à Paul. Je te donne des nouvelles très vite.

L'inquiétude s'empare à nouveau d'Aline.

– Henri ! Ne fais rien que tu puisses regretter. Je te connais : le regret est la pire chose qui puisse t'arriver.

Henri l'embrasse à nouveau sans répondre et s'éloigne rapidement.

*
**

Si Aline avait pu suivre son frère, toutes ses craintes auraient été justifiées. Non seulement en découvrant la bande d'exaltés à laquelle il s'est accoquinée, prête à tout pour bouleverser l'ordre des choses, mais surtout par la volte-face que les événements vont provoquer chez lui dans les jours à venir.

Pour l'instant, Henri lui-même ignore ce changement qui se profile. Il se rend dans la capitale régionale à la réunion d'un puissant homme de droite. Il retrouve devant la salle les camarades de son groupuscule venus en découdre avec leurs adversaires.

Toute la gauche a vu dans les émeutes parisiennes, les seize morts et les centaines de blessés du tragique 6 février 1934, une tentative de coup d'État fasciste menée par les ligues d'extrême droite. Depuis, face à ce réel danger, les militants des différents partis de gauche poussent leurs chefs à s'unir pour gagner les prochaines élections législatives. Leurs aspirations rejoignent le calcul de... Staline. Avec l'ascension d'Hitler, le petit père des peuples craint une contagion des régimes anticommunistes en Europe. Pour la prévenir, il demande aux chefs des partis communistes de chaque pays de faire alliance avec les autres partis de gauche, y compris les socialistes abhorrés. À la marge de la gauche ultra, Henri nage avec bonheur dans cette agitation et il est le premier à vouloir en découdre avec les ennemis de classe.

Au-dessus de la porte de la salle de réunion, une grande banderole annonce : *Le sénateur-maire Georges Reignier s'adresse à la population de Nice*. Une foule de gens se presse dans le hall. Quatre costauds du service d'ordre tendent des petits fanions portant le nom du sénateur.

Henri et ses camarades passent devant les vigiles mais, immédiatement, l'un d'entre eux est arrêté par un gros bras.

– Eh toi ! T'es sûr que c'est ici que tu dois aller ?

– Dis donc, j'ai le droit de venir applaudir le sénateur !

Le camarade interpellé sait comment se sortir de cette situation. Il se met à brailler :

– Vive Reignier ! Reignier président ! Reignier président !

Le videur le laisse passer. Henri sourit et entre, signalant à voix basse aux autres qu'il leur donnera le signal du chahut. Le groupe s'éparpille dans la salle.

Brusquement, une clameur éclate : le sénateur entre sur l'estrade, acclamé par la foule. C'est un homme massif et puissant, aux tempes grisonnantes, à la voix grave et forte, qui captive immédiatement Henri.

– Mes amis ! Merci d'être venus si nombreux ! Notre ville montre ainsi qu'elle saura empêcher la vermine rouge d'envahir notre pays !

L'émotion et la ferveur sont palpables. Les yeux d'Henri balaient l'estrade et se posent sur une jeune fille élégante, jolie et réservée, assise un peu en arrière de l'orateur.

La voix résonne, toujours plus convaincue, vibrant de ferveur.

– Et la jeunesse de ce pays doit réagir...

Georges Reignier se tourne vers la jeune fille qui acquiesce d'un discret mouvement de tête. Puis il reprend son auditoire dans le magnétisme de son regard.

– ... en refusant le collectivisme ! Le paysan doit garder sa terre et l'ouvrier le fruit de son travail !

Henri est visiblement fasciné par l'aura du sénateur.

Un membre de son groupe s'approche de lui.

– Hé ! Dis donc, camarade. On va le laisser brailler combien de temps, ce vieux facho ?

Henri redescend sur terre.

– Allez-y, c'est le moment.

L'homme fait signe aux autres.

Un cri jaillit sur-le-champ.

– À mort les fascistes !

Une rumeur indignée répond à ce cri. Les gars du service d'ordre se précipitent pour rechercher le fauteur de troubles.

La voix du sénateur domine le chahut, cherchant à calmer l'auditoire.

– Mes amis ! Mes amis ! Ne cédez à aucune provocation ! Notre combat est juste et...

Plusieurs autres cris émanant de plusieurs endroits de la salle l'interrompent.

– Fascistes ! Assassins ! Le fascisme ne passera pas !

Une bagarre se déclenche. La panique s'installe très vite. Henri observe le sénateur. Il voit deux des hommes du service d'ordre s'approcher de lui et l'inviter à quitter la salle avec la jeune fille. Le groupe sort sur le côté de l'estrade. Henri se fraye un passage à coups de coudes jusqu'à la sortie. Sur son chemin, il se heurte à l'un de ses camarades qui ne comprend pas cet élan vers la sortie et veut s'y opposer. Sans hésiter, il lui assène un violent coup de poing.

À l'extérieur de la salle, les gens courent en tout sens. Henri aperçoit Reignier et la jeune fille entraînés par le gorille du service d'ordre vers une automobile qui attend, portes ouvertes. Avant qu'ils aient pu l'atteindre, une horde fonce en hurlant vers eux et le gorille, aussi costaud soit-il, est vite débordé par le nombre. Le sénateur et la fille sont bousculés par la foule en furie. Dans le chaos, ils sont arrachés l'un à l'autre et la jeune fille tombe, manquant d'être piétinée.

Une silhouette force le passage et une main puissante la saisit par le bras et la relève, l'arrachant à la foule en dépit des coups et de la bousculade. Henri, car c'est lui qui s'est précipité, soutient maintenant la jeune fille, la portant pratiquement jusqu'à la voiture de Reignier. Le visage couvert d'ecchymoses, la manche de sa veste arrachée, il échange un bref regard avec le sénateur. L'émotion est perceptible dans la voix de l'homme politique quand il remercie le sauveur de sa fille d'un bref :

– Merci, monsieur.

La jeune fille disparaît dans la voiture dont les portières claquent. Henri, vaguement déçu, regarde la somptueuse berline s'éloigner. Soudain, le joli visage se profile par la vitre arrière et les yeux bruns se fixent sur lui, ne le lâchant plus jusqu'à ce que la voiture tourne.

*
**

À Gorbio, le soir tombe et Aline termine de faire le tour des enfants qui dorment tous. Elle entre dans la chambre des jumeaux.

Quand ils ont commencé à s'asseoir, puis à se lever dans leur lit de bébés, Paul leur a fait fabriquer un deuxième lit afin qu'ils soient plus à leur aise. Mais les petits ont obstinément refusé d'être séparés pour dormir et, en dépit des efforts d'Aline pour les coucher chacun dans le sien, au matin, elle les retrouvait systématiquement ensemble. De préférence dans le vieux lit, celui que Marie avait apporté de la ferme, dans lequel Henri puis Aline avaient eux-mêmes dormi autrefois.

Ce soir-là, elle se penche vers eux et les contemple, si sereins dans leur sommeil, toujours blottis l'un contre l'autre, un sourire flottant sur leurs lèvres. Elle touche le livre de Poe, posé sur la commode, tout près. Le livre donné par Arnaud reste le talisman qui la relie au passé et la fait espérer elle ne sait pas vraiment quoi.

Doucement, elle embrasse Jean et Julie et leur murmure :

– Votre père serait si fier de vous !

Elle n'a pas vu Paul dans l'entrebâillement de la porte, qui allait la rejoindre et qui se recule vivement avec une grimace de douleur.

Un peu plus tard, lorsque Aline rejoint la salle à manger, elle trouve Paul assis, la mine grave, plongé dans son journal. Elle vient près de lui et presse son épaule avec tendresse. Il lève la tête pour la regarder un instant en silence. Elle soutient son regard avec une tranquillité qui lui fait douter de ce qu'il a vu et entendu.

D'un geste léger, elle lui lisse le front.

– Tu as l'air préoccupé. De mauvaises nouvelles ?

– Oui, maintenant que son parti a été plébiscité par plus de 90 % des Allemands, Hitler fait triompher ses thèses. Au nom de la race aryenne, les nazis persécutent tout ce qu'ils appellent les races inférieures. Les Juifs sont les premiers visés...

– Mais les autres pays européens vont réagir !

– Tu parles ! Ils ont tellement peur de la guerre que pas un chef d'État n'a protesté. Tu sais, Aline, j'en ai marre de vivre ici. Il va se passer des choses très graves en Europe...

– Où veux-tu aller ?

Il se lève avec un sourire, se dirige vers le buffet et en sort une brochure, qu'il lui tend.

– Regarde ! L'État propose des conditions très avantageuses aux Français qui acceptent de s'expatrier dans le protectorat marocain. Ils offrent des terres à des prix très bas.

Aline le regarde, étonnée.

– Tu te vois en paysan ?

– Oh, non, pas moi ! Mais ils cherchent aussi des instituteurs et du personnel médical, tout ce qui peut recréer les conditions de vie auxquelles nos ressortissants sont habitués et améliorer celles des Marocains. Je pourrais continuer à enseigner... Et toi, tu pourrais exploiter une terre avec les enfants. Qu'est-ce que tu en dis ?

Elle est trop surprise pour savoir quoi penser.

– Rien... Je ne sais pas...

– On ne s’en sort pas ici, avec mon salaire. Je toucherais presque le double, là-bas...

– C’est tentant. J’ai besoin de réfléchir.

– D’accord ! Bon, je suis épuisé, je vais me coucher. Tu viens ?

– Je finis de ranger et je te rejoins.

Il quitte la pièce avec un signe d’encouragement pour qu’elle regarde la brochure qu’il lui a donnée.

– Tu verras, ce n’est pas une si mauvaise idée.

Paul sort. Aline s’assoit pour feuilleter la plaquette. Elle ne lit pas, elle passe sur les photos du pays et de ses habitants. Soudain, elle tombe sur une photographie de Berbères à cheval dans le désert marocain. Elle ne peut plus en détacher les yeux. La tête lui tourne.

À l’orée du pays du vent et du vide, dans des contreforts usés et arides, près de quelques trop rares buissons acérés, un feu scintille entre des tentes de Berbères. Éclairée par la lueur des flammes, une femme natte les cheveux de sa compagne avec des brins de laine rouge. D’autres femmes préparent le thé à la menthe et le servent. L’une d’elles chante, les autres l’écoutent et l’accompagnent en marquant le rythme.

Un seul homme est assis avec les femmes, près de celles qui l’ont soigné. La plus vieille, dont le visage buriné a la couleur ocre de la terre et se creuse des mêmes rides. L’autre, tout jeune, au port noble, aux yeux de gazelle, portant les bijoux qui indiquent son ascendance.

L’homme termine son verre de thé avant de se lever et de s’éloigner. L’ancienne le regarde s’éloigner et lâche quelques mots en berbère à la jeune femme sur le malheur de celui qui ne sait plus son nom.

L’homme sans nom se tient un peu plus loin, à l’écart, seul debout face à l’immensité du désert baigné par la lune. Ses yeux semblent adresser au ciel une interrogation muette.

Ce même ciel que contemple Aline par-delà les terres et la mer. Aline dont le vertige dure, la laissant sans souffle, avec cette sensation d’un appel au fond d’elle auquel elle ne peut répondre.

*
**

À Nice, des hommes et des femmes s'activent à la permanence du sénateur Reignier, un ancien magasin dans une rue centrale très fréquentée. Debout dehors devant la vitrine, Henri observe les allées et venues des permanents, cherchant le visage de celui qu'il est venu voir. Il ne reconnaît personne, mais finit par se décider, sans savoir vraiment à qui s'adresser. La secrétaire admire la prestance de l'inconnu et s'empresse de lui demander ce qu'il désire.

– Je m'appelle Henri Boissières... Je... voudrais parler à monsieur Reignier.

– Vous avez rendez-vous ?

– Non.

Le visage de la secrétaire se ferme.

– Alors, ça va être difficile. Monsieur Reignier est en entretien et doit se rendre à la préfecture immédiatement après.

Henri s'incruste, hésitant sur la marche à suivre. La secrétaire veut le convaincre que cela ne sert à rien d'attendre lorsque la chance sourit au nouveau venu. Le sénateur sort de son bureau pour raccompagner son visiteur.

Il passe devant Henri sans paraître le reconnaître, l'ignore et s'adresse à sa secrétaire.

– Qu'est-ce que c'est, Martine ?

– Monsieur voulait vous voir, mais je lui ai dit...

Reignier la coupe et désigne la porte de son bureau à Henri.

– Entrez.

Il a devancé le jeune homme et, toujours sans paraître lui prêter attention, range quelques documents dans un cartable en cuir.

– Je dois être à la préfecture dans un quart d'heure, alors faites vite. Qu'est-ce que vous voulez ? De l'argent ?

Henri sursaute, choqué.

– Non, monsieur.

– Alors quoi ?

Le ton est brutal, mais Henri ne se laisse pas impressionner.

– Je veux travailler avec vous.

Reignier le considère un moment avec dureté, avant de lui faire préciser :

– Vous étiez avec la bande d'anarchistes qui a provoqué une bagarre pendant ma réunion, n'est-ce pas ?

Henri hésite un court instant, mais la réponse claque, assurée.

– Oui, monsieur.

– Et alors ?

– Vous m'avez convaincu.

Reignier émet un rire méprisant et désagréable en le jaugeant un instant.

– Sûrement pas. Il est visible que vous êtes un opportuniste, prêt à tout pour sortir de son milieu.

Henri se brusque.

– Qu'est-ce que vous savez de mon milieu ?

– Je sais reconnaître un paysan, même avec une belle gueule et un beau costume. Vous avez saisi l'occasion de sauver ma fille... Et maintenant vous me demandez de payer ma dette !

Sans mot dire, Henri lui tourne le dos et se dirige vers la sortie.

Juste avant qu'il ne sorte de la pièce, Reignier poursuit.

– J'ai besoin d'un secrétaire, un homme à tout faire qui m'accompagne dans mes déplacements. Vous êtes disponible ?

Henri se retourne.

– Je croyais...

Reignier sait qu'il l'a désarçonné. Il esquisse un sourire de satisfaction.

– M'avoir déçu ? Au contraire ! Les gens comme vous sont précieux pour les gens comme moi. Mais c'est à partir de maintenant qu'il ne faut pas me décevoir.

Henri se détend, mais contient son sentiment de triomphe.

– Je commence quand ?

– Je pars ce soir pour Menton.

Henri lui répond du tac au tac.

– Le temps de prendre des affaires.

Le soir même, après une journée à suivre le sénateur dans toutes les réunions prévues avec les différentes instances de la ville, Henri se retrouve invité dans la somptueuse maison de son nouveau patron, une construction baroque plantée sur une avancée rocheuse qui surplombe la mer.

Georges Reignier se détend enfin, installé dans un fauteuil sur la terrasse, verre de cognac à portée de la main, boîte de cigares ouverte devant lui. Tout en humant le bâton de chaise qu'il vient de sortir, il observe Henri qui admire le panorama, faisant tout pour dissimuler son malaise.

– Vous fumez le cigare ?

– Non, mais je veux bien essayer.

Le garçon a de la ressource. Il sait comment séduire sans rien dévoiler de ce qu'il ressent. Il faut l'œil aigu du sénateur et son goût de l'observation pour déceler la gêne.

Henri s'approche et observe Reignier sacrifier de manière très détendue au rituel de la préparation des cigares.

– Alors Henri, qu'avez-vous pensé de cette journée ?

– Instructive. Très instructive.

Reignier s'amuse. Son ton est narquois quand il donne sa propre analyse de la journée.

– Le maire ne fait rien sans consulter cette dame qui était à ses côtés... Et vous lui avez tapé dans l'œil ! Très bien ! Occupez-vous d'elle pendant vos loisirs, ça facilitera nos rapports avec le maire.

Par la porte-fenêtre, Henri aperçoit la fille du sénateur, dont il sait maintenant qu'elle s'appelle Mathilde. La jeune fille est assise près de sa mère dans un petit salon et jette de fréquents coups d'œil vers la terrasse.

– Mais si vous regardez ma fille comme vous avez regardé la conseillère du maire, je vous étripe !

Le ton du sénateur ne plaisante plus. Henri ne répond pas. Mathilde jette au jeune homme un dernier regard qui n'échappe pas à Reignier.

Le sénateur cache son agacement sous un air imperturbable.

– Vous voulez prendre congé ?

– Faites-le pour moi.

Les yeux de Reignier pétillent. Il ne peut s'empêcher de sourire.

– Vous êtes un malin ! Je vais me coucher. Demain soir, nous partons pour Paris. Jeudi, nous redescendons sur Lyon, puis retour ici. Je vous retrouve à la gare demain à 6 heures. Occupez-vous des billets.

– Très bien, monsieur. Bonsoir.

Henri s'éloigne et attend d'être hors de vue pour se retourner et guetter la silhouette de Mathilde qui s'est levée et a rejoint son père.

*
**

Si la brusque apparition d'Henri sur la place du marché a rassuré Aline, le silence dans lequel son frère la laisse à nouveau lui reste incompréhensible. Elle a beau avoir justifié l'attitude de son aîné aux yeux de son mari, en affirmant que ces disparitions subites étaient dans sa nature, elle n'en est pas moins blessée. Paul sent bien que plus les jours passent plus sa femme s'assombrit, alors il évite d'aborder les sujets qui fâchent. L'été touche doucement à sa fin sans plus de nouvelles. Et l'instituteur en vacances fait tout pour que la famille profite au mieux de ces moments de liberté.

Mais en lisant le journal, ce matin-là, assis dans la cour de l'école, Paul tremble à la vue du titre qui fait la une. Il a une grimace de colère en repliant le journal qu'il fourre dans sa poche. Il va rentrer dans la classe lorsque Aline, qui joue au ballon avec les jumeaux, l'appelle pour lui faire admirer les dons de Jean.

– Regarde !

Il se retourne et la grimace devient sourire.

– Oui, bravo ! Un futur footballeur !

Et Paul disparaît dans la classe. Aline appelle les trois grands pour qu'ils continuent le jeu avec les jumeaux. Toine et Virginie se précipitent, amusés, et prennent le relais. Attendrie, Aline les considère un instant avant de s'engouffrer dans la classe derrière Paul.

Parvenue près de son mari, l'expression de la jeune femme change. Elle le fixe, tendant la main.

– Allez, montre !

Paul tente bien de ne pas accéder à la demande. Peine perdue !

– Inutile de me le cacher. Je sais que quelque chose de grave est en train d'arriver. Je le sens. Je suis une sorcière, tu te souviens ? Donne-moi ce journal.

Paul cède et lui tend le quotidien, qu'elle déplie nerveusement. Sur la première page, une photo montre Henri enlaçant une inconnue dans un parc. Une jeune fille dont le port de tête et la tenue sophistiquée révèlent la probable origine bourgeoise. La photo est sous-titrée : *La belle épouse le secrétaire.* Et l'article qui l'accompagne annonce le mariage de Mathilde Reignier avec Henri Boissières, le secrétaire du sénateur Georges Reignier, ce samedi 22 septembre, dans la propriété de la famille de la jeune fille à Menton.

Aline, livide, lit et relit comme pour se convaincre de la réalité des lignes qui dansent devant ses yeux.

Paul va parler, elle fait un geste pour l'en empêcher, mais la colère de son mari éclate.

– Ton frère est un traître. Tu te rends compte ? Reignier ! Ce salopard de droite !

Aline sursaute et son regard foudroie l'homme qui se tient devant elle, devenu celui qui attaque son frère.

– Je t'interdis de le critiquer. Si tu avais eu la même vie que nous, tu comprendrais !

– Parce que tu crois que ma vie a toujours été rose ? Moi aussi, j'ai du mal à joindre les deux bouts. J'élève cinq enfants avec un salaire de misère et, pourtant, je n'ai jamais trahi ce à quoi je crois. Pour couronner le tout, je vis avec une femme qui ne cesse de penser à un soldat qu'elle a croisé cinq jours dans sa vie.

Aline recule comme s'il l'avait frappée.

– Tu n'as pas le droit de dire ça, Paul. C'est toi qui es venu me chercher. J'étais prête à me laisser mourir et tu m'as offert de survivre. Mais je ne t'ai jamais menti. Tu savais ce que j'éprouvais pour Arnaud. Tu savais que ce serait difficile de l'oublier.

– Ça fait presque trois ans qu'il est mort, Aline ! Et tu continues à contempler ses lettres en cachette. Et ce livre que tu gardes comme une relique et que tu n'oses pas lire pour tenir ta promesse à un cadavre qui pourrit dans un désert. C'est ridicule !

Aline, sous le choc, le dévisage. Les larmes plein les yeux, se retenant de le frapper, elle fait brusquement demi-tour. Paul, sonné, donne un violent coup de pied dans une chaise qui valse à travers la classe.

– Et merde !

À Menton, dans le fastueux parc de la propriété de Georges Reignier, tout ce que la région compte de notables est réuni autour d'un buffet. De richissimes amis, de puissants hommes politiques, des personnalités du monde des arts ont fait le voyage depuis Paris pour l'événement. Le sénateur, en queue-de-pie, est en grande conversation avec un ministre lorsque le couple de mariés apparaît sur la terrasse. Les invités applaudissent les deux jeunes gens, Mathilde rayonnante dans une robe de Poiret sous un voile de dentelle ancienne, Henri sanglé dans son habit.

Le ministre apprécie en connaisseur.

– Bel animal, votre gendre ! Vous connaissez son pedigree ?

– Il vient directement de mon écurie, monsieur le ministre. Il n'existait pas avant moi. Mais il promet... y compris sur des terrains lourds. Ma fille m'a menacé d'un suicide si je n'acceptais pas le mariage.

Le ministre compatit. Les deux hommes se taisent pour regarder Henri et Mathilde s'avancer vers eux. Le ministre les félicite et leur adresse ses vœux de bonheur. Henri veut le remercier, mais il est interrompu par l'irruption d'un garçon en livrée, qui s'approche du sénateur et lui parle à l'oreille.

– Excusez-nous, monsieur le ministre.

Reignier attire son gendre à l'écart. Il est manifestement contrarié.

– Votre sœur est ici et elle fait des histoires à l'entrée. Vous me réglez ce problème rapidement et avec discrétion.

Mathilde les rejoint.

– Que se passe-t-il ?

Son père la retient et fait signe à Henri d'y aller. Le marié s'éloigne sous le regard irrité du sénateur, ce que la plupart des invités ne manquent pas de remarquer.

À la grille de la propriété, Aline est aux prises avec le service d'ordre, en l'occurrence les deux habituels gorilles qui suivent le sénateur dans ses réunions. Elle pousse un soupir de soulagement en apercevant son frère en haut de l'allée, où il s'est arrêté, intercepté par un invité qui lui serre la main. Elle crie pour attirer son attention, sans prendre conscience qu'elle attire définitivement l'attention de la noce sur ce qui se passe à l'entrée du parc. Les gens observent et peu à peu affluent vers la grille, forçant le sénateur et sa fille à précéder le mouvement. L'un des costauds aperçoit son patron et guette le signe qui lui indiquera quoi faire. Reignier donne son accord pour qu'il laisse passer Aline.

La jeune femme se précipite vers son frère, sans voir la mariée et son père restés un peu en retrait.

– Henri !

– Tu ne devrais pas être là.

Elle recule devant l'évidence. Henri ne veut pas d'elle. Il a parlé à voix basse sur un ton ulcéré.

Un homme en smoking a perçu le désarroi de la jeune femme et s'approche en plaisantant.

– Laissez donc ce jeune marié, mademoiselle, et venez prendre une coupe de champagne avec moi.

Le regard de colère glacée que lui lance Henri l'empêche de prendre le bras de la jeune femme. Il disparaît sans rien ajouter.

Aline s'est reprise et fait front.

– Je ne dois pas être au mariage de mon frère ?

Elle parle maintenant avec une extrême douceur. Henri l'observe, entre désespoir et colère.

Elle insiste.

– Tout ce que nous avons vécu ensemble, tu vas y renoncer pour... ça ?

Elle a désigné les groupes d'invités silencieux, en robes longues et smokings. Henri parvient à souffler un « Oui, Aline », qui déclenche un petit rire d'incompréhension et de douleur chez sa sœur.

– Je ne te crois pas. Tu n'es pas comme ces gens. Tu es plus fort que ça. Personne n'a jamais pu t'imposer quoi que ce soit.

Elle doit s'arrêter pour laisser passer les derniers membres de l'orchestre qui entrent dans la propriété. Mathilde profite de ce répit pour faire deux pas vers son mari.

Aline l'examine rapidement et plante ses yeux dans ceux de son frère.

– Elle est belle. Épouse-la, mais ne renie pas ce que tu es.

On sent Henri à deux doigts de craquer et de se jeter dans les bras de sa sœur, mais le sénateur rejoint sa fille. Henri croise le regard autoritaire de celui dont dépend son avenir.

Il se reprend.

– Tu te trompes, Aline. Ma vie est ici, maintenant.

La violence de la douleur est telle qu'Aline se raidit sous les airs sans bienveillance de tous ces gens.

– Très bien. Je comprends...

Henri, conscient de l'impatience de Reignier et de Mathilde, s'éloigne. La voix d'Aline dans son dos est si désespérée qu'il stoppe net.

– Attends ! Laisse-moi te voir, juste un peu... Une dernière fois !

Il se retourne et croise son regard éperdu d'amour. Le temps s'arrête un instant... une éternité.

Puis, très vite, Aline détourne la tête et marche vers la sortie.

Le silence est total. Henri, ravagé, se force à afficher dureté et superbe. Il croise le sénateur sans rien dire et prend le bras de sa toute nouvelle épouse. Affichant un sourire insolent, il fait un signe vers les musiciens installés sur la terrasse.

– Musique !

Le ministre se rapproche de Reignier.

– Je vois ce que vous vouliez dire, mon cher.

S'éloignant le long de la grille de la propriété, Aline sent ses jambes se dérober sous elle. Elle va s'affaler, lorsque des mains nerveuses la retiennent et la remettent sur pied.

Une voix lui susurre.

– Ce monde-là est plus féroce que le vôtre, n'est-ce pas, madame Desmazures ?

Elle lève les yeux pour découvrir le visage froid et maigre de celui qu'elle pensait ne jamais revoir, l'inspecteur Le Hennin.

*
**

Depuis le départ brutal d'Aline en fin de matinée, Paul ne cesse de tourner et de retourner dans sa tête les horreurs qui lui ont échappé sous le coup de la colère. Il a couché les enfants et attend dans le noir le retour de la jeune femme, de plus en plus angoissé alors que les heures avancent. Enfin, la porte s'ouvre.

Il se précipite.

– Oh ! Te voilà ! Aline, je te demande pardon de ce que j'ai dit... Je...

Elle le coupe d'une voix monocorde.

– Non, tu avais raison.

Elle est défaite et il est effrayé par l'intensité de son regard.

– Tu m'aimes, Paul ?

Bouleversé, il ouvre les bras.

– Tu le sais bien.

Elle ne bouge pas.

– Dis-le-moi.

– Je t'aime, Aline... Je t'ai aimée dès la première seconde et je t'aimerai pour le restant de mes jours

Aline lui sourit, d'un sourire désespéré. Elle laisse glisser sa robe sur le sol.

– Aime-moi, Paul. Aime-moi comme tu ne l'as jamais fait...

Paul s'approche, la prend dans ses bras et l'emporte sur le lit.

Là, il s'allonge doucement contre elle, l'enlace et laisse ses lèvres parcourir sa peau et trouver les endroits secrets pour l'amener peu à peu au plaisir...

Un souffle dans la brise, une ombre dans la nuit, une présence réduite à un regard perçant. Indécelable... Le regard épie... Il cherche la jeune fille dans sa pureté, il trouve la femme dans le plaisir... Le souffle devient rauque...

*
**

Dans la suite princière d'un hôtel de luxe de la Côte, la fille du sénateur Reignier, devenue Mme Boissières, est assise sur le lit dans un vaporeux déshabillé. Peu instruite par sa mère de la réalité de la nuit de noces, elle attend son mari avec une certaine angoisse.

Henri sort de la salle de bains, débarrassé de son habit et du nœud qui lui serrait le cou, mais toujours en pantalon et en chemise. Il jette à peine un œil à la jeune femme ravissante qui l'attend sur le lit et va jusqu'à la porte-fenêtre, où il reste debout dans l'embrasure, raide et tendu, face au scintillement de la mer éclairée par la lune.

Mathilde, désarçonnée, tente d'établir un contact.

– Papa nous offre sa maison du Canet en cadeau de mariage.

Henri ne se retourne même pas.

– Je sais, il me l'a dit. C'est très généreux de sa part !

Elle hésite un moment, mais refuse de laisser le silence retomber.

– Tu veux qu'on parle de ce qui s'est passé ?

– Non.

Le ton est brutal et elle en bafouille.

– Mais tout de même, Henri... Ta sœur...

Il se retourne brusquement et elle s'effraie de la fureur qu'elle peut lire sur le visage de ce presque inconnu, à qui elle vient de se lier pour la vie.

– Je ne veux pas qu'on en parle. Plus jamais, tu entends ? Elle n'existe plus. Définitivement !

Et il disparaît sur le balcon.

Mathilde, effrayée, se glisse dans les draps qu'elle ramène sur elle avec pudeur.

Le ciel se teinte de rose et la chambre des mariés s'éclaire doucement. Mathilde semble dormir dans son coin, pelotonnée comme une petite fille. À ses côtés, Henri est allongé sur les draps, toujours habillé. Il regarde sa montre et se redresse pour se lever sans faire de bruit. Mathilde l'en empêche d'un geste tendre. Henri se résigne et repose sa tête sur l'oreiller, les yeux grands ouverts, fixant le plafond.

*
**

Dans l'arrière-pays, pas très loin à vol d'oiseau, cris et cavalcades ébranlent les murs de l'école. Aline a bien du mal à obtenir que les enfants s'habillent et prennent leurs petits déjeuners. Un vent de folie semble souffler dans l'appartement. Un moment de pure joie dont personne ne pourrait dire ce qui le provoque. C'est dans l'air. Une vibration légère qui donne envie de rire et de chanter. Aline, elle-même, semble par moments se perdre dans une rêverie qui fait flotter un petit sourire sur ses lèvres. Elle se reprend soudain : le temps passe et elle a décidé de monter à la ferme avec tous les enfants. Elle veut annoncer à sa mère le mariage d'Henri et lui montrer la photo du jeune couple avant que Marie ne l'apprenne par les commères jalouses de l'ascension du fils chéri.

Ayant habillé les jumeaux et obtenu que tout le monde soit prêt, elle confie les deux petits aux trois grands et leur demande de l'attendre dans la cour, le temps d'aller prévenir leur père.

Dans la classe, devant une pile de cahiers, Paul prépare les cours à venir. Il regarde sa femme entrer avec éblouissement. Elle a ce rayonnement que donne une nuit d'amour et il ne peut empêcher l'image de son visage dans la jouissance d'effacer tout le reste. Le désir est là à nouveau, brusque, impérieux. Il se lève et vient l'enlacer en jetant un coup d'œil explicite vers sa poitrine.

Elle rit doucement.

– Paul, les enfants m'attendent...

– Ils peuvent attendre le temps qu'on leur fasse un petit frère ! Je veux un enfant de toi.

Elle se dégage.

– Tu es fou ? On a déjà du mal...

– Je veux un enfant de toi !

Aline pose un baiser léger sur les lèvres de Paul et s'échappe.

– Nous en reparlerons...

Sur le pas de la porte, elle lui envoie un dernier baiser et file. Il la regarde partir avec les enfants, puis va chercher un livre dans la bibliothèque. Distrait par les réminiscences de leurs caresses de la nuit, il peine à se concentrer et reste debout devant le meuble, les yeux dans le vague.

Soudain, la porte s'ouvre dans son dos et il sourit de bonheur.

– Tu as changé d'avis. Trop tard ! Là, je suis occupé.

Paul se retourne et une ombre menaçante obscurcit son sourire. Il n'a même pas le temps de crier. Une lame de couteau traverse la lumière et s'abat. La main de Paul lâche le livre. Il n'y a plus qu'un souffle qui ahane et une main qui s'abat, encore et encore.

La matinée est de plus en plus chaude et les gendarmes, le brigadier Mougins et le jeune Fermiot, vont chercher un peu de fraîcheur au café. Soudain, Saturnin débouche de la ruelle de l'école et traverse la place en courant. Le simplet bafouille et semble paniqué. Dans les borborygmes incompréhensibles de Saturnin, Mougins distingue le mot « école » et fronce les sourcils de contrariété. Il va devoir renoncer à la pause dont il rêvait.

– Qu'est-ce qui se passe encore ?

Il fonce dans la ruelle, laissant Fermiot se demander s'il va poursuivre Saturnin qui a déjà disparu dans un passage couvert de l'autre côté de la place. Le gendarme décide de rejoindre son chef et d'attendre les ordres. Il arrive devant l'école au moment où le brigadier ressort de la salle de classe, livide.

– Saturnin a tué l'instituteur ! Il faut le rattraper ! Vite !

Dans les bureaux de la Sûreté de Menton, l'inspecteur Le Hennin raccroche le téléphone avec la grimace de quelqu'un à qui les événements viennent enfin de donner raison. Il savoure par avance son tête-à-tête avec le commissaire Morland.

Son intuition, ce fameux flair que méprise tant son supérieur, lui avait tout de suite soufflé que le premier meurtre de Gorbio, le soir du 14 Juillet, n'était pas une agression qui aurait mal tourné ou une vengeance passionnelle, mais plutôt l'acte pensé, réfléchi, d'un assassin porté par une haine particulière. Face à cette Aline, cette fille farouche à la force insolite, si prompte à la violence, tout son être avait vibré, lui signalant que la coupable était devant lui. Faute de preuves, il avait dû obéir à Morland et renoncer à la traquer. Mais aujourd'hui, l'identité de la nouvelle victime redonne force à sa thèse.

Lorsque le commissaire apprend qui vient d'être sauvagement poignardé à Gorbio, la surprise le laisse sans voix. L'instituteur ! Il insiste sur la gravité d'un tel acte, sur la nécessité de prouver à la population que la Sûreté ne laissera pas massacrer ainsi les notables du village. Il ne semble pas faire le lien avec la première affaire.

Face à lui, Le Hennin s'énerve à sa manière. Son ton devient froid et méprisant.

– Commissaire, Paul Desmazures est surtout le mari de cette Aline Boissières qui était mêlée au meurtre d'Antoine Derrain.

– Ah ! Oui ! La fameuse Aline. Votre marotte.

– Ça fait deux morts autour de cette femme. Nous aurions peut-être pu éviter celui-ci si nous n'avions pas laissé l'enquête aux gendarmes.

– Le brigadier soupçonnait un simple d'esprit, non ? Où en est-il sur cette affaire ?

– Nulle part. Ils n'ont rien pu prouver ! Ces deux crimes sont liés. Je trouverai le coupable.

Midi sonne à l'horloge de l'église de Gorbio lorsque l'inspecteur sort de l'école, où il vient de faire les constatations d'usage avant d'abandonner le corps au légiste. Il demande au brigadier Mougins où il peut trouver Aline Desmazures.

– Chez sa mère avec les enfants. On est allé la chercher.

Fermiot débouche devant eux, hors d'haleine, écarlate et en sueur, accompagné de deux hommes dans le même état.

– On n'a pas retrouvé le simplet ! Il a dû aller se planquer dans la montagne. Ça va être coton de le dénicher.

– Bon, dites-moi exactement ce que vous avez vu.

Les deux gendarmes se regardent, toujours désagréablement impressionnés par le ton de l'inspecteur. Le brigadier soupire et se lance.

– Ben, on a vu le Saturnin quitter l'école comme un dératé, en hurlant. Je suis allé voir et j'ai trouvé...

Il désigne l'école.

– Il avait du sang sur lui ?

– Ben... Non... Je crois pas...

Il regarde Fermiot, qui hésite.

– J'ai pas vu...

Mais sous les yeux glacés de Le Hennin, il se trouble et affirme :

– Non, pas de sang.

L'inspecteur s'agace et se crispe.

– La victime a reçu une dizaine de coups de couteau. L'assassin se tenait face à lui. Il était donc forcément couvert de sang. Si ce que vous dites est exact, Saturnin n'est pas le coupable. Il a dû découvrir le corps et s'est affolé.

À ce moment, une voiture de gendarmerie se gare devant l'école. Aline en descend, bouleversée. Elle fonce vers la salle de classe. Le brigadier la retient.

– N'entre pas là-dedans, Aline, ça vaut mieux.

Elle se dégage avec rudesse et entre. La vue du corps de Paul la frappe d'horreur. Elle suffoque et peine à retrouver son souffle. Elle s'accroche à la main de son mari et ne la lâche que contrainte, lorsque le médecin légiste fait emporter le corps.

Effondrée, elle ne sait plus rien de ce qui l'entoure. Et ignore totalement Le Hennin qui l'a suivie et l'observe, à l'affût de la moindre réaction qui pourrait lui confirmer ce dont il est déjà persuadé.

Lorsque Aline se relève, elle tourne en rond, rangeant machinalement le cartable de Paul. Incapable de pleurer, elle paraît ailleurs, le regard perdu.

La voix de l'inspecteur la fait sursauter.

– Je dois vous poser quelques questions...

Elle ne répond pas, les yeux soudain fixés sur les traces de sang. Il insiste pour l'entraîner dans la cour. Elle le suit machinalement. Il veut la faire asseoir sur un banc et avance la main pour la prendre par le bras. Elle fait un brusque écart pour éviter son contact. Il attend encore un moment comme pour s'assurer qu'elle est en état de répondre. Comme elle ne bouge plus, tête baissée vers le sol, il commence à l'interroger.

– Où étiez-vous ce matin entre 8 et 10 heures ?

– Chez ma mère.

– À quelle heure, exactement, êtes-vous partie ?

– Je ne sais plus. 8 heures, 8 h 15 ?

– Vous avez croisé le dénommé Saturnin ?

– Oui, sur la place.

Elle s'anime soudain, levant la tête pour enfin fixer Le Hennin.

– Inspecteur, je sais que les gendarmes le recherchent, mais Saturnin est incapable de commettre un tel acte.

– Je suis d'accord avec vous.

– Mais alors qui, inspecteur ?

Elle a crié et sa voix se brise lorsqu'elle poursuit.

– Tout le monde aimait mon mari. Tout le monde ! Qui aurait pu faire ça ?

Le Hennin l'observe sans dire un mot. Elle soutient son regard et comprend soudain.

– Je sais ce que vous pensez... Vous êtes fou !

– Vous n'avez jamais aimé Paul Desmazures, n'est-ce pas ? Vous n'avez cessé d'aimer l'autre... ce soldat qui vous a mise enceinte avant de disparaître.

– Je n'aurais jamais pu faire du mal à Paul.

– Peut-être dans une de ces crises de violence dont vous êtes coutumière...

– Vous êtes répugnant !

Elle le plante là et court jusqu'à l'escalier qui mène à l'appartement, sans qu'il fasse le moindre geste pour l'en empêcher.

Aline vit les jours qui suivent dans un état second. Les enfants sont restés près de Marie les deux premiers jours, mais il a bien fallu dire la vérité aux trois grands. Comment annoncer à des enfants la mort de leur père ? Marie a bien offert à sa fille de le faire, mais Aline a refusé. Dévastée, elle s'est assise face à eux, sous le regard attentif et inquiet de François.

– Où est papa ? Il est arrivé quelque chose de grave ?

Aline le considère sans pouvoir répondre, et c'est dans ses yeux que le garçon lit la réponse. Elle voit la douleur ravager ses traits et l'effort qu'il fait pour ne pas pleurer. François se durcit et prend son frère et sa sœur contre lui, les serrant à les étouffer. Toine commence à pleurer. Virginie s'échappe pour se jeter dans les bras d'Aline.

– Il est pas mort, hein Aline ?

Il faut beaucoup de temps et d'amour pour tenter d'adoucir la violence de la nouvelle. Toine ne lâche plus Aline, qu'il tient souvent par la jupe, parfois même en suçant son pouce. Virginie reste collée à François et tous deux ne savent plus que faire d'eux-mêmes. Les jumeaux, trop petits pour comprendre ce qui se passe, se réfugient dans leur monde à eux.

Aline n'a pas le loisir de se laisser aller. Elle doit assurer les préparatifs de l'enterrement et envisager l'avenir de la famille.

– Il faut prévenir ton frère. Il pourra t'aider.

Pour Marie, c'est l'évidence même. Aussi ne comprend- elle pas la brutalité du refus de sa fille, qui lui interdit de se mêler de ça.

*
**

Mais, bien sûr, Henri est déjà au courant. Il vient de lire un article sur l'affaire qui fait grand bruit, l'assassinat d'un instituteur dans sa classe !

Assise en face de lui à la table du petit déjeuner, sa jeune femme ne manque pas de noter le brusque changement d'humeur de son époux et s'inquiète.

– Que se passe-t-il ?
– Le mari de ma sœur a été assassiné.
– Oh ! Ils savent par qui ?
– La police la soupçonne, elle.
Mathilde est abasourdie.
– Mon Dieu ! Et tu crois que c'est possible ?
– Bien sûr que non !
Sa fureur la bouleverse. Elle a voulu cet homme, qui l'a séduite au premier regard. Elle n'est pas sotte au point d'ignorer que le fait d'être la fille du sénateur le plus puissant de la région a joué dans l'intérêt que lui a porté Henri. Mais, en fille adorée par son père, elle attend de son mari qu'il soit attentif à faire son bonheur. Il lui faut bien admettre qu'Henri est loin d'être le prince charmant rêvé. Il peut même être blessant et elle commence à prendre la mesure du défi qu'est un mariage avec cet homme rétif et volontaire, bien loin de se plier à ses volontés.
L'irruption de son père sur la terrasse lui redonne le sourire.
Georges Reignier embrasse tendrement sa fille. Puis il se sert rapidement un café.
– Bonjour, mon gendre... Bravo pour la manière dont vous avez orchestré la campagne, je n'aurais pas fait mieux.
– C'est assez simple finalement, il suffit de leur dire ce qu'ils veulent entendre.
Reignier acquiesce avec un petit rire.
– Le vieux dicton ! Les promesses n'engagent...
– ... que ceux qui y croient.
– Tu restes avec nous, papa ?
– Non, je rentre à Nice. Je ne veux pas vous déranger plus longtemps. Henri, prenez quelques jours de repos. Vous savez ce qui manque à cette maison ? Des cris et des rires d'enfants...
Il avale son café, pose sa tasse et disparaît. Il ne peut voir le regard glacé qu'échangent les jeunes mariés.

*
**

Tout le village s'est déplacé pour l'enterrement de son instituteur. Une cérémonie simple avec l'hommage des amis socialistes de Paul pour son engagement et son sens de la justice sociale, et la reconnaissance des parents des écoliers pour son dévouement. Mais, au moment des condoléances, il faut à Aline une grande force pour supporter la curiosité malsaine qui suinte des villageois. Elle résiste, soutenue par la présence de sa famille et par les enfants de Paul qui font bloc autour d'elle. Elle refuse aussi d'entendre les commentaires sur le fait qu'elle n'a convié personne pour boire un verre à l'école, après la cérémonie. Elle sait qu'il aurait été impossible, non seulement pour elle, mais aussi pour François, Virginie et Antoine, de supporter les regards morbides qui auraient cherché sur les lieux des traces de l'horreur.

C'est donc en comité restreint que la famille se retrouve dans l'appartement, devant un petit buffet organisé par Flora.

Les trois enfants de Paul se sont assis dans un coin. Marie essaie de faire tenir tranquilles les jumeaux. Yvon erre comme une âme en peine. Edmond s'empiffre. Et Aline range machinalement quelques affaires des enfants.

Un couple d'une cinquantaine d'années s'approche d'elle. L'homme, à l'allure sévère, ne peut cacher son émotion.

– J'aimais beaucoup Paul. C'était un homme bien. Sa sœur et moi regrettons de pas l'avoir vu ces dernières années, mais cela n'empêchait pas l'affection. Sachez que nous sommes là. Et, justement, il serait bon que vous passiez à mon étude à Nice pour parler de l'avenir des enfants.

Aline, interloquée et ne réalisant pas vraiment ce que cela implique, n'a pas le temps de répondre, le notaire s'éloigne déjà. Sa femme s'approche, en larmes.

– Je sais que mon frère vous aimait beaucoup. Sachez que nous ferons tout ce qu'il faut.

Le couple s'éclipse rapidement et Flora, qui n'a rien perdu de la scène, s'approche.

– C'était qui ?

– Jean et Amélie Terrier. Le beau-frère et la sœur de Paul. Lui est notaire.

– Et alors ? Ils veulent quoi ?

– Je ne sais pas...

Elle s'interrompt en apercevant l'homme qui se profile dans l'embrasure de la porte : Henri ! Elle fonce vers lui avec colère.

– Tu n'as rien à faire ici.

Henri la prend par le bras et la fait sortir avec lui sur le palier.

– Calme-toi. Je voulais juste te dire que si tu as besoin de quelque chose, je suis là. C'est aux jumeaux que je pense. Je suis leur parrain et...

Aline ne le laisse pas poursuivre.

– Si j'ai besoin de quelque chose, tu es la dernière personne à qui je le demanderai.

– Tu as tort de réagir comme ça. La vie va devenir difficile pour toi, maintenant. Tu auras besoin de mon aide. Je...

– Va-t'en ! Je ne veux plus jamais te voir.

Ils se regardent un instant. Tout pourrait basculer et la vieille affection resurgir, incandescente. Mais Aline se détourne. Henri a un geste de dépit et dévale l'escalier.

Une silhouette s'est effacée derrière la porte d'une classe.

Henri quitte l'école et l'homme qui vient d'écouter l'échange entre le frère et la sœur réapparaît : l'inspecteur Le Hennin.

Les convictions de l'inspecteur se sont heurtées au témoignage de Marie, chez qui sa fille était à l'heure présumée du crime. Mais Le Hennin ne lâche pas la jeune femme, épiant ses déplacements, cherchant la moindre faille dans son emploi du temps de ce matin-là. Il n'est pas aidé par les gendarmes : eux sont persuadés de tenir l'assassin dans la personne de Saturnin, dont la disparition signe à leurs yeux la culpabilité.

Aline ne semble pas concernée par l'enquête. Elle a la sensation d'être morte avec Paul et accomplit ses tâches quotidiennes en automate. Elle doit quitter l'école pour laisser l'appartement au nouvel instituteur qui doit arriver dans une quinzaine de jours. Avec cinq enfants et le peu d'argent qu'elle va toucher, elle n'a pas d'autre solution que de retourner chez sa mère. Perspective qu'elle subit et dont elle se jure qu'elle ne durera que le temps de trouver un travail. Elle prépare le déménagement, triant et rangeant. Et seule la présence des enfants la fait tenir. Elle ne vit plus pour elle, mais pour eux. Pourtant, un signe du destin va faire éclater la bulle de désespoir dans laquelle elle est enfermée.

Un jour où Aline est à la ferme, sa mère pose doucement devant elle un paquet en toile huilée et s'assoit sans rien dire. Surprise, Aline l'observe. Sa mère semble embarrassée.

– Qu'est-ce que c'est ?

– C'est un soldat qui l'a apporté à la ferme. Il y a un mois à peu près... Je ne te l'ai pas donné avant parce que je pensais qu'avec ton mari, ce serait malvenu... Mais maintenant... Ce sont les affaires d'Arnaud.

Les yeux d'Aline se remplissent de larmes. Elle fixe le paquet et entend la voix de sa mère très loin, comme ouatée.

– Le soldat a dit qu'on avait retrouvé son sac sur un rebelle marocain qui avait été tué... Ils ont trouvé tes lettres avec l'adresse.

– Mais alors... Ça veut dire que...

Marie regrette immédiatement d'avoir donné le paquet à Aline. Elle perçoit déjà la note d'espoir dans la voix de sa fille. Elle se traite d'idiote. Il faut tuer ça tout de suite.

– Rien... Ça veut rien dire, ma fille. Le rebelle l'a volé sur le corps d'Arnaud, c'est tout. J'aurais dû m'en débarrasser, mais je n'osais pas. J'ai eu tort. Ça ne fait que rajouter du malheur au malheur. Jette tout ça...

Aline ne quitte plus le paquet des yeux.

– Tu as peut-être raison... Je n'ai pas besoin de ça en ce moment.

Marie tend la main pour récupérer le paquet, mais Aline l'en empêche.

– Non, c'est à moi de le faire !

Marie sourit, à moitié soulagée.

– Bon, je vais voir ce que font les enfants. On ne sait jamais ce qu'ils vont inventer avec ces pauvres moutons.

Restée seule, Aline hésite encore un long moment. Puis très vite elle défait la ficelle, arrache l'emballage récalcitrant et en sort un livre, *Les Fleurs du mal* de Baudelaire... Suit un paquet de lettres, les siennes, les lettres d'amour qu'elle écrivait la nuit.

Une petite boîte tombe. Elle l'ouvre et y découvre sa médaille de baptême qu'elle avait donnée à Arnaud au moment de son départ pour le Maroc. Bouleversée, elle la prend et la serre entre ses doigts.

Près de quelques acacias épineux, des dromadaires se reposent, vaguement éclairés par le feu. Devant la plus grande tente du campement, le cheikh, un homme âgé à la belle tête brûlée par le soleil, à la barbe grise, est assis en compagnie de son fils aîné.

Près d'eux, légèrement en retrait, se tient sa fille, la belle jeune femme qui a veillé en compagnie d'une plus âgée sur l'homme recueilli par la tribu alors qu'il était mourant dans le désert. L'inconnu a retrouvé ses forces et le cheikh veut savoir qui il est.

Le rescapé le regarde sans comprendre.

La fille du cheikh sait déjà qu'il ne peut pas donner de réponse à cette question mais, par respect pour son père, elle se tait.

C'est son frère, lequel sait un peu de français, qui prend la parole.

– Je suis Abdel El-Mansour, de la tribu des Aït Bou M'zaten. Voici mon père, le cheikh Yacoub et ma sœur, Naïma. C'est elle qui t'a soigné. Dieu n'a pas voulu que tu meures, mais que tu arrives chez nous !

L'inconnu reste un long moment muet, passe la main sur son front et sur la cicatrice. Il semble faire un effort terrible pour lui. Quand il parle enfin, sa voix est éraillée.

– Je ne sais toujours pas... Je ne sais pas qui je suis...

– Tu ne te rappelles vraiment rien de ton pays ?

– Non, je ne me souviens de rien.

– Que Dieu te garde.

Abdel traduit pour son père. Le cheikh quitte la tente, suivi de son fils. L'homme sans nom reste seul avec Naïma. Il a l'air désespéré. La jeune fille prend ses mains dans les siennes.

– Il y a un grand trou dans ma tête, Naïma.

La fille du cheikh retire vivement ses mains lorsque la vieille femme entre dans la tente.

Aline n'a pas jeté les affaires d'Arnaud. Elle a rangé ses propres lettres avec celles qu'il lui avait écrites. Elle a remis sa médaille autour de son cou et posé les poèmes de Baudelaire près du livre d'Edgar Poe. Avant de dormir ce soir-là, elle lit les lignes écrites de la main d'Arnaud sur la première page du livre de poésie.

Ne demande pas ce que l'amour peut faire ou créer !

Regarde seulement les couleurs du monde.

Un nom est inscrit à côté, dont elle ignore que c'est le nom d'un très ancien poète persan : *Runi.*

Aline ne parvient pas à s'endormir. Les lignes dansent devant ses yeux. Soudain une autre image surgit, un souvenir récent : l'image de Paul, brandissant une brochure et la lui laissant pour qu'elle la regarde et lui dise ce qu'elle en pense. Les mots résonnent alors dans sa tête, les mots prononcés par Paul... *L'État propose des conditions très avantageuses aux Français qui acceptent de s'expatrier dans le protectorat marocain... Ils offrent des terres à des prix très bas.*

Aline se redresse brutalement et va fouiller dans un carton déjà plein, prêt pour le déménagement.

Quelques jours plus tard, Flora et Yvon sont passés pour aider Aline à terminer de tout ranger. Mais au lieu de s'occuper de fermer les cartons, ils sont assis autour de la table avec la plaquette sur le protectorat marocain. Flora la feuillette, incapable de cacher son effarement.

– Tu veux aller vivre chez les Arabes ?

– C'est un protectorat français, Flora. C'est comme si on était en France.

– Mais pourquoi ?

– Je ne sais plus comment vivre ici. Qu'est-ce que je vais faire sans travail, avec cinq enfants ? Aller chez maman et peser sur elle ? On s'en sortait tout juste à trois, alors à six !

Yvon a piqué la brochure à sa mère et, en l'ouvrant, il est tombé sur une image montrant une magnifique palmeraie envahie d'enfants qui jouent.

– Ça a l'air bien, là-bas.

– C'est bien beau, tout ça, mais tu vas bien devoir la payer, ta terre. Et tu sais combien ça coûte ?

– Douze mille francs, dont un tiers payable avant le départ. Ensuite on rembourse petit à petit, avec le produit des récoltes ! Paul s'était renseigné. Il voulait qu'on parte. Il était sûr que, là-bas, on s'en sortirait mieux.

Flora lève les yeux au ciel.

– Bon, laisse-moi réfléchir. Quatre mille francs, c'est pas cher, mais ça reste une sacrée somme quand même.

– Qu'est-ce que tu racontes ? Tu viendrais ? Et Edmond, son hôtel ?

Flora change de tête. Elle semble soudain folle de rage.

– Ne me parle plus de ce saligaud ! Je l'ai attrapé dans la buanderie avec la femme de chambre. Pendant que je me tapais tout le boulot de la pension, recevoir les clients, tenir la comptabilité, il... J'ai pas mis une heure à faire ma valise.

– Oh, Flora, je suis désolée !

– Ça passera. Et partir avec toi dans ton protectorat, c'est le meilleur moyen pour oublier ! Alors revenons à ces quatre mille francs.

– Mais qui est le troisième ?

Yvon la regarde tristement.

– Et moi, je ne compte plus ?

Aline le regarde, soudain très émue de l'affection chaleureuse de sa tante et de son cousin.

– Vous allez me faire pleurer.

– Ah non ! C'est pas le but.

Aline pleure et rit à la fois.

– À la fin de ce mois, j'aurai mille deux cents francs.

– Moi, je peux avoir mille francs, compte Flora.

– Et moi, je pourrais ajouter six cents dans quelques jours, ajoute Yvon.

– Ça nous fait deux mille huit cents. Reste...

– Mille deux cents ! Je crois que j'ai une idée, lance soudain Flora, ragaillardie.

Elle se lève et Yvon échange un regard intrigué avec Aline.

Au moment où ils vont partir, les enfants remontent en trombe de la cour, où ils s'occupaient. Ils tendent des enveloppes à Aline : le courrier !

– Encore des factures, soupire la jeune femme, qui s'arrête net en apercevant une enveloppe marquée du sceau du palais de justice de Menton.

Elle l'ouvre fébrilement, la lit et pâlit. Flora veut la soutenir.

– Ça va ? Qu'est-ce que c'est ?

– Je suis convoquée au tribunal.

– Pourquoi ?

– Les Terrier ont demandé la garde des enfants de Paul !

Bouleversés, François, Toine et Virginie fixent Aline avec angoisse. Virginie se serre contre François, qui réagit violemment.

– Non. Ils ne peuvent pas faire ça. On dira qu'on veut pas, c'est tout !

– De toute façon, papa, il était fâché avec eux ! renchérit Virginie.

– Du calme. On est une famille et on le restera ! Personne ne nous séparera, je vous le jure !

– Papa disait que c'était des mange-crottes ! assène Toine qui a le mot de la fin.

Le jour dit, Aline n'a d'autre choix que de se trouver dans le bureau du juge Carton. Les avocats des deux parties ont pris place, chacun assis à côté de son client : maître de Challonges pour Jean et Amélie Terrier, maître Robillard pour Aline. Un greffier attentif, assis sur le côté devant une machine à écrire, note les différents échanges.

Après avoir écouté les parties, avant de rendre son verdict dans cette affaire, le juge veut poser une dernière question à M. Terrier.

– Si vous obtenez la garde des trois enfants Desmazures, vivront-ils avec vous ?

Le notaire bredouille, hésite, sous le regard inquiet de son avocat. Soudain, Jean Terrier, après un coup d'œil d'encouragement de sa femme, se lance.

– Notre appartement n'est pas assez vaste pour accueillir trois enfants, monsieur le juge. Mais il va de soi qu'ils iront dans le meilleur pensionnat et que nous les reprendrons avec nous pour les vacances.

– Bien. Merci... Et vous, madame Desmazures ?

L'expression du juge ne révèle rien. Il attend la réponse d'Aline.

– Ils vivront avec moi, monsieur le juge.

– Malgré votre situation matérielle particulièrement difficile ?

– Ces enfants ont perdu leurs deux parents, monsieur le juge. Ils n'ont plus que moi. Je trouverai les moyens de les élever, jamais je ne les abandonnerai !

Elle s'est enflammée et son avocat a posé sa main sur son bras pour la rappeler à plus de modération.

Le juge acquiesce au geste de maître Robillard et poursuit.

– Je vois. En ces temps difficiles, il me semble que l'amour d'une mère, voire d'une belle-mère, aussi aimante soit-elle, ne peut suffire.

L'avocat d'Aline veut intervenir, mais le juge le fait taire d'un geste impérieux. De Challonges échange un regard satisfait avec Jean Terrier, sûr de la suite.

Mais la suite est particulièrement déconcertante et leurs sourires vont vite disparaître.

– Cependant...

Le juge fixe Aline.

– ... Je reconnais que votre courage et votre détermination m'impressionnent, madame. C'est pourquoi je vous confie la garde de François, Antoine et Virginie Desmazures...

Un sourire de soulagement éclaire le visage d'Aline.

Mais le juge Carton n'en a pas fini.

– ... Maintenant, il nous reste à envisager l'avenir de vos deux autres enfants... Jean et Julie...

Le juge fait un signe au greffier qui se lève et sort, puis poursuit.

– Vos jumeaux sont encore très jeunes... Il y a quelques jours, j'ai reçu la visite de monsieur Henri Boissières, le gendre du sénateur Reignier, c'est-à-dire, si je ne me trompe pas, votre frère.

À ce moment précis, comme dans une mise en scène bien réglée, le greffier revient en compagnie d'Henri, qu'il fait entrer dans le bureau. Une angoisse irraisonnée s'empare d'Aline et elle a du mal à entendre les tout premiers mots prononcés par le juge.

– Monsieur Boissières m'a fait part de son inquiétude quant à votre capacité à subvenir aux besoins de cinq enfants.

Aline recouvre tous ses esprits. Et ce qu'elle entend la déchire.

– ... Votre frère se propose d'accueillir chez lui vos jumeaux. J'avoue que je souscris assez à cette proposition et...

Aline, horrifiée, s'est levée d'un bond.

– Monsieur le juge... Vous ne pouvez pas m'enlever mes propres enfants !

– Votre frère est aussi leur parrain, madame. Responsabilité qu'il prend très à cœur. Vos deux petits sont jeunes, madame. Ils ne souffriront pas de cette séparation... Qui ne sera que momentanée, en attendant que vous ayez retrouvé un toit et suffisamment de ressources pour faire vivre cinq enfants !

– Monsieur le juge...

– C'est à prendre ou à laisser, madame. Soit je place temporairement vos deux jumeaux, Jean et Julie, chez votre frère. Soit j'accorde la garde définitive des trois enfants Desmazures à monsieur et madame Terrier !

Aline a la tête qui tourne devant ce choix terrible. Elle finit par céder et se rassoit. Le juge Carton, satisfait, referme le dossier.

– C'est bien ! Je confie donc la garde de Jean et Julie à Henri Boissières. Cette décision sera effective à partir de la semaine prochaine pour laisser le temps à madame Desmazures de s'organiser et de préparer les jumeaux à ce changement... qui, je le répète, madame, est une solution temporaire. Il vous appartient de rétablir votre situation pour que le tribunal revoie sa décision. La séance est levée.

Henri est sorti le premier. Le juge a disparu. Les Terrier sont sous le choc du jugement rendu et discutent avec leur avocat.

Aline abandonne le sien pour courir derrière son frère qu'elle rattrape dans le hall.

– Pourquoi fais-tu ça ? Pourquoi ?

Henri se retourne, aussi dur qu'Aline. Le frère et la sœur se défient, si semblables dans la colère. Il est sans pitié.

– C'était la seule solution pour que tu les aies près de toi... C'est toi qui t'es mise dans cette situation ! C'est toi qui as voulu garder les enfants d'un autre !

– Personne ne me les prendra, tu entends ?

Elle est prête à se jeter sur lui, il le sait et la tient dans son regard.

– Nous verrons.

Aline lui tourne brutalement le dos et retourne sur ses pas, grimpant l'escalier qui mène au bureau du juge, croisant son avocat sans s'arrêter.

Le juge Carton a retiré sa robe de magistrat et compulse des dossiers lorsque Aline entre, bouleversée.

Elle se jette à ses pieds.

– Monsieur le juge, je vous en supplie, ne m'enlevez pas mes enfants !

Il est mal à l'aise et lance un œil inquiet vers le couloir.

– Je vous en prie, madame, vous ne devriez pas être ici.

Mais Aline persiste.

– Avec mon mari, nous avons construit une vraie famille. Nos cinq enfants sont heureux ensemble. Briser cette famille les détruira à jamais... Je vais acheter une terre dans le protectorat marocain. Là-bas, je pourrai leur offrir une vie décente.

Le juge hésite. Brusquement, le foulard qui recouvre les épaules d'Aline glisse sur le parquet. Troublé, le juge dévore des yeux la peau dorée... Il hésite, va jusqu'à la porte, scrute le couloir et referme la porte. Il revient vers la jeune femme suppliante, inconsciente de son état et de l'effet qu'elle peut produire.

Le juge pose une main hésitante sur l'épaule nue de la jeune femme.

Un souffle balaie les couloirs, une ombre se faufile, une présence réduite à un regard perçant. Indécelable... Le regard épie... Il cherche la jeune fille... une porte s'ouvre et elle est là qui fuit, chemisier défait... la jeune fille en pleurs...

La nuit est profonde. La porte s'ouvre silencieusement. Le réverbère de la rue éclaire faiblement la chambre et permet de distinguer une silhouette qui rampe sur le sol. Un accès de ronflement stoppe sa progression... Tout redevient calme et elle reprend sa reptation... Enfin elle parvient près du lit... Là, elle sort un couteau de sa poche, un couteau à la lame crantée, semblable à celui qui a servi pour les meurtres, semblable à celui d'Aline. Elle découpe l'enveloppe du matelas en laine. Sa main plonge au milieu de la bourre et en retire une enveloppe kraft. Lentement elle reprend sa reptation, cette fois en marche arrière... La porte se referme doucement...

Dans son lit, Edmond se retourne. Il ouvre soudain les yeux, puis les referme en tirant le drap sur lui. Le ronflement reprend...

Dans la rue, Flora se glisse dans sa voiture et vérifie le contenu de l'enveloppe.

*
**

Bien loin de se soucier des larcins entre deux concubins, l'inspecteur Le Hennin abandonne sa voiture devant le bâtiment de la Sûreté de Menton. Il est d'une humeur de dogue et se rue à l'intérieur sans saluer qui que ce soit. Mais sa réputation n'est plus à faire et personne ne s'en soucie.

Montant quatre à quatre l'escalier, il déboule dans le bureau du commissaire Morland sans se faire annoncer et sans frapper.

– Vous m'avez fait revenir, commissaire ?

Le ton est rogue, l'expression désagréable, voire méprisante.

Le commissaire, plongé dans le journal, a sursauté.

– Bonjour, d'abord, Le Hennin. Un peu d'aménité dans les rapports entre collègues ne peut que bénéficier au travail de tous.

– Je n'ai pas le temps pour des politesses hypocrites, commissaire. J'ai une enquête à mener.

– Justement, au vu des éléments de l'enquête, le juge vient de décider d'inculper Saturnin Lefèvre pour les meurtres Derrain et Desmazures. Comme vous le savez, les gendarmes n'ont pas encore réussi à mettre la main sur lui, mais ils assurent que ça ne saurait tarder.

– C'est une absurdité ! Ce garçon n'a rien fait.

– Il y a sa présence sur les lieux et le mobile. Il est amoureux de cette fille depuis l'enfance et il tue tous ceux qui la touchent. Ça se tient.

– C'est un débile ! Et fort comme un Turc ! Il les aurait massacrés sur le coup et en public. Pas à l'abri de tout témoin. Il faut ne pas connaître les protagonistes de l'affaire pour y croire un seul instant.

Morland se lève, agacé.

– Écoutez, Le Hennin ! Je sais votre opinion sur cette affaire. Mais je sais aussi que ce qui vous est arrivé par le passé obscurcit votre jugement. Toutes les femmes ne sont tout de même pas des garces !

L'inspecteur se fige comme si on l'avait insulté, il en bafouille.

– Monsieur...

À ce moment, un planton frappe, entre sur invitation du patron et lui tend une note. Morland y jette un coup d'œil et blêmit.

– On vient de retrouver le juge Carton assassiné dans son bureau... Lardé de coups de couteau. Incroyable ! En plein palais de justice !

Le Hennin a un sourire mauvais.

– C'est le juge chargé de décider du sort des enfants de Paul Desmazures. Et vous allez aussi accuser le débile de ce meurtre-là ?

Sans attendre de nouvelles instructions, il plante là le commissaire et s'éclipse.

*
**

Pour Mathilde, dans sa belle villa du bord de mer, ce jour est magnifique. Henri lui a fait une promesse au matin de leur nuit de noces et, cette promesse, il va la tenir aujourd'hui.

La jeune femme a bien du mal à tenir en place. Elle vérifie que tout est prêt. Elle a soigné la décoration de la chambre d'enfant, portant attention au moindre détail. Elle jette un dernier coup d'œil au miroir pour vérifier qu'elle-même est à la hauteur de l'événement. Elle se trouve rassurante, une jolie femme à la mise sobre et élégante. Tout est parfait. Il ne lui reste plus qu'à attendre Henri.

Enfin le bruit du moteur... Un coup de Klaxon et elle descend vite les marches du perron pour prendre place à l'arrière de la voiture, à côté de son mari. À l'avant, le chauffeur et l'un des hommes du service d'ordre de son père. Tous les deux la saluent avec déférence. Henri donne le signal du départ. Elle n'ose lui prendre la main et se cale dans le coin de la berline.

*
**

Dès qu'elle était sortie du palais de justice, Aline avait su qu'elle n'avait pas le choix. La décision du juge ne lui laissait qu'un délai très court pour aller au bout de son projet. Partir avec tous les enfants ! Prendre le car, le train, atteindre Marseille et grimper à bord du bateau pour le Maroc ! Le temps lui était compté. Ce n'était plus le moment de gémir, mais d'agir.

Le délai est écoulé et la belle voiture d'Henri se gare devant l'école. Il en descend, déjà inquiet de n'entendre aucun cri d'enfant. Il pousse la grille, traverse la cour, entre dans le bâtiment... et ne peut que constater que l'école est vide, prête à accueillir le nouvel instituteur et sa famille.

Henri reprend sa place dans la voiture sans explication, avec ce simple ordre qui claque pour le chauffeur.

– Continuez et traversez la place pour rejoindre le chemin de Sainte-Agnès...

– Qu'est-ce que ça veut dire ? Où va-t-on ?

Mathilde s'affole, sa voix grimpe dans les aigus. Henri, les yeux fixés devant lui, la fait taire. Elle se crispe et se pelotonne dans son coin, n'osant plus dire un mot. Elle sait, simplement en regardant le profil de son mari, qu'un rien peut le faire éclater.

La voiture est sortie du village et grimpe sur le chemin en direction du cirque de montagnes.

– La ferme, là, sur la droite. Garez-vous dans la cour !

À peine la voiture arrêtée, Henri en jaillit et fonce sur sa mère, debout au milieu de la cour, qui semble l'attendre.

– Maman ! Où est Aline ? Et les enfants ?

– Elle est partie, Henri !

– Où ? Maman ! Où est-elle partie ? Où ?

Aline et les cinq enfants, Flora et Yvon sont installés dans le fond du car qui roule vers Nice. Aline tient Julie dans ses bras. De l'autre côté de l'allée, François répond à toutes les questions de Jean, assis sur ses genoux. Devant eux, Yvon bricole un animal en tordant les bouts de fil de fer qu'il extirpe de ses poches, sous le regard intrigué de Toine. À la demande de Flora, Virginie abandonne sa place près d'Aline, à condition d'emmener Julie avec elle, et va s'asseoir près de son grand frère.

La bavarde Flora se penche vers sa nièce.

– Ouf ! On y est ! C'était de justesse. Avec les mille deux cents francs d'Edmond, on est parés ! Quand je pense à tout ce que j'ai fait pour cet escroc, sans jamais rien demander, il me devait bien ça ! De toute façon, c't'argent, il le dissimulait aux impôts, alors autant que ce soit nous qui en profitions !

Elle sort une rondelle de saucisson du panier qu'elle a calé sur ses genoux.

– Qui en veut ?

Toine la lui vole. Jean et Julie veulent la lui chiper, encouragés par Virginie.

Aline les regarde en souriant, mais pense à la tranquillité des autres voyageurs.

– Virginie, tu peux les calmer, au lieu de les exciter...

– J'ai l'impression de partir en vacances ! s'enthousiasme la gamine, ravie.

– Je suis pas sûre qu'Henri appréciera ce qu'on est en train de faire, s'inquiète Flora.

– Quel salaud, celui-là ! marmonne Yvon, qui ne pardonne pas à son cousin l'horreur de ce qu'il a fait subir à Aline.

– Henri n'a oublié qu'une chose, je suis sa sœur. Et je suis aussi déterminée que lui. De toute façon, une fois qu'on sera là-bas, qu'est-ce qu'il pourra faire ?

Chacun, soudain, rêve à « là-bas » et le silence s'impose. Bercés par le ronronnement du moteur du car, les enfants s'endorment plus ou moins.

Une heure a passé lorsque le car freine brutalement, projetant ses passagers contre le siège devant eux. On entend des cris et des protestations. Le chauffeur, furieux, bondit de son siège et sort de son véhicule pour foncer sur la voiture qui vient de lui faire une queue-de-poisson et de piler devant lui.

– Hé ! Qu'est-ce qui vous prend ?

Le chauffard jaillit de la voiture et l'empoigne violemment. Henri en profite pour descendre de son côté, suivi du malabar du service d'ordre de son beau-père et de Mathilde qui se glisse à leur suite. Tous trois grimpent dans le car...

Aline, livide, agrippe Jean et Julie, affolés.

– Non !

Henri avance face à elle.

– Sois raisonnable, Aline.

Elle se dresse, serrant les deux petits à les étouffer.

– Jamais, Henri ! Jamais je ne te les laisserai !

Flora et Yvon veulent intervenir, mais le malabar les repousse sur leurs sièges, menaçant. Sur un signe d'Henri, le costaud fonce sur Aline qui doit poser les enfants sur le siège derrière elle pour se défendre. L'homme n'hésite pas à se servir de ses poings devant la force de la jeune femme qui s'est jetée sur lui. Aline suffoque de douleur sous les coups, mais ne lâche pas.

Henri en profite pour agripper Jean et le soulever. Il le passe à Mathilde qui s'empresse d'emmener le petit garçon qui se débat pour aller défendre sa mère. Le chauffeur de Reignier vient à la rescousse de sa patronne et l'enfant est entraîné jusqu'à la voiture.

Dans le car, Aline, sonnée, s'écroule et Henri parvient à s'emparer de Julie. Débordé par les coups de pied donnés par les trois grands, il confie la petite fille hurlante au malabar qui s'empresse de l'emporter.

Henri se retourne, peut-être inquiet de l'état de sœur. Aline a retrouvé son souffle et saute sur son frère comme une furie, lui enserrant le cou de ses mains puissantes. Suffoquant, Henri parvient à se dégager et à maintenir les mains de sa sœur loin de sa gorge.

– Aline ! Écoute-moi ! Le juge Carton a été assassiné... Comme Derrain ! Comme Paul ! L'inspecteur Le Hennin est après toi. Il ne tardera pas à savoir que tu pars pour le Maroc. Si tu ne quittes pas ce pays maintenant, il t'arrêtera et tu finiras sur l'échafaud.

Frappée de stupeur par la nouvelle, Aline reste tétanisée. Henri la lâche et en profite pour descendre du car.

Aline se reprend et veut le suivre. Trop tard ! Le chauffeur du car a repris sa place et fermé la porte, aussitôt Henri descendu. Aline lui hurle d'ouvrir.

Mais deux bras la retiennent et la voix de Flora murmure pour elle seule.

– Non, Aline... Il faut fuir... Si t'es en prison, tu ne pourras jamais les récupérer.

Impuissante, Aline regarde la voiture d'Henri démarrer dans un crissement de pneus, emportant les jumeaux. Elle s'écroule, face contre la vitre, en poussant un cri terrible. Le car redémarre.

Sur le siège d'Aline, il ne reste plus de ses deux petits que l'ours en peluche de Jean et la poupée de chiffon de Julie.

– 7 –

Une nouvelle terre

C'est en somnambule qu'Aline fait le reste du voyage. Il faut de la part de Flora et d'Yvon une attention de tous les instants pour mener la petite troupe jusqu'à Marseille.

Flora, angoissée, surveille non seulement sa nièce, qui ne renonce pas à vouloir descendre du car pour se lancer à la poursuite de son frère, mais aussi tout ce qui les entoure. Elle craint à chaque instant de voir surgir les hommes de la Sûreté. Elle ignore ce qui a pu se passer dans le bureau du juge Carton, mais elle sait au plus profond d'elle-même qu'Aline est innocente de tout ce dont ce maudit inspecteur l'accuse. Sous ses dehors gouailleurs et légers, Flora est la fidélité même et, par affection pour les siens, elle est capable d'un engagement insoupçonné.

Quant à Yvon, son côté lunaire dissimule une tranquille obstination à faire ce qu'il pense juste. Et ce que fait sa cousine adorée ne peut être que bien ! Laissant sa mère veiller plus particulièrement sur Aline, il prend soin des trois enfants de Paul, complètement bouleversés par la disparition des jumeaux et ce qu'ils ont vécu comme un véritable enlèvement. François ne décroche plus un mot, Virginie semble perdue et Toine ne cesse de poser des questions. Yvon sait épauler, consoler, encourager. En quelques heures, il est devenu une sorte de grand frère ou de jeune oncle. Et c'est soudée dans l'épreuve que la famille parvient à atteindre le port et à embarquer sur le paquebot *Ville de Strasbourg*.

Les quelques jours passés à bord ne changent rien à l'état d'esprit d'Aline. Accoudée au bastingage, elle fixe la côte qui s'éloigne, puis le vide de la mer, et Flora a peur qu'elle ne tente de s'y précipiter. Les garçons ont trouvé un dérivatif dans l'exploration du navire. Seule Virginie semble contaminée par la douleur de sa belle-mère. Mais au moins, la nuit, la petite fille s'écroule de fatigue et dort tranquillement, alors qu'Aline, incapable de fermer l'œil, erre dans les coursives.

Le paquebot franchit le détroit de Gibraltar et l'Atlantique s'offre enfin aux voyageurs. Le vent du large apaise les peaux brûlées par le soleil et la houle fait rouler le navire lorsqu'il vire pour longer la côte marocaine. La terre flotte au loin dans une brume de chaleur.

Le matin du troisième jour, le bateau s'en approche. Se découpant sur le bleu intense du ciel, une ville blanche surgit, ramassée derrière ses remparts patinés par des siècles de vent et de soleil : l'ancienne Mogador, rebaptisée Essaouira, « les Petits Remparts ».

Après un départ précipité de Gorbio, un tragique voyage en car jusqu'à Marseille et quelques jours de navigation, Aline et les siens sont arrivés à destination.

Le paquebot est ancré dans la baie et des chaloupes font la navette entre le bateau et le môle. Assis dans l'une d'elles sous un soleil déjà haut, Aline et les siens contemplent l'activité incessante qui agite une foule de gens disparates. Des groupes de Marocains qui vont et viennent, occupés ou non, en djellaba ou burnous, dans des tonalités de brun ou de sable, certains portant fièrement le fez rouge à pompon noir, d'autres le turban ou la capuche, quelques musulmanes enveloppées dans de grands voiles de coton blanc qu'elles tiennent fermés, ne laissant apercevoir qu'un œil, des Européennes chapeautées en robes colorées, des soldats en uniforme. Tous déambulant au milieu des charrettes, des voitures, des ânes, dans une cohue impressionnante.

Flora, qui surveille toujours Aline du coin de l'œil, constate avec soulagement que sa nièce semble enfin sortie de l'absence dans laquelle elle s'était enfermée. Aline a repris vie et regarde intensément cette terre où elle doit reconstruire sa vie pour pouvoir récupérer ses jumeaux. Sa détermination et son énergie sont revenues, tendues vers le seul but de tout rebâtir à partir de presque rien !

Soudain, près d'elle, Virginie a un malaise. La jeune femme la soutient, inquiète. La petite fille est rouge et transpire abondamment. Elle lui éponge doucement le front.

– Qu'est-ce qui t'arrive ?

– J'ai mal au cœur, ça tourne, je vais tomber...

– On y est presque, ma chérie. Encore cinq minutes et tout ira bien...

La chaloupe aborde enfin. Et avec sa force habituelle, Aline soulève Virginie dans ses bras. Un des rameurs se précipite pour prendre la petite fille.

– Non, non, ça va aller...

Soutenue par le marin, Aline pose la première le pied sur le sol marocain, suivie par le reste de la famille.

Derrière un bureau sommaire installé devant le débarcadère, sous un panneau indiquant « COMPAGNIE GÉNÉRALE TRANSATLANTIQUE », un homme tamponne leurs papiers de débarquement. Aline l'interroge sur l'emplacement du bureau du protectorat où elle doit se rendre pour entrer en possession de la terre qu'elle a achetée.

Une fois renseigné, le petit groupe s'avance sur le quai grouillant de monde. Bousculés, séparés, tous les six progressent difficilement sans bien savoir où ils vont. L'urgence est de trouver un coin calme et à l'ombre pour abriter Virginie en attendant l'arrivée de la chaloupe avec les bagages. Flora prend la tête du mouvement et repère une coque retournée sous laquelle la petite fille sera à l'abri du soleil accablant.

Aline pose son manteau sur le sol pour allonger l'enfant dont l'état semble empirer.

– Il lui faudrait de l'eau...

– J'y vais.

François disparaît dans la foule. Débrouillard, il ne met pas plus de quelques minutes pour revenir avec un petit pichet, qu'il tend à Aline. Celle-ci mouille la tête et les mains de Virginie. Flora s'assoit près de l'enfant.

– Je peux le faire, va au bureau du protectorat. Nous, on t'attend ici.

Aline hésite, mais François soutient Flora.

– Elle a raison, vas-y, ne t'inquiète pas.

– Vous veillez bien sur Virginie ?

– Allez !

Après un dernier coup d'œil inquiet, Aline s'éloigne. Flora et Yvon échangent un bref regard et le garçon rejoint à grands pas sa cousine.

– Je viens avec toi.

Les deux jeunes gens sont entraînés par le mouvement de la foule et se fraient un chemin pour aller dans la direction indiquée par l'homme du débarcadère. Ils suivent un mur crénelé qui domine l'océan, le long duquel sont encore alignés des canons, vestiges des Espagnols. Ils franchissent l'imposante porte Marine qui arbore, gravée sur son fronton, la date où le sultan Sidi Mohammed Ben Abdallah transforma la petite ville des Romains et des Portugais en un port fortifié pour y abriter ses corsaires et drainer le commerce des caravanes du désert.

Une rue s'ouvre sur leur gauche qui les mène à un carrefour. S'y élève un bâtiment d'architecture européenne, sur la façade duquel un panneau indique : « RÉPUBLIQUE FRANÇAISE – SERVICES TECHNIQUES DU PROTECTORAT ».

Ils sont loin d'être les premiers. Devant eux, une masse de colons fraîchement débarqués du même paquebot se presse autour du concierge marocain. Aline n'hésite pas à jouer des coudes, provoquant quelques protestations, qu'elle éteint d'un sourire forcé. Elle est la seule femme à faire elle-même les démarches et profite de cet avantage pour en appeler, avec plus ou moins de succès, à la galanterie de ses compatriotes.

Pressée, déséquilibrée, elle se dresse enfin devant le concierge.

– Bonjour, nous venons pour la terre que nous avons achetée...

Le concierge ne cache pas son étonnement admiratif pour cette forte jeune femme face à lui. Il aimerait bien la satisfaire, mais il ne peut que lui répondre la même chose qu'à tous les autres.

– Il faut faire la queue. Monsieur Jarry vous recevra...

Aline doit rejouer des coudes pour s'extirper des gens agglutinés. Elle rejoint Yvon et tous deux n'ont d'autre choix que de prendre leur place dans la queue des colons qui grognent de devoir attendre en laissant leur famille sur les quais.

– Ça commence bien ! Ils pourraient penser aux femmes et aux enfants...

– Vous savez où vous allez dormir ?

– Non, rien n'est organisé. C'est la pagaille comme toujours !

Yvon réagit.

– C'est vrai, ça. Où est-ce qu'on va passer la nuit ?

– Je ne sais pas ! Il va falloir se débrouiller...

Il pouffe de rire.

– On a intérêt. Tu imagines maman obligée de camper sur le port !

Mais cette perspective ne semble pas amuser Aline, qui n'esquisse même pas un sourire. Yvon la regarde, désolé, impuissant à la soulager de la peine qui la mine.

Deux heures s'écoulent dans une moiteur que le seul ventilateur poussif ne parvient pas à rafraîchir. Enfin, le concierge appelle Aline pour l'accompagner jusqu'au bureau du fonctionnaire.

Assis derrière un bureau imposant couvert de dossiers, Joseph Jarry, homme digne et replet, coiffé du fez local, s'éponge en offrant son visage au souffle d'un ventilateur posé près de lui. Derrière son dos s'étale une grande carte de l'ensemble du territoire du protectorat avec ses divisions administratives. Aline entre et l'homme a un sursaut de surprise. Il dévisage cette grande femme fière, debout devant lui.

– Asseyez-vous !

Elle obtempère. Il choisit méticuleusement un stylo.

– Votre nom ?

Elle le lui dit. Avec des gestes précieux, il fouille dans une pile devant lui.

– Desmazures... Desmazures... Voilà !

Il extrait un dossier qu'il épluche attentivement... Soudain, il la dévisage.

– Vous êtes veuve ?

– Oui.

– Il n'y a pas d'hommes avec vous ?

– Si. Il y a mon cousin et mon beau-fils, qui a seize ans.

Joseph Jarry se redresse et se lance dans un discours dont il est évident qu'il l'assène à chaque candidat à l'émigration.

– Sachez, madame, que vous êtes ici en mission. Une mission hautement civilisatrice ! Dans vos actes et vos comportements, vous devrez donner une image exemplaire de la France. Comprenez-moi, pour les indigènes, il ne doit pas exister de Français malhonnête, voleur ou délinquant ! Nous devons être en quelque sorte les « drapeaux vivants » de notre Mère Patrie. À la moindre dérogation à ces règles, on vous rapatrie à vos frais !

Il consulte le dossier.

– Je vois que vous avez été élevée dans une ferme. C'est bien, mais...

Il ne finit pas sa phrase et continue d'éplucher la fiche d'Aline. Il sursaute violemment.

– Votre mari a été... assassiné ?

Aline acquiesce. Le fonctionnaire la regarde avec suspicion.

– J'espère que vous n'êtes pas une de ces aventurières qui débarquent ici, s'imaginant faire fortune rapidement...

– Non, monsieur. Je suis prête à travailler dur pour me faire une place et m'adapter à ce pays.

– Oh, là ! Attendez ! Il n'est pas du tout question de... « s'adapter » ! Vous devez garder vos distances avec les autochtones. Vous êtes une jolie femme et vous êtes veuve ! Vous êtes donc potentiellement un facteur de troubles... Vous voyez ce que je veux dire ? Je me suis bien fait comprendre ?

– Parfaitement, monsieur.

– Bien. Votre terre est située à Boulmane-Dadès, sur la route des Gorges. Son prix a été majoré de deux cents francs à l'hectare, parce que vous bénéficiez d'une source. C'est une chance ! Bon... Selon le plan édicté par les autorités en concertation avec les ingénieurs agronomes, vous devez vous engager à y planter des amandiers. Des amandiers, pas autre chose ! C'est clair ?

– Oui.

Il prend le temps de s'éponger le front avec un grand mouchoir – brodé en rouge d'un double *JJ* – qu'il extirpe de la poche de sa veste.

– Bien.

Il remet lentement le mouchoir dans sa poche, puis pousse enfin deux feuillets vers elle.

– Voilà ! Signez ce reçu pour votre terre, et cette reconnaissance de dette que vous devrez régler selon le plan établi par notre bureau en France.

Aline signe, Joseph Jarry range les deux feuilles et lui tend l'acte de propriété. Aline, bouleversée de tenir ce bout de papier, sésame de sa nouvelle vie, ne veut surtout pas que cet homme puisse sentir son émotion. Elle reste très neutre en se levant et en se dirigeant rapidement vers la porte.

La voix du fonctionnaire la rattrape sur le seuil.

– Je vous préviens ! Inutile de venir vous plaindre si quelque chose tourne mal. Notre bureau n'a pas vocation à aider les émigrants.

Sur le seuil du bâtiment, le concierge bloque Aline et Yvon en leur recommandant de rester à l'abri dans le hall. Un groupe de jeunes manifestants marocains jettent des pierres contre l'inscription « RÉPUBLIQUE FRANÇAISE » peinte sur le panneau de la façade et crient des injures en arabe.

Les nouveaux colons se sont repliés en masse à l'intérieur du bâtiment et attendent la fin de l'échauffourée, mais Aline piaffe d'impatience et se refuse à retourner à l'intérieur. Tirant Yvon par le bras, elle veut s'élancer. Quelqu'un s'interpose. Son réflexe est brutal et fulgurant, mais elle l'interrompt juste à temps en découvrant l'officier d'une quarantaine d'années, en uniforme de l'armée française, qui la dévisage avec une certaine désinvolture.

– Reculez, madame ! C'est dangereux.

Au même instant, une douzaine de soldats français se ruent sur les manifestants, armes à la main, et les dispersent, matraquant et sabrant à tout va les jeunes Marocains qui fuient en criant de nouvelles injures. Les soldats se lancent à leur poursuite...

En un instant, la place s'est vidée et Aline remercie son « sauveur ». Elle a mis dans ce dernier mot une intonation ironique, mais le capitaine ne la relève pas. Il est évident qu'il est sous le charme de la nouvelle venue. Et qu'il n'a pas l'intention de la laisser disparaître comme cela.

– Venez, mademoiselle, je vous raccompagne.

Il entraîne Aline vers son véhicule militaire. Yvon suit le mouvement en se renfrognant.

Le court trajet jusqu'au port est vite parcouru. Et à peine le véhicule s'est-il immobilisé qu'Aline saute pour se précipiter vers Virginie et se pencher sur l'enfant.

– Comment va-t-elle ?

– Pas terrible. Elle a vomi, et depuis elle dort.

Tout en répondant, Flora détaille d'un œil expérimenté le fringant officier qui suit sa nièce. Non seulement l'homme a l'air charmant, mais il se rend utile !

En effet, après un regard sur Virginie, il émet vite son diagnostic.

– Cette demoiselle a dû attraper une insolation. Je reviens...

Il s'éloigne vers sa voiture. Flora le suit des yeux, tout en glissant à voix basse à Aline :

– François a disparu !

– Quoi ! Mais depuis combien de temps ?

– Au moins une heure.

– Pourquoi tu l'as laissé s'éloigner ?

Aline est en colère, ça s'entend et sa tante réplique sur le même ton.

– Parce que tu crois peut-être que cette tête de mule m'a demandé la permission ?

Les deux femmes se taisent en voyant le capitaine revenir avec une boîte de secours, dans laquelle il fouille.

– Je dois avoir de l'aspirine là-dedans... Tenez. Gardez le flacon.

Il conseille d'en faire boire immédiatement à l'enfant. Flora réveille Virginie et lui fait avaler une grosse gorgée du remède avec un peu d'eau. L'officier continue de prodiguer ses conseils à Flora.

– Vous devez apprendre, madame, qu'ici le soleil tape fort, mais que le vent du large empêche de sentir sa brûlure. Dans cette ville, tout le monde le sait et se protège. Soyez plus prudente à l'avenir !

Pendant ce court instant, dans son dos, Aline examine avec angoisse la cohue sur le port. Soudain, elle plonge dans la foule.

Lorsque le capitaine se relève, elle a disparu. Interloqué. il interroge Flora qui lui donne la seule explication valable : sa nièce est partie à la recherche de son fils !

Plus loin, sur le quai, Aline court au milieu de la cohue sans cesser d'appeler François. Elle est au comble de l'angoisse. Elle n'aperçoit le garçon nulle part et commence à s'affoler. Elle ne supporterait pas une nouvelle tragédie. Incapable de se calmer, des images dramatiques l'obsèdent. Elle pense à Paul, aux jumeaux. On ne lui enlèvera pas François !

Elle est sur le point de craquer lorsqu'il lui semble apercevoir la silhouette du garçon, là-bas, un peu plus loin, torse nu. C'est bien lui qui pose des paniers à l'arrière d'un camion ? Lui encore qui se met à discuter avec un Marocain d'une trentaine d'années ?

Elle court comme une folle, s'approche... Oui c'est bien lui !

Soulagée, mais dans une colère noire due à la peur, elle fonce sur lui et le gifle.

– François ! Bon sang ! Ça fait une heure que je te cherche !

Sonné, il n'a pas le temps de réagir que, déjà, elle le prend dans ses bras.

– Ne refais jamais ça. J'ai eu tellement peur !

François a le souffle coupé. Il se frotte la joue.

– Je voulais t'aider... Tiens, je te présente monsieur Abou.

Le Marocain salue Aline d'un simple signe de tête. François échange un sourire lumineux avec lui.

– Monsieur Abou travaille pour un transporteur. Il descend à vide vers le sud. Je lui ai demandé s'il pouvait nous emmener avec lui. Il a accepté. Tu peux lui dire où on doit aller ?

Aline extrait de sa poche le titre de propriété qu'elle tend au chauffeur. Il y jette un coup d'œil et le lui rend.

– D'accord, c'est sur ma route. Allez chercher votre famille, je vous attends ici.

Aline est un peu gênée de la simplicité avec laquelle cet homme les dépanne après l'avoir vue, elle, agir comme une insensée. Elle le remercie avec chaleur.

Abou acquiesce d'un simple mouvement de la tête et s'éloigne dignement. Aline tire son beau-fils et l'entraîne rejoindre le reste de la famille. François serre fort le bras d'Aline.

– Je suis désolé de t'avoir inquiétée, mais... je me suis dit que ce serait bien de trouver un véhicule. Tu es fâchée ?

– Oui !

La conviction qu'elle a mise dans sa réponse est vite démentie par le regard attendri qu'elle pose sur François.

– ... Et non. Tu ressembles trop à ton père !

Il est ému. Balayant des yeux tout ce qui l'entoure, il affirme, avec un vrai sourire d'espoir :

– Je crois que je vais aimer ce pays.

– Je vois ça !

Flora, Yvon et Toine guettent, tendus, les allées et venues sur le quai. L'officier est resté près d'eux et il est clair qu'il attend lui aussi, ce qui ne manque pas d'amuser Flora.

Soudain, François surgit, se ruant sur sa sœur, la serrant contre lui. Virginie rit doucement : si le soleil ne la tue pas, son frère va y arriver ! Toine leur saute à son tour dans les bras et les trois enfants de Paul rient ensemble. Ce tableau et le rire des enfants sont les seules choses que perçoit Aline en sortant de la foule. Son cœur se pince : où sont Jean et Julie à cet instant ? Que font-ils ?

Le capitaine s'est précipité à la rencontre de cette énigmatique jeune femme et Flora cache son envie de rire et sa satisfaction de voir les choses prendre si vite le genre de tournure qu'elle apprécie. Mine de rien, elle écoute ce qui se dit. Et constate qu'elle n'est pas la seule : Yvon et les trois enfants en font autant.

– Ah ! Mademoiselle, j'ai eu peur.

– Tout va bien. Je vous remercie, monsieur, de votre aide.

– C'est normal. Dites-moi, vous restez à Mogador ? On pourrait peut-être se revoir...

François regarde l'officier de travers. Flora a peur que le garçon n'intervienne de manière intempestive, mais il se contente d'observer le couple, sans doute rassuré par l'attitude d'Aline, qui ne répond pas à la tentative de séduction.

– Non, nous partons pour le sud dans deux heures. Désolée et encore merci.

C'est bref et expéditif. Elle va tranquillement revenir vers les autres lorsqu'une pensée la retient.

– Pardon, capitaine... Vous pourriez avoir des informations sur un soldat qui a servi ici, il y a trois ans ?

– Cela dépend... Il est encore en poste ?

– Non... Il... il aurait été tué ici. Dans le sud du pays.

– Ah ! Donnez-moi son nom.

– Arnaud... Arnaud Villiers.

C'est au tour de Virginie de lancer un regard noir à sa bellemère.

Le militaire n'a rien vu des réactions des enfants, il ne voit qu'Aline, prêt à tout pour avoir une chance de la revoir.

– Je vais voir ce que je peux faire. Où pourrai-je vous trouver ?

– Notre concession est près de Boulmane-Dadès, sur la piste des Gorges. Je m'appelle Aline Desmazures.

Elle lui a tendu la main, il la prend et la retient entre les siennes.

– Capitaine Georges de Gaumont ! Je vous contacterai dès que j'aurai obtenu des informations.

Elle le remercie chaleureusement. Le capitaine lui lâche enfin la main, salue et remonte dans son véhicule. Il démarre, non sans avoir jeté un dernier coup d'œil à Aline qui, déjà, ne se préoccupe plus de lui. Elle s'est agenouillée près de Virginie et veut savoir comment la petite fille se sent.

– Pas très bien... Qu'est-ce qu'on va faire, maintenant ?

Aline se relève avec un grand sourire et exhibe le titre de propriété pour que tous le voient.

– Rejoindre notre terre ! François nous a trouvé un moyen de transport. Le chauffeur nous attend. On va aller commander les plants d'amandiers et en route !

La famille a pris place dans un camion appartenant aux « TRANSPORTS VERLAIRE », ainsi que l'indique le nom peint sur la portière. Flora et Virginie se sont installées assez confortablement dans la cabine près d'Abou, le chauffeur découvert par François. Aline et les trois garçons ont grimpé sur la plateforme et se sont calés au milieu des bagages et des plants d'amandiers, subissant les assauts du soleil, les bourrasques de vent et de sable. Mais, surtout, il leur faut se cramponner pour ne pas être éjectés par les cahots incessants. Par le petit hublot ménagé entre la cabine et l'arrière, ils peuvent voir Flora qui ne cesse de parler à Abou, imperturbable. François rigole.

– Tante Flora s'adapte vite !

En fait, ne pouvant pas entendre les propos de Flora, il ne peut juger du ton ambivalent sur lequel elle fait ses remarques. Apprécie-t-elle vraiment ce qu'elle voit ?

– Ce qu'il y a de terrible, c'est cette chaleur ! Un vrai four ! Chez nous, il fait chaud, mais pas comme ça.

Le camion passe entre de vastes cultures de blé et des carrés de cultures vivrières, bordées de palmiers.

– Oh ! Encore des palmiers ! Il y en a chez nous, vous savez, mais pas de cette taille !

Plus tard, la route devient piste et s'enfonce dans une sorte de végétation d'épineux.

– Vous avez aussi de la garrigue. Chez nous, on en a aussi, mais pas si haute !

Abou ne répond rien. Il a les yeux fixés devant lui et la bavarde Flora s'énerve de son mutisme. Impossible non plus de faire la conversation avec Virginie qui s'est endormie contre elle. Elle finit par se pencher par la vitre, bravant le sable qui tourbillonne et crie en direction de sa nièce.

– Si ta mère pouvait nous voir, elle aurait pas fini de dire qu'on est folles !

Aline, qui n'a pas distingué les mots que le vent a emportés, fait un signe de réconfort à sa tante, dont la tête redisparaît à l'intérieur.

*
**

Que ressentirait Aline si elle pouvait voir au même instant sa mère, dans le jardin de la maison de son fils, embrasser Jean et Julie ? Image impossible qui lui déchirerait le cœur. Et pourtant, elle serait peut-être surprise si elle pouvait entendre Marie.

Henri et sa femme ont tenu à accompagner celle-ci jusqu'à la grille. Après les embrassades avec ses petits-enfants, Marie veut s'adresser à sa belle-fille, mais Mathilde se détourne. Elle prend les jumeaux par la main, leur dit de faire un dernier signe à leur grand-mère et les entraîne vers la maison. Henri s'approche de sa mère et lui tend une enveloppe qu'il tient à lui remettre. Marie s'en défend.

– Tu sais, je n'ai pas besoin de ça !

Mais il insiste et glisse l'enveloppe dans le sac.

– Prends, c'est pas grand-chose.

– Merci.

De loin, elle observe Jean et Julie qui montent les marches du perron avec Mathilde.

– Ta sœur doit être bien malheureuse sans ses enfants. C'est pas bien ce que tu as fait.

Henri se ferme, buté.

– Je n'ai rien fait. C'est la justice qui a décidé.

– Depuis quand la justice se mêle de nos affaires ? Des bébés, c'est fait pour être avec leur maman, c'est tout !

– Qu'est-ce qu'elle avait à leur offrir ? Une vie misérable et...

Marie l'interrompt brutalement, remuée par de vieux souvenirs. C'est avec virulence qu'elle répond à son fils.

– Quand ton père m'a quittée, moi aussi, j'ai eu une vie difficile ! Mais personne ne m'aurait séparée de vous. Ça a été dur, mais je m'en suis sortie. Et j'ai fait de vous ce que vous êtes maintenant !

Henri s'agace.

– Elle est au Maroc, maman ! Je connais ce pays. La misère y est encore pire qu'ici !

– Ce qui est pire, c'est de se faire voler ses enfants par son propre frère !

Le ton est implacable et Henri se sent soudain embarrassé sous le regard sévère de sa mère. En voulant le fuir, c'est celui de sa femme qu'il croise. Debout en haut du perron, Mathilde le fixe intensément.

Il se raidit et demande presque avec froideur à Marie :

– Veux-tu que je demande au chauffeur de te raccompagner ?

– Non, j'ai mon car. Henri, regarde bien dans ton cœur et demande-toi si tu as bien agi.

Elle ouvre la grille et se faufile vite dehors. Il tourne brutalement les talons pour rejoindre Mathilde qui observe toujours la scène.

Dans la rue, de l'autre côté de la grille, dissimulé aux yeux des habitants de la maison par la haie de lauriers-roses, un homme est appuyé contre le mur et joue avec le foulard qu'Aline a perdu chez le juge Carton.

Marie sursaute en reconnaissant l'inspecteur Le Hennin. Elle se renfrogne et grogne.

– Qu'est-ce que vous voulez ?

– Je suppose que ce foulard ne vous est pas inconnu. Je l'ai vu sur votre fille... à plusieurs reprises.

– Si vous le dites.

Il s'approche de Marie jusqu'à la toucher.

– Madame Boissières, je suis ici pour votre bien et... pour celui de votre fils, Henri.

Il obtient ce qu'il veut, elle s'inquiète aussitôt.

– Qu'est-ce qu'Henri vient faire avec le foulard d'Aline ? Il a l'expression du chat qui va croquer la souris.

– Il se pourrait bien, si votre fille ne coopère pas avec la justice et continue de se cacher comme elle l'a fait jusqu'à présent, que votre fils soit très sérieusement inquiété... Et je ne vous parle pas des répercussions sur sa carrière... Je suis de votre côté, madame.

Elle s'impatiente.

– Vous voulez quoi, à la fin ?

– Votre fille a disparu. Je suis sûr que vous savez où elle est.

– Absolument pas.

Le Hennin lance un regard rêveur vers la maison d'Henri.

– Vous imaginez le scandale ? La sœur d'Henri Boissières, gendre du puissant sénateur Reignier, soupçonnée de meurtres et d'enlèvement d'enfants ? Énorme !

Marie le fixe, alarmée.

*
**

Au Maroc, la route semble interminable aux voyageurs fatigués d'être secoués dans tous les sens. Ils se taisent, conscients de la chance qu'ils ont eue de trouver Abou le jour même de leur arrivée. Ils n'osent se plaindre ou même demander où ils sont et quand ils arriveront à destination. Les paysages se succèdent, plats ou montagneux, verts ou pierreux. Depuis quelque temps, le camion roule dans une portion désertique. La lumière baisse et personne ne sait si quelque chose est prévu pour la nuit.

Brusquement, le moteur tousse, provoquant un à-coup brutal qui secoue tout le monde. Il hoquette encore. Le camion tressaute et cale d'un coup en fumant.

Abou saute de la cabine, pose la main sur le moteur. Brûlant ! Fataliste, il regarde le ciel, récupère une peau de mouton sous son siège et s'éloigne dans le paysage vide.

Sous le regard éberlué de la famille, il étale la peau, se tient debout pour les premiers gestes de bénédiction, puis s'agenouille et se penche plusieurs fois en avant. Flora le regarde faire, ébahie.

– Ben ! Qu'est-ce qu'il fait ?

– Je crois qu'il prie.

– Ah ! C'est le moment de prier, c'est sûr ! Eh ! Monsieur ! Monsieur !

Mais les cris de Flora n'atteignent pas l'homme recueilli. Tourné vers La Mecque, il continue tranquillement sa prière.

Virginie se plaint de la soif. Aline va vite récupérer une gourde et, après en avoir donné quelques gorgées à la petite, elle fait boire chacun.

Yvon, lui, s'est dirigé vers le moteur. En voulant ouvrir le capot, il se brûle les doigts. Il récupère un bout de chiffon sous le siège d'Abou et revient soulever la plaque de métal qui laisse échapper un épais nuage de fumée. Un doute traverse François.

– Tu t'y connais en moteur, toi ?

– Non, mais regarde ! Ce gros tuyau, là, tu vois ? Il est percé. La fumée vient de là.

Flora, indifférente aux prouesses techniques possibles de son fils, attend avec impatience le retour du chauffeur, espérant bien repartir le plus vite possible.

Le ciel l'exauce. Abou roule sa peau de bête et revient vers eux. Elle se précipite.

– C'est le tuyau qui est troué. Vous pouvez réparer ?

C'est à peine s'il la regarde. Il ouvre la portière avant et sort quelques couvertures.

– Demain. On repartira demain. Le moteur doit refroidir.

La stupéfaction qui se lit sur les traits de Flora en consisérant tout autour d'elle l'immensité désertique est énorme.

– Comment ça demain ? Où est-ce qu'on va dormir ?

Abou jette les couvertures à l'arrière du camion.

– Ici.

Il garde une couverture pour lui et s'éloigne. Flora, désespérée, observe un instant le soleil qui se couche lentement derrière une colline.

– Comment ça, ici ? Mais...

Aline va étaler deux couvertures pour Toine et Virginie sur la plate-forme du camion.

– Bon, ben, on n'a pas le choix. Flora, tu dormiras dans la cabine. Les enfants et moi, on se mettra à l'arrière.

Toine, qui s'est montré exemplaire pendant tout le voyage, râle brusquement.

– J'ai faim.

Flora fait écho.

– Moi aussi, je meurs de faim.

Mais dans le torchon où Aline avait mis les quelques provisions achetées très vite sur le marché en récupérant les plants d'amandiers, il n'y a plus rien : quelques abricots que chacun suce avec délices...

Profitant des derniers rayons du soleil, Abou est parti à la recherche de brindilles, de tout ce qui pourrait brûler. François l'a rejoint. Il apprécie le chauffeur et l'autre le lui rend bien. Ils n'ont pas besoin de mots entre eux. Juste quelques gestes et la même rapidité pour faire ce qu'il faut quand il le faut. Guidé par le chauffeur, François constate que ce qui paraissait désert en roulant recèle des trésors presque invisibles. Tous deux reviennent près du camion avec de quoi allumer un feu. En passant près de la cabine, ils entendent Flora s'agiter dans la cabine en marmonnant.

– Pour le confort, on repassera !

Ils échangent des regards amusés et vont rejoindre Yvon. Tous trois s'activent. Très vite, le bois flambe et ils s'installent avec leurs couvertures pour la nuit.

Aline reste près de Toine et de Virginie, tous deux pelotonnés dans leurs couvertures à l'arrière du camion. Ne parvenant pas à dormir, elle garde les yeux fixés sur le ciel dont la clarté est impressionnante. Les étoiles lui paraissent plus brillantes que partout ailleurs.

Obsédée par l'image des jumeaux au moment où Henri les lui a arrachés, elle ne tient plus en place. Elle se lève et saute du camion. Elle fait quelques pas dans le désert, fuyant droit devant elle.

Des pas la rattrapent. Et la voix de sa tante murmure dans son oreille.

– Arrête de te torturer, Aline. Il faut que tu dormes.

– Je n'arrête pas de penser à Jean et Julie. Je les ai abandonnés, Flora.

Le ton d'Aline est désespéré.

– Tu n'as abandonné personne ! Tes enfants, on te les a volés, oui ! Et celui qui t'a fait ça le paiera très cher, crois-moi. Tu n'avais pas le choix. Si tu étais restée en France, on t'aurait mise en prison. Et là, tu les aurais vraiment perdus, tes enfants. Et pas seulement ces deux-là ! Tu as fait ce qu'il fallait.

Le ton de Flora est sans réplique. Elle entraîne sa nièce.

– Allez, viens. Tu dois te reposer.

Sous les mêmes étoiles, à des kilomètres au sud, dans une oasis au milieu des dunes, des tentes sont dressées. Sous l'une d'elles, le rescapé du désert, l'homme sans nom, est accroupi face à la fille du cheikh qui l'a soigné. Fin visage halé, pommettes hautes, yeux brillants soulignés de khôl, la jeune Berbère est ravissante, juste éclairée par la faible lueur d'une lampe à huile.

En présence de l'étranger, la vieille femme est toujours à ses côtés. Naïma guette les moments où son chaperon tourne la tête pour dévorer le Français des yeux. Elle s'est mise en tête de lui apprendre le berbère et l'arabe. Elle lui désigne une pierre en prononçant le mot qui correspond dans sa langue.

– *Aszru...*

Il répète tant bien que mal, sûrement plutôt mal que bien, car la jeune fille et la vieille femme éclatent de rire...

– Bien maintenant, plus en berbère : en arabe. *Jandal...*

Attentif, il répète les deux mots. Profitant d'une inattention de la vieille, Naïma accroche son regard qu'il soutient intensément... avant de détourner les yeux le premier, soudain gêné.

C'est aux tout premiers rayons du soleil qu'Abou réveille ses passagers pour reprendre la route. Après plusieurs toussotements, le moteur démarre enfin, dissipant l'angoisse générale.

François et Abou échangent un air entendu : la réparation de fortune d'Yvon semble tenir, il ne devrait plus y avoir de halte forcée. *Inch Allah* !

Chacun reprend sa place. Dans la cabine, Virginie, reposée, sourit à Flora, qui reprend son bavardage.

– Ben dites donc... On l'a échappé belle... Vous vous rendez compte, bloqués ici, en plein désert ? Finalement, je n'ai pas si mal dormi.

Sur la plate-forme, Aline, Yvon, François éclatent de rire. Sans bien comprendre les causes de l'hilarité générale, Toine se joint à eux et se glisse contre Aline pour un câlin matinal.

Et la route déroule son paysage aride jusqu'aux abords des remparts de Marrakech.

Dominée par les cimes du Haut Atlas, l'enceinte de pisé, d'argile et de chaux domine le sable en en prolongeant la couleur ocre rouge. Les palmiers se multiplient, le minaret de la Koutoubia, sentinelle aux portes du Sahara, se dresse, de plus en plus visible dans l'azur, et les paysans sur leurs ânes se pressent vers l'une des dix portes monumentales de la ville impériale.

Le camion s'arrête et chacun s'empresse d'en descendre pour détendre les membres ankylosés, le temps de mystérieux pourparlers d'Abou avec quelque commerçant du souk. Le passage d'un *guerrab*, un porteur d'eau, permet à tous de se rafraîchir en buvant dans le bol de cuivre l'eau qui coule de l'outre de peau de chèvre. L'horrible grimace de Flora surprise par le goût du liquide fait rire les enfants, déjà à la recherche d'autres curiosités. Aline achète des amandes à un paysan qui passe avec son âne. Mais très vite, sans explication ni consultation, le chauffeur grimpe dans sa cabine et remet le moteur en route. Chacun s'empresse aussitôt de reprendre sa place. Car si Abou paraît pressé de reprendre son voyage, il en est de même pour la famille, impatiente d'atteindre enfin sa terre.

Les paysages variés restent la seule distraction des longues heures à rouler : les oasis le long de la moindre source d'eau, leurs palmiers et leurs cultures, les villages, véritables forteresses de terre aux ruelles enchevêtrées, les gorges arides où la piste se perd dans les caillasses du fond. Lors de la traversée d'un oued à sec, cinq cavaliers berbères surgissent soudain, entièrement vêtus de noirs, têtes drapées de chèches, armés de longs fusils. Magnifiques et impressionnants guerriers, ils galopent et dépassent le camion pour le plus grand plaisir des enfants, fascinés par cette apparition, dont ils ignorent s'il faut s'en inquiéter.

Enfin, le camion longe un ksar situé à la périphérie d'un village, sur un terrain accidenté, pour s'arrêter un peu plus loin, dans un nuage de poussière, sur un chemin devant des bâtiments de plain-pied plus ou moins en ruine. Abou saute de la cabine et invite ses passagers à descendre : ils sont arrivés chez eux !

Après de chaleureux remerciements et de sobres adieux, le chauffeur reprend sa place derrière son volant et disparaît rapidement pour respecter des horaires que Verlaire, le Français propriétaire de la compagnie de transports, tente d'imposer à ses employés à coup de primes et de retenues.

– 8 –

Installation

Aline et les siens demeurent un moment abasourdis au milieu de leurs bagages. Devant eux s'étend une bande de terre pierreuse, aride et brune, sur laquelle se dressent les murs d'une maison plus ou moins éventrée et quasiment sans toit.

Saisis, les enfants restent muets. Même Flora se tait, assommée. Aline cache mal le brutal découragement qui soudain l'envahit. Elle est incapable de proférer le moindre mot et c'est la petite voix de Toine qui exprime l'incrédulité que chacun ressent.

– C'est ça, chez nous ?

Un lourd silence lui répond.

François et Yvon, les premiers, osent bouger. Ils avancent vers ce qu'il faut bien qualifier de ruine et en font le tour. Toine les rejoint en courant. Il entre dans une pièce et s'amuse de l'affolement des chèvres qu'il débusque et qui s'échappent en bêlant, suivies de deux petits bergers intrigués.

Aline commence à porter certains bagages à proximité. Encore sous le choc, elle n'a pas fait attention à Virginie, figée, au bord des larmes, qui gémit.

– Je veux rentrer à la maison !

Cette plainte ramène Aline à la dure réalité, l'unique perspective qui lui reste. Celle qu'elle a choisie et dans laquelle elle a entraîné sa famille. Il n'est plus question de reculer ou de se plaindre. Il faut avancer et faire face.

– Notre maison, c'est ici maintenant !

Virginie la regarde, furieuse, refusant l'horreur de la situation.

– Sûrement pas. Tout est sale, tout est moche. Y en a même pas, de maison !

– On va en faire quelque chose de beau. Tous ensemble. Tu verras.

Aline tente de calmer la petite fille avec un geste apaisant, mais celle-ci refuse toute marque de tendresse. Elle s'est raidie et les mots sortent, violents, porteurs du chagrin et des questions qui ont dû tarauder l'enfant depuis la mort de son père et leur fuite.

– C'est pas vrai ! De toute façon, tu nous as amenés ici pour retrouver l'autre. Ton Arnaud ! T'en as rien à faire de nous. Ni de papa. C'est pour ça que tu l'as tué !

Aline se pétrifie. Avant que Flora ait ébauché le moindre geste, François, qui a tout entendu, se précipite sur sa sœur, lui intimant de se taire. Mais la soupape a sauté et Virginie ne peut plus tenir sa langue.

– Non, je me tairai pas ! C'est vrai ce que je dis ! Elle a tué papa ! Tout le monde le disait dans le village.

La gifle du frère part et Virginie s'effondre en sanglots. Aline, bouleversée, écarte doucement François et tente de calmer l'enfant. Elle cherche à capter l'attention de la petite fille, elle va la raisonner, mais elle est la dernière personne que Virginie veut entendre.

Flora est choquée.

– Tu ne parles pas comme ça à ta mère.

– C'est pas ma mère.

Aline veut prendre l'enfant contre elle, mais celle-ci se dégage avec violence de la main d'Aline.

– Non, laisse-moi, je ne veux plus te parler. Je te déteste !

La petite fille s'éloigne en pleurant. Toine s'approche d'elle et lui prend la main. Les deux enfants font quelques pas pour s'éloigner des autres et restent ainsi à regarder ce qui est désormais leur terre.

La vue depuis la terrasse embrasse un vaste paysage. Brusquement, un vol de grues passe et s'éloigne vers le nord dans un froissement d'ailes. Le soleil se couche derrière l'Atlas qui déploie sa majestueuse silhouette. Au loin des hululements se répondent.

Pendant un long moment, tous restent à la fois subjugués et intimidés par la beauté sauvage des lieux.

La nuit tombe. Et brutalement c'est la panique. Il faut faire un feu, improviser de quoi dormir, ouvrir les valises pour trouver quelques couvertures ou manteaux à poser sur le sol et affronter la nuit fraîche. Il faut aussi se restaurer de quelques fruits secs, s'angoisser de ne pas avoir vu de source et se retrouver sans eau.

Chacun y met du sien, sauf Virginie qui boude dans son coin, que François n'ose plus approcher, mais que Toine ne quitte pas, veillant comme un petit homme sur sa grande sœur.

C'est en fouillant dans son sac qu'Aline retrouve la poupée de chiffon de Julie et l'ours de Jean, tous deux bien usés à force d'avoir été traînés par les jumeaux. Elle les fourre dans sa poche le temps d'installer tout le monde. Et maintenant qu'ils se sont tous endormis, elle reste assise à l'écart, contemplant ces mêmes étoiles qu'elle admirait à Gorbio, du temps de la naissance de Julie et Jean et de sa vie avec Paul. Elle serre les deux « doudous » contre elle, les yeux pleins de larmes. Le désespoir la submerge brutalement et elle ne peut plus retenir le sanglot qui monte.

Flora apparaît à cet instant sur le porche de ce qu'il faut se résigner à appeler « la maison ». Il ne lui faut qu'un coup d'œil pour prendre conscience de l'état d'Aline. Elle se précipite et prend sa nièce dans ses bras.

– Oh, ma chérie, pleure... Tu as le droit.

La jeune femme se laisse aller contre sa tante.

– Ils ne pouvaient pas s'endormir sans leurs joujoux préférés. Je n'ai même pas pu les leur donner...

Aline se laisse aller à son chagrin et Flora lui caresse doucement les cheveux.

– Tu les reverras, ma chérie, je te le promets.

Aline se calme peu à peu. Après un moment de silence, elle demande, d'une voix étouffée :

– Toi aussi, tu crois que je vous ai entraînés ici pour courir après un fantôme ?

– Non...

– Flora, j'ai vraiment cru que venir ici était notre seule chance.

– Ça l'est, ma fille ! On nous a juste caché, en France, qu'il faudrait camper à la belle étoile et cultiver de la caillasse !

Aline s'est redressée et observe la terre autour d'elle, éclairée par le feu.

– On va y arriver, hein, Flora ? Il le faut ! Je dois réussir. C'est le seul moyen pour que le juge me rende mes bébés.

Flora acquiesce et son regard se perd dans le scintillement des centaines de milliers d'étoiles dans le ciel si pur.

– Tu crois toujours qu'Arnaud est vivant ?

Elle a parlé bas comme si elle avait peur que les enfants entendent. Aline lui répond sur le même ton.

– Non... Et en même temps, chaque parcelle de mon corps me dit qu'il l'est. Il est constamment vivant dans mes rêves. Comme s'il était là, tout près...

Flora la fixe, un peu dépassée, et Aline a parfaitement conscience que sa tante pense qu'elle délire.

– Tu me trouves folle ?

Flora a un petit rire pour exprimer ce qu'elle ressent.

– Tu sais, pour moi, un homme, ça ronfle à mes côtés et ça porte mes valises. J'ai jamais rêvé d'un homme que j'aime. Peut-être qu'au fond je n'ai jamais été vraiment amoureuse !

Aline sourit et l'embrasse.

– Tu as de la chance...

– Non, non... c'est toi.

Elles pleurent, elles rient, elles restent ainsi dans les bras l'une de l'autre à contempler la nuit.

Le lendemain, tous procèdent à un état des lieux. Aline et Yvon parcourent le terrain en terrasses. Yvon se baisse et déterre l'une des innombrables pierres dont la terre est jonchée.

– Va d'abord falloir enlever tout ça, si on veut planter. Et puis faudrait arroser. La terre est dure comme du bois.

François revient vers eux, remontant de la propriété située en face de la leur, une vaste demeure flanquée d'une orangeraie et d'un verger croulant de fruits, dont l'imposante silhouette se découpe dans le soleil levant.

Aline sourit en désignant le garçon à son cousin.

– Regarde-le. On dirait qu'il est né ici. Rien que de le voir ainsi me redonne du courage.

François les rejoint.

– Pour la source, c'est râpé ! Elle traverse la propriété, là en bas, et redescend de l'autre côté de la colline.

– Ils avaient pourtant dit qu'il y avait de l'eau !

Il y a de l'amertume dans la voix d'Aline et elle s'en veut. Elle voit Flora et Toine sortir de la maison. Virginie les suit avec mauvaise grâce. La nuit n'a pas dissipé la bouderie de l'enfant qui râle en traînant des pieds.

– J'ai soif !

– Oh toi, ça va !

François est à nouveau intervenu, exaspéré par la mauvaise volonté de sa sœur, mais Aline soutient la petite fille.

– Non, elle a raison. Il va nous falloir de l'eau potable. Allons voir cette rivière.

C'est comme une libération. Soudain, ils se mettent tous à dévaler la pente en riant, se précipitant vers l'endroit que leur désigne François.

Au bord du Souss, ils sont tous comme des enfants. Aline et Flora, en chemise, font une toilette sommaire avant de barboter pour le simple plaisir de se rafraîchir. Toine et François se poursuivent en se lançant de l'eau. Yvon, debout dans le courant, examine quelques plantes. Seule Virginie, restée au bord, regarde tout ça avec suspicion. Flora observe la petite fille qui considère l'eau avec dégoût.

– Virginie se méfie. Je suis comme elle. Je boirai pas de cette eau !

– Il faudrait se faire une réserve qu'on ferait bouillir avant de la boire.

Yvon a entendu Aline.

– De toutes les façons, si on veut planter, faut arroser.

François le rejoint.

– T'imagines ! Y a au moins cinq cents mètres jusque chez nous. Et ça grimpe ! Comment on amène l'eau là-haut ?

– On pourrait creuser un petit canal jusqu'au pied de la butte. Ça conduirait l'eau beaucoup plus près.

– Ouais et après, comment tu fais pour monter ?

– Faut que j'y réfléchisse. Peut-être avec une pompe ? Il me faudrait un moteur, mais...

Il est interrompu par un cri de Flora, effrayée par l'apparition sur la berge d'un homme d'une quarantaine d'années, à l'allure noble, en gandoura et keffieh blancs. Immobile, il les observe avec sévérité. Derrière lui, menaçant, un serviteur porte un fusil : on le sent prêt à s'en servir au moindre signe de celui que Flora suppose être son patron.

Sous ce regard sans aménité, Aline prend conscience de la légèreté de sa tenue. Elle se couvre et se lève.

– Je m'appelle Aline Desmazures. Nous possédons la maison...

Il l'interrompt assez sèchement.

– Je sais... Mais ici, vous êtes chez moi.

– Pardon, mais nous pensions que...

– ... que dans ce pays, vous pouvez pénétrer dans n'importe quelle propriété sans autorisation ?

– Je suis désolée. Nous allons partir... Est-ce qu'on peut prendre un peu d'eau ?

– Pas chez moi !

Le ton est sans équivoque. Interloquée, Aline regarde du côté du terrain de la famille, mesurant la longueur du trajet à accomplir s'il faut aller chercher l'eau au-delà de la propriété de leur voisin.

Yvon et François ont le même réflexe.

– Dis donc, s'il faut aller là-bas, ça fait une sacrée trotte !

Cette réflexion donne à Aline l'énergie de discuter... mais lorsqu'elle se retourne vers l'endroit où se tenait le maître des lieux, ce dernier a disparu. Elle l'aperçoit qui s'éloigne, toujours flanqué de son serviteur armé. C'est Flora qui a le mot de la fin.

– Quel sale type !

*
**

Les premiers avatars de l'installation sur leur terre paraîtraient bien légers à Aline si elle pouvait prendre la mesure de la menace qui pèse sur elle, à des milliers de kilomètres de là. En effet, dans son bureau de la Sûreté de Menton, le commissaire Morland convie l'inspecteur Le Hennin qui vient d'entrer à s'asseoir en face de lui.

Sur la table, entre les deux hommes, est étalé le quotidien local où la photo de l'inspecteur est à la une, accompagnant un article dont le titre annonce : *Arrestation de Max Ferron et de son gang. Une enquête magnifiquement bouclée par l'inspecteur Le Hennin.*

– Félicitations, inspecteur ! Cette fois, votre promotion au grade d'inspecteur-chef est assurée ! Je viens de recevoir un appel du préfet lui-même. On vous est très reconnaissant, là-haut.

– Merci, commissaire... Heu... Vous avez lu ma demande concernant Aline Desmazures ?

Morland examine l'inspecteur comme s'il pouvait lire sur ce visage osseux la réponse à son dilemme. Puis il soupire en prenant un dossier, posé sur une pile sur le coin du bureau. Il en extrait une feuille qu'il balaye des yeux rapidement.

– Oui, je l'ai lue... Vous êtes sûr qu'elle s'est expatriée au Maroc ?

– Oui.

– Vous demandez son rapatriement pour l'inculper du meurtre du juge Carton. Or, il semblerait qu'Aline Desmazures était dans un car lorsque le juge a été assassiné. Son frère l'a confirmé !

– Le témoignage d'un frère...

Le Hennin n'a pu s'empêcher de hausser les épaules. On le sent exaspéré par la résistance du commissaire à entendre l'évidence. D'autant plus que celui-ci s'entête.

– Le problème, c'est que ce frère est Henri Boissières. Vous devriez faire attention à ceux que vous mettez en cause, inspecteur.

– Aline Desmazures est soupçonnée de trois meurtres !

Le ton de Le Hennin a grimpé juste ce qu'il faut pour qu'on puisse saisir cette vérité indiscutable.

Le commissaire froisse le journal en le brandissant.

– Écoutez ! L'arrestation de Ferron fait de vous l'un des policiers les plus célèbres de ce pays. Vous serez commissaire dans moins de cinq ans ! Prenez des vacances. Profitez de la situation.

Le Hennin le fixe, un soupçon de mépris dans le regard. Enfin, il se décide à poser la question qu'il a préparée pour faire face à la situation.

– Vous croyez que le préfet serait prêt à accéder à n'importe laquelle de mes demandes ?

Le commissaire soupire à nouveau devant le mystère de cet homme qui ne va jamais au plus simple, jamais à ce qui satisferait n'importe lequel de ses collègues : gravir tranquillement les échelons de sa carrière. Enfin, il se force à lâcher :

– Sans doute, oui.

– Même une demande de mutation ?

Cette fois, Le Hennin est pressé d'en finir et Morland ne comprend pas ce que l'inspecteur a derrière la tête.

– De mutation ? Mais... Pour où ?

Le Hennin le considère avec un sourire froid.

*
**

L'inspecteur ne fait pas partie des préoccupations d'Aline. Totalement absorbée par l'installation, elle n'a pas le loisir de penser au passé. Et c'est le mieux qui puisse lui arriver.

Après quelques semaines d'efforts intensifs, les principales éventrations de la maison sont comblées. L'intérieur a été nettoyé et réorganisé en une pièce à vivre et quatre chambres sommaires, l'une pour Virginie et Toinc, la deuxième pour Yvon et François, enfin une pour Flora et une pour elle. Pour dormir, pas de matelas, juste des couvertures posées sur de grandes feuilles étalées par terre, des feuilles de doum [1], cette

1. *Doum* : Palmier nain, dont les racines prolifèrent de manière anar-

plante diabolique qui rend la terre inculte et qui, par bonheur, a déjà été arrachée et stockée par le précédent occupant de la maison.

Le confort est plus que rudimentaire, sans eau courante, sans électricité. Juste de l'eau puisée dans l'oued et filtrée ! Et des lampes à pétrole. Pour faire la cuisine, une cuisinière à bois miraculeusement oubliée, où faire brûler le doum qui sert aussi de bois de combustion. Yvon et François réparent ou bricolent quelques autres meubles abandonnés, table bancale, chaises défoncées et bahut sans portes. Quant à la terrasse, elle est désormais recouverte de branches de palmier, donnant ainsi un agréable coin ombragé à l'extérieur où toute la famille est heureuse de se retrouver pour les repas ou après ses longues journées de travail.

Quelques virées dans le ksour [1] voisin ont favorisé les rencontres avec les villageois. Certains parmi ces derniers ont donné un coup de main, montré quelque technique locale, leurs femmes ont cédé plats ou tissus. Forte de sa propre expérience en France, Aline a suivi les conseils des paysans locaux. Elle a acheté deux chèvres et quelques moutons à laisser en liberté sur le terrain ou à confier aux petits bergers aperçus le jour de leur arrivée. Échanges de bons procédés, trocs ou associations occasionnelles, peu à peu la famille a été acceptée. Et n'en déplaise au fonctionnaire du protectorat, Aline a fraternisé avec ses voisins. Bref, elle et les siens se sont adaptés, selon l'expression honnie par les bureaucrates.

Le toit a évidemment fait partie des toutes premières priorités. Yvon le fignole chaque jour afin d'en assurer la solidité. Une fois encore juché là-haut pour vérifier certains détails, il tourne le dos au réservoir qu'il a amarré sur la partie qui

---

chique et rendent le sol inculte. Arracher cette plante très tenace est un travail épouvantablement long et dur. Mais une fois arraché, le doum peut avoir plusieurs utilités.

1. *Ksour* (ou *ksar*) : village fortifié, aux murs de terre sèche (briques d'adobe) ou mouillée (pisé), et aux ruelles enchevêtrées.

recouvre un petit patio. Dans celui-ci, il a fabriqué une douche sommaire qu'il a isolée par une cloison de terre agrémentée de quelques carreaux de céramique, cadeau du potier en échange d'une réparation effectuée sur son tour. Une échelle est posée contre un mur afin d'accéder au réservoir pour le remplir.

Yvon ne fait pas attention au bruit d'eau qui signale que quelqu'un se lave. Mais un cri perçant manque de le faire tomber et la voix stridente de sa mère fulmine.

– Oh, non, c'est pas vrai ! Y a plus d'eau ! Yvon !

Impassible, Yvon poursuit sa tâche... Flora, enroulée dans une serviette, sort de la cabane, les cheveux pleins de mousse, l'eau savonneuse lui coulant dans les yeux.

– Je te remercie, Yvon, on peut vraiment compter sur toi ! Comment je fais pour me rincer, hein ? Merde ! Ça pique !

Des éclats de rire lui répondent. Furieuse, elle se retourne pour découvrir François et Toine qui dépierrent le terrain un peu plus bas. Elle leur jette un regard furibond.

– Parce que vous, ça vous amuse, peut-être ? Remplissez plutôt ce réservoir !

C'est sans espoir. Les deux garçons sont pris de fou rire. Flora rentre dans la maison en courant. Pour en ressortir quelques instants plus tard, avec une cruche d'eau dont elle balance le contenu sur ses cheveux en baissant la tête.

Les garçons ont du mal à poursuivre la corvée des pierres. Un coup d'œil vers Flora ou entre eux et le rire les reprend. Ils finissent par se tourner le dos pour continuer tant bien que mal. Ils entassent les pierres arrachées à la terre dans une brouette en bois, que François transporte quand elle est pleine jusqu'à la lisière du chemin. Là, les pierres sont calées les unes sur les autres pour construire un petit muret. Celui-ci est déjà bien avancé.

En remontant avec sa brouette vide, François cherche Flora du regard. Toujours enroulée dans sa serviette, elle se sèche les cheveux, semblant vouloir faire passer toute son indignation dans la force avec laquelle elle frotte. Le garçon a un sourire, qui disparaît vite lorsqu'il aperçoit sa sœur dans un coin de la terrasse. Elle continue de bouder. Exaspéré, il fonce vers elle.

– Virginie, ça suffit, maintenant ! Ça fait une semaine que tu fais la gueule et que tu refuses d'aider. Vois tout ce qu'on a réussi à faire.

– Je m'en fous ! Je ne veux pas vivre ici !

– Oui, ben maintenant, tu y es. Tu te lèves et tu nous aides. Allez ! Bouge-toi.

– Non !

– T'es vraiment nulle.

François repart vite. L'entêtement de sa sœur le met hors de lui et il ne veut pas se laisser aller à un geste malheureux. La gifler à nouveau ne servirait à rien. Aline le lui a expliqué en lui demandant de laisser Virginie, qui finira bien par se fatiguer de faire la tête et de s'exclure du groupe.

Justement Aline rentre du village sur le vieux vélo qu'elle a négocié contre une petite broche qu'Henri lui avait offerte pour ses dix-huit ans. Elle ne veut plus rien garder de son frère et, si cela permet d'améliorer la vie de tous, c'est un bon arrangement. Toine lui saute au cou et lui prend des mains le couffin [1] dont dépassent quelques-uns des légumes achetés au marché. C'est trop grand et trop lourd pour l'enfant, mais il refuse de le rendre à Aline. Il tient à l'aider même si, à mi-pente, il accepte qu'elle prenne l'autre anse. Une fois le panier posé sur la table de la terrasse, le petit garçon s'empresse de sortir ce qu'il contient. Sa gourmandise devient de plus en plus évidente et c'est un sujet de plaisanterie pour le reste de la famille. Mais ce jour-là, son sourire s'éteint.

– Oh non, encore des légumes !

Soudain, il aperçoit le papier sanguinolent et le sourire revient.

– Ah si ! De la viande !

Mais en défaisant le paquet, il découvre des abats.

– Beurk !

1. Grand cabas tressé en cordelettes de palmier nain.

Aline s'amuse des mimiques de l'enfant, qui paraît d'un seul coup si abattu.

– Toine ! Tu viens m'aider.

La voix de son frère permet au petit de s'échapper. Plantant là légumes et abats, il file, trop content d'échapper à ces trucs tout mous.

– Tu es partie très tôt, ce matin.

C'est la voix de Flora qui fait son apparition sur le seuil de la maison, toute pimpante dans sa robe à fleurs. L'incident de la douche semble oublié, même si elle a encore un peu de mousse dans ses cheveux mouillés. Elle embrasse Aline et sort de sa poche son couteau, qu'elle ouvre et pose près des courgettes.

– Virginie, viens m'aider à préparer le repas !

Pas de réponse de la petite fille, toujours dans son coin.

– Allez, tu m'épluches tout ça... Et tu te dépêches !

Pas de réaction ! Flora échange un regard désolé avec Aline qui s'assoit et sort de sa poche une enveloppe qu'elle tend à Flora.

– Tiens, il y a une lettre de maman.

– Non, lis-la toi.

Aline a sorti son propre couteau et commencé à peler une courgette.

– Plus tard alors, j'ai les mains sales. Mais tu peux déjà l'ouvrir...

Flora observe sa nièce sans rien dire. Elles se taisent en épluchant rapidement. Soudain un hennissement se mêle aux cris des enfants et aux coups de marteau d'Yvon.

Deux cavaliers font irruption près du muret et mettent pied à terre. Toine fonce, fasciné par les chevaux. L'un des cavaliers lui confie les rênes avec une petite tape amicale sur la tête. Aline reconnaît le capitaine de Gaumont, l'officier qui l'avait aidée à leur arrivée à Mogador. Elle se lève pour l'accueillir, s'essuyant discrètement les mains sur sa jupe.

Le capitaine s'avance, tout sourire.

– Bonjour. Vous me remettez ?

– Bien sûr.

L'homme salue Flora restée assise devant ses courgettes, avant de justifier sa présence auprès d'Aline.

– Je me suis renseigné sur le soldat dont vous m'avez parlé.

Même si c'est ce qu'elle espérait, Aline, bouleversée à l'idée d'avoir des nouvelles d'Arnaud, est incapable de proférer un son.

Prête à tout pour favoriser toute nouvelle idylle dans la vie de sa nièce, Flora va se lever et s'éclipser. Mais le capitaine la devance.

– Pardonnez-nous. Il fait une chaleur de four...

Aline sort de sa torpeur.

– Oui, bien sûr, pardon... Entrons. Je vais vous donner de l'eau.

Le capitaine interpelle le second cavalier.

– Venez, sergent !

À l'intérieur de la maison, Aline invite les deux hommes à s'asseoir autour de la table bricolée dans un coin de la pièce à vivre. Elle prend une cruche et sert de l'eau dans trois bols, qu'elle pose devant eux. Ils boivent avidement et elle attend, dissimulant son impatience.

– Sergent Delaveau ! Racontez à mademoiselle ce que vous savez sur le soldat Villiers.

– Ben... C'était dans un défilé des gorges du Todgha, au nord de Tinerhir... Les rebelles nous sont tombés dessus et on s'est fait méchamment canarder. Boissières et Villiers se sont portés volontaires pour grimper. Ils voulaient les débusquer.

Aline, réprimant son émotion, dévore la moindre de ses paroles.

– De là où j'étais, tout ce que j'ai pu voir, c'est Villiers, le visage plein de sang, qui a poussé un cri. Il est tombé dans la gorge. Quand les tirs ont cessé, on a enfin aperçu Boissières. Il hurlait. Il nous a ordonné de chercher le corps. On a bien fouillé un bon moment, mais que dalle !

La voix d'Aline n'est plus qu'un souffle.

– Vous êtes sûr qu'il est... mort ?

– Si la balle l'a pas tué, m'étonnerait qu'il ait résisté à une chute pareille. C'est bizarre qu'on n'ait pas retrouvé le cadavre...

– Bien, merci, sergent. Attendez-moi dehors.

L'homme se lève, obéissant à son supérieur. Il salue et sort. Le capitaine se penche vers Aline, tendant la main pour la réconforter, mais elle se redresse, ne supportant pas que quiconque la touche.

– Je suis désolé, dit l'officier. C'était quelqu'un de votre famille ?

Aline, le regard perdu, est incapable de répondre. Il prend le bol devant elle et le lui tend.

– Buvez, ça va vous faire du bien.

Elle fait un signe de dénégation. Parler devient un effort.

– Non... mais... en France, l'armée m'a renvoyé ses affaires.

– Oui, j'ai lu le dossier. On les a retrouvées sur un rebelle. Il a dû les voler sur le corps de votre... ami.

– Je comprends.

Elle a manifestement répondu n'importe quoi. Son esprit est ailleurs et elle ne souhaite plus qu'une chose, rester seule.

Comme s'il l'avait compris, le capitaine se lève.

– Désolé de vous apporter des nouvelles si tristes. Écoutez ! Là, je pars en opération, mais dans trois mois je serai nommé aux Affaires indigènes à Boulmane-Dadès. Je pourrais vous rendre visite ?

Aline, restée assise, relève la tête, comme sortant d'un cauchemar.

– Hein ? Oui. Certainement. Je vous remercie d'être venu.

Il attend encore un moment sur le seuil, mais elle ne le voit plus. Il disparaît. Il faut un moment à Aline pour reprendre sa respiration, parvenir à se lever et sortir à son tour.

La jeune femme surgit sur la terrasse au moment où le capitaine monte sur son cheval et s'éloigne, suivi du sergent. L'officier lui fait un signe en éperonnant sa monture. Toute la famille regarde les deux cavaliers s'évanouir dans un nuage de poussière.

Flora s'approche de sa nièce qui semble complètement retournée. Tout l'effort qu'a fait Aline pour écouter le sergent l'a vidée. Elle parvient juste à murmurer.

– Il est mort, Flora. Il est mort !

Sa tante, désolée, veut la prendre dans ses bras, mais elle s'échappe. Tournant le dos à la maison, elle reste là, les yeux perdus au loin, vers le désert, vers la gorge où Arnaud a disparu.

Flora la rejoint et reste près d'elle. Elle respecte le silence d'Aline, son chagrin, mais elle sait que c'est maintenant qu'elle doit lui annoncer ce qu'elle vient d'apprendre. Elle sait sa nièce assez forte pour affronter cette double épreuve. Et peut-être le deuil d'Arnaud lui donnera-t-il la force d'espérer et de se battre pour ses enfants.

Flora se décide et, très doucement, elle murmure.

– Il y a autre chose, Aline. Dans sa lettre, Marie parle des jumeaux...

Arrachée à sa douleur, soudain pleine d'espoir, Aline fixe sa tante.

– Oui, mes amours, comment vont-ils ?

Flora hésite encore. Mais elle sait qu'elle doit mettre Aline au courant de ce qu'il lui est impossible d'ignorer.

– Marie dit qu'ils sont magnifiques... mais son beau-père a fait nommer Henri sous-préfet en Martinique. Il est parti là-bas avec Mathilde et les enfants.

Aline blêmit, le souffle coupé, ne lâchant pas Flora des yeux, incapable de prononcer un mot tant la douleur est violente. Puis, d'un seul coup, elle se retourne et court vers la maison où elle se réfugie dans sa chambre.

Les heures passent tristement. Flora a mis les enfants au courant. Ils se sont activés toute la journée, surveillant la porte du coin de l'œil, espérant sans cesse y voir apparaître Aline. Yvon n'est pas descendu du toit, François et Toine ont redoublé d'efforts sur le muret. Quant à elle, elle a récupéré une de ses robes, dans laquelle elle taille une jupe pour Virginie.

Enfin une silhouette se découpe sur le seuil. Chacun retient son souffle. Aline a les yeux gonflés et tente un pauvre sourire, qui se transforme en rictus. Elle s'approche de Flora et sa voix tremble quand elle fait l'effort de dire quelque chose, n'importe quoi pour rétablir un contact.

– Je suis désolée que tu doives sacrifier une de tes robes... Mais c'est gentil, tu vas tellement faire plaisir à Virginie !

– Au rythme où elle pousse, ta fille, on peut pas la laisser aller en classe avec sa jupe trop courte. Et puis, tu sais bien, cette robe me boudine !

La volonté de sa tante de paraître normale arrache un vrai sourire à Aline, qui s'intéresse enfin à ce qui se passe autour d'elle. Elle voit François et Toine qui travaillent dans la pénombre.

– Arrête-toi, François, tu en as assez fait aujourd'hui.

François se redresse et essuie son visage. Il observe le terrain autour de lui.

– Regarde. Dans deux ou trois jours, y aura plus un seul caillou. On pourra commencer à planter.

– Oui. Si on trouve de l'eau !

– Justement, j'y ai pensé. Si Yvon construit un autre réservoir, très grand celui-là et près des cultures. On pourrait y transporter l'eau avec une mule.

– C'est une très bonne idée. Le problème, c'est qu'on est au bout de nos sous. Je ne sais même plus comment nous allons faire.

François considère sa belle-mère, dont les yeux s'embuent.

– Je voudrais tellement faire plus, Aline.

– Non, non, vous en faites tous tellement... c'est pas ça.

– Tu penses aux jumeaux ?

– Oui. Tout le temps.

– On va y arriver, Aline. Je te le promets.

– Tu es gentil. Et si courageux.

– Tu vas voir, on va trouver des solutions. Ne t'inquiète pas, ils seront bientôt avec nous.

– Oui. Dès que je pourrai prouver au juge que nous avons les moyens de tous vivre sur cette terre...

Toujours à sa couture, Flora a tout entendu. Songeuse, elle voit sa nièce prendre François par les épaules et remonter vers la terrasse.

Cette nuit-là, Aline dort avec la poupée de chiffon de Julie et l'ourson de Jean serrés contre son cœur. Elle pleure beaucoup et ne trouve le sommeil qu'à l'aube, épuisée.

Aussi dort-elle profondément lorsque le reste de la maisonnée se lève. Les garçons se sont habillés rapidement, préférant se laver après le travail, tant le soir ils terminent couverts de terre et de poussière. François et Toine sont assis autour de la table et dévorent les galettes de pain que Flora, en robe de chambre, a posées devant eux avec le pot de lait de chèvre. Seule, Virginie, encore à moitié endormie, veut absolument et avant tout prendre une douche. Mais le réservoir du toit est vide. Frustrée, elle hurle.

– Flora, y a encore plus d'eau...

– Demande à Yvon ! Et pas si fort, tu vas réveiller Aline, lui répond sa tante depuis la maison.

– Yvon !

La petite fille n'a pas baissé le ton. Flora lève les yeux aux ciel tout en continuant à préparer le café. C'est Toine qui se lance au secours de sa sœur.

– Il doit être sur le toit, Yvon. J'y vais.

Le petit garçon prend un seau rempli d'eau posé sur la terrasse et, bien décidé à prouver à tous qu'il n'est plus un bébé, grimpe à l'échelle avec son fardeau.

Le hurlement de Virginie a réveillé Aline qui s'est précipitée sur le seuil. Elle cherche les enfants et tourne la tête juste pour voir Toine sur l'échelle hissant le seau beaucoup trop lourd pour lui. Le petit garçon s'apprête à verser l'eau... lorsqu'il est brusquement déséquilibré et tombe à la renverse sur le sol du patio. Il hurle de douleur en se tenant la jambe.

Aline, inquiète, se précipite.

– Toine ! Dis-moi où tu as mal. C'est ta jambe, c'est ça ?

Mais Toine continue de crier et Aline s'affole un peu plus en voyant du sang qui coule de sa tête.

– François ! Va chercher du secours. Chez le voisin. Vite !

François fonce vers la propriété de l'autre côté du chemin.

L'homme si désagréable qui leur a refusé l'eau à leur arrivée surveille des travaux de jardinage sur ses terres. Plusieurs ouvriers agricoles sont à l'œuvre depuis l'aube. Aux coups violents frappés sur l'imposante porte, un domestique guette un signe de son maître et court ouvrir.

François, essoufflé et angoissé, fonce directement sur le propriétaire.

– C'est mon frère... il s'est blessé. Y a du sang partout. Je vous en prie, aidez-nous.

L'homme lâche quelques mots en arabe et le domestique se précipite vers une remise. François s'impatiente en ne le voyant pas sortir. Craignant une réaction négative du voisin, il n'ose pas aller voir à quoi correspondent les bruits qu'il entend. Enfin apparaît une carriole à laquelle est attelé un mulet. Il remercie brièvement et grimpe en indiquant au domestique où aller.

Aline, aidée par Flora, a transporté Toine près du muret. Dès que la carriole apparaît et que François en descend, elle y grimpe, allongeant l'enfant sur le siège, sa tête reposant sur ses genoux. Elle salue le domestique en lui demandant de la conduire à l'hôpital.

Mais après une quinzaine de minutes, c'est devant un bâtiment où est inscrit « DISPENSAIRE », en français et en arabe, que la carriole s'arrête. Aline en descend et, avec sa force habituelle, prend Toine dans ses bras pour entrer dans le bâtiment en courant.

Des dizaines de personnes sont allongées sur des lits, souvent de fortune, et d'autres attendent dans un coin. Aline, échevelée, en sueur, fait irruption au milieu de la foule, portant Toine qui ne cesse de gémir. Elle aperçoit de loin une Européenne d'une trentaine d'années, vêtue d'une blouse blanche, qui traverse rapidement la salle, suivie d'un jeune Marocain, lui aussi en blouse blanche.

Aline fonce vers elle, lui barrant la route.

– Docteur, c'est mon fils. Il s'est blessé.

La doctoresse hésite et se tourne vers l'infirmier.

– Sidi, trouve tous ceux qui n'ont pas été vaccinés et pique-les.

Puis elle s'adresse à Aline avec un regard sévère.

– Faites comme les autres, madame, prenez votre tour !

– Ça va pas, non ? Vous voyez que sa tête saigne. Il a perdu beaucoup de sang.

– Il a perdu connaissance ?

– Non.

Le médecin examine rapidement la plaie.

– Une écorchure.

– Et sa jambe ?

Elle tâte la jambe avec ses deux mains et Toine crie.

– Une fracture ! Et des fractures, y a que ça ici. Et bien plus grave que celle-là. Alors vous allez attendre.

Elle disparaît aussi vite qu'elle est apparue. Un peu sonnée, Aline tente de réconforter Toine qui se plaint.

– Pourquoi elle part ? J'ai mal.

– Je sais, chéri. Sois fort. Elle va revenir.

La jeune femme s'installe avec l'enfant au milieu des autres patients. Dix minutes plus tard, elle aperçoit la doctoresse qui s'approche, étudie rapidement la file d'attente et lui fait signe. Elle prend Toine dans ses bras et la suit dans une petite salle de consultation.

– Allongez-le sur ce lit. Je suis le docteur Paula Kosinsky. Ici, on ne m'appelle que Toubiba.

Aline allonge Toine.

– Il s'appelle Antoine Desmazures.

L'enfant la reprend.

– Toine !

Le médecin sourit et réexamine attentivement le petit garçon.

– Que s'est-il passé ?

– Il a... il est tombé...

Paula lui lance un regard surpris avant de poursuivre l'examen.

– Il a une fracture du tibia.

Son ton s'adoucit lorsqu'elle s'adresse au petit.

– Bon, écoute. Ton os s'est cassé et il faut que je le remette en place.

Toine se recroqueville, effrayé.

– Ça fait mal ?

– Oui, je vais pas te raconter de salade.

Elle demande à Aline d'aller attendre près de la file d'attente.

– Je ne bougerai pas d'ici.

Les deux femmes se jaugent.

– Comme vous voulez !

Sans prévenir, le docteur saisit la jambe de Toine et exerce une brutale traction. Toine hurle. Aline détourne la tête.

– Voilà. Tu as été très courageux. Moi, quand on me l'a fait, j'étais petite, je me suis évanouie.

Toine pleure mais réussit à dire, entre deux sanglots :

– Oui, mais vous êtes une fille !

Paula rit de bon cœur.

– Oui, ça doit être ça l'explication.

Elle se lève.

– Sidi, tu fais le plâtre. Désinfecte aussi les autres blessures.

Aline la regarde, suffoquée.

– Vous ne faites pas le plâtre vous-même ?

– Pas le temps ! Et Sidi est parfaitement qualifié.

– Il n'est pas médecin.

– Vous voulez quoi ? Un traitement de faveur parce que vous êtes française ? À vous de faire attention à vos enfants. S'il avait eu une fracture du crâne, je n'aurais rien pu faire.

Paula s'éloigne, puis se ravise et revient.

– C'est vous qui vous êtes installés en face de la propriété de Mohamad Driss, le caïd ?

– Le grand homme toujours vêtu de blanc ?

– Oui.

– C'est notre voisin le plus proche.

Paula fait une moue.

– Bon courage !

Et cette fois, elle disparaît pour de bon.

De retour à la maison, Aline descend de la carriole du caïd, portant Toine endormi. Elle remercie chaleureusement le domestique et sourit en voyant Flora, Yvon et François courir à leur rencontre.

– Alors ?

– Il a une fracture du tibia.

Yvon s'en veut. Il est sincèrement embêté pour le petit Toine.

– Je suis désolé, Aline.

Flora renchérit.

– Non, c'est moi, Aline, j'aurais dû aller chercher l'eau.

Virginie s'approche, toute penaude.

– Il va pas mourir, dis, Aline ?

Aline les observe tous et explose.

– Non, il ne va pas mourir ! Et puis d'ailleurs, Virginie, qu'est-ce que ça peut te faire ? Ça t'empêchera pas de faire la gueule toute la journée, hein ? Alors maintenant, vous me fichez tous la paix avec vos questions et vos regrets.

Et elle entre dans la maison en portant Toine.

Les quatre autres se regardent. Puis chacun retourne à sa tâche. Sauf Virginie qui ne sait pas quoi faire d'elle-même sinon bouder. Elle cherche des yeux qui elle pourrait aider, mais y renonce et retourne dans son coin.

La fin de la journée se passe dans cette ambiance morose. Aline reste près de Toine, à qui elle raconte des histoires ou avec qui elle joue aux cartes, François ayant spontanément prêté le jeu qu'il a emporté de France.

Le lendemain matin, le jour se lève à peine et tout le monde dort encore lorsque Flora, dans le réduit qui lui sert de chambre, se glisse hors de son lit. Dans le coffre, seul vrai meuble de la pièce, elle se met à fouiller au milieu des vêtements. C'est tout au fond, roulée dans un foulard qu'elle trouve la petite bourse qu'elle cherche. Elle la vide sur le lit et en tombent trois colliers, deux bracelets et quelques bagues, son modeste trésor. Après avoir hésité, elle saisit une bague qu'elle enveloppe dans un mouchoir brodé. Elle choisit soigneusement sa tenue, enfile des chaussures de ville. Une fois habillée, elle glisse le mouchoir entre ses seins et sort sans faire de bruit. Elle marche jusqu'au village, où le marché s'installe doucement. Après une discussion avec le potier, c'est en carriole qu'elle poursuit son chemin jusqu'à Boulmane-Dadès.

Dans le souk, Flora cherche l'échoppe la plus appropriée à son dessein. Une fois son choix fait, elle y entre et le marchand se précipite vers cette Française à l'allure aisée. Il déploie tout son bagout pour lui vanter en style fleuri toutes les merveilles de la boutique. Elle a trouvé plus bavard qu'elle et ne peut plus placer un mot. Quand enfin il se lasse de son peu d'intérêt pour les colifichets en or et en argent qu'il a sortis pour elle, elle pose sa propre bague devant lui.

L'expression de l'homme change du tout au tout. En un clin d'œil, il a jaugé la situation et fait signe que cela ne l'intéresse pas.

Flora insiste, plus enjôleuse que jamais, et le marchand consent enfin à prendre sa loupe et à examiner la bague. Il prend son temps.

– Elle est jolie, mais c'est pas une belle pierre... Je peux t'en donner cent mille francs.

Flora fait un rapide calcul mental en s'aidant de ses doigts et, bouillante de colère, toise le malotru.

– Ça va pas, non ! Je l'ai achetée dix fois plus... Enfin, pas moi, un homme très beau, un haut fonctionnaire. Un homme très important ! Enfin, bon, tout ça, c'est du passé. En tout cas, cette bague vaut beaucoup plus.

– Je te donne cent cinquante mille, parce que tu es une très belle femme.

Flora minaude, apparemment ravie.

– C'est vrai, c'est gentil...

Mais elle change brutalement de ton.

– Espèce de bandit ! Tu essaies de me flatter pour me voler !

Elle reprend sa bague et se dirige vers la sortie.

– Attends, madame. Deux cent mille, c'est tout ce que je peux faire.

– Dommage !

Elle fonce vers la sortie.

– Mais combien tu en veux ?

– Au moins six cent mille.

L'homme prend un air consterné.

– Si je te donne six cent mille, je ferme ma boutique, ma famille elle meurt de faim, « mesquine[1] » mes enfants !

Flora se retient de rire et joue le jeu.

– D'accord ! Je ne veux pas que tes enfants meurent de faim. Je te la laisse à cinq cent cinquante mille.

– Aïe, aïe, aïe ! Trois cent mille.

– Cinq cent cinquante mille.

– Trois cent vingt mille.

– Cinq cent trente mille, dernier prix.

– Quatre cent mille.

– Cinq cent trente mille, j'ai dit !

– Aya ! Cinq cent trente mille. D'accord !

À ce moment, un Français entre dans l'échoppe. Pas très grand, plutôt rond, il a le regard malin et l'expression de quelqu'un qui a du pouvoir et sait s'en servir. Il sourit à Flora avec un rien de hauteur.

– Un instant, un instant ! Madame, vous voulez vendre cette bague ? J'arrive à temps. Mouloud peut être un peu voleur parfois. Montrez-moi ça.

Elle se tourne vers lui avec un sourire charmeur.

– Non, ne vous inquiétez pas, monsieur. Je me débrouille

– Comme vous voudrez. Je... je vous attends ?

– Mais, bien sûr.

Le nouveau venu ressort et patiente à l'extérieur.

Flora cesse de sourire en s'approchant du bijoutier.

– Allez, Mouloud ! Aboule tes cinq cent trente mille.

Le marchand sourit, apparemment satisfait de l'opération, et compte les billets qu'il met dans la main de sa cliente.

– J'aime faire des affaires avec toi, madame. Reviens me voir si tu as d'autres bijoux.

– Compte sur moi.

1. *Mesquine* : les pauvres !

Sur une pirouette, elle sort et rejoint l'inconnu qui l'attend dans l'allée.

– Voilà, je la lui ai laissée pour deux cent cinquante mille. Il était tellement content.

Il la regarde avec admiration.

– Je comprends. J'aime les femmes charitables. Surtout lorsqu'elles sont aussi belles... Je me présente, Gustave Verlaire.

– Flora Masson...

Elle lui tend la main et il esquisse le geste de la baiser. Elle l'observe.

– Verlaire ? Ça me dit quelque chose... Oh oui, bien sûr, quand j'ai débarqué à Mogador, j'ai fait transporter mes affaires dans l'un de vos camions.

– Vous avez bien fait de venir vous installer au Maroc. Avec tout ce qui se passe en Europe. Vous êtes au courant des derniers événements ?

– Oui ! On a sorti une nouvelle Sept Chevaux...

Il rit, surpris.

– Ce n'est pas vraiment à ça que je pensais... mais plutôt à la crise économique et à cet énergumène de chancelier Hitler qui rétablit le service militaire en Allemagne. Tout ça ne présage rien de bon...

Elle l'interrompt, indifférente à ces préoccupations politiques.

– Ah ? Ça, oui ! Mais j'ai d'autres soucis...

– On pourrait en parler devant une tasse de thé ?

Elle feint la surprise, minaude, faisant mine de réfléchir à son emploi du temps surchargé.

– Maintenant ? Ma foi oui, pourquoi pas !

Il lui offre son bras qu'elle prend avec empressement. Ils se sourient en s'éloignant.

Lorsque Aline se réveille, la maison est très silencieuse. Elle se lève et découvre Toine bien installé sous la véranda, la jambe posée sur un tabouret agrémentée d'un coussin. Il a devant lui livre, jeu de cartes, crayons à côté d'un cahier. Près de son petit frère, Virginie lit en veillant sur lui. Les deux enfants sursautent en voyant apparaître Aline, qui vient embrasser Toine et veut savoir s'il a bien dormi.

– Je me suis réveillé, il faisait tout noir et j'arrivais plus à m'endormir. Je savais pas comment mettre ma jambe pour qu'elle me fasse pas mal. Alors ma sœur s'est levée et m'a lu une histoire. Je me rappelle plus de rien. Et ce matin, François et Yvon m'ont installé ici et ils ont dit de pas faire de bruit pour pas te réveiller...

– Très bien. Et vous avez pris votre petit déjeuner ?

Toine s'empresse de répondre qu'Yvon a fait tout ce qu'il fallait.

Virginie ne dit rien et observe Aline par en dessous.

Celle-ci s'en aperçoit.

– Viens ici.

L'enfant hésite, puis s'approche de la jeune femme qui s'est assise. Elle accepte de s'asseoir sur ses genoux et lui jette encore un coup d'œil. Aline lui sourit.

La petite fille se laisse aller dans ses bras en murmurant.

– Pardon pour tout ce que j'ai dit...

Aline la serre contre elle.

– Ça va.

Toine s'est mis à dessiner. Les deux filles restent silencieuses.

Au bout d'un moment, la petite demande.

– Dis... mon papa... tu l'aimais ? Autant que celui des jumeaux ?

Toine lève la tête et attend la réponse avec la même attention que sa sœur.

– C'est différent. Le père des jumeaux, c'était le premier, je n'avais connu aucun homme avant lui. Quand il a disparu, j'ai voulu mourir, mais ton père est arrivé. Il m'a tout appris et m'a donné une merveilleuse famille... Oui, je l'aimais et j'ai été très heureuse avec lui.

La petite la regarde avec confiance.

– Il me manque.

Aline acquiesce.

– Moi aussi.

– Et à moi aussi.

Toine les fixe avec des larmes dans les yeux. Aline prend la main que le petit garçon lui tend. Ils restent tous les trois comme ça, un moment sans parler. Plus bas, Yvon et François repiquent les plants d'amandiers. Aline réalise soudain qu'elle n'a pas aperçu sa tante.

– Vous avez vu Flora, ce matin ?

Virginie et Toine répondent en chœur qu'elle doit encore dormir. Aline en doute. Elle appelle Yvon pour lui poser la question, lorsque Flora apparaît sur le chemin tirant une mule rétive.

– On me cherche ? Me voilà.

La mule s'entête à refuser de grimper jusqu'à la maison et Flora se débat pour trouver le moyen de la faire avancer. Elle finit par y parvenir et arrive triomphalement devant Aline, tirant l'animal par la bride jusque devant la terrasse.

– Et voilà ! Une mule, pour aller chercher l'eau.

Ébahissement général. Chacun veut caresser la nouvelle venue. L'étonnement d'Aline est plus prosaïque.

– Mais avec quoi tu l'as achetée ?

– T'occupe !

Virginie est en extase.

– Elle a de beaux yeux... Si on l'appelait Pâquerette ?

Toine, que son frère a porté jusqu'à la mule, proteste.

– Ça va pas, non ? C'est nul !

Flora, ravie de son effet, modère leur ardeur.

– Du calme, les enfants, elle a déjà un nom.

– C'est quoi ?

Le chœur est parfait.

Flora sourit.

– *Ghzeil* ! Ça veut dire « gazelle » !

Virginie prend la bride de l'animal et lui fait faire quelques pas devant le regard un peu jaloux de son petit frère, que François vient de reposer dans son fauteuil.

Toine appelle la mule, répétant son nom.

– *Ghzeil... Ghzeil...*

Virginie approuve.

– Ouais, c'est bien, *Ghzeil.*

Aline et Flora échangent un sourire. La tante prend sa nièce à l'écart.

– Et tu ne sais pas tout. J'ai rencontré un homme.

– Ah oui ?

– Mais t'inquiète pas, c'est que pour le travail !

Elles éclatent de rire et remontent préparer un fastueux repas avec les courses dissimulées dans les panières de la mule : viande et pastilla, vin et gâteaux au miel. De quoi accueillir dignement l'animal qui garantit l'arrosage régulier de la jeune plantation d'amandiers.

Au même moment, au creux d'une oasis, entre oliviers et grenadiers, les tentes de la tribu des Aït Bou M'zaten sont dressées et l'homme sans nom termine d'arrimer les piquets de celle de Naïma et de la vieille femme.

Sous la tente, les deux femmes se préparent. À l'aide d'un calame, un petit morceau de bois qui sert à tracer des traits fins, la plus âgée pare le menton de la plus jeune d'une croix porte-bonheur et le bout de son nez d'un cercle de khôl pour éloigner le mauvais œil. Avant de dessiner sur ses mains une résille brune qui met en valeur la blancheur de sa peau. Henné, safran ou carthame, toutes ces poudres rouges, porte-bonheur, complètent le maquillage. Les bijoux sont fixés. Fibules d'argent pour tenir la robe de soie, longues boucles d'oreille, bagues et lourds colliers d'argent, la parure doit mettre en valeur la beauté de la jeune fille.

Des cavaliers arrivent au galop par petits groupes et sautent à terre, laissant les chevaux près des dromadaires regroupés près de l'oued. Le soleil éclaire la crête des montagnes. Le son des tambours rythme sa disparition, roulant entre pierre cuivrée et ciel rosé.

Les bendirs[1] résonnent dans le soir. D'autres bendirs lui répondent. Sortant de l'ombre grandissante, semblables à des phalènes attirées par le grand feu de joie, des femmes appa-

1. Grands tambours plats, aussi indispensables aux nomades que leur fusil.

raissent, parées de foulards de soie de couleurs vives et de lourds colliers de monnaie d'argent, une cape de laine à bandes rouges sur les épaules. L'*ahidouz*[1] peut commencer.

Un homme âgé, le troubadour de la tribu, l'homme des poèmes et des chants, s'approche du rescapé du désert, le fixe droit dans les yeux et lance une phrase à pleine voix. Celui-ci interroge Naïma du regard.

– C'est en ton honneur... Il t'appelle *l'homme sans passé.*

Le rescapé adresse un signe de remerciement au troubadour, qui redit la phrase aussitôt reprise par le chœur des hommes, puis par celui des femmes.

Près du feu, des danseurs et des danseuses se font face et, tandis que le troubadour poursuit sa mélopée, ils ondulent sur un rythme très lent, paumes jointes dans un geste rituel.

Naïma observe l'homme sans passé. Pour la première fois depuis longtemps, il a l'air apaisé. La jeune fille le prend par le bras et l'attire dans les rangs des danseurs. Elle est la grâce même et, en face d'elle, il bouge avec lourdeur. Et tous de rire en voyant danser ainsi maladroitement l'homme dont la mort n'a pas voulu.

Brusquement, une cavalcade de chevaux interrompt la fête. Une dizaine de cavaliers vêtus de djellabas et de chèches noirs, leurs longs fusils à la main, apparaissent sur une hauteur.

Le cheikh El-Mansour se lève. Les cavaliers s'immobilisent au sommet, sombre menace. Mais soudain, ils tournent bride et disparaissent.

L'homme sans passé s'est rapproché du cheikh et de son fils, prêt à se battre pour défendre la tribu.

– Qui est-ce ?

– Des bandits. Ils pillent les villages et n'hésitent pas à tuer des innocents.

Le fils du cheikh crache par terre de mépris. Son père se rassoit et fait un signe aux musiciens. Les rythmes ancestraux des tambours reprennent, accompagnant hommes et femmes dans leur ondulation sensuelle et sacrée.

---

1. Danse berbère.

– 9 –

Retrouvailles

Les mois passent et la vie s'écoule sans surprise, rythmée par les travaux dans la maison et par les arrosages de l'amandaie. Yvon et François se sont focalisés sur le système d'irrigation, constitué de troncs de palmiers coupés en deux. Le tout relié à un énorme réservoir alimenté en permanence en eau par les allées et venues de la mule entre le Souss et la propriété. Et pas une seule journée ne passe sans que l'un d'eux ne maudisse le voisin et son entêtement à leur refuser un accès direct à l'eau.

Virginie et Toine sont entrés à l'école du village. Cela a été un grand choc de retrouver une salle de classe avec une institutrice. Les premiers jours ont été difficiles pour les deux enfants qui ne cessaient de parler de leur père et pleuraient le soir au moment de s'endormir. Aline les accompagnait et allait les chercher. Ils lui demandaient de parler avec eux de Paul et ils se disputaient pour raconter leurs souvenirs. Peu à peu, Paul a repris une place vivante dans la famille. On ne craint plus de prononcer son nom et c'est avec fierté que les deux petits interviennent en classe ou confient à la maîtresse les habitudes de leur père, ses idées et ses marottes. L'institutrice, mise au courant de la situation par Aline, s'est montrée particulièrement attentive.

Cette femme d'une cinquantaine d'années a pris ce poste dès le début du protectorat et possède maintenant une grande expérience de la vie dans le Sud. Elle accueille les petits Européens et les petits Marocains dans la grande salle de classe. Chaque matin, dès leur arrivée, elle exige de tous les élèves qu'ils se lavent les mains au savon de Marseille et vérifie les têtes pour faire la chasse aux poux.

Elle tient aussi un cahier des malades et s'inquiète des douleurs ressenties par les élèves pendant les cours : le ventre ? L'oreille ?

À la récréation, elle expédie ceux qui semblent trop mal en point au dispensaire, accompagnés par l'homme à tout faire de l'école et sa charrette. Toine s'est empressé de raconter sa fracture et surtout comment la Toubiba l'a réduite. Son courage autoproclamé en a fait le héros de la récréation.

Ainsi les semaines se succèdent. La famille s'en sort très chichement grâce au salaire de Flora. Celle-ci travaille pour les Transports Verlaire au bureau de Boulmane-Dadès. Elle a su se faire respecter du patron, dont les mains baladeuses l'auraient réjouie en d'autres temps. Mais tout son instinct lui souffle de garder la bonne distance en conservant l'allure de grande dame dont elle s'est drapée dès leur première rencontre. Et cela marche. Gustave Verlaire la courtise et elle jouit des attentions de cet homme habitué à tout obtenir sur-le-champ. Peu à peu, elle prend une place de plus en plus importante dans son bureau. Son intelligence pratique et son humour sont devenus indispensables.

Au fil du temps, Aline et les siens se sont bien acclimatés dans ce pays auquel ils sont de plus en plus attachés. Mais la jeune femme est consciente que leur situation reste précaire tant que les amandiers n'ont pas donné. Et pour elle, la seule vraie priorité, son obsession, c'est de pouvoir prouver au juge qu'elle peut assurer la vie de cinq enfants. Il n'est pas un jour, pas une heure où elle ne pense aux jumeaux.

Les nouvelles sont rares. Marie elle-même en a peu et, dès qu'elle en reçoit, elle les transmet à sa fille. Tout ce que sait Aline, c'est que Jean et Julie vont bien et qu'ils vivent comme des petits princes dans une belle maison coloniale au bord de la mer. Ils ont grandi et déjà appris tant de choses qu'ils ont fait leurs premiers pas en maternelle. La pensée de n'avoir pu accompagner elle-même ses enfants pour cet événement exceptionnel est un nouveau chagrin pour Aline, une douleur qui attise la blessure qui ne se referme jamais.

Vingt mois ont passé depuis son arrivée au Maroc et un danger plane toujours sur elle, une menace qu'elle a délibérément oubliée.

*
**

À Mogador, dans le bureau de la Sûreté locale, un inspecteur du nom de Morton, en bras de chemise, le front moite de sueur, effondré sur sa chaise, lit le journal en date du 27 mai 1936 sur lequel on peut lire ce gros titre à la une : LA FRANCE PARALYSÉE PAR LES GRÈVES. Un policier en tenue, assis un peu plus loin devant une antique machine à écrire, s'amuse.

– À la TSF, on dit même que ça saucissonne et que ça guinche dans les usines ! Vous vous rendez compte ? Ça joue même de l'accordéon près des machines et ça chante la semaine des quarante heures...

Son supérieur ne daigne pas lever la tête, ni le regarder.

– Oui, ben ici on ne fait pas grève. Vous avez été chercher le colis qui nous arrive de France ?

Le policier se redresse, sur la défensive.

– Personne m'a rien dit ! Et si ça se trouve, avec toute cette chienlit en métropole, le bateau, il est peut-être resté bloqué en rade de Marseille !

L'inspecteur laisse tomber son journal. Il est écarlate.

– Nom de Dieu, fallait vérifier ! Si le bateau a quand même pris la mer, il a dû accoster depuis au moins deux heures.

Soudain, une image s'impose à lui et il rigole.

– Il va pourrir sur pied, votre colis, avec cette chaleur !

Le policier se fige en fixant quelque chose derrière Morton. Intrigué celui-ci se retourne. Il découvre un homme, grand et sec, costume trois-pièces, chapeau de feutre et petite valise à ses pieds, qui se tient dans l'ombre du hall d'accueil. Son regard froid met Morton mal à l'aise. L'inspecteur se lève brusquement.

– Inspecteur-chef Le Hennin ? Je suis désolé. Quelqu'un aurait dû vous attendre au port.

– Peu importe. Je pourris assez lentement.

Le ton est glacé. Morton toussote d'embarras.

– Je vous conduis à votre bureau ?

– Pas maintenant. Vous savez où je peux localiser un émigrant français ?

– Ben... Oui... Au bureau du protectorat.

– Vous pouvez me conduire ?

– Tout de suite, inspecteur-chef.

Il ramasse la valise de Le Hennin pendant que ce dernier s'éloigne vers la sortie.

Morton donne la valise au policier, qui ne peut s'empêcher d'ajouter son commentaire :

– On va se marrer, avec celui-là. Il a une tête de poisson mort.

*
**

Ignorant tout de la longue bataille menée par l'inspecteur Le Hennin – plus têtu que la mule menée par François – pour obtenir sa mutation au Maroc, Aline fait ses comptes, assise à l'ombre de la terrasse.

Tout autour d'elle le domaine a pris forme et elle peut voir avec satisfaction les plants d'amandiers bien alignés qui ont poussé. Elle se félicite d'avoir suivi le conseil de l'horticulteur de Mogador en achetant des plants suffisamment grands pour accélérer le moment de la première récolte. Songeuse, elle aperçoit François venir vers elle et se lève soudain en constatant que la mule boîte bas.

– Aline, regarde dans quel état elle est, ma pauvre mule !

François est devenu un homme. Il a grandi, a forci. Mais ses dix-huit ans n'ont pas gâché son cœur d'enfant. Il caresse l'animal avec affection.

– Hein ma belle ! Ça fait des mois que tu fais ce trajet vingt fois par jour. Quand je pense qu'on pourrait aller chercher l'eau dans la propriété de l'autre, là, juste à côté, ça me fiche hors de moi !

Il jette un regard noir aux murs de l'autre côté du chemin

et voit une voiture s'arrêter devant chez eux. Paula Kosinsky en descend. Il lui sourit.

– Ah, Toubiba, tu pourrais jeter un œil sur la patte de ma mule ? La pauvre, on peut pas la laisser comme ça !

– Oui, tout le monde est à la peine. Et notre voisin, plus borné que lui, y a pas !

Aline est amère et Paula tente de justifier le caïd.

– Ça ne lui ressemble pas ! C'est un homme généreux. Pas commode, mais droit ! Pour qu'il s'entête ainsi, il y a sûrement une vraie raison. Essayez de parler avec lui.

– J'aimerais vous y voir ! On ne vous rencontre jamais dans les parages, qu'est-ce qui vous amène ?

– Je tenais à vous prévenir de faire très attention à l'eau. Encore plus que d'habitude ! Je me rends dans un camp berbère près de Tinerhir. Il y une très grave épidémie de typhus.

Le nom du lieu a éveillé l'intérêt d'Aline.

– Tinerhir, c'est loin ?

– Soixante kilomètres environ.

Ils sont interrompus par l'apparition du domestique du caïd, celui qui avait conduit Toine à l'hôpital, qui court vers eux en hurlant, appelant la Toubiba. Sans prêter attention aux autres, il lui parle en arabe. Il semble affolé et Paula fait la grimace.

– Merde. Les salauds !

Aline veut comprendre ce qui se passe.

– Des bandits ont fait une descente dans un village à trois kilomètres d'ici. Il y a beaucoup de morts et de blessés.

Tout en répondant, elle se rue vers sa voiture.

Aline l'a suivie et lui propose son aide. Paula a un regard pour la jauger.

– Si vous avez le cœur bien accroché, pourquoi pas !

Les deux femmes se parlent peu pendant le trajet. Lorsque la voiture pénètre dans l'enceinte du village, le spectacle les saisit. De nombreux cadavres gisent dans la rue déserte. Laissant la voiture, elles avancent.

– Mon Dieu !

Aline est suffoquée par l'odeur et l'horreur. Paula se penche sur chaque corps dont elle vérifie la mort en posant ses doigts sur l'artère du cou.

– Ils sont tous morts. Quel massacre !

Au détour d'une ruelle, les deux femmes tombent sur un groupe d'hommes et de femmes qui entourent le caïd en se lamentant. Mohamad Driss aperçoit la doctoresse et se dirige vers elle.

– Des bandits ! Ils étaient une dizaine. Ils ont tué presque tous les hommes.

– Il y a des blessés ?

Il désigne une maison.

– Oui. Je les ai fait transporter là-bas.

Paula s'y rend immédiatement. Aline et le caïd échangent un regard peu amène. La jeune femme s'empresse de suivre la Toubiba.

À l'intérieur, une vingtaine d'hommes, atteints de blessures effroyables, gisent dans des mares de sang. Aline est prise de nausée.

Paula lui jette un coup d'œil rapide.

– Vous tiendrez ? J'ai vraiment besoin d'aide.

Brusquement, on entend des cris de femmes, des cris d'effroi mêlés à des bruits de galop.

– Ils reviennent !

Le caïd se saisit d'un bâton et se précipite dehors, suivi par Paula et Aline.

Dans la rue, deux cavaliers en gandoura et chèche noir déboulent en brandissant des sabres. Le caïd fonce vers eux et les brigands galopent droit sur lui, sabres tendus pour l'embrocher. Aline écarquille les yeux devant ce combat irréel.

Un infime instant avant le contact, Mohamad Driss plonge sur le sol sous les pattes des chevaux, qui sautent instinctivement au-dessus de son corps. L'un des deux cavaliers, désarçonné, s'écrase lourdement à terre. Le deuxième cabre sa monture pour faire demi-tour. Le caïd se relève vivement et court vers ce dernier en faisant tournoyer son bâton au-dessus de sa tête, heurtant le visage du cavalier dans un choc terrible. L'homme s'effondre et Mohamad Driss l'abandonne pour foncer sur son compère qui se relève et cherche sa monture qui s'est enfuie. Le caïd attaque sans hésitation, frappant violemment au ventre et au visage. Sa victime tombe sur le dos. Lâchant son bâton, le caïd se jette à califourchon sur l'homme, sortant un poignard de sa ceinture. Il est prêt à l'égorger lorsque le cri de Paula l'arrête.

– Driss. Non !

Le caïd hésite, le visage déformé par la fureur. Il croise le regard de Paula et se calme aussitôt. Il lâche la tête de l'homme assommé et la Toubiba, soulagée, désigne la maison des blessés.

– Bon, essayons de sauver ces gars-là.

Lorsqu'elles sortent quelques heures plus tard, après avoir fait de leur mieux pour fermer les blessures, désinfecter les plaies et soulager les douleurs, les deux femmes quittent la maison, épuisées. Aline tremble de tous ses membres. Arrivée près de la voiture, Paula sort d'une boîte une fiole et la donne à Aline.

– Buvez-en une gorgée.

Aline boit, s'étrangle, tousse, peut à peine parler.

– C'est fort ! Qu'est-ce que c'est ?

– De l'alcool de menthe. On donnait ça autrefois aux dames qui se pâmaient !

– Merci bien !

– Je plaisante, c'est un vieux truc de carabin quand c'est trop insupportable. C'était dur, hein ? Même pour moi, et pourtant j'ai l'habitude.

Aline se remet doucement.

– On en a sauvé si peu. Pourquoi font-ils ça ?

– Il y a mille raisons. Le village n'a pas payé son tribut. Ou alors les hommes jeunes ont refusé de rejoindre la bande. On ne sait pas vraiment.

– Ils étaient partis quand on est arrivées. Pourquoi sont-ils revenus ?

– Pour tuer le caïd. C'est un homme important dans ce pays. Et il s'est toujours montré hostile à ces bandes d'assassins. Je vous l'ai dit, c'est un type bien.

Aline n'écoute plus, elle observe une vieille femme berbère enroulée dans une couverture usée, qui se tient assise contre un mur. Elle balance le haut de son corps en psalmodiant à voix très basse.

Le caïd l'a vue aussi. Il vient s'accroupir à son côté et parle longuement avec elle. Après un dernier geste apaisant, il se relève et rejoint Paula et Aline.

– Elle a perdu toute sa famille. Son mari a été tué il y a quelques mois et, aujourd'hui, ses deux fils et sa fille ont péri. Le pire de tout, c'est que ce sont les deux frères de son mari qui ont commis ce crime.

Aline est bouleversée par le drame de cette femme.

– Qu'est-ce qu'elle va devenir ?

– Elle ne peut pas rester seule. Je vais trouver une famille qui voudra bien l'accueillir.

Aline se propose spontanément. Elle est prête à accueillir la malheureuse chez elle. Le caïd hésite manifestement. Il sait la difficulté que représente la charge d'une personne aussi éprouvée par la vie. Il échange un long regard avec la Toubiba. Cette dernière acquiesce d'un infime mouvement de la tête. Mohamad Driss observe encore Aline.

– Vous savez à quoi vous vous engagez ? C'est une femme profondément blessée. Ce ne sera pas facile.

– J'ai l'impression que rien ici n'est facile.

Le caïd sourit légèrement.

– Elle s'appelle Nabiha.

Il la salue d'un bref signe de tête et, après quelques mots en arabe pour Paula, s'éloigne.

La nuit tombe lorsque la voiture du médecin dépose Aline devant sa maison. Aline fait signe à la vieille Berbère de descendre et l'aide. Avant de prendre congé de Paula, elle a une dernière question.

– Vous ne deviez pas aller dans un camp près de Tinerhir ?

– Si. J'irai demain.

– Emmenez-moi avec vous. Peut-être que je pourrai vous aider encore.

Paula hésite, surprise. Elle a le même regard pour observer Aline que Driss un plus tôt. La jeune femme ne dit rien. Elle attend, elle sait que la qualité de sa relation à cette femme se joue en ce moment.

– D'accord, je passe vous prendre demain, au lever du jour. Ce sera un bon test.

Aline sourit, la voiture démarre. Flora et Virginie, qui l'ont aperçue depuis la terrasse où le dîner se termine, s'approchent. Aline fait signe à l'inconnue de la suivre et la vieille femme obéit comme un automate. Flora, toujours curieuse, dévore des yeux la nouvelle venue, mais reste discrète à son sujet.

– On s'est inquiétés. Comment c'était ?

– Terrible.

– Et elle, qui c'est ?

Virginie n'a pas résisté. La veille femme l'a peut-être comprise, à moins que ce soit la voix de l'adolescente qui l'ait touchée, toujours est-il qu'elle s'est immobilisée pour l'observer. Aline revient la prendre par le bras pour l'entraîner jusqu'à la terrasse.

– Je vous présente Nabiha... Nabiha, voici ma tante Flora et ma fille Virginie. Le garçon, là-haut, c'est Toine.

Nabiha les considère un à un d'un air neutre, puis elle s'avance vers la terrasse et s'assoit par terre le plus loin possible de la table. Appuyée contre le mur de la maison, elle reprend son mouvement de balancier et d'une petite voix monocorde entonne une litanie incompréhensible.

Flora, intriguée, lance un regard interrogateur vers sa nièce.

– Entrons, je vais vous raconter.

En allant se coucher, Aline tente de faire rentrer Nabiha qui n'a pas bougé, mais sans succès. La Berbère ne paraît pas comprendre ce qui lui est dit et reste parfaitement insensible à ce qui l'entoure et aux efforts d'Aline. De guerre lasse, celle-ci finit par aller dormir. Pourtant savoir la vieille femme abandonnée dehors l'empêche de trouver le repos. Elle se relève et va vérifier qu'elle est toujours là. Face à tant de résistance passive, elle vient poser près d'elle un bol rempli de lait de chèvre, une galette de pain et un coussin, puis elle laisse la femme endeuillée faire face à la douleur impossible d'avoir perdu tous les siens.

Le lendemain, dès les premiers rayons du soleil, Aline est debout et constate que Nabiha n'a pas bougé. La vieille femme semble pétrifiée. Tout ce qui a été posé près d'elle est resté au même endroit sans qu'elle y ait touché. Aucune des tentatives de la jeune femme pour établir un contact n'entame le bloc de souffrance recroquevillé dans ce coin de terrasse.

Un léger coup de Klaxon. La voiture de la Toubiba est déjà là. Aline fait signe qu'elle arrive et prend encore le temps de murmurer à la Berbère que sa maison est la sienne et qu'elle la laisse avec sa tante et ses enfants.

Réveillé aux aurores, aucun des trois passagers n'a vraiment l'envie de bavarder. À l'arrière Sidi l'infirmier ronfle, ce qui fait sourire Aline assise à l'avant, près de Paula.

– Tu sais conduire ?

La question a surpris Aline, qui doit avouer que non, elle n'a jamais eu l'occasion d'apprendre.

Paula stoppe le véhicule.

– Tu veux essayer ?

Aline sourit, perplexe.

– Je veux bien.

Elles changent de place. Aline est émerveillée.

– Tu as confiance ?

– Sans problème... Bon, allez, tu appuies sur le bouton là, c'est le démarreur...

Paula donne les premières explications. Après quelques difficultés pour gérer les pédales et apprendre comment éviter de caler, la voiture avance doucement sur une centaine de mètres. Aline parvient à négocier le virage et à rouler un bon moment avant de s'arrêter, radieuse.

– Oh, c'est merveilleux de conduire... Je ne pensais pas...

Paula sourit et descend de voiture. Aline se glisse sur l'autre siège.

– Les gorges de Todgha, ça te dit quelque chose ?

– Oui, bien sûr, c'est au nord de Tinerhir, en pleine montagne.

– On peut y passer ?

– Tu sais, on n'est pas trop là pour faire du tourisme. Ça ferait un trop long détour.

Paula a repris sa place derrière le volant et la voiture redémarre.

La route est difficile et c'est après plusieurs heures qu'apparaissent les murs de Tamtatouche, but de l'expédition. À peine le véhicule s'y est-il arrêté que des enfants l'entourent en courant et criant.

Paula demande aussitôt le cheikh. Prévenu par Sidi, quelqu'un est parti le chercher et le vieil homme vient à leur rencontre. Il ne parle que quelques mots de français et c'est Sidi qui sert d'interprète.

– Il dit que Dieu vous bénisse ! Il y a beaucoup de malades.

– Explique-lui que nous allons passer dans chaque maison.

Blouses, masques et gants, tout est prêt au cas où il s'agirait du typhus. Toujours escortées par les enfants qui piaillent, vite dispersés par le cheikh d'un geste de la main, les deux femmes suivent Sidi dans la première habitation. Paula fait les premières constatations. Elle est soulagée car la terrible maladie ne semble pas avoir atteint les villageois.

Ruelle après ruelle, La Toubiba dénombre les cas de dysenterie, et tous les autres maux causés par des amibes.

En sortant d'une maison, Paula aperçoit une jeune fille qui porte une jarre d'eau.

– Sidi, préviens-les qu'il faut absolument faire bouillir l'eau du puits, elle est contaminée. Sinon, il y aura une épidémie épouvantable.

Sidi transmet la consigne au cheikh, qui fait aussitôt appeler toutes les femmes valides. Lorsqu'elles sont réunies sur la place, le cheikh invite Sidi à leur parler et l'infirmier se tourne vers Paula pour savoir ce qu'il doit faire.

– Vas-y, c'est très bien. Ça prouve au moins qu'il a compris !

Et pendant que Sidi s'exécute, Paula entraîne Aline à l'écart pour la prévenir que, étant donné le nombre des malades, elles seront obligées de rester pour la nuit et de poursuivre leur mission le lendemain matin. Elle s'inquiète de savoir si cela pose un problème à Aline, qui la rassure.

– Les enfants se débrouillent très bien sans moi, maintenant. Yvon surveille les deux plus jeunes et Flora est là le soir.

– Parfait, poursuivons nos visites.

Aline serait certainement très surprise si elle avait le moyen de vérifier ce qui se passe chez elle en son absence. Elle pourrait ainsi voir François se glisser près du mur d'enceinte de la propriété du caïd, vérifier furtivement aux alentours que personne ne traîne dans les parages et se hisser d'un bond au sommet de la clôture, derrière lequel il disparaît.

Une fois à l'intérieur du jardin, le jeune homme se faufile jusqu'au patio qu'il lui faut traverser pour accéder au bureau de Mohamad Driss. Étonné et soulagé par la facilité avec laquelle il se retrouve là, il se sent en sécurité. Il pousse la porte et prend le temps de repérer ce qui l'entoure. Il avise un secrétaire marqueté. Il ne prête pas attention à la beauté du meuble, se contentant de constater qu'il est fermé à clé. S'emparant d'un coupe-papier posé sur une petite table à côté d'une pile de lettres encore fermées, il s'en sert pour forcer la serrure du secrétaire dont il fouille les tiroirs. Dans l'un d'eux, une grosse liasse de billets !

Au moment où il tend la main pour s'en emparer, une poigne puissante pousse violemment sa tête sur l'abattant du meuble. Le choc fait un bruit sourd. Sonné, le visage en sang, le garçon tente vainement de se débattre. Il est traîné et jeté sur une chaise. La main le lâche, il se retourne pour se retrouver face au caïd qui s'est emparé d'un poignard dont la pointe est à deux doigts de son visage.

– Tu connais le châtiment réservé autrefois aux voleurs dans ce pays ?

François, littéralement terrorisé, fait signe que non avec la tête. Il n'y a pas une once de pitié dans le regard de Mohamad Driss. Le caïd se dresse, terrible, immobilisant le poignet de celui qui s'est introduit chez lui pour lui dérober de l'argent. Il aplatit les doigts du vaurien sur la table devant lui.

– On leur coupait la main !

Joignant le geste à la parole, il abat le poignard. François pousse un hurlement. La lame se plante dans le bois... à quelques centimètres de ses doigts et il s'affaisse, évanoui.

Au même moment, Flora fait dîner les enfants et s'énerve de l'absence de François. D'autant plus qu'elle a fort à faire avec Virginie et Toine qui refusent d'avaler les bouts de viande calcinés qu'elle a déposés dans leurs assiettes. Elle n'admet pas qu'ils rechignent et leur conseille de se plaindre à Yvon qui avait pour mission de s'occuper de faire cuire la viande sur le feu dehors, ce qu'elle n'a jamais su faire. Mais son fils, indifférent à tout ce qui n'est pas la nouvelle trouvaille à laquelle il s'est attelé, poursuit sa tâche. Les coups portés sur du métal résonnent sur le côté de la maison et couvrent les cris des enfants et les appels de sa mère.

Flora cherche bien du secours du côté de la vieille Berbère, mais celle-ci est toujours assise dans son coin, semblant ne pas avoir bougé depuis la veille. Rien à attendre de ce côté-là ! Pourtant, si Flora était plus observatrice, elle constaterait que le bol de lait de chèvre est vide.

Mais Flora est happée par un autre spectacle. Celui du caïd qui surgit devant elle, traînant François dont le visage est tuméfié. Elle se précipite. Elle en bafouille.

– Ben... Qu'est-ce... que... Qu'est-ce que vous lui avez fait ?

Plus surprenant encore, c'est François qui s'empresse de répondre, tout en jetant un regard effrayé vers Driss.

– Rien du tout... Je suis tombé.

Le caïd scrute le garçon en silence avant de répondre.

– C'est ça, il est tombé et je vous le ramène. Jeune homme, je t'attends demain matin comme convenu.

Sans un mot de plus, Mohamad Driss repart et Flora l'observe, marmonnant pour elle, évitant qu'il ne l'entende.

– C'est ça. Bonjour. Et bonsoir !

Quand elle se retourne pour s'inquiéter de l'état de François, le garçon a disparu. Et les deux plus jeunes en ont profité pour filer.

Flora, découragée, se laisse tomber sur une chaise et fait une grimace de dégoût devant les morceaux de charbon dans son assiette. Après un moment de contemplation devant le déplorable résultat de sa cuisine, elle soupire, se relève, vide les assiettes et va chercher galettes de pain et fromages de chèvre en rappelant les enfants.

La nuit est tombée sur Tamtatouche, le village où la Toubiba a été appelée en urgence, et le cheikh a convié le docteur et ses deux aides sous son toit. Son épouse est venue accueillir Paula et Aline et les convier à partager le frugal repas des femmes de la maison. Sans interprète, Sidi ayant rejoint les hommes, il est impossible de mener la moindre conversation. Les gestes permettent d'échanger remerciements et politesses mais, très vite, Paula et Aline se retrouvent dans une pièce où les attendent deux couches.

La doctoresse, épuisée, n'a même plus la force d'en vérifier la propreté. Elle s'effondre en murmurant juste pour sa compagne.

– Tu te débrouilles bien.

Aline sourit et s'allonge. Bouleversée par trop d'émotions depuis le matin, elle est incapable de dormir. Elle écoute le souffle régulier de la Toubiba tout en jouant avec les rayons de lune qui passent par la meurtrière, seule fenêtre de la pièce. Interminables, les heures passent et la lumière commence à rosir. Sans hésiter, Aline se lève et quitte la chambre.

Se glissant hors de la maison dans laquelle quelques bruits signalent le réveil de la famille du cheikh, Aline traverse les rues désertes jusqu'à la place où est garée la voiture de Paula. Elle y monte et démarre. Après quelques hoquets et tressautements, elle parvient à maîtriser à peu près le véhicule. Elle sort du village et prend la piste vers le nord où Sidi lui a dit que se trouvait la gorge de Todgha. Elle roule au milieu d'une grande palmeraie qui occupe le fond de l'oued asséché.

La route lui paraît interminable et elle ne sait depuis combien de temps elle roule quand la gorge se rétrécit brusquement en un long couloir dominé par des murailles vertigineuses. Aline stoppe le véhicule et descend fascinée par l'âpre beauté du paysage de pierres. Tête renversée, elle scrute le haut de cette falaise cuivrée lorsqu'un vertige la saisit. Elle est prise d'une sensation étrange. Comme si le paysage aride et splendide dans son dénuement presque lunaire gardait en lui ce qui s'est passé quelques années plus tôt...

Comme dans un cauchemar, elle voit Arnaud crapahuter devant Henri pour se mettre à l'abri des balles des rebelles, réfugiés dans les anfractuosités de la montagne. Il atteint le sommet, se relève à moitié et court au bord de la crevasse, au-dessus de l'oued. Soudain un coup de feu éclate. Arnaud porte ses mains au visage et vacille avant de basculer dans le vide...

L'hallucination se dissout et Aline, tremblante d'émotion, avance vers la muraille, écrasée par l'aplomb, éblouie par la lumière, hypnotisée par la trajectoire de la chute, une sensation de vide à l'envers.

Brusquement, un mouvement sur sa droite pose comme une ombre sur la montagne. Un frisson de peur la parcourt. Cherchant ce qui l'a troublée, elle aperçoit trois cavaliers berbères qui suivent la ligne de crête et se sont immobilisés pour observer au fond de la gorge cette femme seule. Elle ne peut entendre ce qu'ils disent. Mais elle voit deux d'entre eux faire virer leurs montures pour redescendre sur l'autre versant à la pente plus praticable.

Le cheikh El-Mansour et son fils, Abdel, poursuivent leur route, laissant derrière eux l'homme sans nom qui les accompagne et qui s'est figé, troublé par la vision de la silhouette au fond du défilé, une réminiscence ténue, une interrogation importune, une ombre sur sa mémoire morte. Le vent siffle autour de lui faisant voler son chèche.

Happée par la vision du cavalier immobile, Aline ne peut distinguer ses traits, mais malgré elle, elle s'entend murmurer le prénom de l'homme aimé, Arnaud.

Au sommet de la muraille, le cavalier fait volte-face pour rejoindre ses compagnons, ne laissant derrière lui que le vide du ciel.

La jeune femme reste, là, tête renversée, le souffle coupé, incapable du moindre mouvement. Les cris des oiseaux qui tournoient au-dessus de l'oued finissent par la sortir de son engourdissement et elle reprend place au volant de la voiture, encore mal remise de la violence de ce qu'elle a ressenti.

Aline a réussi à faire demi-tour, après s'être énervée à chercher la marche arrière. Elle a repris la piste en sens inverse et roule depuis une heure, luttant pour distinguer les rochers qui jalonnent le fond de l'oued. La lumière crue du soleil ricoche contre les pierres autour d'elle, la blessant aux yeux. Soudain, aveuglée, elle fonce dans un gros rocher, qu'elle percute brutalement. Elle tente vainement de remettre la voiture en marche et l'abandonne pour poursuivre son chemin à pied.

Elle avance dans l'espace qui s'ouvre de plus en plus devant elle. Ayant perdu la notion du temps, elle titube, épuisée, déshydratée. Elle a perdu ses repères et ne se rend pas compte qu'elle tourne en rond. Soudain, elle tombe à genoux, accablée de fatigue et d'angoisse. Le soleil l'éblouit violemment et elle s'effondre, perdant conscience de ce qui l'entoure.

Un souffle, presque un râle dans le vent qui souffle dans la gorge, une ombre bienvenue dans cette étendue surchauffée, une présence de plus en plus proche... Le souffle s'accélère, l'ombre grandit, le regard se penche sur la jeune femme et ne la lâche plus...

Le soleil descend derrière la montagne et, brusquement, des voix résonnent au loin.

L'ombre glisse sur la jeune femme et s'évanouit dans la pénombre de la muraille...

– Aline ! Aline !

Les mêmes voix encore, plus proches maintenant. Elle ouvre péniblement les yeux. Elle voudrait répondre, mais n'en a pas la force. Elle ne voit que deux pieds chaussés de sandales et reconnaît la voix de Sidi qui crie.

– Toubiba ! Elle est là. Elle est là.

D'autres pieds rejoignent les premiers et une silhouette

s'accroupit. Paula, une gourde à la main. La doctoresse verse quelques gouttes dans la bouche d'Aline, qui s'étrangle.

– Doucement. Bois doucement.

Elle l'empêche de trop boire, humidifie son visage, la redresse doucement. Aline reprend doucement conscience. Elle va dire quelque chose, mais Paula ne lui en laisse pas le temps.

– Tu es folle ou quoi ? Partir seule comme ça, sans guide, sans connaître le pays ? On aurait pu ne jamais te retrouver !

Soulagée de revoir la jeune femme saine et sauve, la Toubiba laisse éclater une colère à la mesure de l'angoisse qui n'a cessé de croître depuis le moment où elle avait constaté la disparition de sa compagne.

– Je suis désolée.

Aline boit encore un peu dans la gourde de Paula, qui ne renonce pas.

– Ça commence mal, nous deux. Tu viens de me faire perdre une journée. J'ai autre chose à faire que de m'encombrer d'une inconsciente qui n'en fait qu'à sa tête. Il est rare que quelqu'un se risque dans cette partie des gorges. Tu as eu de la chance que des cavaliers signalent la présence d'une Française seule à l'endroit le plus dangereux. Qu'est-ce que tu voulais voir là-bas ? Il n'y a que des pierres.

Aline ne répond pas directement. Elle a sursauté en entendant parler de cavaliers. Elle presse Paula de lui dire si elle les as vus.

Paula soupire.

– Non, c'est le cheikh qui m'a prévenue.

Elle se relève.

– Sidi, aide-moi.

L'infirmier soulève Aline et la dépose sur un mulet. La jeune femme découvre le cheikh et une demi-douzaine de villageois partis à sa recherche avec la Toubiba et qui attendent discrètement un peu plus loin.

Ce n'est que le lendemain matin, une fois la voiture récupérée et dépannée, les remerciements échangés entre villageois et médecin, que l'équipe médicale peut reprendre la route. Avec, comme à l'aller, Sidi déjà somnolent à l'arrière, Paula au volant et, à son côté, Aline qui tente d'expliquer pourquoi elle désirait tant voir la gorge de Todgha.

Une confiance nouvelle s'est établie entre les deux femmes. Les malades à soigner d'abord, le danger couru par Aline ensuite ont été comme une épreuve du feu traversée ensemble. Une intimité s'est nouée qui pousse Aline sur la voie des confidences.

Parler d'Arnaud et de ses enfants est toujours une souffrance, mais aussi un soulagement. En famille, elle sait qu'elle ne doit pas continuer à faire peser ce chagrin-là sur les trois enfants de Paul déjà trop affectés par la disparition de leur père. Aussi, ce matin-là, dans la voiture, sur la route vers Boulmane-Dadès, elle laisse s'épancher l'amertume de son cœur. Elle tente de faire partager l'horreur de l'enlèvement des jumeaux par son frère.

– ... Comme il avait obtenu la garde officielle de mes enfants, il me les a arrachés juste avant que je prenne le bateau. J'ai déposé une demande à mon arrivée, mais je n'ai aucune nouvelle.

– Pas étonnant. Ça peut durer des années, ici... Mais pourquoi voulais-tu tellement aller là où Arnaud a été... ?

Aline répond vite pour ne pas entendre le mot fatal.

– Je ne sais pas... Mais quand je me suis retrouvée là-bas, c'était irréel. J'avais l'impression qu'il était là, tout près, à m'observer.

– Dans ce désert de pierres, on a toujours l'impression de voir ou de ressentir des choses extraordinaires. C'est magique et en même temps très dangereux.

Aline n'écoute plus, à nouveau envahie par cette incroyable sensation éprouvée au pied de la muraille. Paula s'est tue et respecte l'émotion de sa compagne. Elle attend le moment propice pour lui faire une proposition à laquelle elle vient de penser.

– Dis, j'ai soigné une gamine à l'hôpital, je lui ai sauvé la vie. Son père est avocat. Tu veux le rencontrer ?

Un sourire d'espoir illumine Aline.

– Oh oui, s'il te plaît. Ça fait presque deux ans que je n'ai pas vu mes enfants. Et je ne sais pas combien de temps ça va prendre encore. Ils ne vont même pas me reconnaître.

– Tu es leur mère... On ne peut pas oublier sa mère.

L'affirmation de Paula ne peut dissoudre l'angoisse d'Aline.

Peut-être la scène qui se déroule sur la terrasse, juste avant son retour à la maison, lui donnerait-elle un peu d'espoir. Elle pourrait voir une toute jeune fille qui a perdu sa mère s'approcher d'une femme qui a perdu sa fille et que le chagrin coupe du reste du monde. Virginie tend un bol de thé à Nabiha qui n'a pas bougé depuis son arrivée, trois jours plus tôt, et qui s'entête dans sa litanie et son balancement. La Berbère ne prend pas le bol tendu et l'adolescente le pose par terre avant de s'asseoir près de la femme meurtrie et de s'adresser à elle sans se soucier de ne pas obtenir de réponse.

– Elle avait quel âge, ta fille ? Comme moi ou plus grande ? Elle était sage ? Moi aussi, mon papa, il est mort, quelqu'un lui a fait du mal. J'y pense tout le temps, tu sais, il me manque. C'est comme toi, ta fille, elle te manque ! Mais moi, j'ai Aline qui s'occupe de moi. J'ai pas toujours été gentille avec elle... Si tu veux, Aline pourrait s'occuper de toi. Elle a un cœur assez grand pour nous tous. Et plus encore. Comme t'as pas idée !

Elle s'interrompt en voyant la voiture de Paula s'arrêter devant le muret et Aline en descendre et saluer l'infirmier. L'adolescente se relève d'un bond et fonce vers elle avec un grand sourire.

– Enfin ! On s'est inquiétés.

Aline lui caresse les cheveux.

Paula a redémarré et pile d'un coup.

– Aline, dis, dans deux jours, je suis invitée à une réception à la caserne de Boulmane-Dadès. Tu m'accompagnes ?

Aline la rejoint.

– Je ne sais pas.

– Viens, ça te changera les idées. Ces militaires ont les mains baladeuses, mais il y aura de la musique et de quoi boire.

– Je vais réfléchir.

– Rien du tout ! Prépare ta plus belle robe, je passe te prendre dimanche vers 6 heures. En plus l'avocat dont je t'ai parlé sera sûrement présent.

– Ah ! Alors, d'accord.

Paula sourit et démarre. Aline revient vers Virginie qui l'attend et désigne la Berbère toujours aussi monolithique.

– Je t'ai vue lui parler, elle va mieux ?

La moue de la jeune fille est explicite. Elles remontent bras dessus bras dessous jusqu'à la terrasse et Flora sort de la maison pour venir embrasser sa nièce. Aline s'inquiète de savoir si tout s'est bien passé en son absence et recule, submergée par l'exaspération de sa tante qui paraît au bord de la crise de nerfs.

– Oh très bien ! Toine court partout, Virginie est une princesse au petit pois qui se plaint de tout et Yvon a failli incendier la maison trois fois ! Quant à François...

Elle s'arrête, embarrassée...

– Quoi François ? Qu'est-ce qu'il y a avec François ?

– Rien... Rien.

Aline aperçoit son beau-fils qui bricole avec Yvon sur une machine impressionnante, mais qui n'est pas son intérêt du moment. Le jeune homme l'a vue et s'éloigne vite vers l'amandaie.

– François ! Où tu vas ? Qu'est-ce qu'il y a ?

Son ton est inquiet et le garçon soupire, se résignant à se retourner et à l'attendre. Elle le rattrape.

Flora et Virginie sont restées sur la terrasse, préférant les laisser s'expliquer tous les deux. Anxieuses, elles se regardent en entendant le cri poussé par Aline, qui vient de découvrir le visage tuméfié de François. Elles ne peuvent pas les voir, mais elles s'attendent au pire.

Aline force le garçon à lui montrer son œil.

– Qu'est-ce qui t'est arrivé ?

– Rien...

– Raconte !

François hésite, puis se décide.

– C'est le caïd... Il m'a surpris chez lui en train de le voler.

– Oh non, François !

Elle est abasourdie.

– C'était pas tellement pour voler. Mais j'étais en colère contre lui à cause de l'eau et j'ai voulu me venger.

En comprenant que c'est le caïd qui a frappé son fils, Aline a un coup de sang. Oubliant presque la raison qui a motivé leur voisin, elle veut aller dire deux mots à cette brute !

– Aline, je t'en supplie, non. Je méritais cette correction.

Flora, qui n'a pas résisté à venir voir comment les choses tournaient, ne peut retenir son commentaire.

– Remarque, c'est pas un mauvais bougre, le caïd. François le vole et il lui propose du travail. Payé, en plus !

Elle ne s'attend pas à la réaction de sa nièce, choquée, qui refuse cet arrangement.

– Oh, non ! C'est trop humiliant. Je ne veux pas. Je vais lui parler.

Elle part, mais François la retient par le bras.

– Non, Aline ! J'ai honte de ce que j'ai fait, tu comprends ça ? Je crève de honte. Je pense à papa et je me dis que ça l'aurait rendu malade. Je veux payer pour cette faute, je ne veux pas que tu me protèges.

Sa sincérité touche Aline, qui cède et veut l'embrasser. Il se dégage et fonce vers la maison. Elle veut le suivre, mais elle voit Nabiha secouer la tête en signe de dénégation. Aline s'arrête, saisie : c'est le premier signe de vie de la Berbère. Elle esquisse un sourire.

Un souffle, presque un râle dans le vent qui souffle sur le ksar, une noirceur dans l'ombre d'un mur, une présence réduite à un regard perçant. Indécelable. Le regard épie... Le souffle s'accélère, l'ombre grandit, le regard accroche la jeune femme et ne la lâche plus...

Elle est là, qui revient vers la terrasse et qui se sent soudain épiée. Une appréhension la paralyse et il lui faut faire un effort pour se retourner et guetter sur le chemin, dans l'ombre du mur. Elle s'immobilise, aux aguets, retrouvant d'instinct ses vieux réflexes.

La tête de Nabiha se tourne dans la même direction. Ses yeux se rétrécissent jusqu'à ne plus être qu'une fente. Les pupilles de la vieille femme s'aiguisent, perçant l'espace jusqu'à fouiller l'ombre, là-bas. Une attention farouche de combattante...

Une noirceur efface l'ocre du mur et s'y perd... Le râle se mue en grincement... Le regard s'arrache à celui de la vieille femme en quête de la jeune femme qui s'est évaporée...

Aline s'est réfugiée dans sa chambre et, songeant à la proposition de Paula, elle a tiré de sous son lit une petite malle oubliée là depuis des mois. Immédiatement, les souvenirs surgissent, effaçant l'impression désagréable qui l'a saisie dehors.

À la recherche d'une tenue pour accompagner la Toubiba à cette réception, elle sort la robe qu'elle portait le soir du 14 Juillet, cinq ans plus tôt. En dépliant le tissu, assaillie par le parfum encore captif du tissu, toutes les images reviennent. L'apparition soudaine d'Arnaud ce soir de bal, cette certitude immédiate en plongeant ses yeux dans les siens, cette sensation d'être seuls au monde et sa peur, déjà, de cet amour qui s'est emparé d'elle. Ou encore les images des hauts de Gorbio, leurs cavalcades dans l'alpage et la violence du désir, les caresses et le plaisir, tout l'assaille et la fait suffoquer.

Cherchant à reprendre son souffle, elle laisse sa vue se perdre sur les vestiges de sa vie passée, les vêtements, le flacon de parfum et surtout le livre de Poe donné par Arnaud, ce livre et la phrase qu'il lui a lue un soir dans la cour de la ferme et dont elle ne sait toujours pas la fin...

Brusquement, un sanglot la brise. Elle jette le flacon de parfum et le livre, saisit le châle qui dépasse, s'en enveloppe et s'échappe au-dehors, fuyant toute présence, s'isolant au milieu des plants d'amandiers.

Sur la terrasse, Nabiha cesse sa prière et observe la jeune femme qui pleure. Soudain, pour la première fois, la voix de la Berbère résonne, haute et claire.

– Tu seras heureuse, ma fille. Mais le chemin sera long.

Aline, bouleversée, se tourne vers elle et les deux femmes

s'observent longuement. Aline sourit enfin au milieu de ses pleurs et Nabiha pose la main sur son cœur.

Elle s'était dit qu'elle n'irait à cette réception que pour rencontrer l'avocat, mais elle est surprise de prendre du plaisir à enfiler une jolie robe, à colorer ses lèvres, à brosser ses cheveux.

Nabiha, définitivement sortie de son apathie, a tenu à aider dans ses préparatifs celle qui l'a si généreusement accueillie. Elle a sorti d'un fichu accroché à sa ceinture un flacon de khôl, une pâte de roses et un sachet de *rassoul*[1], les secrets de beauté des Marocaines. En dépit des dénégations d'Aline, la Berbère a insisté pour lui laver elle-même les cheveux, puis pour la maquiller légèrement.

Maintenant, devant son petit miroir, Aline ne se reconnaît plus. Est-ce bien elle, cette jeune femme aux longs cheveux brillants, aux joues roses et aux yeux pétillants ? Une brusque vaporisation de parfum la fait sursauter. C'est Virginie qui a chipé le flacon et l'asperge généreusement.

– Eh, doucement, je vais cocotter !

– Papa aimait beaucoup ce parfum !

– Oui, il me l'avait offert au moment de notre mariage.

– Il sent si bon...

Elle a les larmes aux yeux, mais se force à sourire en dévisageant Aline avec admiration.

– T'es belle ! Je voudrais être petite souris pour te voir ce soir.

Si Virginie avait pu accompagner sa belle-mère à la soirée donnée dans la grande salle de la caserne de Boulmane-Dadès, décorée pour la circonstance de bougies et de fleurs, elle aurait été heureuse de l'effet produit par Aline à son arrivée.

Dès son entrée dans la salle, tous les regards se portent sur cette sublime femme qui accompagne la doctoresse, qui a elle aussi troqué son éternelle blouse blanche pour une robe élé-

1. Pâte d'argile, issue du Moyen Atlas.

gante. Paula s'amuse de l'effet produit sur la plupart des officiers, dont certains restent bouche bée. Elle a un petit rire de gorge en murmurant pour Aline :

– D'accord, on est tombées dans un aquarium !

Sa compagne n'a pas le temps de répondre. Le capitaine Georges de Gaumont a surgi devant elle.

– Madame Desmazures, je ne m'attendais pas. Je suis ravi...

Il fait le geste de lui baiser la main et, galamment, se tourne vers Paula.

– Vous êtes le docteur Kosinsky, je crois ? Georges de Gaumont. Vous avez soigné deux de mes hommes, il y a un mois.

– Oui, oui, peut-être...

– Soyez les bienvenues, mesdames.

Paula ne fait plus attention à lui, elle cherche quelque chose à boire.

– La route nous a donné soif !

– Venez, je vous conduis au buffet.

La Toubiba ne semble pas sensible au charme du capitaine. Elle a vite repéré les lieux et lui fausse compagnie.

– Ça va, je trouverai.

L'orchestre entonne une valse et le capitaine invite Aline à s'élancer avec lui, mais elle refuse.

– Je vous écraserais les pieds. Dans ma campagne, les occasions d'apprendre à danser étaient rares.

Ils sont bousculés par les nouveaux arrivants qui se pressent dans ce coin de la salle. Il l'entraîne à travers les groupes d'officiers et leurs cavalières, évitant le centre de la pièce où les couples tournent dans une belle envolée. Il observe à la dérobée cette femme qui marche près de lui, qui avait attiré son œil à Mogador, mais qui, ce soir, rayonne, éblouissante.

– Je suis ravi de votre présence. Vous arrivez à vous habituer à ce pays ?

– Oui. Il est dur, mais je le trouve captivant.

– Oui, rien n'est simple ici. Les tribus se combattent depuis toujours, mais, de plus en plus, c'est contre l'autorité française qu'elles s'allient. Il n'est pas un jour qui passe sans incident. Faites attention, ne vous éloignez pas des postes tenus par nos troupes.

Elle le regarde, surprise.

– Les rebelles pourraient nous chasser d'ici ?

– Non, nous avons la situation bien en main. Mais restez prudente.

Ils sont parvenus devant les grandes baies vitrées qui ouvrent sur une terrasse bordée de palmiers en pots et de bougainvilliers aux couleurs éclatantes.

Un domestique s'approche, portant un plateau de coupes de champagne. Georges de Gaumont en prend deux et en tend une à Aline, qui refuse.

– Merci, je crois que j'ai perdu l'habitude.

– Juste quelques gouttes. Pour fêter le bonheur que j'ai de vous voir ici.

Aline saisit la coupe et trempe ses lèvres dedans. L'alcool la fait tousser. De Gaumont rit, attendri, et lui retire la coupe. Il se débarrasse des deux verres pour prendre les mains d'Aline dans les siennes.

– J'ai beaucoup pensé à vous depuis ce jour sur le port. Vous n'êtes pas faite pour cette vie.

Elle ne comprend pas.

– Quelle vie ?

– Vous méritez le luxe, l'amour. La passion d'un homme. Pas de travailler cette terre ingrate.

– Ne vous y trompez pas, capitaine. Je suis née dans une ferme et je reste une paysanne.

– À qui voulez-vous faire croire ça ?

Il s'est penché sur elle. Elle se dégage d'une pirouette et soudain s'immobilise, tendue.

– Que se passe-t-il ?

Elle lui fait signe de se taire et fouille des yeux les abords de la terrasse.

Un souffle, presque un râle dans la brise du soir, une ombre derrière les feuillages sombres, une présence réduite à un regard perçant. Indécelable. Le souffle s'accélère... Le regard ne lâche plus le couple...

Le capitaine cherche ce qui peut motiver l'inquiétude d'Aline. Il jette un rapide coup d'œil autour de lui et ne voit rien d'anormal. Il se rapproche d'elle et se penche vers son cou...

Un domestique interrompt son élan et il se redresse avec un geste d'impatience. L'homme de troupe, impassible, murmure quelques mots à l'oreille de son supérieur.

– Parfait ! Merci.

Le capitaine s'excuse auprès d'Aline.

– Un invité surprise ! Venez, nous allons l'accueillir.

Revenu dans la grande salle, de Gaumont fait signe à l'orchestre de s'arrêter et cogne sa chevalière sur un verre qu'il a saisi au passage.

L'assemblée alertée se tourne vers lui.

– Mesdames, messieurs, nous recevons la visite du contrôleur civil qui vient d'arriver de métropole pour prendre son poste à la tête de la région Sud. Il nous fait l'honneur de sa présence. Il est venu avec son épouse et ses enfants, qu'il souhaite nous présenter. Accueillons-les comme il se doit !

De Gaumont se dirige vers l'entrée de la salle où un couple fait son apparition.

La violence de la surprise fait tituber Aline qui écrase son poing contre sa bouche pour se retenir de hurler. Le couple n'est autre que son frère, Henri, et sa belle-sœur, Mathilde.

Elle assiste aux multiples politesses qui suivent dans un état comateux. Elle voit de Gaumont saluer le contrôleur Boissières, se pencher sur la main de sa femme, les introduire auprès des notables.

Paula, qui s'est approchée, s'inquiète en apercevant Aline si bouleversée. Elle veut aller vers elle quand son attention est happée par le regard magnétique d'Henri, et tous deux semblent aussi fascinés l'un que l'autre. Tout ceci ne dure qu'un instant, personne n'a rien vu, mais leurs yeux ont du mal à se dénouer.

Personne n'a rien vu, Aline moins que tout autre, car tout le monde a été distrait par l'arrivée charmante des deux jumeaux qui ont surgi derrière Mathilde, tout pimpants dans leurs tenues de fête, et qui observent l'assistance avec une assurance tranquille du haut de leurs quatre ans.

– Nos enfants. Jean et Julie.

Mathilde a présenté les deux petits avec fierté. Mais un cri déchirant fait sursauter toute l'assemblée. C'est Aline qui court vers ses enfants, bousculant les gens sur son passage.

– Julie, Jean... C'est moi, mes chéris, votre maman !

Les deux petits, effrayés, se réfugient derrière Mathilde, tétanisée, dans l'incapacité de réagir.

Aline, décontenancée par la réaction de ses enfants, s'est figée face à Mathilde. Henri, affichant un large sourire rassurant, intervient rapidement. Il s'empare du bras de sa sœur et l'entraîne à l'écart.

– Du calme.

Le capitaine, qui ne comprend rien à cette scène surprenante, s'approche.

– Tout va bien, monsieur Boissières ?

– Oui, oui.

– Vas-y. Dis-leur à tes amis que tu as volé mes enfants. Dis-leur !

Aline fait front. Rouge, bouleversée, elle se dresse devant son frère et le défie. Henri sourit rapidement à de Gaumont.

– Excusez-nous, capitaine, des affaires de famille !

Et il lui tourne le dos sans lâcher le bras d'Aline, qu'il entraîne plus loin. Il la fait pivoter face à lui et lui parle à voix basse d'une voix sifflante de colère.

– Je te jure que si tu fais encore du scandale, tu ne les reverras plus jamais !

Aline aperçoit Mathilde qui se dirige vers la sortie en tenant les jumeaux par la main. Elle tente de se dégager de la poigne de son frère, mais il resserre son étreinte.

– Je suis sérieux, Aline. Tu es recherchée pour meurtre. Il ne me faut que quelques minutes pour faire venir la police.

Mathilde est déjà dehors avec les enfants. Aline se débat pour échapper à Henri. Paula surgit et intervient.

– Lâchez-la.

La Toubiba subjugue manifestement Henri qui obéit, laissant sa sœur foncer vers la sortie.

Aline arrive trop tard. De loin, elle voit les jumeaux s'engouffrer dans une limousine, poussés par Mathilde. Elle s'élance, mais la voiture a démarré et elle ne peut que courir derrière.

– Julie ! Jean !

Elle les appelle plusieurs fois, hurlant leurs prénoms et des invités, alertés, sortent pour voir ce qui se passe. Henri les a suivis et il arrive juste pour relever sa sœur qui vient de trébucher.

– Laisse-moi.

Il la lâche.

– Où est-ce qu'elle les emmène ?

– Chez nous, à Marrakech.

– Dès demain, je les récupère.

– Ce n'est pas aussi simple, Aline.

– Je te préviens. Si tu cherches à m'en empêcher...

– Qu'est-ce que tu feras ? Encore du scandale ? Vois tous ces gens. Pour une faveur, ils sont prêts à m'offrir leur fille, leur maison ou leur auto. Tu crois qu'un seul d'entre eux lèverait le petit doigt pour t'aider ?

– Tu me dégoûtes.

Il s'assombrit et la fixe. Son regard est douloureux, sa voix rauque.

– Oh ! Aline, Aline... Tu te souviens des rêves que nous faisions, enfants, dans nos montagnes ? Je les ai réalisés. Je suis devenu un homme puissant et respecté. Viens avec moi. Laisse-moi t'en faire profiter.

– Non. Je ne veux pas. Tu es puissant ? Parfait. Alors dis-moi, qu'est-ce que ça peut te faire, mes enfants ? Rend-les-moi. Ils ne peuvent que te gêner.

Il semble qu'elle ait touché juste et que l'argument embarrasse Henri.

– Écoute, les reprendre maintenant ne ferait que les traumatiser à nouveau. Viens chez moi. Demain.

Elle semble hésiter, mais cède.

– D'accord. Je viendrai demain.

Il la considère et elle peut lire dans ses yeux une trace de cette tendresse ancienne qui les a liés dans leur enfance.

– Laisse-moi t'aider, Aline. Arrête de travailler cette terre qui ne te rendra rien.

Il se laisse emporter par un espoir fou.

– Je ferai de toi une...

Elle l'interrompt doucement.

– Non, Henri. C'est trop tard. Ce que tu es devenu me répugne. Tu crois vraiment que tous ces gens autour de toi t'apprécient ?

Elle désigne les invités qui se sont lassés du spectacle et rentrent dans la caserne.

– ... Tu n'es pas si naïf ? Si tu perdais un centième de ton pouvoir, ils te laisseraient crever comme un rat. Je ne veux pas vivre comme ça.

Il a un sourire amer.

– Il est trop tard pour reculer.

– Fais comme tu veux. Mais rends-moi mes enfants.

Il soutient un moment son regard avant de se détourner et de se diriger vers l'entrée de la caserne. Il retrouve toute sa superbe lorsqu'un général trois étoiles vient vers lui, tout sourire et la main tendue.

Aline reprend son souffle et s'éloigne à pied, sonnée.

Elle ne voit pas, sur la terrasse, parmi les invités, la silhouette de l'inspecteur Le Hennin qui a suivi toute la scène.

Aline marche comme un automate. Une voiture s'approche derrière elle, la double et stoppe à sa hauteur. Paula, au volant, se penche pour ouvrir la portière côté passager.

– Tu vas faire dix kilomètres à pied en pleine nuit ?

Aline lui jette un coup d'œil, complètement perdue.

– Monte. Je te ramène...

Aline hésite et finit par s'asseoir dans la voiture. Elle se recroqueville dans son coin et fixe la route sans parler. La Toubiba respecte sa peine. Elles roulent ainsi sous un ciel scintillant d'étoiles.

Arrivée devant chez Aline, Paula s'arrête pour laisser descendre la jeune femme qu'elle observe à la dérobée.

– Tu veux que je reste un moment ?

– Merci, mais j'ai besoin d'être seule.

– J'ai discuté avec l'avocat dont je t'ai parlé. Il est prêt à te recevoir.

La gorge serrée, incapable d'ajouter un mot, Aline acquiesce et remonte vers la maison. Dans son dos, la voiture s'éloigne.

Une lune pleine éclaire les plants d'amandiers. Dans le soir paisible bruissent des milliers d'insectes. Aline fait quelques pas et s'effondre à genoux sur la terre en pleurant.

Nabiha, toujours installée à la place qui est désormais la sienne sur la terrasse, se lève et la rejoint. Elle l'attrape vigoureusement en l'obligeant à se redresser et la serre dans ses bras. Aline se laisse aller contre l'épaule réconfortante de la vieille femme et bredouille entre deux sanglots.

– Oh Nabiha. J'ai si honte de pleurer devant toi. On m'a enlevé mes enfants, mais eux, au moins, ils sont vivants.

– Pleure, *benti*[1], pleure. Plaindre ma souffrance ne t'enlèvera pas la tienne.

Aline se tait et pleure dans les bras de la Berbère qui fait maintenant partie de la famille qui est la sienne, ici, au Maroc. Sa vraie famille.

1. *Benti* : ma fille.

– 10 –

Peines

Aller à Marrakech n'est pas simple pour Aline. Sans voiture, il va lui falloir prendre le car. Voyage long et pénible qu'elle est bien décidée à accomplir aussi souvent qu'il le faudra pour pouvoir voir ses enfants et parvenir à les reprendre avec elle. Pendant tout le temps du trajet, elle ne pense qu'à Jean et Julie, encore sous le choc de les avoir entrevus, si grands, si tranquilles, apparemment bien adaptés à leur situation.

La scène qui se déroule un peu plus tard dans la belle maison des Boissières, dans le quartier européen de Marrakech, ne peut que confirmer cette impression. À peine Mathilde est-elle rentrée de courses que les jumeaux, très excités, se ruent dans le jardin et se jettent sur elle, réclamant le cadeau promis.

Mathilde fait durer la surprise.

– Quel cadeau ?

Jouant le jeu, les deux enfants tournent autour d'elle, sautant et cabriolant.

– Tu avais promis ! Tu avais promis !

Mais elle a les mains vides. Dans un mouvement gracieux, elle récupère un petit panier que lui tend Nourredine, le domestique qui l'a accompagnée dans le souk. Elle le tend aux enfants en riant.

– Peut-être ça ?

Les jumeaux lui arrachent le panier des mains et l'ouvrent. Fous de joie, ils découvrent un adorable petit chiot qui éternue au contact du soleil. Julie le sort du panier avec émerveillement. Jean le caresse et joue les aînés responsables.

– Tu vas lui faire mal. Pose-le par terre.

Julie s'exécute et le chiot se met à gambader.

– Il est trop mignon ! Merci, merci, maman !

Ils se jettent à son cou en l'embrassant. Mathilde les serre contre elle... et croise le regard d'Aline qui, derrière la grille, contemple ces effusions. Mathilde lâche les jumeaux, fixant sa belle-sœur. Les deux femmes se défient. Mathilde cède et fait signe à Nourredine d'ouvrir à Aline. Jean et Julie aperçoivent à leur tour cette presque inconnue qui s'avance vers eux, le cœur battant.

Mathilde s'accroupit entre les deux jumeaux.

– C'est la dame d'hier soir. Vous la reconnaissez ? Je vous en ai parlé ce matin. C'est votre... maman.

Manifestement, ce dernier mot a eu du mal à sortir. Les enfants sentent le malaise. Jean s'accroche à la jupe de Mathilde sans quitter Aline des yeux. Julie, elle, s'est réfugiée derrière sa tante.

De la fenêtre de son bureau, Henri a tout suivi. Il apparaît sur le perron et le ton de sa voix ne laisse aucun recours aux jumeaux.

– C'est votre mère, les enfants, embrassez-la !

Julie fait un pas timide vers elle et Aline, ne voulant pas effaroucher l'enfant, lui tend juste les bras. La petite fille avance à petits pas hésitants pour se retrouver entre les bras de sa mère. Celle-ci peut enfin serrer sa fille contre elle, même si la fillette ne répond pas à son élan et se laisse faire avec curiosité. Jean, lui, n'a pas bougé.

– Jean !

La voix d'Henri est impérieuse. L'enfant observe Aline avec hostilité.

– Non. C'est pas ma mère !

Le petit garçon s'enfuit dans un coin du jardin et Henri le rappelle sèchement.

– Jean ! Reviens ici !

– Ne le force pas. Comment veux-tu qu'il comprenne ?

Aline a lâché Julie et la pousse gentiment vers son frère.

– Mes chéris, je vais parler avec Henri et Mathilde, je viens vous voir tout à l'heure.

Au fond du jardin, Julie et Jean se sont retrouvés sur une allée bordée de jasmins pour courir derrière le petit chien.

Aline les observe un instant avec un sourire attendri, avant de se relever pour suivre son frère à l'intérieur de la maison.

La maison est vaste et blanche, agencée dans un mélange subtil de meubles importés – mobilier Art Nouveau, à l'image de celui des luxueuses cabines du tout nouveau paquebot *Normandie* – et de bibelots, vases, plats, statues, tableaux, œuvres d'artisans locaux qui ornent richement les murs ou les tables. Une sensation d'opulence se dégage de l'ensemble et Aline se sent peu à sa place dans ce luxe ostensible. Mais elle oublie vite le cadre pour se focaliser sur la seule chose qui l'intéresse, ce qu'elle veut obtenir de son frère, le retour de ses enfants auprès d'elle.

– Qu'est-ce que tu comptes faire, maintenant ?

Sa belle-sœur vient rejoindre son mari et son apparition gêne Aline, qui préférerait régler seule le problème avec Henri. Elle lui jette un regard agacé que Mathilde perçoit parfaitement.

– C'est moi qui élève ces enfants maintenant. J'ai le droit de savoir ce qui va leur arriver.

– Des enfants que vous avez volés !

– Des enfants que nous avons arrachés à la misère pour leur offrir une vie décente.

C'en est trop pour Aline. La tension entre les deux femmes ne fait que croître et elle perd son calme.

– Mais qu'est-ce que vous savez de ma vie ? Vous les avez portés, ces enfants ? Vous les avez sentis bouger dans votre ventre ? Vous avez souffert pour les mettre au monde ?

Mathilde se décompose, sa bouche se pince. Henri intervient rapidement.

– Je vous en prie ! Calmez-vous toutes les deux !

Aline lance un regard hostile à sa belle-sœur tout en répondant à son frère.

– Tu as raison, après tout je n'ai pas à discuter. En retrouvant leurs frères et leur sœur, Jean et Julie seront à nouveau chez eux. Je les emmène. Tout de suite.

Mathilde se décompose.

– Henri, tu ne peux pas ! Tu m'as promis !

La notion de promesse alarme Aline, qui pense soudain qu'un pacte existe peut-être au sein du couple de son frère.

– Henri, qu'est-ce qu'elle veut dire ?

– Mais rien. Viens avec moi...

Il a pris sa sœur par l'épaule dans un geste d'apaisement et l'entraîne vers la fenêtre. Il lui désigne Julie et Jean qui jouent à chat, courant en riant.

– Imagine leur vie ici. Tu veux vraiment les emmener dans ta cabane au fond de ton bled ? Le mieux pour eux, c'est de leur laisser du temps. Tu pourras venir ici autant de fois que tu voudras. Je mettrai une voiture à ta disposition. Juste le temps qu'ils s'habituent de nouveau à toi.

Aline se tait, frappée par l'insouciance et la joie des enfants.

Mathilde en profite pour ajouter, avec un mépris facile à entendre :

– Vous croyez vraiment que vous allez transformer en paysans des enfants habitués à une vie citadine ? Qu'ils vont se laver avec une eau croupie et dormir avec des chèvres et des mules ?

Aline est soudain lasse.

– Nous ne dormons pas avec les animaux. Henri ne vous a pas raconté son enfance ?

Elle abandonne la vision paradisiaque des jumeaux s'ébattant au milieu des roses et demande simplement, en se tournant vers sa belle-sœur.

– Vous voulez bien préparer leurs affaires ?

Mathilde s'approche d'elle et crache avec une violence d'autant plus terrible qu'elle tente de la contenir :

– Certainement pas. Ces enfants nous ont été confiés par la Justice française. Justice qui s'applique ici aussi, dans le protectorat.

Aline se détourne, refusant d'écouter. Elle en appelle à son frère, mais, sous les yeux de sa femme, Henri baisse les siens avec lâcheté.

– Mathilde a raison. Il y a une décision de justice qui nous les a confiés. Et j'ai fait constater que tu n'avais plus, depuis, donné signe de vie.

Aline en suffoque.

– Tu as fait quoi ?

Il ne la regarde pas et, sans lui répondre directement, ajoute sur le ton le plus neutre possible :

– Tu viens quand tu veux, mais n'essaye pas de les reprendre... car tu ne les reverrais plus jamais.

– Maintenant, je vous prie de quitter cette maison, sinon je vous fais expulser par mes domestiques !

Aline a un vertige en face de cette femme si décidée à prendre sa place dans le cœur de ses enfants, et qui l'humilie avec tant de virulence.

– Vous ne feriez pas ça ? Pas devant eux ?

– Ne me mettez pas au défi ! C'est moi qui les élève, maintenant. Moi qui me lève la nuit quand ils font des cauchemars. Moi qui leur ai appris tout ce qu'ils savent. Maintenant vous pouvez choisir de quelle manière vous allez partir d'ici.

Elle a tendu la main vers le cordon pour appeler les domestiques. Horrifiée, Aline la dévisage, puis elle jette un coup d'œil à Henri, qui se tient en retrait sans intervenir.

– Mon pauvre frère.

Il détourne la tête et elle sort.

Dans le jardin, Julie joue avec le petit chiot et Jean ramasse les graviers de l'allée. Tous deux s'arrêtent quand Aline descend les marches du perron, suivie de près par Mathilde, qui a recouvré son calme et toise sa belle-sœur pour l'autoriser à dire au revoir aux jumeaux.

Aline fait un pas vers Julie, mais la petite fille, serrant le chiot dans ses bras, se réfugie près de sa tante. Jean s'échappe et lance sa poignée de cailloux sur Nourredine qui passe près de lui. Aline attrape le petit garçon par le bras et lui dit doucement que ce qu'il vient de faire n'est pas bien.

– Cet homme s'occupe de toi et tu dois le respecter. Ton papa ne l'aurait pas permis.

– Mon papa ?

L'enfant ne comprend pas et Mathilde s'approche.

– Je te parlerai de lui, un jour. Tu lui ressembles.

Jean dégage vivement son bras et court rejoindre sa sœur. Aline, les larmes aux yeux, leur fait un signe de la main et quitte rapidement la propriété.

Quand elle est sortie, Mathilde rejoint son mari sur le seuil de la maison.

– Tu me dois bien ça. Souviens-toi, c'est le marché que nous avons conclu, Henri.

Dans la rue dehors, Aline s'est cachée derrière la haie de lauriers-roses pour apercevoir encore ses deux enfants jouer et rire. Elle sent le chagrin déborder.

Elle s'empresse de partir, courant à l'aveugle dans la belle rue de ce quartier résidentiel. Elle se perd et arrive sur la place d'où partent les cars au moment où le sien démarre. Elle fait signe au chauffeur qui pile pour faire monter cette jolie Française qui paraît si triste. Elle lui sourit avant de se réfugier dans le fond du véhicule. Elle ferme les yeux et les visages des deux petits se superposent à celui d'Arnaud. La tête appuyée contre la vitre, elle garde les yeux fermés.

À la frontière du Maroc et de la Mauritanie, le jour se lève à peine sur les contreforts de l'Atlas. La tribu des Aït Bou M'zaten a dressé ses tentes dans la région. Bien qu'ils se soient enfoncés loin vers le sud, ils viennent d'être rejoints par une troupe de cavaliers armés, vêtus de noirs.

De forts éclats de voix réveillent l'homme sans nom, qui sort précipitamment de sa tente pour voir le cheikh Yacoub El-Mansour discuter en arabe avec celui qui paraît être le chef des nouveaux venus. L'homme n'a pas mis pied à terre et invective violemment le patriarche. Derrière lui, ses hommes entourent les troupeaux qui paissent à quelque distance de là.

Naïma est également sortie sur le seuil de sa tente et assiste à la scène avec inquiétude. Elle fait un signe discret à l'homme sans nom, qui se rapproche pour l'interroger à voix basse.

– Qui est-ce ?

– Le chioukh Husseini. C'est l'envoyé du caïd chargé de récolter l'impôt.

– Que veut-il ?

– Le chioukh veut prélever la moitié du troupeau. C'est beaucoup plus que d'habitude. Mon père...

La jeune Berbère s'interrompt car son père s'est lancé dans une violente imprécation et elle peut voir, en arrière-plan, les sbires du chioukh épauler leurs fusils. Son frère, Abdel, et d'autres membres de la tribu en font autant, en se regroupant autour de leur chef. El-Mansour fait un signe d'apaisement. Le chioukh, visiblement furieux, cabre son cheval de manière menaçante devant le vieil homme.

Naïma pousse un cri et Abdel s'avance, mais Arnaud est plus rapide. Il fonce et fouette le train arrière de la monture du chioukh. Le cheval rue sous la douleur, désarçonnant son cavalier qui chute lourdement dans le sable. L'homme se relève avec un regard de haine pour Arnaud. Méprisant, il s'adresse au patriarche.

– Tu abrites les ennemis de notre peuple, maintenant ?

Visiblement contrarié, le père d'Abdel et de Naïma ne répond rien. Le chioukh Husseini remonte sur son cheval et disparaît, suivi de ses mercenaires. Le patriarche se tourne vivement vers Arnaud.

– Tu n'aurais pas dû humilier le chioukh de cette façon. C'est un homme dangereux et corrompu.

– J'ai vraiment cru qu'il allait vous tuer.

– Tu ne connais pas nos coutumes. Dans ce pays, même la guerre se négocie. Tu vas m'obliger à lui présenter des excuses.

El-Mansour fait un signe et un homme lui amène aussitôt sa monture. Abdel et d'autres hommes sautent à cheval pour le suivre. Arnaud s'approche du patriarche.

– Laisse-moi vous accompagner. C'est moi qui m'humilierai devant le chioukh.

Le vieil homme le regarde avec bienveillance.

– Tu apprends vite !

Arnaud bondit en selle et la troupe s'éloigne. Naïma regarde longtemps s'éloigner les trois hommes chers à son cœur.

Quelques heures plus tard, Le cheikh El-Mansour, Abdel et l'homme sans nom se retrouvent sous une somptueuse tente blanche ornée de motifs noirs, surmontée d'une boule dorée, symbole de l'autorité. À l'intérieur, au milieu de grandes tentures vertes et rouges découpées et recousues selon un motif précis, les trois hommes se tiennent respectueusement face au caïd de Tiznit, devant qui ils comparaissent pour s'expliquer sur la perception de l'impôt. Il est important d'assurer cet homme, qui est la plus haute autorité de la région, de leur bonne volonté. Non sans discuter le montant à payer afin de le rendre plus supportable pour la tribu. Après d'âpres négociations, le cheikh et le caïd sont tombés d'accord.

Le résultat du marchandage ne semble pas satisfaire le chioukh Husseini qui assiste à l'entretien, l'air mauvais.

Détendu, le chef des Aït Bou M'zaten a le sourire en s'adressant au caïd, ce qu'il fait en arabe par déférence.

– Je te remercie, grand caïd, de ta mansuétude. Le chioukh peut venir chez moi prélever l'impôt.

Le caïd n'a pas le même sourire. Il désigne sévèrement l'homme inconnu qui accompagne son interlocuteur.

– Celui-là a humilié Husseini. Que comptes-tu faire ?

– C'est un étranger, caïd. Je l'ai recueilli mourant et sans mémoire dans le désert. Il est intervenu pour me protéger. Il ne connaît pas nos coutumes. Il est prêt à présenter des excuses.

Le caïd fait un geste de la main pour inviter l'homme sans nom à s'exécuter. Ce dernier se plante devant le chioukh, manifestement mal à l'aise sous le regard franc qui le fixe, et prononce en arabe la phrase d'excuse que lui a apprise El-Mansour. Son mauvais accent fait sourire toute l'assistance. Sauf le chioukh, qui accepte froidement l'amende honorable.

Satisfaits par le résultat de leur mission, le cheikh des Aït Bou M'zaten, son fils et l'homme sans nom galopent en direction de leur campement. Ils doivent emprunter un défilé étroit dans la montagne. Ils entrent dans la pénombre de la gorge, lorsque, brusquement, un coup de feu éclate. El-Mansour, touché, est désarçonné et ses deux compagnons sautent de cheval pour lui porter secours. Abdel se penche sur son père, pendant que l'homme sans nom braque son fusil pour riposter à l'attaque. Mais le silence règne dans le défilé. Juste troublé par l'appel d'Abdel.

– Aide-moi. Il est blessé.

Tous deux hissent le cheikh sur le cheval de son fils, qui saute en selle et maintient son père contre lui. L'homme sans nom prend le cheval d'El-Mansour par la bride et les deux hommes filent au triple galop.

Pas un instant, ils n'ont aperçu le chioukh, allongé sur une hauteur, le fusil encore pointé vers le fond du passage. Son forfait accompli, le collecteur se relève et regarde les cavaliers disparaître.

Le but du chioukh est atteint : sa balle a frappé à mort le chef des Aït Bou M'zaten. La vieille femme qui a soigné l'homme sans nom est accroupie devant le corps étendu du cheikh. Son fils et sa fille sont tout près de lui, l'homme sans nom un peu en retrait, comme les autres membres de la tribu.

Le mourant fait un signe de la main. Abdel se penche pour écouter ce que son père murmure d'une voix affaiblie.

– La vie me quitte. Au matin, tu seras le chef de la tribu des Aït Bou M'zaten. Sache t'en montrer digne.

Abdel s'incline respectueusement devant son père, qui reprend son souffle, le regard fixé, derrière son fils, sur l'homme sans nom. Il parle un peu plus fort et en français, cette fois.

– Considère le Français sans mémoire comme un des nôtres.

Il fait signe à ce dernier d'approcher.

– Tu prendras le nom de Nizam. C'est ainsi que j'aurais appelé mon deuxième fils... Je souhaite que tu portes la tenue d'apparat que je lui avais réservée. Et qu'après t'être converti, tu prennes ma fille Naïma pour épouse.

Arnaud embrasse la main du vieil homme. Après un dernier regard plein de larmes, Arnaud pose doucement sa main sur l'épaule de Naïma en larmes, puis quitte la tente, laissant les deux enfants seuls avec leur père.

Au lendemain de son expédition à Marrakech, Aline a abandonné très tôt la maison. Ni Flora ni les enfants n'ont osé lui poser de questions. Il leur a suffi de découvrir son visage aux traits tirés, où les traces de larmes étaient encore visibles, pour savoir que l'entrevue avec son frère s'était mal passée. Dès son lever, elle a houspillé Toine et Virginie pour qu'ils se dépêchent, comme si elle ne se supportait plus une minute de plus dans la maison. Elle a accompagné les deux écoliers jusqu'à leur classe et s'est vite éclipsée pour filer à vélo jusqu'au dispensaire.

Paula n'a pas non plus besoin d'explication en voyant la mine de la jeune femme. Du reste Aline n'a pas l'intention de lui en fournir.

– Ne dis rien. Ne demande rien. Dis-moi juste ce que je peux faire pour aider.

Paula, heureusement surprise, lui sourit.

– C'est bien que tu sois là. Pour le moment, je n'ai pas le temps de m'occuper de toi. Alors, pour aujourd'hui, observe. Essaye de comprendre comment ça se passe ici.

Elle va s'éloigner, mais Aline a une question malgré tout.

– Dis ! Ton avocat, je peux le rencontrer quand ?

– C'est à ce point ? Bon, je vais envoyer un gamin voir s'il est à son bureau.

Toute la matinée, Aline suit la consultation, essayant de repérer ce qu'elle peut faire pour soulager Paula et Sidi. Il se révèle assez vite que, dans un premier temps, elle pourrait assurer le tri à l'entrée, poste fondamental pour démêler les petits bobos des cas plus graves. Il faut savoir donner quelques comprimés de base quand c'est nécessaire, nettoyer quelques plaies, faire des pansements et réexpédier les patients ainsi traités chez eux. Et faire patienter tous les autres en essayant de faire régner un peu de calme, d'éviter les chèvres, les poules ou les resquilleurs.

Dans l'après-midi, un gros homme en costume se présente.

– Maître Moknesh.

Paula vient l'accueillir et lui présenter Aline, puis elle les laisse tous les deux en tête à tête dans son bureau.

L'avocat se fait expliquer la situation par la jeune femme. Il l'écoute attentivement, fait préciser les points qui lui paraissent peu clairs, a un hochement de tête désolé quand elle parle de la manière dont son frère lui a arraché les jumeaux, et conclut, lorsqu'elle a fini son exposé :

– Aujourd'hui, vous avez un toit et un revenu. On peut demander l'annulation du jugement rendu par le juge français.

– Cela va demander combien de temps ?

– Le temps de la rédaction et de l'envoi des documents de France, je peux déposer la requête le mois prochain. Il faudra trois bons mois avant que le tribunal ne l'étudie... et encore trois mois, au mieux, pour qu'il rende sa décision. Vous devriez gagner, au moins formellement. Bien sûr, votre frère peut faire appel... et ce serait suspensif ! Pour l'instant, ce que je vous conseille, c'est de rendre visite à vos enfants, comme votre frère vous l'a proposé. Et, surtout, de vous tenir loin d'eux en dehors des visites acceptées par lui. Soyez prudente, ne vous mettez pas dans votre tort.

Les délais égrenés par maître Moknesh ont découragé Aline, mais elle sait qu'elle doit accepter les règles de la Justice si elle veut être un jour rétablie dans ses droits de mère. Mais elle a un autre souci dont elle doit parler à l'avocat.

– Qu'est-ce que ça me coûtera, maître ? Je n'ai pas beaucoup d'argent.

La porte s'ouvre à ce moment-là et Paula entre. Il sourit à la Toubiba et il est clair qu'il admire cette femme. Il ne cesse de sourire pour répondre à la préoccupation d'Aline.

– Le prix des timbres administratifs. Je ne vous prendrai rien. Le docteur a sauvé la vie de Soumia, ma fille adorée.

– Merci, maître. Merci, Paula.

Aline ne sait pas si elle peut espérer une issue positive dans cette action officielle. Mais elle est décidée à tout tenter et se résout à suivre les conseils de maître Moknesh. Elle profite donc de la voiture que lui envoie son frère une fois par semaine pour aller à Marrakech voir ses enfants.

Et la voici pour la deuxième fois dans le jardin de la maison des Boissières. Assise dans l'herbe, elle observe Jean et Julie, qui jouent un peu plus loin. Mathilde est là aussi, perchée en haut du perron, d'où elle surveille tout ce qui se passe et lui lance parfois un terrible regard noir.

Pour l'instant, Jean est assis dans une petite voiture à pédales et crie « Vroum, vroum » en faisant semblant de conduire. Julie, de son côté, lance une balle au chiot. Une petite balle rouge qui roule dans le massif de roses jaunes et que la fillette ramasse et relance vers le petit chien. L'attention de l'enfant est soudain captée par autre chose. Elle se met en tête de cueillir une rose. Elle tend la main et se pique sur une épine. Elle dresse son doigt en pleurant. Aline se précipite et suce la perle de sang sur l'index de sa fille.

– Voilà, c'est fini.

– Je veux la rose, mais je veux que tu enlèves toutes les épines.

– C'est dommage. Ce qui est beau dans une rose, c'est aussi les épines. Regarde.

Aline veut cueillir la fleur, mais Nourredine, qui jardine un peu plus loin, intervient, prend la rose, la coupe avec un sécateur et la tend à Aline.

– Pourquoi il se pique pas, lui ?

– Parce qu'il sait la prendre. Merci Nourredine.

Le domestique s'incline et s'éloigne. Aline montre à Julie l'endroit où attraper la tige d'une rose pour ne pas se piquer. Julie, ravie, pose soigneusement ses doigts à l'endroit où étaient ceux d'Aline, saisit seule la fleur... et fonce en courant vers Mathilde.

Tout en continuant à se prendre pour un pilote de course, Jean a suivi toute la scène. En voyant sa sœur se ruer vers Mathilde, main tendue dans un geste d'offrande, il saute de son véhicule, ramasse un caillou et, très vite, dépasse Julie.

– Maman, maman, c'est pour toi !

Mathilde sourit au petit garçon en recevant le précieux présent.

– Merci, mon grand.

Julie arrive essoufflée et tend sa rose.

– Oh, elle est magnifique !

Mathilde se pique en prenant la rose et pousse un petit cri.

– Attends, maman, je vais te montrer où il faut la prendre.

Mathilde se lève et entre dans la maison, suivie par les enfants.

Aline entend des rires et des cris. Elle attend, mais personne ne ressort. Abattue, elle se dirige vers la grille et se retrouve face à son frère, qui rentre déjeuner. Il est conscient du voile de tristesse qui obscurcit le regard de sa sœur, mais il décide de ne pas y prêter attention.

– Ça va ? Tout s'est bien passé ? Je suis content. Tu vois que c'est vraiment la meilleure solution.

La nature d'Aline la pousse à répondre vertement mais, se souvenant des recommandations de maître Moknesh, elle se contient.

– Au revoir, Henri. À la semaine prochaine.

Elle passe très vite devant lui et s'engouffre dans la voiture qui l'attend.

Une certaine routine s'installe dans la vie d'Aline entre son activité au dispensaire et ses visites aux jumeaux à Marrakech.

Le matin qui suit la journée des roses et de leurs épines, installée derrière une table à l'entrée du dispensaire, ayant passé une blouse blanche sur sa robe, elle commence à prendre ses marques et à se sentir utile.

Devant elle, une petite foule attend patiemment son tour. Aline fait signe au premier de la file, un vieil homme, et lui indique de s'asseoir en face d'elle.

– Où avez-vous mal, monsieur ?

– Coulchi, coulchi.

– Partout ? Ça va pas m'aider, ça.

Sortant de la queue, un jeune Marocain intervient.

– C'est toujours pareil. Il a rien du tout. Il se plaint tout le temps.

La mère du jeune garçon donne une gifle à son fils en lui hurlant dessus en arabe.

– Quoi ! Je lui manque pas de respect ? Il est vieux, il a des rhumatismes, c'est normal !

Soudain, tout le monde semble vouloir se mêler de l'affaire. Le vieil homme geint en appelant la Toubiba. Dans la queue, c'est l'émeute. Entre ceux qui soutiennent le vieil homme et ceux qui prennent le parti du jeune. Les femmes poussent des hurlements, les hommes s'empoignent.

Aline, un instant débordée, se lève et hurle.

– Ça suffit ! Maintenant vous allez vous taire, sinon je ferme l'hôpital.

Tout le monde se calme et fixe la jeune femme.

Le patient, lui, continue de psalmodier.

– Toubiba ! Toubiba !

– La Toubiba est très occupée. Je vais vous donner de l'aspirine. Ça fera partir la douleur.

Aline prend quelques comprimés, dans un grand pilulier, et les met dans un sachet en papier. Elle le tend au vieil homme et précise en arabe avec un accent épouvantable :

– Un le matin, un le soir. D'accord ? Pas tout d'un coup, ça sert à rien !

L'homme a pris le sachet.

– Choukran la Gazelle !

– Et ne t'inquiète pas, avec les médicaments, tu vas aller mieux... longtemps !

– *Inch Allah* !

Les heures s'égrènent et Aline a la sensation que la file ne diminue jamais. Enfin, vient le moment où il n'y a plus personne devant sa table. Elle s'étire, visiblement exténuée.

Paula apparaît. En fait, alertée plus tôt par le chahut, la Toubiba était venue discrètement jeter un coup d'œil en se gardant bien d'intervenir. Repartie dans son bureau, elle a poursuivi sa consultation. Et maintenant que celle-ci est terminée, elle rejoint Aline en lui souriant.

– Tu t'en sors très bien. Et ton aide m'est très précieuse. Je suis désolée de ne pouvoir te payer davantage.

– C'est parfait comme ça, Paula. C'est un revenu qui tombe bien en attendant que les amandiers parviennent à maturité. Maître Moknesh m'a dit que c'était un très bon point pour le juge. Travailler dans un dispensaire, c'est paraît-il une sorte de caution.

Paula rit.

– Est-ce que j'ai une tête de caution ? Heureusement que ton juge est de l'autre côté de la Méditerranée.

– Il serait sous le charme, comme tout le monde.

– Trêve de plaisanterie. Dis-moi, François est toujours condamné aux travaux forcés sur la propriété de Mohamad Driss ?

– Oui. Et ça semble lui plaire. Il s'est calmé et semble apprécier notre voisin. Un comble !

– Et pour l'eau ?

– Rien à faire. De toute façon, je ne demande plus rien !

– Ce refus de Driss reste un mystère pour moi.

Au moment où Aline et Paula parlent de lui, le caïd revient chez lui à cheval. Tout en blanc, il a beaucoup d'allure et en impose. Son autorité est très respectée et son intégrité ou sa manière de défendre ceux qui dépendent de lui contre les brigands lui valent reconnaissance et dévouement.

Ayant laissé sa monture aux mains d'un domestique, Mohamad Driss entre dans l'enceinte du somptueux jardin qui entoure sa maison. Il s'attarde un instant au bord d'un bassin au centre duquel un jet donne un agréable sentiment de fraîcheur. Il prend un peu d'eau dans sa main pour s'humecter le visage avant de passer voir les ouvriers agricoles qui s'activent dans l'orangeraie. Pendant un moment, il observe de loin François qui travaille au milieu des autres, avant de se rapprocher de lui.

– Tu as rempli ta part de contrat. Tu es libre de rentrer chez toi.

– Merci, caïd. Avant de vous quitter, j'ai une faveur à vous demander.

– Je t'écoute.

– Est-ce que vous voulez bien m'enseigner l'arabe ?

Driss reste songeur un moment, tentant de lire sur le visage de son jeune interlocuteur ce qui peut le pousser à faire cette demande.

– Pourquoi veux-tu faire ça ?

– J'aime ce pays, caïd. Je me sens chez moi ici. Il n'y a que la langue qui me manque.

– Et tu crois que parler l'arabe fera de toi un Marocain ?

– Peut-être pas, mais ce sera toujours ça. Aline dit toujours que la différence des autres nous enrichit.

– Elle a raison.

– Je sais que vous ne vous entendez pas bien, mais c'est une personne extraordinaire, caïd. La vie a été dure pour nous. Elle vous en veut à cause de l'eau.

Mohamad Driss se rembrunit.

– Je sais, mais, vois-tu, il faut laisser les gens faire leur expérience. Les aider dans leurs errements ne sert à rien.

Sur le chemin qui sépare leurs deux propriétés, ils voient soudain Aline qui rentre à vélo. De son côté, elle les a aussi aperçus et les observe de loin, avant de mettre pied à terre et de prendre sa bicyclette à la main.

– Allez, rentre, je t'attends demain.

François, tout sourire, dans un geste très spontané, serre la main du caïd, surpris par cette effusion inattendue.

– Merci, caïd.

Le garçon court pour sortir de la maison de Driss et rattraper sa belle-mère. Celle-ci l'attend.

– Vous avez l'air de bien vous entendre.

– Oui. Il a accepté de m'apprendre l'arabe.

– Excellente idée ! Au moins, il y aura quelque chose à tirer de ce tyran.

Ils arrivent sur la terrasse où Nabiha ne semble pas s'intéresser à eux. Elle examine le ciel d'un air soucieux.

– Qu'est-ce qu'il y a, Nabiha ?

– Il va faire froid cette nuit. Très froid. J'ai été chercher des couvertures en plus. Les petits sont à l'intérieur et j'ai fait un feu.

La vieille Berbère a vu juste. Toute la nuit, le vent souffle. Un vent glacé qui balaye la terre et s'engouffre dans les plants d'amandiers. Au loin, les hurlements d'un charognard, mêlés aux plaintes de la bourrasque, ajoutent au sentiment d'accablement et de solitude que chacun ressent en cherchant le sommeil.

Au matin les enfants se réveillent, serrés les uns contre les autres dans un seul lit. Flora n'a pas dormi et râle en ne trouvant plus ses marques. Nabiha est pelotonnée près de la cheminée où elle a entretenu le feu de doum toute la nuit. Aline, à peine levée, serrée dans son châle, met le nez dehors, suivie par Yvon.

– Il a fait drôlement froid, cette nuit ! Je ne savais pas que la température pouvait descendre si bas, ici.

Aline jette un coup d'œil aux amandiers.

– Oh, mon Dieu !

En criant, affolée par ce qu'elle croit avoir déjà aperçu, elle fonce vers la plantation, courant et trébuchant. Désespérée, elle va et vient entre les rangs d'amandiers dont aucun ne portera la moindre fleur.

Grillés par le gel, les bourgeons sont morts.

Elle n'a même pas la force de pleurer. Derrière elle, ils arrivent tous, Yvon, François, Flora, Virginie, Toine et Nabiha.

Tous, atterrés, contemplent le désastre.

Aline court d'un amandier à l'autre.

– Tout est foutu ! Il n'y aura jamais de récolte. Je... je suis désolée de vous avoir amenés ici... Tout ça est ma faute...

Aline tombe à genoux devant la récolte ravagée. Nabiha s'approche et, doucement, pose la main sur son épaule...

Mais Aline est enragée. Elle se débat.

– Non ! Je ne veux pas qu'on me console ! Laissez-moi !

Prise d'une rage subite, elle se défoule sur les plants, les arrachant et les décapitant avec cette force insoupçonnée qu'ils lui connaissent tous.

– On va crever de faim ! On ne pourra pas payer ce qu'on doit pour cette terre pourrie. Je hais ce pays. Je hais cette terre !

Elle pleure, elle crie. Soudain, en bas de la pente, elle voit apparaître Mohamad Driss, à la tête d'une vingtaine d'hommes armés de pelles et de pioches. Toute sa colère se focalise sur lui. Elle se relève et court vers cet homme qui lui a refusé l'accès direct à l'eau.

– Vous venez vous réjouir du désastre ? Allez-y. Riez un bon coup et fichez le camp !

Aline lève la main pour le gifler, mais Driss lui bloque le bras. Les ouvriers ont un mouvement de recul devant cette femme qui ose lever la main sur le caïd. Mais lui ne semble pas offensé. Il dit simplement la vérité qu'il connaît sur cette terre qui est la sienne.

– Jamais les amandiers ne pousseront sur cette terre ! N'en déplaise à vos agronomes de la métropole qui décident dans leurs bureaux ce qui doit ou non pousser sur la terre marocaine. Je vous ai tous observés ces derniers mois. Vous et votre famille êtes des gens courageux et...

Il a un sourire rapide pour Nabiha avant de poursuivre.

– ... généreux ! Alors je veux bien vous aider.

– Comment ? Tout est mort !

Aline se demande si cet homme se moque encore d'elle. Mais non. Il s'est adouci et, dans son regard qui fixe la femme en face de lui, passe une lueur caressante.

– Si les amandiers ne prospéreront jamais ici, les orangers, eux, s'y plairont. Pour les orangers, tu auras l'eau.

Il lâche Aline et fait un signe aux ouvriers agricoles qui attendent derrière lui.

– Ces hommes vont creuser un canal entre le Souss et ta terre. Ensuite, je te donnerai des arbres sur pied.

– Mais...

Il la fait taire d'un geste.

– Ne dis rien. Accepte ou refuse, mais ne me remercie pas. *Celui qui nous tient tous dans sa main* y pourvoira !

Les hommes de Driss commencent à creuser le canal.

Après avoir compris le plan du caïd, Yvon s'est vite activé. Il a emmené François avec lui, réclamé l'aide de quelques hommes pour transporter un énorme réservoir en acier. Sa mère comprend enfin d'où provenaient ces horribles bruits qui les empêchaient par moments de s'entendre sur la terrasse. A-t-elle assez tempêté ! En vain. Aujourd'hui, elle bénit son fils et son génial talent de bricoleur. Elle lui sourit avec fierté. Mais elle n'en a pas fini avec les surprises.

Yvon branche maintenant sur le réservoir le moteur d'une vieille pompe abandonnée sur le terrain, qu'il a bien évidemment, elle aussi, réparée à ses heures perdues.

Au réservoir, Yvon soude enfin un grand tube, fait de morceaux de tuyaux enchâssés les uns dans les autres, qui monte au-dessus de la butte jusqu'à la propriété.

Les ouvriers du caïd creusent toute la journée et, vers le soir, le canal qui va du Souss au réservoir est prêt et le système d'irrigation branché. Derniers coups de pelle et l'eau du Souss s'engouffre dans le canal, courant rapidement jusqu'au pied de la butte.

Tous poussent un cri de joie.

Quand le flot parvient au réservoir métallique, Yvon met le moteur en marche. L'eau s'engouffre dans la citerne.

Un temps.

Puis, l'eau remonte dans les tubes. Et brusquement gicle au sommet, inondant la terre d'Aline.

Deuxième cri de joie.

Aline, bouleversée, ne sachant si elle va rire ou pleurer, applaudit comme une enfant. Tous l'imitent et Nabiha lance un youyou de triomphe qui résonne dans l'air du soir.

Aline se tourne alors vers la maison du caïd. Mohamad Driss se tient sur une terrasse. Elle lui fait un petit geste de la main auquel il répond.

Le soleil se couche et les enfants sont surexcités. Ils improvisent avec Flora une dînette de fête. François et Yvon terminent de bricoler quelques soudures et on les aperçoit accroupis près de l'énorme cuve.

Aline sort sur la terrasse. Elle a revêtu la plus jolie de ses robes et enfilé une veste ornée de guipure.

Nabiha, assise dans son coin, détaille sa tenue.

– Quoi ?

– Le caïd est un bel homme, mais il a déjà deux épouses.

– Je veux juste aller le remercier.

Un sourire plisse les yeux de la Berbère, qui reprend son balancement sans rien ajouter.

Aline dévale la pente. Et lorsque Flora l'appelle pour trinquer avec elle et les garçons, elle n'obtient pas de réponse. Sa tante passe alors le nez dehors et interroge Nabiha du regard. Avec un sourire de chat, la vieille Berbère murmure :

– Elle est là-bas.

La porte de la propriété de Driss vient de s'entrouvrir pour laisser passer Aline et un domestique lui fait traverser le jardin, frôler le bassin, passer sous des arcades, franchir des cours avant de pénétrer dans le patio au milieu des bougainvilliers en pots, dont les couleurs éclatent à la lueur des chandeliers.

Le caïd s'est vivement levé et vient à sa rencontre.

– Je voulais vous remercier...

Mohamad Driss fait un geste pour écarter cette éventualité et va pour parler, mais Aline le coupe.

– Je sais, pas de merci ! Mais je tenais à le faire quand même.

Il sourit.

– Voulez-vous partager mon dîner ?

Elle est restée. Près d'un jasmin au parfum entêtant, des serviteurs ont dressé une table raffinée, avec une nappe blanche tissée dans un lin très fin et les serviettes assorties, avec de la vaisselle marocaine aux bleus intenses, des verres indigo, une aiguière d'argent pour le vin. Tout est à la fois simple et recherché. Une sorte de brasero apporte la chaleur nécessaire. Et doucement, Aline s'alanguit. Elle apprécie la finesse des plats et la force du vin. Elle aime écouter Driss lui raconter des anecdotes sur les traditions locales. Elle rit de bon cœur et il est touché par sa spontanéité et sa légèreté, deux qualités dont leur animosité passée l'ont privé.

Après la douceur de miel des gâteaux, après les amandes et les dattes, le thé à la menthe est bien venu. Quand enfin, ils ont reposé leurs petits verres émeraude aux bords dorés, ils se lèvent et Driss la conduit admirer le jardin protégé derrière la maison.

Jasmins, rosiers, cédrats, roses trémières, c'est une profusion de fleurs, un enchantement de couleurs. Elle est sous le charme.

– Vous habitez un paradis...

– Un paradis bien réel.

Il lui sourit et elle est frappée par la beauté altière de cet homme, qu'elle avait négligé de voir, aveuglée qu'elle était par la colère. Elle a croisé son regard et s'est troublée. Il poursuit son propos.

– Et surtout un jardin qui réclame beaucoup de soins. Mais comme dit un de vos auteurs français, le vrai paradis est celui qu'on a perdu.

– Qui dit ça ?

– Marcel Proust.

Un frôlement et voilà soudain Aline aux aguets. Elle aperçoit une femme voilée qui passe derrière une fontaine et disparaît.

– Vos... femmes... ne sont pas jalouses que vous dîniez avec moi ?

Il a un petit sourire amusé.

– C'est l'avantage d'en avoir plusieurs. C'est un remède à l'étrange maladie qu'est la jalousie.

Elle sursaute, incapable de se retenir.

– Ah, oui ! Comme si elles avaient le choix ! Et si l'une de vos femmes allait dîner avec... mon cousin Yvon, par exemple ?

Le sourire, cette fois, est un peu plus appuyé.

– Je ne parlais pas de ma jalousie, mais de la leur !

– Ben voyons ! Dans ce pays, ce sont les hommes qui font la loi. Une loi qui les arrange.

– Je ne comprends pas votre indignation. Nous ne faisons que dîner, n'est-ce pas ?

Son regard la fouille et elle en rougit.

– Heu... Oui. Absolument.

Mais il a lu en elle un trouble qu'il partage. Il s'approche et doucement frôle sa bouche de ses lèvres. Elle se laisse faire et le baiser devient passionné.

Dans la niche fermée de tentures, au milieu d'une abondance de matelas et de coussins, elle est maintenant allongée contre lui et il la caresse avec une infinie délicatesse. Elle vibre sous sa main, s'ouvre peu à peu à un plaisir oublié. D'autres sensations reviennent et se mêlent à la volupté présente. Soudain, un voile passe dans les yeux de la jeune femme. Il s'inquiète.

– Qu'y a-t-il ?

– Rien. Des fantômes. Viens...

Leurs bouches s'unissent. Leurs corps se cherchent. Le désir s'aiguise. Leurs souffles ne deviennent qu'un. Corps sens dessus dessous, peu à peu, un plaisir intense les transporte. Peau brûlante, douceur intolérable, dans sa jouissance, elle sourit.

Un souffle, presque un râle dans le vent qui effleure l'eau du bassin, une noirceur dans l'ombre d'un oranger, une présence réduite à un regard perçant. Indécelable. Le regard épie... Le souffle s'emballe, l'ombre s'étend, le regard cherche la jeune femme et bute contre des voiles opaques...

Dans la lueur du soleil couchant qui dore le sable du désert, les bendirs résonnent, envoûtants. Les musiciens frappent en rythme, tous en ligne, tous vêtus de blanc, gandouras, turbans, capes et babouches. Les jeunes filles suivent en cortège la vieille femme qui porte le plateau de henné frais garni d'œufs durs, signes de fertilité. Elles dansent et chantent en s'avançant vers la tente où la fiancée a vécu jusqu'à aujourd'hui, jour de son mariage.

Naïma est assise sur des tapis, sur un trône de coussins. Revêtue d'une robe rouge aux riches broderies, elle est parée de tous ses lourds bijoux d'argent destinés à lui porter bonheur.

La vieille femme lui présente le plateau de bronze et préside la cérémonie du henné. Lorsque le visage et les mains de Naïma sont ornés de la dentelle de dessins rituels, la vieille fait lever la jeune fille et la conduit jusqu'au cheval.

La fiancée y est installée et la vieille et les jeunes filles la conduisent jusqu'à la tente où l'attend son futur époux, l'homme sans passé qui a retrouvé un nom, Nizam.

C'est lui qui aide Naïma à mettre pied à terre. Très émue, la jeune fille ose à peine le regarder et, d'une pression de main, il lui fait partager sa propre émotion.

Le nouveau chef de la tribu, le frère de la mariée, s'avance avec solennité. Revêtu d'une gandoura noire, sabre au côté, turban blanc et barbe bien taillée, teint cuivré et yeux brillants, il a fière allure.

Il est maintenant devant le couple. Autour d'eux se pressent les membres de la tribu. Il fait signe aux musiciens et les tambours se taisent. Il parle alors à voix forte.

– Que le Seigneur tout-puissant protège votre union et qu'elle soit fertile. C'est ce qu'a voulu mon père. Il a ainsi – il me l'a dit – voulu que vous soyez le symbole de l'union possible entre nos peuples...

Il tend la main vers Arnaud puis vers Naïma et les attire chacun à leur tour contre son cœur.

La cérémonie est simple et digne. L'union est prononcée par le chef de la tribu. Et la fête peut commencer.

Du lait de chèvre, du thé à la menthe, des dattes, du miel et du beurre sont présentés à tous ceux qui sont là pour se réjouir du bonheur du nouveau couple. Un mouton rôtit en méchoui un peu plus loin. Les tambours résonnent à nouveau et les jeunes filles ont repris leurs danses. La nuit ne fait que commencer.

Le lendemain, au dispensaire, la Toubiba est frappée par la légèreté d'Aline, qui, tout en stérilisant le matériel, lui fait part de la destruction de ses amandiers et de l'intervention du caïd.

Paula, intriguée, se fait tout raconter en détail, le creusement du canal, la cuve et la pompe d'Yvon, le jaillissement de l'eau et le bonheur de tous... et enfin la reconnaissance d'Aline pour la générosité de Mohamad Driss.

– Tu avais raison, c'est un homme noble. Il n'a pas voulu ridiculiser la bêtise de nos techniciens. Il a préféré attendre que la nature lui donne raison... Et maintenant, il nous offre des orangers que nous pouvons irriguer. Tu te rends compte, Paula ?

L'exaltation d'Aline est perceptible et la Toubiba l'observe à la dérobée. Elle est frappée par la nouvelle plénitude qu'elle peut lire sur les traits de sa compagne. Aline continue de parler de Driss en des termes élogieux.

– Il ne voulait pas que je le remercie. C'était impossible, alors j'ai été chez lui...

Paula l'interrompt, comprenant soudain ce qui s'est passé.

– Tu as été chez lui ?

– Oui.

– Et ?

– Il m'a invitée à dîner.

Aline rougit et se détourne.

Paula la regarde en souriant avec indulgence.

– Je ne te juge pas, Aline. Simplement, attention avec Driss, c'est un homme d'ici. Je ne sais pas jusqu'où cette histoire vous mènera.

Elle répond trop vite.

– Je n'attends rien de lui et il n'attend rien de moi !

Elle emporte le matériel dans la salle de consultation, terminant ainsi la conversation. Paula n'insiste pas.

À la fin de sa journée de travail, Aline quitte le dispensaire et va récupérer son vélo lorsqu'une voix l'interpelle.

– Aline !

Elle se retourne. Le capitaine de Gaumont s'approche à pied, tenant par la bride son cheval blanc. Elle admire l'élégance de l'animal et pose des questions sur son origine.

– Vous aimez les chevaux ?

– Oui. Dans la ferme où j'ai grandi, il n'y en avait pas, mais j'aurais adoré monter...

– Si vous avez envie de voir quelques magnifiques spécimens et d'assister à une séance de dressage, accompagnez-moi donc jusqu'à la caserne.

Excitée comme une gamine à qui on propose un jouet longtemps désiré, elle accepte. Et la voilà, poussant son vélo, marchant à côté du capitaine, suivi sagement par son cheval.

Il ne peut s'empêcher de s'interroger à propos de la solitude de cette jeune femme, dont la beauté est certainement un peu fruste mais qui ne demanderait qu'à s'épanouir. Il redit ce qu'il a déjà dit le soir de la réception, qu'elle mérite une autre vie que celle qu'elle mène à se battre avec une terre ingrate. Il lui faut le luxe et la passion d'un homme.

Aline l'interrompt dans sa belle envolée.

– J'ai déjà eu tout ça, la passion, l'amour. Et les deux hommes que j'ai aimés, chacun d'une manière très différente, sont morts. De mort violente.

A-t-il même entendu ? Il s'enflamme, ne parlant que de lui. Il rêve. Vivre avec elle, pourquoi pas ?

– ... Avec vous à mes côtés, je deviendrai immortel. Je vous protégerai. Et... personne ne pourrait voler vos enfants...

– Vous affronteriez le redoutable contrôleur civil ?

– Lui et tous les rebelles de ce pays ! Aline...

Elle l'observe en coin. Il s'y croit. Il sourit.

Ils franchissent le portail de la caserne. Un soldat se précipite pour prendre la bride du cheval. En le suivant, le capitaine entraîne Aline vers les écuries et l'y fait pénétrer.

Elle s'avance le long de l'allée, admirant les splendides animaux qui sont alignés, chacun dans son box. Elle s'arrête pour gratter le front d'un arabe isabelle qui tend la tête vers elle.

Le capitaine attend que le palefrenier ait fait rentrer son cheval blanc dans un des premiers boxes et qu'il se soit éloigné pour ranger la selle. Il se rapproche alors d'Aline, apparemment professoral.

– Le cheval arabe est une des plus anciennes races, on dit que c'était le cheval de Salomon...

Il s'interrompt brusquement et elle peut entendre tout près, dans son dos, son souffle qui s'accélère. Il la coince contre la porte du box, tentant de l'embrasser dans le cou. Elle se dégage, embarrassée, cherchant à le ménager. Mais il la fait pivoter et l'enlace, se faisant plus pressant. Brutalement, il écrase sa bouche sur ses lèvres et tente de les forcer.

Elle crie. Il s'entête. Elle le repousse.

– Non !

Brusquement la fureur la prend. Elle enfonce ses doigts et ses ongles dans ses joues. Il hurle en reculant.

Aline, horrifiée, s'aperçoit qu'elle lui a profondément griffé le visage. Il paraît stupéfait.

– Je suis désolée. Je...

Suffoquant, il la chasse d'un geste de la main. Elle s'enfuit en courant.

En dépit de son trouble, Aline a le réflexe de récupérer son vélo. Elle file à grands pas en le poussant devant elle. Elle croise le palefrenier qui lave un autre cheval et qui la salue. Elle accélère le pas et sort vite de la caserne. À peine dehors, elle enfourche sa bicyclette et, bouleversée, pédale comme une folle.

Dans l'écurie, le capitaine reprend ses esprits. Allumant une cigarette, il retourne auprès de son cheval dont il flatte l'encolure. Brusquement, tout autour, les bêtes s'agitent avec inquiétude. Sa monture piaffe.

– Du calme.

Le cheval blanc se recule dans son box, comme s'il avait peur. Terrifié, l'animal se dresse...

Une lame de couteau traverse l'espace. Plusieurs fois. Des cris étouffés.

Du sang gicle sur la robe immaculée de l'animal.

De retour chez elle, Aline a à peine vu les rangées d'orangers tout justes plantés et les ouvriers du caïd qui quittent la plantation pour rentrer chez eux. Elle jette son vélo dans un coin, entre très vite changer de paletot et ressort aussi vite pour se rafraîchir le visage avec l'eau d'une jarre. Elle n'a pas dit un mot, semblant complètement ailleurs. Elle passe devant Nabiha qui lave du linge dans un baquet sans paraître prendre conscience de sa présence et file vers la maison de l'autre côté du chemin.

– Où vas-tu ?

Aline sursaute, surprise par l'intervention de la vieille Berbère qui ne se mêle jamais des affaires des autres.

– Voir le caïd.

– Pas en plein jour, *benti*. C'est pas bien.

Aline la regarde, décontenancée. Elle s'est immobilisée et semble tout à coup très abattue.

– Tu as raison.

– Viens, je vais te faire du thé.

Aline la suit à l'intérieur de la maison.

Quelques heures plus tard, dans la soirée, une voiture entre dans la caserne et stoppe près de l'écurie. Un planton se précipite pour ouvrir la portière. Un homme en sort, sanglé dans son costume trois-pièces. C'est l'inspecteur Le Hennin. Il pénètre dans l'écurie en s'épongeant le front.

À la lueur de quelques lanternes, les policiers et trois officiers entourent le corps du capitaine de Gaumont qui gît dans le box, d'où on a fait sortir le cheval blanc. L'atmosphère est lugubre. Le Hennin jette un vague coup d'œil au cadavre.

– Il y a des témoins qui ont pu voir ce qui s'est passé ?

– Non, inspecteur. On a interrogé tout le monde. Personne n'a rien vu, ni rien entendu.

Le regard perçant de Le Hennin balaie tous ceux qui sont présents, les officiers près de la stalle, quatre soldats plantés autour du lieu du crime pour éviter toute incursion autre que celle de la police... et, près de l'entrée, le palefrenier, en retrait, qui surveille les allées et venues, tout en tripotant nerveusement une lanière en cuir.

Le visage de l'inspecteur s'éclaire. Il s'approche du palefrenier.

Au matin, les enfants, avant d'aller à l'école, marchent entre les orangers. Toine, le gourmand, veut savoir quand on va pouvoir manger leurs fruits. Sa sœur hausse les épaules.

– Quand tu seras moins bête ! Donc, c'est pas pour demain !

Courroucé, le petit garçon veut tirer les cheveux de Virginie, qui s'enfuit. Il la poursuit... et stoppe net sa course en voyant une Traction noire s'engager sur le chemin.

Aline et Flora sortent sur la terrasse et observent le véhicule qui s'arrête. Une portière s'ouvre et en descend Le Hennin, qu'Aline reconnaît aussitôt. Elle soutient le regard de l'inspecteur qui la dévisage en s'avançant vers elle, suivi de deux policiers. Il brandit un document.

– Aline Desmazures. Par ordre du procureur, je vous arrête pour le meurtre de Georges de Gaumont.

Flora fonce sur lui.

– Alors vous, ça va pas bien, hein ?

Il l'écarte sans plus de façons et s'approche d'Aline à qui il murmure :

– Un palefrenier vous a vue sortir des écuries à l'heure du crime. Le capitaine avait le visage griffé. Lui aussi, il a essayé de vous tripoter, c'est ça ? Et ça lui a coûté la vie à lui aussi !

– Vous êtes vraiment malade !

Il recule comme si elle l'avait giflé.

– Messieurs, faites votre travail.

Il ajoute encore, pour elle :

– Vous serez transférée à Nice pour y être jugée de tous vos crimes.

Les deux policiers passent les menottes à Aline. Flora tente de s'interposer.

– Mais vous ne pouvez pas faire ça ! Arrêtez.

L'inspecteur la saisit par le bras et la tire en arrière.

– Madame, je vous conseille de rester à l'écart !

Les enfants, complètement bouleversés par les événements, veulent rejoindre celle qu'ils considèrent de plus en plus comme leur mère. Flora les retient et les prend par la main. Virginie commence à pleurer en appelant Aline. Toine, affolé, s'accroche à Nabiha venue en renfort.

Le Hennin fait signe au policier d'escorter Aline jusqu'à la voiture. L'homme s'exécute et la jeune femme n'oppose pas de résistance, ne quittant pas les enfants des yeux.

Le deuxième policier interroge Le Hennin.

– Inspecteur, qu'est-ce qu'on fait de ses enfants ? On est obligé de les embarquer aussi ?

Flora serre Toine et Virginie contre elle.

– Ça va pas, non ? Ce sont les miens !

Aline supplie l'inspecteur du regard et, contre toute attente, il confirme.

– Laissez-les. Ce n'est pas leur mère.

Le deuxième policier rejoint son collègue lorsque Toine et Virginie échappent à Flora et à Nabiha et foncent sur Aline en la voyant poussée dans la voiture. Tous deux s'agrippent à elle de toutes leurs forces, en dépit de l'intervention des policiers qui les écartent avec plus ou moins de brutalité. Toine donne des coups de pied et Aline a peur pour eux.

– Doucement, Toine ! Retournez près de Flora tous les deux. Allez !

Un cri sauvage interrompt la scène. Les policiers reculent devant François qui vient de surgir, armé d'une barre à mine, avec laquelle il fait des moulinets.

Un coup de feu éclate. L'inspecteur vient de tirer un coup en l'air avant diriger le canon de son arme vers la poitrine du garçon.

Aline, terrifiée, hurle.

– Non, François. Non ! Les enfants ont besoin de toi. C'est toi l'homme, maintenant. Je vais revenir, je vous le promets !

François lâche la barre à mine et lève les bras.

Au moment où Aline va disparaître dans le véhicule, il ramasse vite un caillou et fonce la serrer dans ses bras.

Il lui glisse le caillou dans la main.

– Pour qu'on soit avec toi. Je t'aime... maman !

Aline a les larmes aux yeux.

– Moi aussi, je t'aime.

Elle veut l'embrasser, mais un des policiers la pousse dans la voiture.

Par la vitre, Aline garde les yeux rivés sur sa famille jusqu'au dernier moment. Juste avant que le véhicule quitte le chemin, elle aperçoit Driss qui court derrière pour les rattraper. Trop tard.

Alors le caïd tend la main ouverte vers la famille d'Aline, la referme pour signifier qu'il la fait sienne et pose son poing fermé contre son cœur. Aline acquiesce à ce geste d'amour.

La voiture accélère et disparaît dans un virage.

Dans la rade de Mogador, le bateau pour la France est ancré au large. Les chaloupes chargent passagers et bagages pour les embarquer à bord du paquebot. L'une d'elles est réquisitionnée par l'inspecteur Le Hennin pour assurer le transfert de sa prisonnière.

Le canot s'éloigne du quai et Aline, assise sur le banc, toujours menottée, garde les yeux fixés sur la terre du Maroc qui s'éloigne.

Le voyage du retour vers Marseille replonge la jeune femme dans la même insupportable douleur qu'à l'aller. Une fois de plus, la vie la sépare de ses jumeaux au moment où elle espérait les retrouver. Elle se désespère en pensant qu'une fois encore ils vont l'oublier et que Mathilde va en profiter pour effacer toute trace d'elle dans leurs souvenirs. Elle se console un peu en pensant que le reste de sa famille est sous la protection de Mohamad Driss, dont elle sait maintenant à quel point elle peut lui faire confiance.

La porte d'une cellule s'ouvre, dévoilant l'univers étroit et froid dans lequel Aline va vivre jusqu'à son procès. Elle décèle les traces d'une présence, mais personne n'est là.

En lui tendant une robe informe en grosse toile écrue, la matonne qui l'accompagne dans ses nouveaux quartiers ordonne à la nouvelle détenue de se déshabiller et de poser ses vêtements sur la couchette du bas. Tout lui est enlevé, même sa médaille de baptême, celle qu'elle avait donnée autrefois à Arnaud et qui lui a été renvoyée après la mort de celui qui reste son seul vrai amour.

Loin, dans le sud du Maroc, un cavalier galope jusqu'à l'oasis où la tribu des Aït Bou M'zaten est installée. Il saute à terre devant la tente où l'attend son épouse, la belle Naïma. Celle-ci verse le thé pour accueillir son mari. Il s'est assis près d'elle sur le tapis et son regard se perd dans le sable.

Un nuage assombrit le visage de la jeune Berbère.

– Tu es souvent triste, mon aimé...

Elle prend la main de son époux.

– Je demande tous les jours au Seigneur de nous envoyer un enfant qui apportera la joie dans ton cœur.

Nizam la prend dans ses bras et la tient contre lui. Mais à nouveau ses yeux s'échappent loin, très loin.

Aussi loin que se portent au même moment ceux d'Aline fuyant par-delà les barreaux de sa cellule.

La première caresse au creux de sa main le caillou offert par François lors de son arrestation et offre son visage à la lumière éphémère qui lui rappelle le chaud soleil de sa terre d'adoption.

– 11 –

Enfermement

Lorsque la taularde Adèle Romain réintègre sa cellule après ses heures d'atelier, elle y découvre une nouvelle venue qui lui tourne le dos, fixant obstinément le morceau de ciel bleu que laisse entrevoir la haute lucarne.

– Salut !

La porte claque, les verrous sont tirés. Adèle reste près des lits et vide ses poches sur la table posée contre le mur d'en face. L'inconnue n'a ni bougé ni répondu.

– T'es une paysanne, toi, ça se voit. Moi, la taule, ça m'a pas changé beaucoup, j'ai toujours vécu dans un clapier.

Dans le couloir, le cliquetis métallique de la cantine qui fait le tour des cellules se rapproche. Adèle va près de la porte, une timbale à la main, tout en surveillant sa compagne du coin dc l'œil.

– Je sais ce que c'est, au début. On veut rien entendre, on devient un vrai bloc de pierre. J'suis quand même passée par là. Mais si y a quelq'chose que je peux te dire, c'est que c'est pas la solution. T'as pas le choix ! Va falloir t'habituer, comme qui dirait t'installer, parce qu'il peut se passer du temps avant qu'on te juge...

Sur le bout du pageot du bas, le dos s'agite. Adèle insiste.

– Et quand je te dis du temps, c'est du temps ! Moi, par exemple, j'ai attendu trois ans avant d'être jugée. Et après ça, tu me croiras pas, le procès, ils l'ont expédié en deux heures ! Deux heures pour être condamnée à perpète !

– J'attendrai jamais trois ans. Je serais morte avant !

Aline s'est retournée. Adèle découvre une jeune femme à

la taille et la carrure imposantes, à la beauté certaine en dépit de ses traits marqués, du pli d'amertume qui crispe la bouche, de l'affreuse tenue de rigueur et des cheveux emmêlés et noués à la va-vite.

Adèle initie sa compagne au rituel du repas du soir. Elle fait tout ce qu'elle peut pour l'obliger à avaler quelques bouchées. En vain. Elle finit par renoncer et Aline se réfugie sur sa couchette, se pelotonnant, le nez contre le mur.

– Je ne sais même pas ton nom. Moi, c'est Adèle.

– Aline...

Le mot a été prononcé dans un souffle sans que la jeune femme ne bouge. Adèle n'ajoute rien. Elle s'affaire dans la cellule avant de se hisser sur la couchette du haut. L'extinction des feux plonge les deux femmes dans le noir. Aline entend l'autre, là-haut, qui cherche le sommeil, puis plus rien. Elle ne parvient pas à fermer l'œil et reste allongée sur la couchette, le regard perdu dans le vide, les ronflements d'Adèle pour toute berceuse.

Dans les jours qui suivent, Aline erre comme un fantôme de sa cellule à la cour de promenade, de la cantine aux douches. Cette apathie ne tarde pas à attirer les moqueries et les brimades des autres détenues. Seule Adèle tente de tempérer l'animosité dont elle est l'objet. On lui fait des croche-pieds dans la cour, on renverse son plateau ou on la pousse sous des douches glacées.

De plus en plus repliée sur elle-même dans une indifférence affichée, Aline se raccroche au galet que François lui a donné lorsque les gendarmes l'ont arrachée à sa terre. Seul souvenir tangible de sa vie d'avant, lien magique aux enfants, elle s'est débrouillée pour le changer de cachette lors de la fouille à son arrivée en prison, parvenant miraculeusement à le garder. Il est devenu le symbole de sa famille, dont elle ignore quand elle la reverra. Elle en vient même à se demander si elle la retrouvera jamais !

Lorsqu'elle a le caillou dans la main pendant ses longues insomnies, Aline imagine sa maison et les enfants sous la responsabilité de Flora et d'Yvon. La première lettre qu'elle a reçue de là-bas a provoqué des émotions douces et tristes à la fois.

Elle a souri en déchiffrant l'écriture de sa tante qui racontait par le menu les petits faits quotidiens.

Elle a pleuré en décryptant les messages ajoutés par chacun des enfants.

Elle s'est réjouie en lisant que, l'eau irriguant désormais librement la plantation, son cousin avait décidé de la remplacer au dispensaire pour ne pas abandonner Paula. Bien sûr, ce n'était que temporaire, en attendant son retour !

Elle a ri en déchiffrant la première recette de Toine qui annonçait son intention de devenir cuisinier. Un tagine réalisé sous la houlette de Nabiha, selon un choix d'ingrédients de son invention !

Elle a encore pleuré devant les cœurs dessinés par Virginie, les mots de tendresse ajoutés encore et encore par chaque membre de la famille.

Elle s'est interrogée sur la colère qui ne semblait pas avoir quitté François depuis son arrestation.

Elle a souri au P-S rajouté par sa tante à propos de son patron, Gustave Verlaire, qui a mis une voiture à sa disposition pour se rendre au bureau et la raccompagner le soir auprès des enfants. « En bonne voie », concluait Flora, toujours aussi romantique ! Enfin, elle a sangloté en murmurant le nom des jumeaux. Ne rien savoir d'eux est toujours aussi insupportable, une brûlure d'amour qui la ronge et la désespère.

Les jours passent, heureusement rythmés par la lettre hebdomadaire en provenance du Maroc et par la réponse qu'elle fait pour les rassurer et leur dire combien elle les aime et à quel point ils lui manquent.

Mais un matin, en sortant des douches, Aline ne trouve plus le galet dans la poche de sa robe accrochée à l'entrée. Cet événement, apparemment anodin aux yeux des autres, la retourne totalement et lui ôte toute sa force de résistance.

Impuissante face à ce désespoir silencieux, Adèle décide d'intervenir. Au moment de la promenade, elle va trouver une des « meneuses » de la prison, une dénommée Mado, une robuste femme crainte de toutes, réputée pour faire régner la terreur dans la cour, habituée à contrôler tous les trafics aussi bien que les béguins des filles, leurs coups de folie ou leurs rivalités. Adèle s'approche du groupe de gonzesses au milieu duquel la matrone pérore et celle-ci, à qui rien n'échappe, ricane déjà en la voyant venir. Avec un clin d'œil pour les greluches de sa bande, Mado sort le caillou de sa poche, soignant sa mise en scène, cherchant toujours la provocation destinée à asseoir davantage son pouvoir. Elle obtient ce qu'elle veut.

De l'autre bout de la cour, Aline a aperçu son galet. Et avant qu'Adèle ait pu faire quoi que ce soit, c'est elle qui fonce pour récupérer son bien. Au moment où Aline tend la main, l'autre rigole en lançant le caillou à une nana à côté d'elle, qui s'empresse de le passer à la suivante, et ainsi de suite dans une ronde infernale. Le plaisir de Mado est bien de faire tourner Aline en bourrique et elle a l'habitude de voir ses victimes flancher, déboussolées. Mais cette fois, elle ignore à qui elle a affaire.

La rage saisit Aline, qui bondit et chope le bras de la matrone au moment où elle récupère le caillou. Mado tente de se dégager, mais se retrouve prise dans l'étau des mains de celle dont elle pensait faire son souffre-douleur. Cette pauvre débile qui se traînait depuis son arrivée semblait pourtant parfaite comme nouveau jouet. Mais le plan dérape. Et c'est elle, celle que tout le monde craint, qui se retrouve maintenant coincée par les mains de la nouvelle venue, de vrais battoirs qui serrent de plus en plus fort.

Mado se met à hurler de douleur. Les filles de sa garde rapprochée se précipitent et tirent en vain sur Aline qui ne lâche rien. Mado laisse tomber le caillou. Aline dénoue sa prise, ramasse le galet tombé sur le sol et retourne tranquillement dans son coin, sous les regards surpris de toutes les détenues de la promenade.

Très vite, les rumeurs commencent à courir sur son compte : elle est forte comme un homme... Elle a failli casser le bras de Mado pour un caillou... C'est une tueuse... Elle a massacré une dizaine de bonshommes qui avaient essayé de la tripoter...

Bien malgré elle, la nouvelle venue a gagné le respect des anciennes.

Au vingtième jour de sa détention, Aline reçoit la visite de l'avocat que la cour lui a commis d'office. Maître Raymond Davesne est un gros jeune homme timide d'une trentaine d'années, mal à l'aise dans son corps, qui semble s'être trompé de métier, tant le fait même de parler est un effort qui l'épuise au bout de deux phrases.

Le voici donc en face de sa cliente, particulièrement angoissé par l'affaire qu'on vient de lui confier. D'emblée, il annonce qu'il n'a jamais plaidé devant les assises et que la majorité de ses clients sont des petits voleurs à la tire, alors... il va faire ce qu'il peut ! Il lutte contre sa panique en parlant beaucoup, mélange l'exposé des circonstances des meurtres dont est accusée sa cliente avec le récit de ses déboires personnels, et conclut en avouant que le dossier de l'accusation est solide. Bien entendu, il ne fait aucun doute que, dans le cas présent, il n'y a pas d'alternative, la seule option est de plaider coupable !

– Il ne faut pas se raconter d'histoires, madame Boissières. Ça ne va pas être facile, j'espère qu'on évitera la perpétuité !

Sortant pour la première fois de son mutisme, Aline l'interrompt d'une voix qui a peine à se faire entendre.

Mais, maître... Je n'ai rien fait.

Maître Davesne cesse un moment de s'agiter et lui lance un regard surpris, comme si l'innocence de sa cliente lui paraissait être une option baroque qu'il n'avait jamais envisagée. Il s'en tire avec une pirouette. De toute façon, il a le temps de réétudier le dossier, puisque l'affaire ne sera pas jugée avant six mois, peut-être même un an. Aline blêmit.

– Et c'est un minimum, appuie l'avocat. Le procureur m'a laissé entendre que le tribunal était surchargé.

En constatant l'abattement d'Aline lorsqu'elle réintègre la cellule, Adèle Romain comprend tout de suite.

– On t'a collé un avocat de merde, hein ? Moi, c'était pareil. Il savait même pas mon nom, le gars ! Il m'a appelée Henriette pendant tout le procès. Du coup, même le juge et le procureur m'ont appelée Henriette.

Elle rit, mais son rire sonne faux. On sent à quel point l'expérience de son procès reste un souvenir douloureux, sinon impossible à accepter. Elle continue.

– À la fin, je leur ai dit qu'Henriette Romain avait sûrement tué son salopard de mari, mais que moi, Adèle Romain, j'étais innocente. Ça a foutu un de ces pataquès ! Surtout que le greffier avait tout noté sous ce nom-là...

Cette confidence arrache un sourire à Aline, qui se sent de plus en plus en confiance avec cette femme bienveillante, si différente de toutes les autres détenues aperçues. Elle ose lui demander ce qui l'a conduite en taule et lui a valu une condamnation à perpète.

Adèle raconte son histoire. Presque banale. Un mari violent qui la battait tous les soirs à coups de poing. Elle avait dix-sept ans quand on la maria à cet homme. Elle était vierge et pleine d'espoir. Elle a dû endurer un véritable martyre. Et puis, elle s'est retrouvée enceinte. La dernière chose qu'elle voulait dans ces circonstances et, en même temps une vraie consolation ! Le bébé est né. Une petite fille, Irène, une merveille pour qui elle était prête à tout endurer... Mais, quand son mari s'est mis à tripoter sa fille de huit ans, elle n'a pas hésité, elle lui a fait la peau.

Le réconfort d'Adèle, la déconfiture de Mado, autant d'éléments qui redonnent du courage à Aline. Elle voit bien qu'elle doit prendre les choses en main avec maître Davesne si elle ne veut pas être condamnée d'entrée de jeu. Comment insuffler un peu plus de conviction à cet éternel battu ? Aline décide de reprendre chaque point du dossier et de chercher tous les moyens de contrer l'accusation. C'est ce qu'elle fait à chacune des visites de son avocat. Et il lui faut faire un gros effort pour rester calme devant un défenseur dépassé par son dossier et qu'un rien décourage. Quand il n'est pas carrément déprimé, comme ce jour où il apprend que le procureur qu'il va devoir affronter n'est autre que le célèbre Berthollet, connu pour son acharnement et la dureté des condamnations prononcées.

– Il est redoutable, ne cesse de répéter l'insupportable Davesne.

Seul bon point pour Aline, la date du procès est enfin fixée !

Les semaines s'enchaînent et s'additionnent, devenant des mois. Au Maroc, sur la propriété, l'absence d'Aline se fait cruellement ressentir. D'autant plus que les lettres qu'elle écrit, en dépit de tous les efforts qu'elle fait, ne parviennent pas vraiment à dissimuler sa détresse. Mais la vie n'attend pas. Et Flora doit faire face au découragement, au chagrin, à l'espoir défaillant. Il lui faut veiller sur la plantation et être présente pour les enfants. L'école a repris, Virginie y va avec plaisir, Toine renâcle, n'aimant qu'une chose, faire la cuisine avec Nabiha. Yvon, plus que jamais, s'absorbe dans ses bricolages, indispensables pour améliorer le confort de tous et assurer la bonne irrigation de l'orangeraie. Celui qui a le plus du mal à accepter l'absence d'Aline, c'est François, qui se réfugie de plus en plus auprès de Driss. Le caïd, ainsi qu'il l'a promis à celle-ci le jour de son arrestation, veille discrètement sur la famille.

Dix-huit mois se sont écoulés depuis l'incarcération d'Aline lorsque son procès s'ouvre enfin. Dès la première journée, un public nombreux se presse dans la salle d'audience, alléché par les gros titres des journaux qui s'en sont donné à cœur joie : « LA MANTE RELIGIEUSE AU TRIBUNAL... PROCÈS DE LA MANGEUSE D'HOMMES... ELLE SÉDUIT LES HOMMES POUR MIEUX LES TUER... »

Aline est assise derrière une table près de son avocat, toujours aussi agité, l'air affolé. Dans une tenue sobre et sombre, la jeune femme paraît amaigrie et fatiguée. Elle a le teint pâle et les yeux cernés.

Le juge Rouvier, qui préside la séance, donne la parole à l'accusation. Le procureur Berthollet, un homme mince et élégant au visage anguleux, aux yeux bleus, se lève. Son regard passe sur Aline sans s'y arrêter et se fixe sur les jurés. Il commence à parler d'une voix sévère, basant son argumentation sur le fait que toutes les victimes ont eu un contact physique à caractère sexuel consenti ou forcé avec l'accusée. Tous, sauf Paul Desmazures, ont été « exécutés » quelques heures après ce contact. Il est évident que, dans le cas de son mari, Aline a eu une vie normale jusqu'à ce que son dégoût des hommes ne reprenne le dessus. Sur ce point, le procureur Berthollet s'appuie sur l'enquête de Victor Le Hennin.

Il fait venir celui-ci à la barre et l'inspecteur témoigne longuement d'une voix claire et rigoureuse. Après avoir exposé les faits, il précise qu'il a découvert sur l'accusée, au moment de son arrestation, le couteau dont elle ne se séparait jamais. Couteau qui figure aujourd'hui parmi les pièces à conviction.

Le procureur laisse ensuite la place à maître Davesne pour le contre-interrogatoire de Le Hennin. L'avocat hésite, bafouille, provoque des rires dans le public, que le juge doit rappeler à l'ordre...

Davesne, ayant raffermi sa voix, fait remarquer à l'inspecteur que, pour la plupart des meurtres, il est impossible d'établir avec certitude que sa cliente était bien sur les lieux au moment des meurtres.

L'inspecteur s'agace.

– Mais à chaque fois, elle aurait pu y être ! Pour Antoine Derrain, elle aurait pu quitter la ferme alors que tout le monde dormait déjà. Pour le juge Carton, l'écart de temps entre le moment où l'accusée a quitté le bureau et l'heure de la mort établie par le médecin légiste joue sur une vingtaine de minutes. La marge d'erreur ne permet pas de mettre votre cliente hors de cause. Quant au capitaine de Gaumont, cher maître, relisez le dossier, l'accusée a été vue par un palefrenier.

Le jeune avocat s'emmêle dans ses explications et finit par produire le témoignage du frère de l'accusée prouvant qu'elle était dans un car en partance pour le Maroc à l'heure présumée de la mort du juge Carton. Quant au palefrenier, il précise que l'homme est revenu sur sa déposition, affirmant s'être trompé et avoir induit l'inspecteur en erreur.

Le Hennin contre-attaque.

– Le témoignage d'un membre de la famille de l'accusée est sujet à caution et ne peut être recevable. Quant au palefrenier, maître, il a clairement identifié Aline Desmazures sortant de l'écurie à l'heure du meurtre. Sous quelle influence s'est-il désisté ? Peut-être encore celle du frère de l'accusée, contrôleur civil au Maroc, dans la même région ?

Il y a un brouhaha dans la salle. Dans le fond, un homme a assisté à l'affrontement. Discret, il ne dit rien, ne manifeste aucune émotion : c'est Henri, le frère d'Aline, mis en cause par l'inspecteur. De son côté, l'avocat rougissant met fin à l'affrontement avec Le Hennin, frustrant l'assemblée d'une belle empoignade. Il préfère exposer devant le public et les jurés les photos des victimes qu'il a fait agrandir.

– Bon... passons aux victimes. Examinons-les. Antoine Derrain, Paul Desmazures, Georges de Gaumont sont de robustes gaillards...

Il désigne Aline au policier.

– ... Inspecteur, vous paraît-il possible que cette fragile jeune femme, que vous avez sous les yeux, ait pu en venir à bout de ces hommes avec un simple couteau ?

Le Hennin s'énerve et répond avec une arrogance qui surprend le public.

– Elle l'a fait ! C'est tout ce que je sais !

Les jurés, dont les regards se portent sur Aline, paraissent déstabilisés. Telle qu'elle apparaît pendant ces séances au tribunal, il est difficile d'imaginer sa force et sa détermination.

Le procureur Berthollet rebondit en annonçant qu'il va démontrer de manière formelle que la fragile jeune femme qui se trouve sur le banc des accusés a eu les capacités physiques de commettre ces meurtres.

À partir de là, s'enchaîne le défilé des témoins attestant de la force particulière d'Aline : les fêtards qui avaient assisté à l'altercation entre Aline et Antoine Derrain à ce bal du 14 Juillet, qui tous insistent sur le côté sauvage de cette jeune fille surnommée « La sorcière »... La femme qui avait insulté Aline devant l'école de Gorbio et qui raconte, en prenant l'assistance à témoin, comment elle a vraiment cru mourir étranglée par cette mégère, une fille-mère qui lui avait sauté dessus quand elle avait refusé qu'elle approche des écoliers, ces âmes pures... Enfin Mado, qu'on a sortie de sa prison pour l'occasion et qui, considérant Aline d'un air triomphant, en rajoute une couche avec délectation sur la brute qui a bien failli lui casser le bras, à elle, la balèze de la taule !

Chaque nouveau témoignage désespère un peu plus maître Davesne, qui se montre lamentable dans les contre-interrogatoires. À la fin de la journée, il donne aux jurés et au public l'image très néfaste d'un avocat vaincu.

Juste avant de quitter la salle d'audience, Aline, découragée, jette un coup d'œil sur l'assemblée et aperçoit sa mère, qui se lève et se force à lui faire un sourire d'encouragement. Elle n'a pas vu son frère, qui s'est éclipsé avec le public.

Le jour d'après, les titres des journaux se ressemblent tous : GUILLOTINE PROBABLE POUR ALINE DESMAZURES.

Plus que jamais, la foule se presse dans la salle d'audience pour cette séance qui ne débute exceptionnellement qu'après le déjeuner.

Henri est là, mêlé aux anonymes. Marie a pris place derrière sa fille, assez près pour échanger des regards avec elle.

À l'entrée d'Aline, un frémissement se fait sentir. Difficile d'imaginer que cette jolie tête va tomber sous le couperet.

Après une entrée solennelle, le juge qui préside la séance s'installe avec le reste de la cour et demande à maître Davesne s'il compte produire de nouveaux témoins de la défense. Dénégation de l'avocat, plus abattu que jamais. Le juge donne donc la parole au procureur Berthollet pour le réquisitoire.

Dans les rangs des journalistes, l'un d'eux termine la caricature d'Aline face à l'échafaud et écrit juste dessous : *Aline Desmazures, acquittement ou échafaud ?*

Le procureur se lève et s'adresse aux jurés, ménageant ses effets de voix, laissant des silences pour que les mots imprègnent bien l'esprit de ces hommes et de ces femmes qui vont devoir juger.

– Les faits, nous les connaissons. Ils ont été établis avec une grande conscience par l'inspecteur Le Hennin... Antoine Derrain et le capitaine de Gaumont se montrent trop entreprenants avec l'accusée. Ils meurent assassinés dans les heures qui suivent... Le juge Carton lui retire ses enfants par pur souci d'humanité. Il meurt dans les mêmes conditions. Et Aline Desmazures ose accuser cet homme honorable d'avoir tenté d'abuser d'elle... Le pire de ces crimes est probablement celui de Paul Desmazures... N'oubliez pas : il a recueilli cette femme qui avait été engrossée par un soldat de passage... Sa récompense ? Sept coups de couteau !

Il attend un long temps, puis martèle.

– Très exactement la même façon de tuer que pour les trois autres victimes !

Il s'approche des jurés et leur parle sur un ton de presque intimité.

– Vous avez un doute devant cette belle femme au visage angélique ? Alors pensez à cela : les corps de ces hommes effroyablement mutilés pour avoir osé la toucher !

Berthollet lance un long regard vibrant à chaque juré, puis vers le juge Rouvier en revenant vers sa table.

– Merci, monsieur le procureur.

Toute la salle observe un silence de plomb.

Le juge se tourne vers Aline et son avocat.

– Maître, étant donné l'heure tardive, je propose de remettre à demain votre plaidoirie. Cela vous convient-il ?

Maître Davesne se lève précipitamment et renverse sa chaise. Rires dans la salle.

– Tout à fait, monsieur le président !

Dans les rangs des journalistes, celui qui a fait la caricature raye le mot « acquittement », ne laissant plus que « Aline Desmazures, échafaud » !

À ce moment, une entrée fait sensation : c'est Mohamad Driss dans une somptueuse djellaba blanche et un chèche aussi immaculé. Sous les yeux éberlués de l'assistance, il s'installe près d'un adolescent dont la mère, dans un geste instinctif, serre son fils contre elle.

Aline, alertée par le brouhaha de la foule, a tourné la tête. Ils échangent un sourire, aussitôt surpris par les journalistes.

– C'est qui, le fakir ?

Le caricaturiste rigole.

– La prochaine victime de la Desmazures, si on ne lui coupe pas la tête !

Sous son dessin, il barre la légende précédente qu'il remplace par : « Échafaud pour la femme de l'Arabe. »

Son voisin lui donne un coup de coude, lui désignant Henri qui sort de la salle.

– Sale coup pour le gendre de Reignier. Si sa sœur est condamnée, il peut dire adieu à sa carrière politique !

– Méfiance avec ce gars-là, il a de la ressource.

*
**

Un peu plus tard, dans la soirée, Henri se retrouve au-dessus de Gorbio dans le cirque de montagne qu'il a parcouru avec Aline lorsqu'ils étaient enfants. Aujourd'hui, en tenue de montagne, il escalade le sentier avec aisance et rapidité. Loin du mépris dont il avait fait preuve envers sa sœur quand elle y gardait ses moutons, il sourit de plaisir. Ce soir, la promenade l'exalte. Ce qu'il va accomplir le remplit d'espoir. La pente est de plus en plus raide, les rochers rendent l'ascension de plus en plus difficile. Près du sommet, il atteint enfin un refuge, sorte de cabane en pierre et torchis. Il en pousse la porte grinçante et sourit à l'occupant, dont la voix résonne, heureuse.

– Henri !

*
**

La nuit d'Aline, elle, est peuplée de cauchemars et, quand elle parvient à s'endormir, à l'aube, elle s'agite beaucoup, pleure en dormant et murmure les noms de Julie et de Jean. Adèle attend son réveil pour l'embrasser longuement sans rien dire. Puis Aline est emmenée pour rejoindre la salle d'audience où son sort va se jouer.

Une heure plus tard, en venant s'asseoir près de son avocat, toujours aussi accablé, elle a la joie d'apercevoir Mohamad Driss, assis au premier rang, juste derrière elle. Ils échangent un sourire. Un peu plus loin, à quelques sièges, Marie suit sa fille des yeux, cherchant à croiser son regard pour l'encourager.

Le caricaturiste a noté ces échanges et crayonne les traits de l'Arabe et ceux de la mère.

Toute la salle se lève à l'entrée du juge Rouvier, qui rejoint sa place, s'y installe, donnant à la salle le signal pour en faire autant. Le juge interpelle alors l'avocat.

– Maître Davesne !

L'homme de robe ne répond pas, perdu dans ses pensées.

Le juge hausse le ton.

– Maître Davesne !

L'avocat sursaute.

– Oui, monsieur le président !

– Merci de nous rejoindre...

La salle rit, comme à chaque maladresse, grimace ou déprime de l'avocat.

– Êtes-vous prêt pour votre plaidoirie ?

– Oui...

Le ton, traînant, est désabusé.

– J'aime votre enthousiasme.

Une fois encore, la salle éclate de rire.

– Un peu de silence, je vous prie... Maître, nous vous écoutons.

Maître Davesne se lève et reste près de sa place, loin du jury.

– Monsieur le président, mesdames et messieurs les jurés...

Un mouvement dans le fond de la salle l'interrompt. Aline se retourne pour voir son frère entrer et faire un signe discret à un greffier, qui le rejoint. Henri donne un papier à ce dernier, en lui glissant quelques mots. Le greffier se dirige vers le juge Rouvier.

Davesne tente de poursuivre le début de sa plaidoirie tout en suivant l'officier public du regard.

– Ma cliente est victime de l'acharnement suspect...

Mais plus personne ne l'écoute. Les yeux sont tous rivés sur le juge Rouvier qui lit le billet d'Henri.

– Pardonnez-moi, maître. Il semblerait que nous ayons un témoin de dernière minute. D'après ce billet, ce témoignage est capital dans cette affaire.

Il adresse un sourire et un signe de tête de reconnaissance à Henri, toujours au fond de la salle, qui lui répond. Dans les premiers rangs, l'inspecteur Le Hennin s'est retourné et a vu cet échange muet. Il s'agite en grognant.

Le juge s'adresse alors au procureur pour lui demander s'il accepte d'entendre ce témoin inattendu. Berthollet a un soupçon d'hésitation avant d'accepter, avec une tranquillité un peu affectée.

– Heu... Bon... Voyons.

– Merci. Dans ce cas, huissier, faites entrer le témoin.

L'officier fait entrer Saturnin, le simplet de Gorbio, un grand gars maladroit, habillé de nippes sales, mal rasé, les cheveux longs, qui observe la foule avec inquiétude. L'huissier le conduit jusqu'à la barre des témoins.

– Jurez-vous de dire toute la vérité ?

– Ben, oui.

Des gens rient dans l'assistance.

– Levez la main droite et dites « Je le jure ».

Saturnin s'exécute. Il s'assoit. Le juge l'invite à parler.

Le simplet lance un grand regard circulaire. On le sent intimidé par l'attention générale. Il fixe le juge et jette très vite.

– Je les ai tués.

Aline se lève d'un bond.

– Non, Saturnin !

– Silence ! Monsieur Lefèvre, pouvez-vous répéter votre déclaration ?

Saturnin force la voix.

– C'est moi qui les ai tués. Derrain, l'instituteur, le juge. C'est moi qui les ai tués...

Le brouhaha est général. Le juge tape avec son marteau.

Aline écarte son avocat, se lève et fonce vers Saturnin. Elle lui prend la tête dans les mains.

– Ne fais pas ça, mon ami. Ne fais pas ça ! Tu n'aurais jamais fait de mal à Paul, je le sais !

L'immense bonhomme laisse aller sa tête dans la main d'Aline.

– Ils étaient méchants... J'étais obligé.

Deux gendarmes empoignent Aline. Elle résiste de toutes ses forces.

– Non, ne dis pas ça. Ils vont te faire du mal !

En y mettant toutes leurs forces, les gendarmes entraînent Aline, qui fixe jusqu'au bout Saturnin d'un air suppliant.

Bien plus tard, le caricaturiste sort en courant du palais et croise son collègue qui arrive très en retard.

– Où vas-tu ? Qu'est-ce qui s'est passé ?

– Non-lieu, mon vieux ! Y a un débile qui s'est accusé des meurtres... Le procureur s'est acharné, mais le gars a tenu son histoire jusqu'au bout.

Tous deux descendent les marches en vitesse.

Aline, escortée par son avocat, tenant le bras de sa mère, son frère à côté de Marie, apparaît en haut de l'escalier.

– C'est impossible, je peux pas le croire. Saturnin adorait Paul.

Aline s'entête. Elle refuse de croire à la culpabilité de son ami de toujours. Henri tente de la convaincre que c'est justement ce lien qui justifie l'acte de Saturnin.

– Il t'aime depuis la communale. Tu te souviens. C'est pas la première fois qu'il se bat pour te protéger.

Henri semble y croire, mais Aline a vraiment du mal.

– Oui, mais de là, à tuer... Qu'est-ce qu'il va lui arriver, maintenant ?

– Il va être jugé, mais ne t'inquiète pas, je lui trouverai un bon avocat.

Marie serre le bras de sa cadette.

– Oublie tout ça, ma fille. Tu vas pouvoir retrouver ta famille, maintenant.

Aline a un regard dur pour son frère et il y a de l'amertume dans sa voix.

– Parlons-en, de ma famille !

Henri accélère le pas, embarrassé, cherchant à éviter l'affrontement.

– Maman, je t'attends dans la voiture.

Il dégringole rapidement les marches. En bas, il croise

Mohamad Driss qui attend Aline. Les deux hommes échangent un bref salut.

Un peu plus haut, Aline propose à sa mère de venir avec elle au Maroc.

– Tous les enfants seraient si heureux. Et tu retrouverais ta sœur. Tu serais bien là-bas, avec nous.

Elles posent le pied sur le trottoir et Marie aperçoit le caïd, debout un peu plus loin, près d'une automobile.

– J'ai plus vingt ans, ma fille. Et j'ai pas envie d'aller dans ton pays de sauvages ! Il y a une chose encore dont je veux te parler avant que tu repartes. Je sais que tu es en colère contre ton frère, mais tu as tort. Il était très inquiet pour toi.

– Il m'a volé mes enfants, maman !

– Comprends-le ! Il l'a fait pour les protéger. Pour leur offrir une belle vie.

Aline ouvre la bouche pour répondre, mais elle renonce. Elle prend Marie dans ses bras.

– Tu me manques tellement.

Sa mère lui caresse les cheveux. Elle allait peut-être dire un mot affectueux à sa fille, mais une belle limousine se gare devant elle. Henri, assis à l'arrière, ouvre la portière et lui fait signe.

– J'y vais. Écris-moi, d'accord ?

Marie serre encore une fois Aline contre elle, l'embrasse et file vers la voiture de son fils. Elle passe près de Driss, lui jetant un rapide coup d'œil gêné, avant de s'engouffrer près d'Henri, qui indique au chauffeur de démarrer.

Aline les regarde s'éloigner, avant de se précipiter vers le caïd. Ils s'étreignent avec tendresse. Un couple de Français passe en leur lançant un œil de travers. Driss, embarrassé, s'écarte un peu de la jeune femme.

– Nous ne devrions pas...

Aline s'appuie contre lui.

– Je me fiche bien de ce qu'ils pensent, Driss. Ils ne sont plus rien pour moi. Ce pays n'est plus rien pour moi, il ne m'a fait que du mal... Viens, on rentre chez nous, Driss. Chez nous !

Aline se retourne vers le palais et sursaute en apercevant l'inspecteur Le Hennin qui se tient sur les marches un peu plus haut et l'observe de ses yeux morts.

*
**

Henri s'est fait déposer devant la maison du sénateur, s'excusant auprès de Marie de ne pouvoir la raccompagner lui-même chez elle, laissant le chauffeur la reconduire jusqu'à la ferme.

Une fois la voiture disparue, Henri fait le tour par le jardin et aperçoit le sénateur sur la terrasse, un verre de cognac à la main. Il le rejoint.

– Ah ! Venez Henri.

Henri le salue avec une affabilité nonchalante. Son beau-père l'observe, un petit sourire sur les lèvres.

– Un cognac ?

– Avec plaisir.

Reignier le sert lui-même et lui tend le verre ballon.

– Bien joué, mon garçon. Au début de ce procès, je n'aurais pas donné un centime de votre avenir.

Il lève son verre et boit, dégustant le nectar divin.

– Vous comptez rester dans le protectorat ?

– Oui.

– Vous avez raison. Ici, la situation est infernale. La valse des fauteuils ! Camille Chautemps essaie d'appliquer la politique de Blum. Il démissionne, reprend le pouvoir et redémissionne trois mois après. Quant à Daladier, c'est un pantin qui hésite entre les fascistes et la droite traditionnelle. Je crois que lui et Chamberlain se sont fait berner par le chancelier Hitler. Vous avez entendu parler de la nuit de cristal ?

– Oui, vaguement. De quoi s'agit-il ?

– Des soi-disant citoyens, mais en réalité des miliciens nazis ont saccagé les quartiers juifs et tué une centaine de personnes. La communauté juive a été condamnée à une énorme amende pour tapage nocturne... Amusant, non ?

Henri ne sait pas très bien s'il doit sourire.

– Enfin ! Il faut être aveugle pour ne pas voir ce qui se

passe. Le chancelier Hitler fait beaucoup d'émules dans notre pays.

– Il est vrai qu'au Maroc, on ressent moins ces troubles.

– C'est pourquoi vous avez raison d'y rester. Honnêtement, Henri, ma situation ici est plutôt critique. Je n'aime pas les communistes, mais je ne veux pas être l'allié des fascistes. Cependant, il me reste encore un peu de pouvoir. J'ai parlé au ministre de l'Intérieur ce matin. Dupont-Chastel, votre directeur de la Sûreté pour le Sud-Maroc, va partir à la retraite dans quelques mois. Votre nom a été évoqué pour le remplacer...

Henri ne bronche pas. Reignier sourit.

– Vous ne changez pas. Un animal à sang-froid. Très bien. Je ferai part de votre acceptation au ministre.

Il sert un autre cognac. Ils boivent en silence. Reignier observe son gendre derrière son verre. Il finit par demander comment va sa fille.

– Très bien.

– Elle n'est pas facile à contenter. Je l'aime énormément, mais je l'ai trop gâtée. Je conçois que ce ne soit pas facile de la rendre heureuse. Soyez patient avec elle.

Henri le regarde.

– Elle a les enfants, c'est ce qu'elle voulait...

– Les enfants, oui, bien sûr...

Il se tait, songeur. Henri n'ajoute rien. Ils restent tous deux silencieux à siroter leurs verres de cognac, chacun plongé dans ses pensées.

La présence de Driss aux côtés d'Aline tout au long du voyage de retour apporte une grande douceur à la jeune femme encore très marquée par l'enfermement des mois de prison et par la violence du procès. Elle a décidé de laisser ces épreuves derrière elle et Driss a tout organisé pour que ce voyage se fasse dans les meilleures conditions de confort et de sécurité. Elle passe peu de temps dans la luxueuse cabine des premières du paquebot, cherchant sans cesse l'air du large pour se laver des mauvais souvenirs. Mais elle reprend goût aux petits bonheurs de la vie, et au plaisir d'être aimée d'un homme aussi attentionné et raffiné que le caïd.

– 12 –

Retour

Lorsque la terre marocaine apparaît à l'horizon, Aline ne quitte plus le bastingage, retrouvant l'émerveillement de son arrivée au large de Mogador, la première fois, presque quatre ans plus tôt. Elle refait le même périple, mais cette fois elle est accompagnée et elle sait où elle va. En dépit de la beauté de la ville, elle ne veut pas s'attarder. Elle désire prendre la route aussitôt leur peu de bagages récupérés.

Driss se plie à sa demande et ils regagnent très vite la voiture qu'il a laissée sur place. C'est ainsi qu'à peine quelques jours après sa libération, Aline roule vers la terre qui est maintenant la sienne, conduite par l'homme dont elle avait pensé toutes ces années qu'il était son ennemi et qu'il la rejetait. Son regard passe du paysage dont la beauté ou le vide lui coupent le souffle au beau profil de Driss au nez aquilin et à la courte barbe grisonnante, dont la peau paraît encore plus cuivrée sous le chèche blanc. Lorsqu'il sent ses yeux se poser sur lui, il tourne la tête pour lui sourire et elle s'émerveille de la générosité dont cet homme a fait preuve envers elle et les siens.

L'émotion la gagne de plus en plus au fil des kilomètres dévorés. Dernier virage devant le mur ocre du ksour, dans le nuage de poussière du chemin, et la voiture s'arrête. Aline est incapable de bouger, les larmes aux yeux.

La maison est là, cernée de buissons de fleurs, Flora sur la terrasse, Yvon penché sur une de ses machines infernales, Nabiha lavant du linge de l'autre côté, près des...

– Oh, mon Dieu ! Driss ! Les orangers !

Il lui sourit, heureux de sa surprise et de son bonheur en découvrant les orangers tout en fleur. Maintenant et seulement maintenant, Aline sait qu'elle est libre. Et les larmes coulent enfin, la libérant vraiment, lui redonnant vie.

Nabiha aperçoit Aline la première. Elle retient un cri et porte la main à son cœur. Par délicatesse, elle ne bouge pas, pour laisser aux enfants le plaisir de la surprise. Justement, une silhouette déboule de la maison appelant Flora.

– Tante Flora ! Tante Flora ! Le...

Toine, devenu en quelques mois un adolescent tout en jambes, s'arrête net. Il vient de découvrir Aline. Il court sur le sentier et se jette dans ses bras. Elle le serre, pleurant et riant de trop de bonheur.

– Mais qu'est-ce que c'est que ce grand garçon... Tu vas bientôt avoir de la barbe, dis donc !

Il montre sa lèvre supérieure.

– J'en ai un peu, là !

Flora n'a d'abord pas compris pourquoi Toine dévalait le sentier en la plantant là. Et puis elle a vu sa nièce. Elle a voulu crier et les mots sont restés dans sa gorge. Elle aussi est débordée par l'émotion. Elle descend le sentier, vite rejointe par Yvon, fou de joie.

Flora pousse Toine et recouvre la parole.

– Laisses-en un peu pour les autres !

Elle prend sa nièce dans ses bras, l'écrasant contre sa poitrine généreuse.

– Regarde-moi ça. T'es toute maigre ! Allez Toine, aux fourneaux. Ta mère a besoin de se remplumer !

Toine fonce vers la maison. Et Flora retrouve son bagout habituel.

– Tu vas voir ! Il ne fout rien en classe, mais c'est un sacré cuisinier !

– Justement, il n'est pas à l'école ?

Flora bredouille une excuse pour Toine. Elle ne peut avouer à Aline qu'elle a renoncé à se battre avec lui tous les matins.

– Pas aujourd'hui, j'avais besoin de lui. Mais Virginie y est, tu la verras tout à l'heure...

Yvon s'énerve derrière sa mère et la pousse fermement pour qu'elle le laisse s'approcher d'Aline. Mais une fois devant sa cousine, il se tient là, soudain intimidé. Aline rit et l'attire contre elle.

Il bafouille.

– Tu nous as manqué.

– Vous aussi.

Elle observe autour d'elle.

– Et François ? Il n'est pas là ?

Flora échange un regard embarrassé avec Driss, qui se rembrunit.

– Il est en ville...

Aline a perçu tout de suite le malaise.

– Qu'est-ce qui se passe ?

– Mais rien !

Driss fait un signe à Aline.

– Je te laisse avec ta famille.

Elle n'ose faire le geste de tendresse qui lui vient spontanément sous les yeux de sa famille et surtout sous ceux de Nabiha.

– Oui, merci Driss.

Elle a posé sa main sur son cœur tandis que Driss redémarre. Aline remonte avec sa tante et son cousin puis, soudain, ralentit le pas.

– Allez-y, j'arrive.

Flora et Yvon respectent son désir et rejoignent la terrasse. Aline s'est arrêtée et contemple l'orangeraie. Brusquement, elle lève la main pour se protéger du soleil brûlant et vacille sur ses jambes.

Nabiha est aussitôt là pour la soutenir.

– Tu es rentrée chez toi, maintenant. Toute ta famille va bien. Viens. Profite de ta maison.

Dans le souk de Boulmane-Dadès, un homme à la tenue débraillée, cheveux en bataille et barbe mal taillée, s'échappe en titubant d'une échoppe, la bijouterie de Mouloud, à qui Flora avait vendu sa bague. C'est François, visiblement ivre.

Il se cogne contre Mohamad Driss, dont le regard ne présage rien de bon.

– Ça va, caïd. J'en ai marre des leçons de morale !

Il se met en position défensive, poings fermés.

– Je te préviens, cette fois, je ne me laisserai pas faire.

Mais la poigne de Driss ne lui laisse aucune chance et le garçon est traîné dans la ruelle du souk sous les yeux goguenards des marchands, avant d'être jeté dans la voiture.

Un peu plus tard, dans le jardin de la maison du caïd, François atterrit au beau milieu de la fontaine carrelée. Sur un signe du Driss, le jardinier l'arrose avec le jet. Le jeune homme se débat, saisi par la force de l'eau glacée.

Dans la maison juste de l'autre côté du sentier, Flora et Yvon sont assis sur la terrasse avec Aline, à qui ils servent un verre du petit vin local. Tout en trinquant et en grignotant des olives, ils observent Toine qui s'agite devant la cuisinière, secondé par Nabiha. Flora commente pour sa nièce.

– Ils en avaient marre de manger du mouton cramé, alors je leur ai dit de se débrouiller. Et voilà... Toine s'est mis à la cuisine. On dirait qu'il n'a fait que ça toute sa vie. C'est incroyable ce qu'il peut inventer avec quelques légumes et un morceau de viande.

Tout en écoutant sa tante, Aline distingue une belle adolescente qui pédale sur le sentier, un cartable en bandoulière. Elle met un moment à reconnaître Virginie et se dresse de surprise. En l'apercevant, la jeune fille, réprimant un sanglot de joie, abandonne le vélo pour se jeter dans les bras d'Aline.

– Mon Dieu ! Mais comment peut-on changer aussi vite ? Je suis partie si longtemps ?

– Trop longtemps.

– Tu es si belle !

Personne ne voit François se faufiler à l'arrière de la maison pour se glisser dans sa chambre, où il se change rapidement avant de venir les rejoindre sur le devant. Quand sa silhouette se dessine à contre-jour sur le pas de la porte, Aline a un choc en découvrant le jeune homme qu'il est devenu. En l'admirant bien coiffé, barbe taillé, vêtements propres, elle ne peut pas se douter une seconde d'où il vient. Son sourire le rajeunit et elle retrouve l'enfant derrière l'homme qui se profile. Elle est émue.

– C'est fou ce que tu ressembles à ton père.

Le dîner est très réussi. Toine s'est surpassé pour fêter le retour d'Aline et personne ne parle plus du passé. Aline elle-même se garde d'évoquer les jumeaux pour ne pas gâcher le plaisir de ces premières retrouvailles. C'est un moment suspendu, un moment léger et chaleureux.

Un peu plus tard, dans la lumière du soleil couchant, Aline et François passent en revue les orangers. Ils marchent côte à côte, en silence. Une dizaine de minutes s'écoule dans cette sérénité qui émane du paysage, des fleurs rosies par les derniers rayons et des arbres qui se dessinent sur le ciel, des murs du ksour et des palmiers qui se découpent en ombres chinoises en arrière-plan de l'orangeraie.

François se décide à parler.

– Aline...

– Chut ! Je sais, ne dis rien. Je suis de retour. On va retrouver notre vie d'avant.

– D'avant... Notre vie d'avant, c'était celle avec papa !

Elle a entendu l'amertume derrière les mots.

– Il te manque ?

– Oui. Je me dis que s'il avait été là, rien de tout ça ne serait arrivé. Nous serions tous ensemble, ici ou en France. Et tu n'aurais pas eu à choisir entre tous tes enfants.

Elle aussi est gagnée par la nostalgie.

– Tu as raison. Il nous aurait protégés.

– Qu'est-ce que tu vas faire pour les jumeaux ?

– Je les récupérerai, quoi qu'il arrive !

– Je t'aiderai, s'il le faut.

Elle lui sourit, profondément émue et le prend par les épaules.

Nabiha les observe de loin. Brusquement, elle se crispe et cherche autour d'elle, fouillant des yeux la végétation alentour.

Un souffle, presque un râle dans la brise qui fait bruire les feuilles, une noirceur dans l'ombre d'un mur, une présence réduite à un regard. Indécelable... Le souffle s'accélère, l'ombre grandit, le regard cherche la jeune femme et se perd dans les prunelles sombres de la vieille guerrière... Un grognement et l'ombre recule...

La nuit est tombée et la propriété est plongée dans le silence. Soudain, une silhouette s'échappe de la maison et fait quelques pas devant la terrasse en cherchant son souffle.

Aline s'est réveillée, étouffant sous l'effet d'une violente crise d'angoisse. Elle s'est arrachée à sa minuscule chambre pour retrouver l'air libre. Sa respiration enfin stabilisée, elle s'allonge sur le sol, dos à plat, les bras écartés, les yeux fixés sur la luminosité de la Voie lactée. Elle s'apaise peu à peu et ferme les yeux.

Quelques minutes plus tard, des pas s'approchent et une main glisse un coussin sous la tête de la jeune femme et la recouvre d'une couverture. Elle soulève les paupières et plonge dans la douceur du regard de Nabiha. Elle lui sourit et s'enroule dans la couverture avec un soupir de bien-être.

La vieille femme va s'asseoir à la place qu'elle aime occuper sur la terrasse et se balance en psalmodiant quelque prière. Aline peut dormir en paix. Mais la jeune femme se lève et descend vers la maison de Driss.

Aline sait comment se glisser dans le jardin par la petite porte dont le caïd lui a donné la clé. Elle traverse silencieusement les cours jusqu'au patio intérieur de la partie réservée au maître de maison. La porte de la chambre est entrouverte, invitant à y pénétrer. Elle sourit. Elle sait que le caïd l'a attendue et qu'il a fini par s'endormir, heureux de la penser avec ses enfants. Elle s'allonge doucement contre lui et rit en le sentant qui se retourne et la prend dans ses bras. Il lui murmure des mots en arabe, mots qu'elle ne comprend pas, mais dont elle sait que ce sont des mots tendres, caresses sensuelles et appels au désir...

Au matin, lorsque l'aube point et que la lumière monte lentement dans la chambre, Aline se débat dans son sommeil. Elle entend encore et encore les bruits métalliques des portes des cellules qui claquent. Elle se redresse brusquement, ne sachant plus où elle est. Lorsqu'elle reconnaît enfin la chambre de Driss, elle s'étonne de la place vide près d'elle. Elle se rallonge, ne sachant où le caïd a disparu si tôt le matin. Près de l'une de ses femmes ? Elle soupire, consciente de l'accord tacite entre eux de ne jamais parler de leur situation.

Soudain, des éclats de voix la font sursauter. Elle se lève rapidement et soulève le coin de la portière. Elle aperçoit deux guerriers berbères en gandoura et chèche noir qui font face à Driss.

– Je veux autant que vous l'indépendance de notre pays ! Mais ce n'est pas en massacrant des innocents que je le ferai. Je suis un guerrier, pas un assassin. Sortez !

Il y a un moment de grande tension. Aline sent les deux hommes en noir prêt à se jeter sur le caïd et Driss sur la défensive, prêt à se battre. Mais l'un des Berbères aperçoit la silhouette d'Aline qu'un coup de vent vient de révéler en soulevant la portière. Il a un sourire mauvais, en entraînant son camarade.

– Comme tu voudras, caïd ! Mais tu le regretteras.

Les deux hommes se sont évanouis comme par enchantement et Driss vérifie qu'ils ont bien quitté la propriété. Aline l'entend appeler les serviteurs. Elle s'habille rapidement pour retourner chez elle le plus discrètement possible.

L'urgence pour la jeune femme, avant tout autre projet, est de se rendre chez son frère pour obtenir de reprendre ses enfants avec elle. Sans prendre conseil de son avocat, avec la force que lui ont donnée les derniers événements, elle décide de se rendre le plus vite possible à Marrakech. Mais, auparavant, elle passe au dispensaire. C'est Sidi qui l'aperçoit le premier. Oubliant la file d'attente et abandonnant le pansement en cours, il fonce vers le bureau où Paula reçoit un patient.

– Toubiba, Toubiba !

Paula surgit.

– Doucement, Sidi...

Elle s'arrête net en se retrouvant face à son amie.

– Aline ! Tu es libre ! Mais quand, comment ? Dis...

Paula et Aline sont tombées dans les bras l'une de l'autre, oubliant le lieu et les patients qui s'amassent autour d'elles en piaillant à qui mieux mieux. La Toubiba demande à Aline d'attendre la fin de la consultation, mais Aline n'a pas le temps : elle doit prendre le car pour Marrakech.

– Attends-moi, je t'y conduirai en voiture. J'ai des démarches à faire et je dois voir un médecin de l'hôpital à qui j'ai envoyé quelques cas délicats.

Aline accepte avec bonheur, trop heureuse de ce moment à passer avec son amie. La présence de Paula la rassure aussi car elle ne sait pas dans quelles dispositions elle va trouver son frère et, moins encore, sa belle-sœur.

*
**

Le matin même, Henri est arrivé au bureau de la Sûreté à Marrakech pour prendre ses nouvelles fonctions de directeur pour la région Sud du protectorat. Il vient d'entrer dans la pièce, luxueusement agencée par son prédécesseur, et s'asseoit dans le confortable fauteuil derrière un immense bureau en bois verni. Il sourit de satisfaction. Quelques coups discrets à la porte. Il attend avant de répondre. Son nouveau secrétaire passe une tête intimidée.

– Monsieur le directeur, votre visiteur est arrivé.

– Faites-le entrer... heu... dans une minute.

La tête disparaît et la porte se referme. Henri ouvre les tiroirs, installe quelques objets personnels devant lui et des photos dans des cadres en cuir ou en argent sur le côté. Il vérifie la présence d'un parapheur, qu'il ouvre, jetant un coup d'œil sur la note qui y est glissée avant de le refermer. Il embrasse du regard l'ensemble de la pièce, prenant conscience du pouvoir qui est le sien maintenant. Immense pouvoir occulte derrière le pouvoir officiel. Toujours redoutable !

La porte s'ouvre. Le secrétaire fait entrer le visiteur annoncé qui n'est autre que... Victor Le Hennin.

L'inspecteur s'approche du bureau, observant celui qui l'a convoqué, ne laissant rien lire de son étonnement d'être face à lui.

– Asseyez-vous, inspecteur.

Le Hennin prend place.

– Je pensais qu'après avoir bouclé l'affaire pour laquelle vous aviez été muté au Maroc, vous alliez demander votre retour en France.

– Non, monsieur le directeur. J'ai encore à faire ici.

– Je vois... Bien, je vais vous exposer la situation dans ce pays. Au sud, les tribus rebelles sont de plus en plus actives et organisées. Il semblerait même qu'elles se soient réunies sous l'égide de la tribu des Aït Bou M'zaten. On m'a parlé d'un certain Nizam. Par ailleurs, les villes sont truffées de cellules secrètes très bien organisées et commandées par des fanatiques rompus aux techniques de la propagande. Aujourd'hui, ces deux pôles de rébellion semblent vouloir se réunir pour créer une véritable organisation politique. Les militaires se chargent des tribus, mais nous devons découvrir ces cellules urbaines et arrêter les meneurs.

– Je comprends, monsieur, mais je ne vois pas bien...

Henri ouvre le parapheur, se saisit de la note et la pose devant l'inspecteur.

– Voici votre nomination au poste de commissaire. Je veux que vous créiez un groupe exclusivement réservé à la traque des dissidents, ici, en ville.

– Je vous remercie, monsieur le directeur, cependant vous comprenez que je suis surpris de votre choix.

– Je suis pragmatique, inspecteur. Vous êtes le meilleur policier que j'ai sous la main. Vous êtes tenace et hautement compétent. Parfaitement habilité pour cette mission... Ma sœur est maintenant lavée de tout soupçon. J'espère que vous saurez passer à autre chose...

Il fait le geste de reprendre la note, puis se ravise...

– Maintenant, je peux également vous muter comme chef de poste à la frontière sud. Les rebelles y sont moins actifs.

Mince sourire sur les lèvres de Victor Le Hennin.
– J'espère que je saurai vous donner toute satisfaction.

*
**

Le voyage jusqu'à Marrakech s'effectue sans problème pour Paula et sa passagère. Après tous ces mois de séparation et l'épreuve traversée par Aline, elles ont beaucoup à se dire. Lorsque, enfin, elles franchissent l'une des dix portes de l'enceinte ocre de la ville impériale, elles se taisent, attentives à la circulation et à la foule. Elles rejoignent la partie résidentielle, là où, dans des villas coloniales entourées de jardins, vivent les privilégiés du protectorat.

Garée devant la maison des Boissières, Aline s'apprête à descendre. Paula la sent soudain angoissée et lui propose de l'accompagner. Soulagée, Aline sourit.

– Tu veux bien ?

– Allons-y !

Descendues de voiture, elles entendent le son d'un piano qui égrène les notes d'un morceau des *Cahiers* d'Anna Magdalena Bach, ainsi que Paula le murmure à sa compagne. La Toubiba a fait de longues années de piano dans sa famille en Pologne et il lui en reste de beaux souvenirs. Aline est admirative, elle qui se sent si ignare parfois. Elle soupire.

– C'est Mathilde qui apprend le piano à Julie.

En effet, dans le salon, la petite fille joue une mesure qui sonne faux. Elle la reprend, ça sonne toujours faux. Mathilde attend un moment pour voir si l'enfant va trouver ce qui cloche, mais la phrase est toujours fausse.

– Lis ta partition.

Julie s'agace, impatiente.

– Ben, je la lis et je ne vois pas.

– Comment est le *ré* ?

L'enfant se penche sur la page et suit la portée du doigt.

– Ah ! Il est bémol !

Elle rejoue la mesure qui, cette fois, sonne juste. Elle sourit à Mathilde qui lui caresse doucement la joue.

– Reprends tout le morceau.

Julie se concentre et joue le morceau avec brio sous le regard du professeur attendri.

Assis en face d'Henri, Jean, concentré sur un jeu d'échecs, s'apprête à déplacer son cavalier. Il garde la main dessus, hésite sous les yeux attentifs de son adversaire. Puis il relâche le cavalier et déplace un fou. Henri sourit en approuvant.

Brusquement, Mathilde se lève et va jusqu'à la fenêtre. Elle a un drôle de pressentiment et soulève le rideau. Elle voit alors Aline et Paula qui entrent dans le jardin.

– Henri ! Ta sœur...

Henri comprend et se lève. Jean est surpris par la brusquerie du mouvement.

– Tu abandonnes, papa ?

– On finira tout à l'heure. Les enfants, vous restez dans cette pièce, d'accord ? On revient.

Mathilde s'est déjà précipitée dans l'entrée, où son mari la rejoint au moment où Nourredine, le domestique, ouvre la porte à Aline et Paula.

La gêne est immédiate et générale. Paula a croisé le regard d'Henri et vite détourné le sien. Mathilde est prise d'une rage froide, qui dissimule la peur qu'elle ressent à l'idée qu'Aline puisse lui arracher les enfants.

– Vous devez prévenir avant de venir ici... qu'au moins je prépare les enfants !

– Les préparer à quoi ? À voir leur mère ? Je viens de passer dix-huit mois en prison. Dix-huit mois à penser à eux chaque minute. Alors, je veux les voir. Maintenant !

L'exigence d'Aline termine d'affoler Mathilde.

– Maintenant, c'est impossible ! Julie a un examen de piano demain. Vous allez la perturber...

Elle fait appel à son mari pour qu'il intervienne et tout le monde attend ce qu'il va dire. Il évite les yeux de la Toubiba, bien qu'il en sente soudain le poids sur lui.

– Tu vas les voir. D'autre part, j'ai décidé de te les rendre. Définitivement.

Sa femme vacille.

– Tu ne peux pas ! Henri !

– Ça suffit, Mathilde ! On ne peut pas continuer comme ça. Ces enfants ne sont pas les nôtres !

Il se détourne d'elle pour fixer sa sœur.

– Aline, voilà ce que je te propose. Dans deux semaines, c'est les vacances. Laisse-leur finir l'année scolaire et je les conduirai chez toi. Tu feras ce que tu veux après.

Mathilde crie, hystérique.

– Non ! Non ! Non ! Je ne laisserai pas faire ça. C'est moi qui les élève depuis quatre ans ! Vous ne pouvez pas...

Elle est incapable de poursuivre, les mots et les larmes se bousculant. Elle cherche un appui contre le mur et glisse sur le sol en pleurant.

Les enfants alertés par les cris se précipitent dans l'entrée. Julie arrive la première, aperçoit celle qu'elle considère comme sa mère, effondrée et sanglotant. Elle se jette sur elle.

– Maman ! Maman ! Qu'est-ce qu'il y a ?

Jean apparaît à son tour et vient se réfugier contre Mathilde en mêlant ses larmes aux siennes. Julie fixe Aline et son regard est d'une grande violence.

– Qu'est-ce que vous voulez, vous ? On ne veut pas de vous. Allez-vous en !

Aline ne bronche pas, livide. Paula lui prend doucement le bras et l'entraîne dehors.

Henri attend que la porte se referme sur les deux femmes pour demander à Nourredine de rester avec les enfants.

Une fois Jean et Julie sortis jouer dans le jardin, Henri se penche sur sa femme et l'aide à se relever. La soutenant, il l'aide à monter l'escalier et à rejoindre leur chambre, où elle s'effondre sur leur lit. Désespérée, elle ne peut s'arrêter de pleurer.

Loin de la consoler, son mari s'exaspère.

– Tu es contente de toi ? Qu'est-ce que tu croyais ? Que tu allais garder ces enfants indéfiniment ?

Elle fait un effort terrible pour lui répondre.

– C'était notre contrat, Henri. Je te laissais tranquille et j'avais les enfants. J'ai respecté ma part. Tu as profité de moi et de ma famille pour devenir...

Elle s'interrompt, soudain consciente de la situation actuelle.

– Tu n'as plus besoin de nous, c'est ça ? Bien sûr ! Tu as obtenu ce que tu voulais. Tu es au sommet, tu n'as plus besoin de mon père !

– Je te signale que c'est lui qui m'a fait nommer à ce poste.

– Je ne te crois pas.

– Demande-le-lui.

– Quand il saura ce que tu es, ce que tu m'as fait, il te détruira !

– Ton père est un homme politiquement fini, Mathilde. Il ne peut plus rien pour toi. Le peu de pouvoir qui lui restait, il l'a utilisé pour me faire nommer à la direction de la Sûreté. Et tu sais pourquoi ? Parce qu'il a compris que, moi au sommet, je serai le seul à pouvoir empêcher sa déchéance complète. C'est comme ça que ça fonctionne, Mathilde ! Entre toi et sa carrière, ou ce qu'il en reste, il a choisi !

Elle l'observe, horrifiée, puis se calme, vaincue.

– Laisse-moi te regarder une dernière fois, Henri. Voir le beau jeune homme qui s'est battu pour moi, un soir. Oh ! Mon Dieu, comme je t'ai aimé ! Je savais que tu pouvais devenir ce que tu es aujourd'hui, un être froid, calculateur et impitoyable. Mais je m'en moquais... Dis-moi une chose : m'as-tu aimée ? Un peu ? Jamais ?

Henri semble pour la première fois très mal à l'aise. Elle le fixe et perçoit son embarras.

– Ne réponds pas, va, tu vas encore mentir. D'accord, fais ce que tu as à faire. Monte au sommet. Mais pense aux enfants. N'oublie pas ! Eux, ils m'aiment. Je les ai élevés comme leur mère ne l'a jamais fait. Je connais le moindre recoin de leur peau, je sais traduire la moindre de leurs expressions. Ils sont devenus une part de moi ! Au moins, laisse-moi ça.

Il s'est repris et toute trace de compassion ou d'interrogation a disparu. Il est redevenu comme sa femme l'a décrit, dur et implacable.

– Je suis désolée, Mathilde, ma décision est prise. Je vais rendre Jean et Julie à Aline. Je m'arrangerai pour que tu les voies aussi souvent que possible.

Le ressentiment ravage le visage de sa femme.

– Je ne sais pas comment, mais je te détruirai, Henri. À partir de maintenant, je suis ta pire ennemie. Ne faiblis pas, mon amour. Parce que si tu tombes, tous ces gens qui te lèchent les bottes te laisseront tomber comme un rat. Parce que tu n'es pas de leur monde et ne le seras jamais. Et ce jour-là, je serai là pour te voir retourner dans la fange que tu abomines tant.

Ils échangent un regard de haine. Et Henri sort.

Mathilde écrase un sanglot et se dirige vers un petit meuble qu'elle ouvre. Elle en sort une bouteille d'alcool et se sert. Elle boit d'un trait.

Dans la partie la plus ancienne de la ville, dans une ruelle, une maison dont la propriétaire, une respectable Marocaine, loue de très jolies chambres meublées de manière traditionnelle. C'est raffiné et confortable et Paula y a ses habitudes, lorsqu'elle a à faire à Marrakech. C'est là qu'elle a emmené Aline après la visite chez son frère. Pour le moment, la jeune femme, bouleversée, est aux prises avec une violente nausée qui l'a terrassée dès qu'elle s'est retrouvée dans la rue. Elle se rafraîchit dans la salle de bains et Paula l'attend, assise sur le lit. Aline réapparaît, l'air épuisé.

– Viens t'allonger.

– Mes enfants me haïssent, Paula !

– Bien sûr que non ! Ils voient tous les adultes souffrir autour d'eux, ils ne comprennent plus rien. Tu es leur mère, Aline, et ça ils ne peuvent pas l'oublier. Même s'il leur faut du temps pour l'admettre.

Aline s'effondre sur le lit, la tête sur les genoux de Paula, qui lui caresse les cheveux.

– Combien de temps ?

– Je n'en sais rien. Longtemps peut-être, mais ça vaut le coup. Tu vas devoir les réapprivoiser.

Le regard d'Aline se perd par la fenêtre où les premières étoiles s'allument.

Dans le désert, un cavalier chevauche sous le même ciel étoilé. Il saute de cheval en arrivant près d'un regroupement de tentes brunes autour d'une autre, plus claire et plus vaste. Un homme sort de la grande tente et vient vers lui.

– Salut, mon frère !

– Salut, Nizam ! Comment va ma sœur ?

– Pas très bien. Le bébé la fait souffrir... Qu'est-ce qui t'amène, Abdel ?

– Les chefs des autres tribus veulent entrer en rébellion contre les Français. Soit nous combattons à leur côté, soit nous devenons leurs ennemis.

Nizam ne répond pas. Un vrai dilemme se pose à lui et il sait qu'il doit trancher. Abdel en est conscient et c'est la raison pour laquelle il est venu lui-même voir le Français recueilli par la tribu, devenu l'un des leurs et un membre de sa famille.

– Je sais ce qui te trouble, frère. Je comprends très bien que tu ne veuilles pas combattre les gens de ton peuple.

Nizam ne répond rien et Abdel respecte son silence. Tous deux s'assoient sur le devant de la tente et la vieille femme qui veille sur Naïma vient leur servir du thé à la menthe. Ce rituel est une marque d'hospitalité, mais c'est aussi censé calmer et permettre d'écouter la sagesse au fond de soi. Les deux hommes boivent en silence. Puis Nizam prend la parole.

– Ma vie est ici maintenant. S'il faut se battre, je combattrai à tes côtés.

– Tu comprends ce que cela veut dire ? À partir de maintenant, tous les Français sont nos ennemis. Et tous les moyens seront bons pour les éliminer.

– C'est mon destin.

Ces deux-là, qui sont devenus frères par la volonté du cheikh El-Mansour au moment de sa mort, se donnent l'accolade qui cèle leur entente.

Le lendemain, le directeur de la Sûreté rejoint son bureau, salué par tous ceux qu'ils croisent et, manifestement, il apprécie ces marques de respect. Il va fermer la porte pour prendre tranquillement connaissance de son courrier et des dossiers qui l'attendent lorsqu'il entend une voix de femme qui lui semble familière. Cela provient du petit bureau de son secrétaire...

– Non, cette fois, ça suffit. J'en ai marre d'attendre ! Ça fait des mois qu'on me trimbale de bureau en bureau, de promesse en promesse !

Henri va discrètement vérifier ce qui se passe dans la pièce mitoyenne. Il reconnaît Paula et se recule vite pour éviter qu'elle ne le voie. Il n'y a vraiment pas de risque car la Toubiba est hors d'elle et ne quitte pas des yeux le pauvre secrétaire dépassé.

– Bon sang, je ne comprends pas, vous avez tout, les plans, l'assentiment du ministère. Il me faut juste l'accord pour le permis de construire. Une simple signature ! Vous savez signer, non ? Il suffit juste de prendre un stylo !

Le secrétaire ne sait plus quoi répondre face à cette femme qui s'obstine à le torturer. Il s'apprête à appeler le planton pour qu'il le débarrasse de cette emmerdeuse lorsqu'il aperçoit Henri. Il se lève brusquement.

– Monsieur le directeur...

Paula se retourne et reste sans voix en reconnaissant Henri, mais son air n'a rien de plaisant.

– Mademoiselle Kosinsky ? Je peux vous aider ?

– Vous ? Ça m'étonnerait.

Le fonctionnaire tremble de la façon méprisante dont elle a répondu à son supérieur, mais, curieusement, son patron ne semble pas prêter attention au ton de cette forcenée et, plus incroyable encore, il l'invite même à le suivre dans son bureau, et c'est à lui, son plus dévoué adjoint, qu'il lance un regard noir.

– Donnez-moi le dossier. Je me charge de ça.

Henri a pris le dossier que lui tend le fonctionnaire et s'écarte de la porte pour laisser passer Paula. La Toubiba hésite... et le suit.

Un peu plus tard, elle est assise en face de lui, qui est plongé dans la lecture des différents documents de la chemise.

– Votre dossier est extrêmement complet. Je ne comprends pas qu'on vous fasse des difficultés.

– Moi non plus !

Elle ne peut s'empêcher d'être agressive. Il ne paraît pas l'avoir remarqué.

– Vous accepteriez mon aide ?

– Au point où j'en suis, je prends l'aide de n'importe qui... Même la vôtre !

La situation a tout pour amuser quelqu'un du tempérament d'Henri. Il sourit.

– Vous ne m'aimez pas, n'est-ce pas ?

– C'est-à-dire que je viens de passer ma nuit à essayer de consoler une jeune femme à qui vous avez volé ses enfants !

– Je comprends. Il arrive parfois qu'en essayant de bien faire, on fasse souffrir tout le monde. Croyez-moi, je ne demande qu'à réparer.

Paula va pour répondre, mais le secrétaire passe la tête par la porte.

– Monsieur le directeur, vous avez rendez-vous avec le contrôleur civil.

– Reportez ça à midi et ne me dérangez plus !

Le secrétaire referme très vite la porte. Henri s'est levé. Il fait le tour du bureau et vient s'asseoir sur le bord de la table face à Paula.

– Parlez-moi de ce projet de maternité.

Sous le regard incisif de son interlocuteur, Paula a un instant de trouble, mais elle se reprend vite et se lance dans des explications très professionnelles.

Sur le chemin de retour, Paula ne parle pas à Aline de sa rencontre avec son frère et, de ce fait, quelque chose la retient aussi de tenir son amie au courant du projet qu'elle porte depuis six mois. Aline, du reste, est perdue dans ses pensées et reste silencieuse. Moment d'intimité et de confiance où il n'est pas besoin de parler pour se sentir bien ensemble.

Alors Paula, tout en conduisant, repense à son parcours et à ce périple qui l'a menée ici, aujourd'hui, dans le sud du Maroc, avec la ferme intention d'ouvrir une maternité. Elle se revoit toute jeune fille quittant sa patrie d'origine, la Pologne, pour faire ses études de médecine à Paris, où la sœur de sa mère s'était installée avec son mari fourreur. Elle avait aimé ces années de découverte et de liberté dans cet après-guerre où les femmes s'émancipaient doucement. Mais la tradition familiale n'admettait pas vraiment qu'une jeune fille prenne un amant, le quitte et se moque du qu'en-dira-t-on.

Aussi, pour fuir les reproches et les obsessions de marieuse de sa tante, la jeune diplômée de vingt-cinq ans avait-elle décidé de se rendre utile là où tout était à faire. Quelques mois auparavant, elle avait été très marquée par l'intervention en amphi d'une femme d'une cinquantaine d'années, venue témoigner de son expérience comme médecin au Maroc.

Lyautey, dès 1913, au tout début du protectorat, avait fait paraître un avis à la Faculté de médecine de Paris pour faire venir des doctoresses françaises. Pour réussir ce qu'il appelait « la conquête des cœurs », il encourageait à soigner d'abord les corps et à éviter les contagions, et ceci au niveau des Marocains les plus humbles. Ainsi avaient été créés sur tout le territoire nombre de dispensaires, de simples postes dans les campagnes les plus reculées et des hôpitaux dans les grandes villes. Peu à peu, des femmes courageuses et éprises d'aventure s'étaient lancées dans la médecine de proximité ou dans le service social. Beaucoup de femmes de colons ou d'épouses de militaires vinrent leur prêter main-forte, assurant auprès d'elles le service dont Aline s'était spontanément acquittée auprès de Paula.

La Toubiba retrouve l'émotion de cet instant de débarquement à Casablanca, un jour de septembre 1928, date dont elle ne peut que se souvenir puisque c'est celle de la découverte de la pénicilline par Alexander Fleming. Elle rit encore aujourd'hui de sa naïveté en atterrissant à l'hôpital de Casa pour un très bref stage de formation. Sans plus de préparation aux particularités du pays, elle avait été vite expédiée dans le bled. Pas le temps de s'extasier ou de partir à la découverte ! Elle travaillait du lever au coucher, six jours par semaine, répondait à toutes les urgences et devait faire face à tous les cas qui se présentaient. Pas question de spécialité. Il fallait tout soigner et être très mobile. Se rendre dans les villages, accomplir sa mission sur place, auprès d'une population encore victime de nombreuses épidémies.

Éradiquer tuberculose, typhus et variole était une priorité pour le service médical du pays. Paula avait gagné la confiance de ses patients, qui la redoutaient et l'admiraient. Elle savait les engueuler quand il le fallait et passer la nuit auprès d'eux à se battre contre la maladie. Elle aimait cette existence intense et s'y était donnée complètement. Il n'y avait pas de place dans tout ça pour une vie de famille et son amour de la liberté, ajouté à son dévouement, en avait fait une célibataire endurcie.

Mais aujourd'hui – ce qu'Aline n'a pu percevoir du fait de sa longue absence –, une certaine lassitude a commencé à entamer la ténacité de Paula. La dégradation de la situation dans le Sud, l'insécurité permanente dans laquelle elle doit maintenant exercer, du fait des tribus révoltées, rendent souvent son travail presque impossible. Être considérée comme une ennemie quand elle débarque pour soigner les malades des tribus lui est insupportable et sape peu à peu la détermination de cette dure à cuire.

Tenter de sauver des blessés, soldats de l'armée française ou guerriers des tribus, pour les rendre à nouveau aptes à s'entretuer n'est pas l'idéal de sa vie de médecin. Ainsi est né le projet de maternité. Mettre au monde des nourrissons, guérir des enfants, voilà ce qui, pense-t-elle, lui donnera un deuxième souffle.

Et ce jour-là, dès son retour au dispensaire, la réalité vient renforcer sa détermination. À peine le moteur de la voiture arrêté, Yvon, affolé, en sort.

– Paula ! Aline ! Enfin, vous êtes là. Venez vite.

– Qu'est-ce qui se passe ?

– Il y a eu des combats, cette nuit. On a des dizaines de villageois blessés. Avec Sidi, on a fait ce qu'on a pu, mais c'est terrible...

Paula et Aline foncent à sa suite.

Les deux femmes découvrent les dizaines de corps ensanglantés qui jonchent les lits et les sols.

La colère de Paula prend un instant le dessus.

– Nom de Dieu !

La Toubiba file vers le fond de la salle et, sur l'instant, Aline, sous le choc, est incapable de la suivre.

– Mais, pourquoi ?

Yvon est aussi marqué que sa cousine.

– Des bandes armées ont attaqué les villages, tuant tout le monde, femmes et enfants compris ! Et maintenant, impossible de faire la différence entre les rebelles et les bandits ! Qu'est-ce qu'on fait ?

– On les soigne tous !

Aline réagit enfin et se dépêche de rejoindre la Toubiba penchée sur un blessé. Avec Sidi, elle obéit à chaque indication de la doctoresse et, à eux trois, ils passent d'un blessé à l'autre pour évaluer la situation et prendre les mesures d'urgence.

De son côté, Yvon aperçoit une jeune Marocaine allongée sur un lit. Elle a une plaie à la tête et une partie de son corps déjà recouverte d'un bandage huileux et gras. À côté d'elle se tient un jeune homme qui répond aux questions d'Yvon. Il s'appelle Youssef. Il est le frère de la jeune fille, dont le nom est Zora.

Youssef a une blessure au front et son état n'est pas grave, celui de sa sœur paraît beaucoup plus alarmant. Yvon s'approche de la jeune fille mais le garçon l'en empêche, le bloquant d'une main et désignant Paula de l'autre.

– La Toubiba va la soigner.

Seulement Paula disparaît derrière un rideau, qu'elle tire pour une intervention grave sur un blessé. Yvon tente de faire entendre raison au frère de sa patiente.

– La Toubiba est trop occupée. Il faut que je change les pansements de ta sœur.

– Non, non... Toubiba !

La jeune brûlée émet une plainte. Yvon prend une seringue et un flacon, qu'il montre au jeune homme.

– Je vais lui faire une piqûre, ça calmera la douleur.

Youssef l'observe avec méfiance, puis cède. Yvon s'exécute.

La jeune Zora se détend peu à peu sous l'effet de l'analgésique. Elle ouvre les yeux, des yeux noirs intenses, qu'elle

fixe sur celui qui la soigne. Yvon est profondément troublé par la profondeur de ce regard. Mais, conscient de la surveillance du frère, il se reprend et se tourne vers lui.
– À toi, maintenant. Laisse-moi soigner ton front.

En dépit de l'horreur de la situation, Aline se plonge complètement dans le travail au dispensaire. Elle retrouve la satisfaction de soulager les souffrances des blessés. De plus, l'intensité de ces journées l'empêche de penser aux jumeaux, à la violence de leur rejet et à la promesse faite par son frère de les lui ramener. Henri tiendra-t-il parole ? Elle a vécu tant de volte-face de sa part qu'elle a des doutes, auxquels elle ne veut pas penser.

Toutefois, elle a déjà prévenu Paula qu'elle se consacrerait complètement aux jumeaux dès leur retour auprès de leur famille. Elle a averti qu'elle cesserait son activité au dispensaire. Yvon s'est immédiatement proposé pour continuer de la remplacer. Apparemment, son cousin s'est lassé de ses éternels bricolages, appréciant de seconder la Toubiba dans d'autres styles d'interventions. Yvon, si lunaire, si solitaire, paraît soudain plus ouvert sur les autres et il est très apprécié des patients.

Aline ne manque pas de remarquer que, s'il sait écouter chacun de ceux qui viennent demander de l'aide, son cousin est particulièrement attentif au lit où gît la jeune Zora. Son cousin va devoir être très prudent car Youssef veille jalousement sur sa sœur. Le jeune Marocain ne cesse de répéter les règles imposées par l'islam : aucun homme, en dehors des hommes de sa famille, ne peut approcher Zora. Il a fallu ces circonstances dramatiques pour que cela ait pu avoir lieu... et, pire que tout, que ce soit le fait d'un roumi ! Leur père doit absolument tout ignorer, il considérerait que sa fille est déshonorée. Youssef tremble à l'idée de ce qu'il a laissé faire et prie pour qu'Allah lui pardonne !

Pendant deux nuits, Yvon ne rentre pas dormir à la maison. Aline a bien prévenu sa tante que son fils restait au dispensaire pour veiller sur les malades les plus graves, mais, fidèle à elle-même, Flora se fie à son instinct. Et celui-ci lui dit qu'on lui cache quelque chose.

La voilà donc qui débarque en fin d'après-midi au dispensaire à la recherche de son fils. Elle est particulièrement élégante dans une nouvelle robe qu'elle s'est coupée dans un tissu acheté au souk, selon un patron vendu comme la dernière mode de Paris.

Sidi s'amuse de la voir si pimpante et lui demande avec qui elle a rendez-vous. Flora joue les offusquées.

– Arrête de me reluquer comme ça ! Dis-moi plutôt où est mon fils.

Sidi rit de bon cœur.

– Il est là-bas.

– Merci.

Elle se dirige vers le coin désigné par l'infirmier. Elle aperçoit Yvon au chevet d'une jeune patiente marocaine qui paraît mal en point. La jeune fille dort, veillée par son fils qui somnole en lui tenant la main.

Le bruit des talons de Flora réveille Yvon, qui sursaute en lâchant vite la main de sa malade. En reconnaissant sa mère, le jeune homme soupire de soulagement de ne pas avait été surpris par Youssef ou pis, par le père de Zora.

– Maman, tu m'as fait peur ! Qu'est-ce que tu fais là ?

– Ben, ça fait trois jours que tu as disparu. Je venais voir ce que tu devenais.

Elle dévisage le visage de la jeune fille.

– C'est pour elle ? Beau brin de fille !

– Maman !

Il est gêné et souhaite la voir disparaître. Depuis qu'il est enfant, il a honte des remarques déplacées de sa mère. Mais Flora ne sait pas s'arrêter et elle en rajoute.

– Ben quoi ! J'ai le droit de savoir ce que trafique mon grand dadais de garçon. Tu as trouvé une fiancée, je vois.

Yvon est exaspéré.

– Maman, ça n'a rien à voir. Zora est blessée et je la soigne.

– Bien sûr ! En passant trois nuits à lui tenir la main, peut-être. Tu me prends vraiment pour une cruche.

– Arrête de crier, s'il te plaît ! Et toi, d'abord, où est-ce que tu vas ?

– Dîner avec mon patron. Il m'a invitée, figure-toi...

Elle tourne sur elle-même pour se faire admirer.

– Tu me trouves comment ?

– Euh, c'est pas un peu trop...

Elle l'interrompt, vexée.

– Un peu trop quoi ? T'y connais rien.

– Me demande pas, alors.

– Bon, j'y vais. Et toi, n'oublie pas de dormir !

Elle sort en coup de vent. Yvon se retourne et croise le regard de Zora, dont il ignore depuis combien de temps elle est réveillée.

– C'est ta mère ?

– Oui.

Ils échangent un sourire. Zora ferme les yeux en glissant sa main dans celle d'Yvon.

Sortie du dispensaire, Flora retrouve la camionnette des Transports Verlaire, dont l'intitulé est peint sur la portière. Elle y grimpe et roule jusqu'à Boulmane-Dadès, où Gustave Verlaire l'attend devant le bureau. Le bonhomme, en costume rayé, les cheveux gominés, s'est manifestement mis sur son trente et un. Il la dévore des yeux en l'aidant à descendre de la camionnette. Chacun fait tout ce qu'il peut pour éblouir l'autre, mais soudain, oubliant toutes ses bonnes manières, Gustave fait pivoter Flora et l'embrasse avec passion. Elle lui rend son baiser avec la même ardeur. Vrai baiser de cinéma qui n'en finit plus... jusqu'au moment où le souffle leur manque à tous les deux.

– Oh, Flora, Flora ! Vous me rendez ma jeunesse !

– Je vois ça.

– Restez avec moi, cette nuit.

Elle minaude.

– Oh, Gustave, ça ne se fait pas !

– Non, non, vous ne comprenez pas...

Il plonge la main dans sa poche et en ressort un écrin qu'il lui tend. Plus émue qu'elle ne veut se l'avouer, elle ouvre la petite boîte de velours rouge et découvre la bague qu'elle avait vendue à Mouloud.

– Oh ! Ma bague !

L'émotion grimpe encore.

– Je vous aime, Flora, je veux vous épouser !

Bouleversée, elle ne trouve plus de mots pour exprimer ce qu'elle ressent et l'embrasse follement.

– 13 –

Les jumeaux

Arrive enfin la veille des vacances. Pour Aline, avec l'activité débordante du dispensaire, les deux semaines d'attente ont filé sans qu'elle s'en rende compte. Elle n'a rien prévu, n'a pu s'occuper de rien. Aussi, aujourd'hui, c'est la panique dans la maison où il faut improviser une chambre pour les jumeaux.

Tout le monde y met du sien. Toine propose de camper dans la chambre d'Yvon et de François. Flora trouve là l'occasion d'annoncer que Gustave l'a demandée en mariage. En attendant ce jour de liesse, elle propose à Virginie de s'installer avec elle. Et dès qu'elle partira vivre dans sa nouvelle maison avec son mari, Toine et Virginie récupéreront sa chambre pour eux. Moment de pure joie où tous, jeunes et moins jeunes, félicitent Flora et s'agitent dans tous les sens, déjà impatients de faire la fête.

En attendant, il reste à fabriquer de nouveaux bâtis pour poser les matelas confectionnés par Nabiha. Yvon fait la surprise à sa cousine de les avoir déjà réalisés en douce. Grande émotion d'Aline devant la bonne volonté de tous.

C'est le branle-bas de combat des derniers préparatifs et des trouvailles pour rendre la chambre agréable. Chacun y va de son idée et de son cadeau. Des jouets réalisés de leurs mains par les enfants, une robe et une chemise cousues par Flora, une main de Fatma accrochée par Nabiha au-dessus des lits.

Les vacances sont là. Et dès le matin de ce premier jour de liberté, Toine et Virginie piaffent d'impatience. Aline refoule ses craintes et s'affaire avec Nabiha pour finir de ranger et de nettoyer. Flora a pris une journée de congé pour être auprès de sa nièce dans ce moment incertain.

Soudain, les cris des enfants alertent Aline. Elle se précipite dehors et voit la belle voiture noire et crème d'Henri qui s'arrête sur le sentier, en bas de la maison. Le cœur battant, elle aperçoit la tête des jumeaux assis sagement à l'arrière, mais ne peut heureusement entendre leur première réaction.

Julie murmure à son frère.

– C'est ici ?

Et Jean, sur le même ton, exprime ce qu'ils savent ressentir tous les deux de façon si semblable.

– Qu'est-ce que c'est moche !

Henri descend de la voiture et vient leur ouvrir la portière. Ils hésitent, mais Henri ne leur laisse pas le choix.

– Allez les enfants, on est arrivés. Votre maman vous attend...

Julie, renfrognée, descend la première, son petit chien serré contre elle. Aline, très émue, est venue à leur rencontre. Julie s'est immobilisée, visiblement hostile.

– Bonjour, ma chérie.

Elle embrasse sa fille, sans que Julie lui rende son baiser. Jean, qui a suivi, fait de même. Aline est bouleversée par la froideur des deux enfants, mais fait un effort pour ne rien montrer.

Flora, qui a tout observé de la terrasse, vient à la rescousse. Elle ignore Henri et s'approche de Julie.

– Il est beau, ton chien. Comment il s'appelle ?

– Cannelle.

Henri fait une tentative pour établir un contact avec sa tante. Il la salue en souriant, mais Flora se contente d'un bref hochement de tête, sans lui prêter plus d'attention.

Surgissent Toine et Virginie, que Nabiha a retenus pour laisser à Aline un vrai temps de retrouvailles. Ils se précipitent en criant de joie. Toine veut embrasser Jean, mais ce dernier se dérobe. Et Julie se cache derrière son frère, serrant si fort le chien dans ses bras que l'animal jappe en tentant de s'échapper.

Toine est perplexe.

– Vous vous souvenez pas de moi ?

Pas de réponse, juste un signe de dénégation avec la tête.

Toine ne se décourage pas.

– Et ben, on a habité ensemble dans la même maison, il y a longtemps...

Henri, déjà las de ces manifestations familiales, veut partir. Les jumeaux s'affolent.

– Papa, tu t'en vas pas ?

Il se penche pour embrasser la petite.

– Je reviendrai vite.

Jean menace.

– Je veux pas rester ici ! C'est moche et c'est sale. Je m'en fous, je me sauverai !

Henri entraîne Jean à l'écart et Julie s'empresse de les suivre.

– On en a déjà parlé, les enfants. C'est ici votre maison, maintenant. Avec votre maman. Elle vous aime énormément et elle a tout fait pour que vous viviez avec elle.

Jean est révolté.

– C'est pas vrai ! Elle n'a rien fait ! Elle s'en fiche de nous !

– Ne crois pas ça. J'ai eu beaucoup de torts dans cette histoire. J'ai cru le faire pour votre bien, mais je n'aurais jamais dû vous séparer d'elle. J'aimerais que tu lui donnes une chance. D'accord, bonhomme ?

L'enfant cède, toujours sensible à l'autorité de celui qu'il considère comme son père.

– D'accord.

– Toi aussi, Julie ?

La petite fille s'entête à ne pas répondre. Sans insister, Henri ramène les jumeaux vers sa sœur, salue rapidement tout le monde et, après un dernier signe aux deux petits, il file vers sa voiture.

Les jumeaux restent immobiles, les yeux rivés sur la belle automobile jusqu'à ce qu'elle disparaisse.

Aline s'approche de ses enfants et veut les prendre par la main.

– Venez...

Julie évite la main d'Aline.

– Et mon piano ? Comment je vais faire sans mon piano ?

– J'ai vu ça avec ton oncle. On va le faire transporter jusqu'ici. Ça prendra un peu de temps, mais ne t'inquiète pas.

– Et comment maman me donnera mes cours ?

– Ce ne sera plus possible de continuer avec ta... tante, Julie. Nous te trouverons un professeur. Tout va aller très bien, tu verras. Le plus important, c'est que nous soyons à nouveau ensemble. Je suis si heureuse que vous soyez là !

Les deux petits acceptent de la suivre avec beaucoup de réticence.

Le repas se passe bien grâce à Toine et Virginie qui n'arrêtent pas de parler et de raconter tout ce qu'il est possible de faire dans le coin. Sans parvenir à tirer un mot des jumeaux. Aline échange des regards un peu perdus avec sa tante. Et Nabiha s'occupe de tout, veillant discrètement à ce que les petits mangent. La journée passe cahin-caha. Chacun s'efforçant d'amuser les jumeaux en leur faisant découvrir ce qui semble pouvoir plaire à des enfants de cet âge.

Vient enfin le soir de cette première journée et les bruits de la campagne, les cris d'animaux, le vent dans la végétation : tout semble effrayer Julie.

Aline a installé ses enfants dans leur chambre. Ils examinent leur nouvel environnement avec des grimaces de dégoût. Mais ils se souviennent des recommandations de Mathilde et ne disent rien. Jean s'est couché très vite et s'est tourné vers le mur, ignorant Aline qui s'est assise sur le lit de Julie et l'aide à se déshabiller. La petite fille refuse de se séparer de son chien et c'est avec l'animal serré contre elle qu'elle s'allonge enfin, non sans rouspéter.

– Il est dur, ce matelas.

Sa mère est prête à toutes les concessions.

– Demain, je demanderai à Yvon de t'arranger quelque chose de plus doux.

– Pourquoi tu veux nous garder avec toi ?

– Parce que vous êtes mes enfants et que je vous aime.

– Si tu nous aimes, pourquoi tu nous as abandonnés ?

– Je ne vous ai pas abandonnés !

Jean se redresse.

– Si... C'est Mam... Mathilde qui l'a dit !

– Elle a eu tort. Quand vous êtes nés, la vie était très difficile pour moi. Je n'avais pas du tout d'argent, j'avais peur de ne pas pouvoir vous donner une belle vie d'enfants... alors, votre oncle m'a proposé de s'occuper de vous. J'ai cru que ce serait mieux pour vous.

Jean la regarde durement.

– Pourquoi t'as pas laissé les autres ?

– Parce que leur papa était mort et qu'on les aurait envoyés tous les trois en pension. J'ai dû faire un choix. Le pire choix de ma vie.

– Et ben, t'aurais dû choisir tes enfants !

Aline contemple sa fille tristement.

– Tu as raison. Dormez maintenant.

– Je ne pourrai pas. J'ai trop peur, ici.

– Je vais dormir là, à côté de toi, Julie, d'accord ?

La fillette accepte et se recouche. Aline va chercher un maigre matelas de paille, qu'elle déplie entre les deux lits des jumeaux, et s'y allonge. Elle surveille sa fille jusqu'au moment où la petite ferme enfin les yeux. Elle se lève pour admirer les visages de ses deux amours, leur caresse les cheveux. Épuisée par trop d'émotions, elle se recouche et finit par s'endormir.

Au milieu de la nuit, Julie se débat au milieu d'un cauchemar et se dresse en poussant des cris. Le chien, effrayé, aboie. Le charivari réveille en sursaut Aline, qui veut prendre la petite dans ses bras. Mais Julie repousse sa mère une fois de plus et crie de plus belle, réveillant son frère, qui donne quelques repères à Aline.

– Elle fait tout le temps des cauchemars. Mam... Mathilde lui donne de la valériane.

– Je n'en ai pas... J'ai de l'eau de fleurs d'oranger.

Aline fonce dans la cuisine. Et Julie en profite pour se glisser dans le lit de son frère avec le chiot blotti contre elle. Jean râle, mais lui fait une place.

Juchée sur une chaise, Aline fouille dans le haut d'un placard. Un nouveau bruit la fait sursauter. Dans le noir, quelqu'un a buté contre la table du dehors et jure.

Ayant trouvé la bouteille de fleurs d'oranger, Aline saute à terre pour vérifier ce qui se passe. En fait, c'est François qui rentre en plein milieu de la nuit, visiblement ivre. Il aperçoit sa belle-mère et file vers sa chambre en l'évitant soigneusement.

Dans la chambre des enfants, Julie tremble de tous ses membres. Aline veut lui faire boire quelques gouttes de calmant, mais la petite fille l'envoie brutalement promener.

– J'en veux pas ! Je veux rentrer à la maison ! Je veux mon lit et ma chambre !

C'est si violent qu'Aline se recule. Julie retombe en pleurant contre son jumeau. Aline, impuissante, reste à guetter le moment où l'enfant se rendormira.

Tôt le lendemain matin, Nabiha, qui a entendu les cris dans la nuit, fait tout son possible pour préserver le sommeil d'Aline et des enfants. Mais elle ne peut rien faire pour empêcher que la discussion qui a lieu sur le sentier ne s'envenime et ne se termine en hurlements.

Aline et Flora apparaissent en peignoirs, cheveux en bataille. En reconnaissant le bijoutier du souk, le dénommé Mouloud, Flora fait vite marche arrière pour ne pas être vue en tenue négligée. Aline reste un peu en retrait, essayant de comprendre ce qui se passe. Elle voit François face à Mouloud et à un autre Marocain, inconnu.

François tente de calmer ses interlocuteurs.

– Arrêtez de crier ! Tout le monde dort !

L'inconnu le saisit par le col de sa chemise.

– Tu payes tes dettes, sinon je vais parler à ta mère !

François se débat pour se dégager et son poing écrase le nez de l'individu, qui se prend les pieds dans une chaise, renverse la table et se retrouve sur les fesses.

Aline n'hésite plus à intervenir.

– Ça suffit ! Qu'est-ce qui se passe ?

C'est le bijoutier qui lui répond.

– Ton fils, il a perdu au jeu et il refuse de payer ses dettes !

François proteste.

– Je t'ai demandé d'attendre un peu, c'est tout !

– Ça fait trois semaines que j'attends !

Aline interroge François du regard, qui baisse les yeux de honte.

Nabiha a discrètement été chercher Mohamad Driss, qui surgit à cet instant, précédé par la vieille Berbère. Les deux Marocains saluent le caïd avec respect.

– Vous ne devez pas venir dans cette maison faire du scandale ! Vos histoires de jeu doivent se traiter dehors !

– Oui, caïd, mais...

– Combien il vous doit ?

– Deux mille dirhams.

– Viens chez moi, tout à l'heure, je te les donnerai.

Aline bondit.

– Non, Driss ! Hors de question que tu payes les dettes de jeu de François.

Elle se porte garant pour son beau-fils.

– Je trouverai cet argent, tu as ma parole.

Le bijoutier la salue.

– J'ai confiance en toi.

Mouloud quitte les lieux, entraînant derrière lui son compagnon.

François reste un instant face à Driss et à Aline. Le garçon est visiblement mal à l'aise et ne sait quoi faire. Mais la colère est la plus forte et il s'échappe en courant. Aline a besoin d'éclaircissements sur ce qui vient de se passer et Driss les lui donne.

– Tu te souviens. Je te l'ai dit à ton retour. Ton arrestation a mis François dans un état de violente colère qu'il n'a pas su gérer. J'ai voulu l'aider, mais je n'ai pas su voir que c'était aussi grave. C'est un peu ma faute, je l'ai délaissé. Laisse-moi t'aider pour l'argent...

– Non, Driss, tu n'es pas son père ! Je ne veux pas que tu donnes de l'argent à ma famille. Je ne le supporterai pas. J'obligerai François à travailler pour payer ses dettes.

Le caïd ne peut qu'être d'accord. C'est donc réglé. Mais il s'inquiète pour Aline qui a choisi de se consacrer entièrement à ses jumeaux, maintenant qu'ils habitent auprès d'elle. Il a accepté qu'elle ne le rejoigne plus chez lui, mais elle lui manque et il a du mal à ne pas le montrer.

– Bon, pour François, nous ferons comme tu veux. Mais, toi, dis-moi comment tu vas ?

– Mal ! Ces enfants, que j'ai attendus toutes ces années, me détestent. Et maintenant, François... J'ai l'impression que tout ce que je fais tourne à la catastrophe !

Le ton est amer et, jusqu'à présent, en dépit des épreuves traversées, la jeune femme n'avait jamais fait preuve de désenchantement. Driss lui caresse doucement le front. Elle se laisse un peu aller, mais se reprend très vite. Si elle se laisse attendrir, elle n'aura plus la force de tenir.

– Ne t'inquiète pas, je vais me débrouiller. Et puis, tu as d'autres soucis à régler...

Elle frissonne. Elle ne lui en parle pas, mais, depuis le matin où elle a entendu les rebelles menacer Driss après l'avoir aperçue, elle, chez lui, elle a peur.

– Fuis-moi, Driss. J'ai l'impression que tu es en danger avec moi.

Il s'approche, elle recule.

– Non, Driss, laisse-moi.

Le caïd ne peut s'y résoudre. Il peut, il veut aider cette femme qu'il admire, si forte, si différente de toutes celles qu'il connaît, la Toubiba exceptée.

– Je t'en prie.

Elle insiste. Il s'y résout, l'âme en peine, le cœur plus touché qu'il ne voudrait l'admettre.

Aline voit Mohamad Driss s'éloigner, sachant que son intimité avec cet homme va lui manquer. Elle a parfaitement conscience que pour apprivoiser ses enfants elle doit se consacrer entièrement à eux, sans leur enlever un seul instant de ce temps qui leur a tant fait défaut ensemble. Elle doit faire des sacrifices. Celui de ses nuits avec Driss, comme celui de son travail avec Paula. Ce sont des sacrifices qui lui coûtent car ils concernent deux êtres auxquels elle est tendrement attachée, mais ce sont des sacrifices qu'elle fait avec la force de cet amour accumulé pour ses enfants pendant toutes leurs années de séparation.

Pendant ce court moment où elle regarde le caïd rentrer dans sa propriété de l'autre côté du sentier, Aline a une pensée émue pour ces deux êtres avec qui elle a créé des liens si intenses...

Pourtant, comment réagirait-elle à cet instant si elle pouvait suivre la Toubiba à Marrakech ? Elle s'étonnerait de la voir marcher dans une rue inconnue en jetant des coups d'œil méfiants derrière elle comme si elle avait peur d'être suivie. Que ferait Aline en la voyant monter dans cette grosse berline noire, à l'allure officielle ? Aurait-elle la curiosité de regarder à l'intérieur ? Quelle serait alors sa réaction en voyant Paula échanger un long baiser passionné avec le conducteur, qui n'est autre que le directeur de la Sûreté, son propre frère, Henri Boissières ? Paula et Henri ? Amoureux ? Amants ? Le choc serait violent. Insupportable.

Mais Aline est chez elle. Le caïd a refermé le portail de sa propriété et la jeune femme remonte prendre le petit déjeuner avec ses enfants.

Toute la journée, Aline consacre son énergie à proposer aux jumeaux des activités qui pourraient les intéresser. Mais Jean et Julie semblent indifférents à tout. Ils suivent avec plus ou moins de bonne volonté. Ils sont dégoûtés par le souk, font des réflexions sur les interdits de Mathilde, les préférences de Mathilde, les jeux avec Henri, les promenades dans la belle automobile d'Henri. Aline, si peu patiente naturellement, doit faire des efforts intenses pour rester calme.

Elle ne peut leur proposer que sa bicyclette et la baignade dans le Souss. Ils restent plantés devant le vélo, avec l'air de se demander si on les prend pour des imbéciles : il n'est même pas à leur taille ! Quant à mettre un pied dans l'eau, pas question. Mathilde ne leur a-t-elle pas dit qu'on pouvait être très malade ?

De retour à la maison, Yvon fait une tentative pour intéresser Jean à son bricolage et lui donne une courroie de caoutchouc à tenir. Le petit garçon lâche tout, regardant ses doigts d'un air horrifié.

– Oh, mais c'est dégoûtant. Regarde mes mains. J'en ai marre d'être ici. Tout est sale !

Julie renchérit.

– Et mon piano ? Je dois faire mes gammes tous les jours.

Bref, de vraies têtes à claques ! Aline se contient. Yvon se contient. Toine s'est réfugié dans la cuisine auprès de Nabiha. Virginie et Flora se sont enfermées dans la chambre de celle-ci et parlent chiffons en vue du mariage.

Reste François qui, depuis la scène du matin, a disparu et qui, en fin de journée, rejoint la famille autour de la table. Alors qu'il se tient à carreau pour ne pas affronter Aline à propos de son attitude et de ses dettes de jeu, il joue machinalement avec les cartes qu'il a sorties de sa poche sans prendre conscience de la provocation. Il a entendu les dernières réflexions désagréables de Jean et Julie et les voit faire la tête. Il les défie.

– Les jumeaux, vous connaissez des jeux de cartes ?

Julie fait un geste de dénégation. Aline, qui au vu des cartes allait se fâcher, se garde bien d'intervenir en voyant l'air soudain captivé de sa fille. François poursuit.

– D'accord ! On va faire un jeu ! Toine, je prends une carte sans te la montrer et tu dois deviner la couleur. Trèfle, carreau, cœur ou pique.

Toine hausse les épaules.

– Il est nul, ton jeu !

François insiste sèchement et Toine, surpris, accepte. Pas vraiment convaincu. Son frère prend un sept de cœur dans le jeu et le montre aux autres.

– Heu... Pique !

– Raté !

François recommence plusieurs fois et, à chaque fois, Toine échoue. À la fin, le garçon s'énerve et envoie tout promener.

– T'es nul ! C'est impossible !

François fait un clin d'œil à son petit frère. Il a obtenu ce qu'il voulait, l'intérêt de Jean et Julie.

– Vous voulez essayer, les jumeaux ?

Jean le regarde avec méfiance. François pose le paquet devant lui.

– Vas-y ! Essaye avec ta sœur !

Jean hésite, puis prend mollement une dame de cœur, qu'il cache à sa jumelle. Celle-ci n'a pas une seconde d'hésitation.

– Cœur.

Deuxième essai avec un trois de trèfle.

– Trèfle.

À partir de là, le jeu devient ahurissant. Jean tire une dizaine de cartes à toute vitesse, que sa jumelle devine instantanément. Julie ne se trompe pas une seule fois. C'est tellement incroyable que l'excitation monte autour de la table. Maintenant les deux jumeaux, heureux d'épater tout le monde, rient chaque fois que Julie trouve une couleur.

Le jeu est terminé et les jumeaux, souriant pour la première fois, regardent les adultes, estomaqués. Ils éclatent d'un rire léger qui entraîne le fou rire des autres.

Aline contemple cette bonne humeur avec bonheur. D'un signe de tête, elle remercie François, qui lui sourit, heureux d'avoir pu se rattraper en lui offrant la joie de ses enfants. Ce que ni l'un ni l'autre ne voient, c'est le curieux regard de connivence que se sont lancés les jumeaux, juste avant de se lever pour dire bonsoir.

Après cette soirée si gaie, Jean et Julie ne font aucune difficulté pour se coucher. Seul caprice : Julie ne veut pas garder le petit chien avec elle et Toine propose de le prendre avec lui dans la chambre des garçons. Aline laisse faire et reste avec les jumeaux. Elle leur raconte une histoire, jusqu'au moment où ils s'endorment, épuisés. Attendrie, elle leur jette un dernier regard avant de sortir et de fermer la porte.

Pendant la nuit, tout est calme. La soirée a détendu tout le monde et chacun dort bien. Soudain, dans sa chambre, Jean se lève, se repérant à la lueur de la lune, qui éclaire suffisamment la pièce. Il réveille sa sœur, qui est vite debout, mais qui a des doutes.

– Tu es sûr ?

Son frère a décidé d'être fort.

– On l'avait dit, on le fait !

Il tire de sous son lit le petit baluchon qu'il a soigneusement préparé.

– J'ai tout prévu. Il y de quoi manger et de l'eau. On y va.

Les deux petites silhouettes se glissent à l'extérieur, évitant la terrasse où Nabiha s'installe encore parfois.

Ils marchent courageusement, Julie tenant la manche de son frère. La nuit est claire et ils suivent la route. Les premiers rayons du soleil pointent derrière le ksour, rendant le paysage plus rassurant.

Mais Julie a peur.

– On va se perdre.

– Mais non, j'ai repéré le chemin en venant ! C'est par là ! Viens.

Terrorisée, la petite fille suit son frère. Dans l'orangeraie de Mohamad Driss, le jardinier fait sa prière et aperçoit de loin les deux enfants. À genoux, il s'incline vers le sol et, quand il se relève, il voit toujours les enfants, puis il replonge.

Jean veut éviter le village et s'engage sur une piste qui s'éloigne du ksour. Il marche sur un fond d'oued sous un soleil qui grimpe dans le ciel. Julie a du mal à suivre. Elle est déjà épuisée et commence à traîner des pieds.

Sur une hauteur, surgissent deux cavaliers berbères. L'un d'eux s'arrête pour observer les silhouettes en contrebas. Il les désigne à son compagnon et tous deux lancent leurs chevaux dans la direction des enfants.

Bien loin d'imaginer l'aventure dans laquelle se sont lancés les jumeaux, Aline se réveille tranquillement et va immédiatement jusqu'à la chambre des petits. Elle est vide. Elle sourit en sortant sur la terrasse, heureuse en pensant qu'ils commencent à s'accoutumer. Elle aperçoit la vieille Berbère qui lave du linge, mais les jumeaux ne sont pas avec elle.

– Nabiha ! Tu n'as pas vu les jumeaux ?

– Non. Ils ne sont pas levés. Je ne les ai pas vus.

– Ils ne sont plus dans leur chambre...

Soudain inquiète, Aline fait le tour de la maison en appelant Jean et Julie. Nabiha a tout lâché pour chercher de son côté.

François et Yvon apparaissent, devancés par Toine et le chien.

– Qu'est-ce qui se passe ?

Nabiha le leur dit. Flora surgit à son tour, suivie de Virginie, toutes deux réveillées par les appels.

Aline revient, affolée.

– Ils ne sont nulle part.

François refait le tour et constate que les affaires des jumeaux ne sont plus là.

– Aline ! Ils se sont habillés !

Flora ne comprend pas.

– Ça veut dire quoi ?

– Ça veut dire qu'on ne les a pas enlevés. Ils se sont sauvés !

Aline, effondrée, regarde le paysage aride autour d'elle. Flora tente de la rassurer.

– Ils sont petits, ils n'ont pas pu aller très loin.

Aline se reprend.

– Tu as raison. Il faut trouver tous les hommes qui peuvent nous aider. François, va prévenir Driss.

Flora recommande au garçon d'appeler aussi les Transports Verlaire de chez Driss et de demander à Gustave de venir avec du renfort.

Une demi-heure plus tard, un camion des Transports Verlaire se gare en bas de la maison. Gustave en descend avec deux chauffeurs.

Flora va à sa rencontre.

– Merci d'être venu.

Son amoureux se veut rassurant.

– On va les trouver. Vous savez par où ils sont partis ?

– Non.

– Bon. Je vous laisse mes gars, moi, je vais rouler jusqu'au village et faire toutes les routes du coin. Ça m'étonnerait qu'ils soient allés bien loin en pleine nuit.

Gustave embrasse rapidement Flora, remonte vite dans son camion et repart. Les deux chauffeurs partent à pied dans la direction opposée.

Aline observe le soleil qui commence à taper fort.

– Ils ont au moins trois heures d'avance sur nous... Ils vont attraper une insolation... Oh, Dieu merci, Driss !

Le caïd arrive en courant.

– J'ai fait le tour des maisons du coin, interrogé tous les ouvriers au cas où l'un d'eux les aurait vus. Salem les a aperçus à l'aube...

– À l'aube ? Et alors ? Où sont-ils ?

Le caïd est embarrassé.

– Ils se sont engagés sur le fond de l'oued. Ils étaient trop loin pour que Salem reconnaisse tes enfants. Il a vu deux guerriers berbères arriver et les emmener. Il a pensé que c'étaient des enfants du village. C'est seulement quand j'ai appelé tout le monde pour les recherches qu'il a compris.

Aline, terrifiée, n'a entendu qu'un mot.

– Emmener ? Mais où ?

– Salem croit avoir reconnu les cavaliers. Ils sont de la tribu des Aït Bou M'zaten.

– Conduis-moi là-bas.

– Je ne crois pas que ce soit une bonne idée. Laisse-moi régler ça. Je connais leur chef. Il ne parlera pas à une femme.

– Je m'en fous, Driss ! Je viens avec toi.

Sur le campement de la tribu, au fond d'une tente, Jean et Julie, effrayés, sont blottis l'un contre l'autre. Brusquement, la portière se soulève et se profile devant eux une silhouette en gandoura noire, chèche noir qui couvre le visage. Les deux enfants crient de peur. L'homme défait son chèche et dévoile des yeux bleus et des cheveux clairs.

Jean est surpris, mais très vite il fait face.

– Je vous préviens ! Papa Henri est le chef de la police ! Il vous tuera si vous nous faites du mal.

Nizam sourit légèrement. Jean s'interpose entre lui et Julie. Le petit garçon serre les poings.

– Et ne touchez pas à ma sœur !

– Tu es courageux, petit, c'est bien.

Nizam va sortir, mais une sensation étrange le retient. Il est troublé. Il se retourne vers les deux enfants, qu'il observe sans bien savoir ce qu'il cherche. Les enfants sont perturbés par ce regard intense qui cherche à lire en eux. Ils ne parviennent pas à discerner les intentions de ce guerrier. Bienveillantes ou agressives ?

*
**

Sorti de la tente où sont retenus les deux petits, Nizam se rend rapidement auprès d'Abdel, le cheikh des Aït Bou M'zaten.

– On m'avait bien dit que tu retenais des petits Français. Je les ai vus. Ils sont très jeunes. Qu'est-ce que tu veux faire avec ces deux enfants, mon frère ?

– Le garçon n'arrête pas de répéter qu'il est le fils du nouveau directeur de la Sûreté. C'est une bonne prise.

– Tu es le premier à fustiger les troupes d'assassins qui déshonorent notre cause ! Ne faisons pas comme eux.

– Crois-tu que les soldats français hésiteront à tuer nos enfants ? Ils l'ont déjà fait. À Assa, à Tarfaya...

– Je sais, Abdel, mais ce n'est pas une raison. Notre combat doit être sans tache ! Nous devons utiliser d'autres armes que le rapt d'enfants !

– Je suis le chef de cette tribu, c'est à moi de décider. Je conçois tes réticences et je comprendrais que tu refuses de lutter contre ton peuple. Je te l'ai déjà dit, tu es libre de renoncer. Mais nous sommes en guerre. Le directeur Boissières est un homme dur et efficace et ces enfants me permettront de faire pression sur lui.

– Boissières ne cédera pas.

Nizam s'est entendu dire la phrase, comme absent à lui-même. Elle est venue du plus profond de lui et il l'a prononcée avec une certitude troublante, qui a frappé Abdel.

– Comment le sais-tu ?

– Je ne sais pas. Je le sens.

– Nous verrons bien. Je me tiens à ma décision.

Abdel s'éloigne. Nizam repart et doit s'arrêter sous l'effet d'un vertige. Il est soudain assailli par des images qui ne représentent rien pour lui, sortes d'hallucinations qui s'enchaînent très vite, sans qu'il puisse y échapper... *Deux jeunes soldats qui courent, l'un d'eux fauché par un coup de feu... Le blessé qui se tient la tête et qui bascule dans le vide... Une jeune femme en robe fleurie sous des lampions, sur un air de valse...* Puis tout devient noir, brutalement éblouissant, et Nizam chancelle, aveuglé par les rayons du soleil qui baisse sur l'horizon juste en face de lui.

*
**

À quelques kilomètres, la voiture de Driss roule sur une piste, soulevant un nuage de poussière ocre. À côté du caïd qui conduit, Aline a le regard noyé dans le soleil couchant.

Soudain, des cavaliers berbères surgissent et entourent le véhicule. Ils brandissent leurs fusils d'un air menaçant et l'un d'eux se penche pour voir les occupants. Ils crient et font des signes à Driss pour le forcer à suivre la piste qu'ils lui désignent. Le véhicule accomplit le reste du trajet sous escorte jusqu'au campement des Aït Bou M'zaten.

Là, le caïd et sa compagne sont invités sans ménagement à descendre de la voiture et sont conduits sous la grande tente centrale, celle du chef de la tribu, comme le murmure Driss à Aline.

Introduit devant Abdel, le caïd palabre longuement avec le cheikh. Aline attend, assise à l'entrée de la tente, et, au bout d'un très long moment pendant lequel elle a cru mourir d'impatience et d'inquiétude, Driss vient la rejoindre pour lui répéter en chuchotant les propos d'Abdel.

– Il dit qu'il ne peut pas te les rendre parce que ce sont les enfants du directeur Boissières qui est leur pire ennemi.

Trop angoissée, Aline se lève et fonce vers le cheikh sans que Driss ait pu l'en empêcher. Elle se jette à ses pieds.

– Ce ne sont pas les enfants du directeur de la Sûreté ! Ce sont les miens !

– C'est le garçon qui l'affirme.

– Je suis la sœur du directeur Boissières. Il s'est occupé de mes enfants pendant un temps, mais il n'est pas leur père. Écoutez, gardez-moi à leur place. Il ne fera rien pour eux. Mais pour moi, il vous donnera ce que vous voulez !

– Il quittera ce pays avec ses policiers et ses soldats ?

– Oh ça, je ne crois pas. Mais il libérera des prisonniers, il vous donnera de l'argent, je ne sais pas...

– Le caïd dit que tu es une femme courageuse. Que tu aimes notre pays. Comment est-ce possible si tu es la sœur de notre ennemi ?

– Je n'ai rien à voir avec mon frère. Je veux juste vivre dans ce pays. Je n'ai pas de domestiques ni d'ouvriers. Depuis des années, je travaille la terre avec ma famille. Mon frère et moi sommes fâchés depuis longtemps.

– Alors pourquoi me donnerait-il quelque chose en échange de ta vie ?

– Parce que je suis sa sœur... Du même sang, vous comprenez ? Il tient à moi et il m'a toujours protégée. Demandez au caïd. C'est un homme de justice, il ne vous mentira pas.

Abdel ne répond pas tout de suite et Aline comprend qu'elle doit respecter ce temps de réflexion. Au bout de quelques minutes, la décision tombe.

– Vous allez passer la nuit dans ce camp. Je te ferai part de ma résolution demain.

– Laissez-moi voir mes enfants... Je vous en supplie, ils doivent être terrifiés.

– Demain.

Le cheikh fait signe à ses hommes et donne l'ordre de conduire le caïd et la femme auprès de la vieille femme.

– Que Aïssa les garde dans sa tente !

Deux hommes s'avancent et encadrent Aline, désespérée, que Driss soutient.

Dehors, dans l'ombre, une silhouette les observe. À la vue de la femme, un trouble incompréhensible s'empare de Nizam. Il la voit disparaître dans la tente qui lui a été assignée. Lui retourne vers celle des enfants. Il soulève la portière et examine les jumeaux qui dorment. Le vertige revient. Intolérable.

Brusquement, Nizam sort de la tente, traverse le camp, saute à cheval et s'éloigne dans la nuit.

Naïma a été mise au courant de ce qui se passe dans le camp par la vieille femme, alors que les deux étrangers étaient encore reçus par son frère. Immédiatement, elle a cherché son époux et l'a vu aller et venir dans le camp.

Cet homme qui semblait troublé, hésitant, ne ressemblait pas au Nizam qu'elle connaît, au guerrier valeureux, à l'homme déterminé, qui a défini clairement son rôle au sein de la tribu. Elle a eu l'étrange sensation d'avoir vu réapparaître l'étranger tel qu'il était au pire moment de son délire. Elle ne comprend pas que son époux ne soit pas venu la rejoindre.

Pourquoi Nizam est-il parti ainsi en pleine nuit ? Naïma sait qu'il n'est pas d'accord avec le cheikh sur le sort des enfants. Elle connaît son frère et la responsabilité qui est la sienne vis-à-vis de ses guerriers. Abdel s'est engagé, il ne cédera pas en face des siens.

Naïma sait maintenant ce qu'elle doit faire. Une femme n'a pas le droit à la parole et personne ne lui a demandé son avis. Mais son cœur lui a donné la réponse qu'elle cherchait.

Elle marche dans la nuit en tenant son ventre douloureux. Elle parle à un grand Berbère chargé de sa protection quand Nizam est absent. L'homme disparaît discrètement. Naïma prend soin d'éviter les zones de lumière et se glisse dans la tente où sont gardés Aline et Driss. Aïssa dort dans un coin. Aline et Driss, incapables de même s'assoupir, sont assis, Aline appuyée contre le caïd.

– Suivez-moi. Ne faites aucun bruit.

Aline et Driss se lèvent vivement et suivent Naïma en silence.

Le grand Berbère les attend près de la voiture. Il tient les deux jumeaux dans ses bras et les tend à Aline. La jeune femme, bouleversée, récupère sa fille dans ses bras et Driss prend Jean.

– Ils vont bien, ne t'inquiète pas.

Encore tremblante, Aline sourit à cette femme dont elle ignore tout et qui prend tous les risques pour lui rendre ses enfants.

Naïma tend les clefs du véhicule au caïd, qui lui murmure sa reconnaissance dans sa langue.

Avant de monter dans la voiture, Aline se tourne vers elle.

– Sois bénie pour ton aide. Comment puis-je payer ma dette envers toi ?

Le regard de Naïma se perd loin dans la nuit, là où son époux a disparu.

– En ne revenant plus ici... Jamais.

Aline acquiesce, sans bien savoir si cette jeune Berbère veut voir disparaître les Français de sa tribu, de son pays...

Dans ses bras, Julie se réveille.

– Maman !

Aline sourit doucement à sa fille.

– Tout va bien, ma chérie. Dors.

Une fois Aline et les enfants dans la voiture, Driss et le guerrier poussent le véhicule en silence pour le faire démarrer une fois hors des oreilles de la tribu.

À l'aube du lendemain, la colère du cheikh est terrible. Une fine baguette à la main, il affronte Nizam.

– C'est toi qui as fait fuir les enfants !

Nizam échange un coup d'œil avec son épouse qui se tient dans l'angle de leur tente, avant de soutenir le regard d'Abdel.

– Je te l'ai dit, je n'étais pas d'accord avec cet enlèvement !

– Très bien... Tu nous as trahis ! Je te bannis de cette tribu...

Naïma se jette à ses pieds et le supplie.

– Non, mon frère, il n'a rien fait. C'est moi... Moi toute seule !

Abdel est interloqué et ses traits se durcissent violemment quand il interroge Nizam.

– Tu es l'homme qui ne ment pas. Ce que dit ma sœur est vrai ?

Nizam hésite, avant d'acquiescer. Abdel lève sa baguette pour corriger sa sœur, mais son beau-frère s'interpose. Les deux hommes s'affrontent en silence. Puis le cheikh renonce et quitte la tente.

Sur la propriété d'Aline, le soleil se lève, éclairant les orangers en fleur. La jeune femme s'est endormie sur la terrasse, près de la fenêtre de la chambre des jumeaux. François apparaît sur le seuil de la maison. Il sourit en contemplant Aline dans son sommeil. Nabiha passe près de lui et lui fait signe de ne pas faire de bruit. Mais Aline ouvre les yeux.

– Tu as encore dormi dehors ?

– Je me dis que là j'entendrais les jumeaux s'il leur passait encore dans la tête l'idée de s'aventurer tout seuls sur les routes... C'est idiot, je sais, mais de toute manière je ne supporte plus d'être enfermée.

– Moi, je voulais...

Il est embarrassé et en bafouille.

– Je me suis conduit comme un idiot. Je voulais te dire... Je... Je suis désolé de...

Aline l'interrompt en souriant.

– Ça va aller, maintenant, hein ?

François va pour répondre, mais un cri d'enfant l'interrompt. Tous deux foncent dans la chambre des jumeaux.

Jean se tient debout devant Julie, accroupie, qui vomit. Aline aperçoit du sang sur le sol. La petite fille lève la tête. Sa bouche et son menton sont couverts de sang. L'image est terrifiante. Aline s'approche de sa fille et la prend dans ses bras. La petite pleure, affolée.

– Maman ! Je ne sens plus mes bras ! Je ne sens plus mes bras !

– François, va vite chercher Paula. Prends mon vélo.

La Toubiba a tout quitté pour venir au chevet de Julie. Elle a examiné la fillette, lui a fait une piqûre de pénicilline et, maintenant, l'enfant, épuisée, s'est endormie.

Bouleversé, Jean ne quitte pas la malade des yeux et ne sait que répéter.

– Qu'est-ce qu'elle a, ma sœur ? Dis, qu'est-ce qu'elle a, Julie ?

Paula lui caresse les cheveux.

– Elle est malade, mais ne t'inquiète pas, on va bien s'occuper d'elle. Tu veux bien rester avec elle, pendant que je vais chercher les médicaments pour les donner à ta maman ?

Jean accepte, satisfait de sentir qu'il peut aider à ce que sa jumelle aille mieux. Lui-même a mal aux bras, mais la Toubiba l'a rassuré. Il ressent les douleurs de sa sœur, mais il va très bien.

Les deux femmes sortent de la maison et se dirigent vers la voiture de la doctoresse. Aline se tourne vers son amie au comble de l'angoisse.

– Alors, qu'est-ce qu'elle a ?

– À mon avis, une arthrite infectieuse.

– C'est grave ?

– Ça peut... C'est dû à une bactérie qu'on attrape dans l'eau. Dans son cas, c'est un pneumocoque. C'est pour ça qu'elle a craché du sang.

– Qu'est-ce que tu vas faire ?

– La mettre sous pénicilline. Et la garder sous une surveillance constante.

– Où est-ce qu'elle a pu attraper ça ? Ici, on stérilise l'eau.

– Sûrement quand elle a été enlevée... Je peux être franche avec toi ?

– Vas-y.

– Je pense que tu as eu tort de les changer de vie si brutalement. La plus grande partie de leur vie, ils l'ont passée dans un grand confort. Ici, ils ont quoi ? Une vie très dure, des maladies dans l'eau et des guerriers prêts à les enlever. Ça fait un sacré changement, non ?

– Qu'est-ce que tu es en train de me dire ? Qu'il faut que je les ramène chez Henri, c'est ça ?

– Je n'ai aucun conseil à te donner, mais les faits sont là. Il va y avoir une guerre dans cette région. Pour qu'un chef de tribu enlève des enfants, cela veut dire que cette guerre va être moche. Vous êtes tous en danger. Et Jean et Julie encore plus.

Maintenant qu'on connaît leur lien avec le directeur de la Sûreté...

Profondément remuée, Aline comprend qu'elle n'a pas le choix.

– Mon Dieu ! Je vais encore les perdre.

– Écoute. Je ne t'en ai pas parlé avant, parce que rien n'était sûr, mais maintenant ça l'est. On me donne la possibilité d'ouvrir une maternité à Marrakech. Il y en a pour trois mois de travaux et, ensuite, je m'installe là-bas.

– Mais... Et le dispensaire, qu'est-ce que tu en fais ?

– Un autre médecin prendra la suite. J'ai envie de faire quelque chose d'utile. Pas de voir mourir des soldats et des guerriers. Viens avec moi là-bas. J'aurai vraiment besoin d'aide.

Tout à coup, Aline est complètement désemparée. Elle désigne la terre autour d'elle...

– Mais tout ça... Je ne peux pas abandonner tout ce travail. C'est aussi pour les jumeaux que j'ai bâti cette maison.

– Et c'est pour eux que tu dois l'abandonner. En ville, Julie aura tous les soins nécessaires... Là, je pars quelques jours à Marrakech. Prends le temps de réfléchir et tu me donneras ta réponse à mon retour.

– Tu pars. Mais Julie ?

– Le traitement que je lui ai donné devrait suffire. Pour l'instant... Mais d'ici une dizaine de jours, si son état ne s'améliore pas assez vite, il faudra envisager de l'hospitaliser. Réfléchis à ma proposition, c'est la bonne solution.

Paula sort de sa sacoche les ampoules pour les prochaines piqûres de Julie et les tend à son amie.

– Si ça t'effraie de piquer toi-même ta fille, demande à Yvon. Il est très au point, maintenant.

Aline est incapable de répondre. Le poids de la décision à prendre l'accable déjà. Elle regarde Paula partir et remonte lentement vers la maison, non sans jeter un coup d'œil déjà nostalgique aux orangers.

Un vieux camion sans aucune indication de transporteur roule sur la piste vers la tribu des Aït Bou M'zaten. Il pénètre dans le campement et s'arrête près de la grande tente du cheikh. Nizam s'approche, intrigué par cette incursion.

Deux costauds marocains sautent du véhicule, suivi du chauffeur qui n'est autre que Gustave Verlaire. Abdel vient à la rencontre du transporteur et lui serre la main.

– Voilà, cheikh Abdel. Il y a tout ce que tu as demandé.

Il invite son interlocuteur à le suivre vers l'arrière du camion que ses deux hommes de main ont débâché. On aperçoit une dizaine de caisses, que les deux costauds commencent à décharger.

Nizam s'approche et se penche pour déchiffrer les inscriptions sur les caisses. Gustave l'apostrophe.

– Eh, toi ! Au lieu de traîner, donne plutôt un coup de main !

Il y a un moment de flottement. Les guerriers berbères, qui ont suivi le cheikh, regardent Nizam avec crainte et se précipitent pour aider au déchargement. Gustave ne comprend pas bien et hausse les épaules.

Soudain, Nizam fait un signe aux guerriers d'arrêter le déchargement. Il désigne une des caisses à Verlaire.

– Ouvre.

Gustave, vaguement inquiet, a un pâle sourire. Sous l'œil attentif de Nizam, cerné par les Berbères, il attrape un pied-de-biche et fait sauter le couvercle d'une caisse. On aperçoit des fusils et des boîtes de munitions.

Nizam prend un des fusils et fait claquer la culasse.

– Ces fusils sont vieux.

Il en prend un autre, répétant le même geste. Puis il ouvre une boîte de balles et en glisse une dans le fusil.

Gustave est mal à l'aise et se défend déjà.

– Hé, je fais ce que je peux. D'accord, c'est pas de la première main, mais ils marchent ! Garanti !

Dans un geste très vif, Nizam braque son fusil sur le visage du marchand qui le nargue avec un air provocateur. Le guerrier tire. Rien ne se passe. Gustave est sous le choc.

Nizam jette le fusil au sol.

– Ce fusil est cassé. Et il doit y en avoir beaucoup comme celui-là !

Gustave surmonte sa violente peur rétrospective.

– Dites donc, pour ce prix-là, vous vouliez quoi ? Les nouveaux modèles de l'armée ?

– Les fusils cassés n'ont aucun prix. Reviens avec des fusils en bon état et tu auras ton argent. Si tu reviens avec des fusils cassés, je te tue. Et si tu ne reviens pas, je te tue aussi. Va-t'en !

Nizam lui tourne le dos et s'éloigne vers sa tente. Gustave cherche l'appui d'Abdel, mais le cheikh se détourne.

Le transporteur fait signe à ses hommes de remettre tout dans le camion. Ceci fait, ils remontent dedans et le camion reprend la piste dans l'autre sens.

Dans la cabine, Verlaire s'éponge le front.

– Celui-là, faudra se débarrasser de lui !

– C'est Nizam, patron ! Il est difficile à approcher.

– On trouvera un moyen.

Pendant que son futur mari fait du trafic d'armes, Flora prépare son déménagement. Elle a étalé ses affaires sur le lit près d'une grande valise. Sa nièce la rejoint avec une robe lavée et repassée qu'elle lui tend.

– Alors, c'est décidé ! Vous vous mariez à Marrakech ?

– Oui.

– Vous ne voulez pas faire une fête ici ?

– Oh, dis, c'est mon troisième mariage ! J'ai passé l'âge de faire la fête. Mais la veille du départ, Gustave a promis une surprise pour notre dernier dîner ici.

– Vous partez quand ?

– Après-demain...

– Déjà...

– Tu veux que je retarde mon départ ?

– Non. Tu vas me manquer, c'est tout.

Flora jette un coup d'œil vers l'entrée de la pièce pour s'assurer que personne ne la voit et plonge la main dans sa valise. Elle en sort une minuscule nuisette en dentelle.

– C'est pour la nuit de noces ! Qu'est-ce que t'en penses ?

Aline, ébahie, se retient de rire.

– C'est très... court, non ?

– C'est fait pour, ma chérie ! Il est pas près de l'oublier, sa nuit de noces, le Gustave !

Toine et Virginie surgissent et pouffent en voyant le minuscule bout de tissu déployé par leur grand-tante.

– C'est quoi, tante Flora ?

Flora replie précipitamment le déshabillé.

– Une chemise de nuit !

– Ça, une chemise de nuit ! Ça doit pas couvrir grand-chose !

– Ouais, tu vas avoir drôlement froid là-dedans !

Flora se retient de rire et fait un pas menaçant vers eux.

– Filez, bande de monstres.

Les deux adolescents s'enfuient en riant. Flora échange un sourire avec Aline.

Comme il l'a annoncé, la veille du départ du couple pour Marrakech, Gustave a organisé un succulent dîner chez Aline. Il a engagé deux femmes pour soulager Nabiha et permettre à la vieille Berbère de participer à la fête.

Aline est touchée par cette attention. Spontanément, elle n'a pas une grande sympathie pour le futur époux de sa tante, mais elle se reproche ses préjugés et fait un effort pour l'accueillir à bras ouverts dans la famille.

Gustave a aussi proposé de transporter le lit de Julie pour que la petite fille, qui semble aller mieux, puisse être parmi eux pour cette dernière soirée de Flora dans la maison.

La table a été dressée dehors dans la caressante lumière de cette fin de journée. Le repas est succulent et chacun se régale. On rit, on plaisante, Gustave traite Flora comme une jeune mariée et elle en rougit. Émotion garantie autour de la table. Pour accompagner la douceur des desserts, Gustave sort deux bouteilles de champagne et sert la tablée. Il trinque en direction de sa future femme.

– Je lève mon verre au bonheur conjugal ! Et à la plus belle femme du Maroc ! Et, maintenant, pour elle et pour vous tous, la surprise promise...

Un camion des Transports Verlaire, conduit par un des chauffeurs, se gare au plus près de la terrasse. Enthousiasme général...

Car, sur la plate-forme, est installé un orchestre de femmes berbères qui joue de la musique traditionnelle. L'une d'elles chante : c'est une très belle jeune fille, aux lourds bijoux d'argent, colliers, fibules et boucles, dont le manteau noir laisse apercevoir une tunique en brocart d'argent fleurie de rouge, de vert et d'orange. Son regard incroyablement clair et direct fait le tour de l'assistance et s'arrête sur François... qui en frémit.

Rires et plaisir. Gustave entraîne Flora dans une danse. Yvon fait de même avec Paula et Toine avec Virginie. François reste assis à dévorer des yeux la séduisante chanteuse.

Aline se lève et Jean vient lui prendre la main. Elle lui sourit, touchée, et tous deux vont s'asseoir sur le lit de Julie. La petite fille prend l'autre main d'Aline. Tous trois savourent ce moment de paix en chansons sous la surveillance d'une Paula complice.

Driss, qui a promis de passer dire adieu à Flora, surgit de l'orangeraie et s'approche de la terrasse.

– Comment va la petite princesse, aujourd'hui ?

Julie lève vers lui des yeux fatigués. Driss lui tend un tissu richement brodé.

– Tiens, je t'ai apporté ça. Ce sont les femmes d'un village de montagne qui le tissent à la main.

Julie prend le tissu, émerveillée.

– Merci.

Aline échange un sourire avec Driss.

Profitant de ce moment de danse avec Yvon, Paula met en garde le jeune homme à propos de son empressement auprès de Zora.

– Je l'aime, Paula. Et elle aussi, je le sais.

– Je comprends, mais tu sais que son père n'acceptera jamais de la marier à un roumi.

– C'est pas juste.

– Non, mais c'est comme ça. Si tu insistes, tu ne la reverras plus. Son père l'enverra loin d'ici ou la mariera de force.

– Et si je n'étais plus un roumi ?

– Comment ça ?

– Si je devenais musulman ? C'est compliqué ?

– Non, mais... Tu irais jusque-là ?

– Oh oui ! C'est la première fois que j'aime vraiment. Je ne vais pas laisser passer ça.

– Sois prudent.

Driss a entraîné Aline faire quelques pas dans l'orangeraie. Par respect pour cet homme qui lui a tant donné, c'est à lui qu'elle annonce en premier la proposition de Paula et le fait qu'elle va sans doute accepter.

– Je pense sérieusement à aller m'installer avec Jean et Julie à Marrakech. Ils seront à l'abri, là-bas, de tous ces combats qui ne vont que s'intensifier dans les mois qui viennent. Et puis...

Il la sent soudain bouleversée et lui prend la main.

– Dans cette guerre, je ne supporterais pas d'être un danger pour toi. J'ai entendu les guerriers, l'autre matin, dans ta maison. Toi aussi tu devras faire un choix. Nous serons peut-être des ennemis dans quelques mois.

Driss s'assombrit. Une grande tristesse l'envahit.

– Je serai toujours là pour toi.

Ils se taisent, marchent encore un peu sous les arbres offerts par cet homme généreux pour que la terre d'Aline donne d'abondantes récoltes.

La voix de Flora appelle sa nièce. Ils reviennent vers la terrasse où les futurs époux s'apprêtent à partir. Sa tante étreint Aline.

– On t'attend, d'accord ?

Gustave n'est pas partisan des longs adieux.

– Merci à tous !

Il est prêt à partir, mais François, Yvon, Toine et Virginie s'approchent. Flora les étreint tous.

Gustave s'impatiente.

– Mais tu vas les revoir ! On dirait qu'on part au bout du monde !

Flora s'approche de Driss et de Nabiha qui sont restés en arrière.

– Vous prendrez soin d'eux, hein ?

Ils la rassurent, elle n'arrive toujours pas à tous les laisser. Elle envoie encore des baisers à Jean et Julie. Elle revient embrasser son fils. Et enfin, les larmes aux yeux, elle s'éloigne à reculons vers la voiture où l'attend Gustave.

Quand elle a disparu, ils remontent tous vers la maison. Sauf Driss qui repart vers sa propriété. Aline le regarde s'éloigner, songeuse. La voix de Nabiha derrière elle la fait sursauter.

– Tu as pris la bonne décision, ma fille.

Soudain, la vieille Berbère s'arrête, inquiète, tendue, et jette un coup d'œil tout autour, guettant les ombres des orangers qui s'allongent dans les derniers rayons de soleil.

Un souffle, presque un râle dans les derniers accords de luth, une noirceur dans l'ombre d'un arbre, une présence réduite à un regard. Indécelable... Le souffle s'étouffe, l'ombre gagne, le regard cherche la jeune femme et s'égare dans les yeux féroces de la vieille guerrière... Un cri éraillé et l'ombre se dissipe...

Ce soir, Aline n'a pas ressenti la présence hostile. L'instinct fulgurant de la vieille Berbère la protège et elle le sait.

– Nabiha, veille sur Jean et Julie...

La vieille femme fronce les sourcils, mais Aline est déjà en bas et traverse le sentier.

Driss, nostalgique, s'est isolé dans sa chambre. Il s'allonge sur son lit. Toutes ses pensées vont vers la femme qui l'a tant bouleversé et dont il sent qu'elle s'éloigne inéluctablement. Soudain, un frôlement le fait se redresser.

Aline est là devant lui, éclairée par les rayons de lune. Ils s'observent et chacun sent l'émotion de l'autre. Elle lui tend la main. Il la prend et l'attire vers lui.

– C'est la dernière fois, n'est-ce pas ?

Il n'attend pas de réponse et elle ne lui en donne pas. Elle se love contre lui et l'embrasse avec une douceur qui, très vite, devient passion.

Le souffle encore, dans la nuit, une noirceur toujours tapie dans l'ombre, une présence tenace, indécelable... Le regard cherche la jeune femme et rencontre la nuit là-haut dans la chambre... Le souffle halète...

Cette nuit, de l'autre côté du sentier, sous la protection de la vieille guerrière, la famille d'Aline dort, rêvant de chants berbères.

Seul François, encore sous le coup d'émotions nouvelles pour lui, n'arrive pas à trouver le sommeil. Depuis l'irruption de Toine dans la chambre des garçons et pour faciliter ses propres allées et venues nocturnes, le jeune homme s'est improvisé un campement dans une resserre sur le côté de la maison.

Soudain il entend un grattement discret à la porte. Intrigué, il allume une bougie et va ouvrir. Devant lui se tient la jeune chanteuse aux bracelets. Elle pose un doigt sur sa bouche en signe de silence et se faufile à l'intérieur.

Sans un mot, elle enlève son voile et découvre un ravissant visage aux joues rondes et aux yeux soulignés de khôl, portant les tatouages traditionnels de sa tribu. Avec grâce, elle laisse tomber sa robe et enlace François. Elle le pousse doucement sur le lit et ils roulent ensemble dans de folles caresses...

Ébloui, épuisé, il s'est endormi dans les bras de la jeune femme. La bougie s'est éteinte, mais la lune éclaire l'expression épanouie du garçon. Elle le fixe avec un sourire heureux, se penche pour effleurer ses lèvres avant de se lever, de se glisser hors de la pièce et de disparaître dans la nuit...

À l'aube, François, instinctivement, cherche la jeune femme près de lui et sa main ne rencontre que le vide. Il ouvre brusquement les yeux, doit constater l'horrible réalité, saute sur ses pieds et fonce à la fenêtre. L'horizon s'éclaire et le garçon ne peut que constater que le miracle de la nuit s'est évanoui. A-t-il rêvé ou a-t-il vraiment, pour la première fois de sa vie, goûté aux joies ineffables de l'amour ? Il ne sait plus et son regard se perd lorsqu'un éclat attire son œil. Sur le sol, à côté du lit, un bracelet brille dans la lueur du soleil levant...

Le lendemain du départ de sa mère, en retournant aider au dispensaire, Yvon a la mauvaise surprise de constater que Zora a disparu. Paula perçoit le désarroi du jeune homme.

– C'est mieux comme ça, Yvon. C'était une histoire impossible. Elle est guérie, tu l'as merveilleusement soignée, elle gardera ce souvenir de toi.

Il veut malgré tout savoir où habitent les parents de la jeune fille, mais la Toubiba l'ignore.

Personne n'a idée de la volonté du discret Yvon pour les choses qui lui tiennent à cœur. Dans les jours qui suivent, il interroge discrètement Sidi et va même rencontrer le caïd.

C'est ainsi que, quelques jours plus tard, selon les indications de Driss à qui il a arraché la promesse de taire son secret, Yvon se retrouve à la mosquée de Boulmane-Dadès, seul face à l'imam.

– Comprends-tu la portée de ce témoignage qui permet à l'Homme de devenir musulman ? C'est par cette formule que l'Homme atteste en premier lieu qu'Allah est Unique...

– Je le comprends...

– Saisir ce fondement principal est vital pour une bonne compréhension de l'islam car tous les actes d'adoration comme les actes de tous les jours sont liés à ce pilier. Tu devras chercher à connaître la profondeur de cette attestation et surtout ne pas la prononcer par habitude... Je t'écoute, frère...

– *Ach-hadou an la Ilaha illa Allah... Wa ach-hadou ana Mohamadene Rassoulouh*[1]...

1. « J'atteste qu'il n'y a pas d'autre divinité que Dieu. Et j'atteste que Mohamed est Son messager. »

– Tu viens d'entrer en islam ! Dieu te protège...

Quelques jours plus tard, Yvon, qui n'a prévenu personne ni de sa conversion ni de ses intentions, emprunte le vélo d'Aline pour se rendre dans un village voisin où, selon l'information de Sidi, habitent les parents de Zora...

– 14 –

Troubles

Plus loin vers le sud, sous une tente de la tribu des Aït Bou M'zaten, une femme hurle de douleur. Le ventre traversé de spasmes insupportables, elle se tord et la vieille femme qui la veille est impuissante à la soulager.

Les cris de souffrance serrent le cœur de toutes les femmes sur le campement. Et les hommes se sentent inutiles dans ces moments où les mères donnent la vie à leurs enfants. En l'absence de Nizam, le cheikh hésite à intervenir. Mais les cris sont trop déchirants et il vient à l'entrée de la tente, où la vieille accoucheuse se précipite.

– Grand cheikh ! Je ne peux rien faire. Elle va perdre l'enfant. Il faut la conduire au dispensaire.

– On ne peut pas la faire soigner par des Français !

Il entend l'horrible gémissement de douleur de sa sœur.

– Grand cheikh... Je t'en prie !

Il hésite avant de finalement consentir.

– Bien. Emmène-la.

Il désigne le grand Berbère qui veille toujours sur Naïma et lui donne l'ordre de conduire sa sœur au dispensaire de la Toubiba. L'homme s'exécute. Avec la vieille femme, ils installent Naïma dans une carriole sur une couverture et la vieille s'assoit près d'elle pour la veiller.

Paula comprend tout de suite lorsqu'elle aperçoit la jeune Berbère très enceinte qui geint de douleur dans les bras d'un grand guerrier, suivi par une vieille nomade à la peau parcheminée toute tatouée.

Elle désigne un lit à l'écart, protégé par un rideau, en s'adressant à l'homme.

– Allonge-la ici et laisse-nous. Sors.

Le guerrier quitte la salle. La vieille reste silencieuse et attend. Paula sait qu'il est inutile de la faire sortir. Elle glapirait en protestation et il faudrait la traîner de force pour qu'elle abandonne la future mère dont elle a la charge.

Dehors, le grand guerrier va attendre près de la carriole quand un cavalier déboule au grand galop et saute de cheval devant lui, l'invectivant et le frappant au visage, avant de se précipiter dans le dispensaire. Un homme, debout devant l'étal d'un marchand, a vu la scène. Il part en courant.

À l'intérieur du dispensaire, le cavalier cherche manifestement quelqu'un. Sidi l'a aperçu et se recule avec un mouvement de crainte. La vieille accoucheuse se jette aux pieds du nouvel arrivant en le suppliant dans sa langue. Mais l'homme, impressionnant dans sa gandoura noire et son chèche de la même couleur qui lui mange le bas du visage, a aperçu Naïma dont Paula ausculte le ventre. Il écarte brutalement la vieille et s'avance menaçant vers la doctoresse.

Il se calme aussitôt en voyant la grimace de douleur qui déforme les traits de sa femme. Il se penche sur Naïma en lui prenant la main et lui murmure quelques mots que Paula ne comprend pas. La Toubiba est surprise par le regard clair et la cicatrice qui barre le front au-dessus du chèche. Elle tente d'expliquer la situation en glissant quelques mots d'arabe et en mimant tout ce qu'elle peut.

– Ton épouse ne va pas bien. Le col est trop ouvert. Je sais que tu ne comprends rien, mais il faut qu'elle reste couchée.

Elle fait le geste.

– Tu comprends ? Couchée jusqu'à l'accouchement. Ce serait mieux qu'elle reste ici.

L'homme fait un geste de dénégation avec la main.

– Quelle tête de mule ! Elle va perdre son bébé ! Tu ferais mieux de sauver ta femme au lieu de tuer des innocents, espèce de sauvage !

Sidi jette un coup d'œil affolé vers le cavalier, qui s'avance calmement et soulève Naïma dans ses bras, non sans remercier le médecin dans un français impeccable.

– J'ai compris ce qu'elle a. Elle restera couchée jusqu'à l'accouchement. Je te remercie.

Paula reste bouche bée. L'homme s'éloigne, puis se retourne.

– Je suis un guerrier. Je ne tue pas d'innocents.

Il sort. Paula reste interloquée.

– Qui c'est, ce bougre-là ?

Sidi, encore sous le choc d'avoir rencontré le guerrier dont le nom est en train de devenir le symbole de la rébellion, lui donne la réponse.

– Nizam !

Quand Aline arrive devant le dispensaire, elle a entendu parler de Nizam, mais ignore que c'est lui qui surgit devant elle, portant une femme enceinte gémissante dans ses bras. L'homme marche en direction d'une carriole et appelle le grand Berbère qui attend plus loin. Mais ce dernier est frappé violemment à la tête par deux hommes qui se sont rués sur lui et que Nizam reconnaît comme étant les deux costauds de Verlaire.

Le grand Berbère s'écroule, laissant Nizam, les bras encombrés par son précieux fardeau, faire face seul aux assaillants. Le premier des deux nervis fonce sur lui, le bâton brandi. Il frappe, mais Nizam, sans lâcher sa femme, esquive d'un léger mouvement du tronc et fait un croche-pied à son attaquant qui s'étale à plat ventre, emporté par son élan.

Aline est hypnotisée par cette scène. D'autres images lui reviennent, qui s'y superposent, souvenirs d'un temps lointain qu'elle croyait perdu : *Arnaud, le soir du bal du 14 Juillet, attaqué par Antoine Derrain... Le même mouvement d'esquive... un croche-pied identique...*

Le guerrier court vers la carriole pour y déposer sa femme, mais le deuxième costaud est déjà sur lui et, bâton dressé, le frappe dans le dos avec violence. Naïma roule dans la carriole avec un cri de douleur et Nizam s'écroule. Le costaud va frapper une seconde fois lorsque le grand Berbère, qui s'est relevé, lui enfonce son sabre dans le dos.

L'apparition de quatre soldats, fusil à la main, déclenche la panique sur la place.

– Fuis, seigneur ! Fuis !

Le grand Berbère, brandissant son sabre, fonce vers les soldats. Nizam hésite une seconde, avec un regard douloureux sur Naïma, puis saute sur son cheval. Dans son élan, le chèche s'est défait, dévoilant son visage. Aline, souffle coupé, n'ose croire ce qu'elle voit.

– Arnaud...

Elle ne voit plus rien. Ni le grand Berbère frapper un soldat qui tombe, ni les deux autres soldats mettre en joue le grand Berbère qui s'écroule, atteint en pleine poitrine. Aline n'a d'yeux que pour le cavalier sur son cheval et, dans cet infime instant où leurs yeux se croisent, dans cette fulgurance où plus personne ne sait ce qui se passe vraiment, elle entend cet homme qui a le visage d'Arnaud lui murmurer :

– Je te la confie !

Un coup de feu le frôle. Il éperonne son cheval et galope sous les tirs des soldats.

La Toubiba, alertée par les coups de feu, est sortie, affolée. Elle voit le massacre et aperçoit, dans la carriole, Naïma, seule, qui gémit. Ses réflexes de médecin décident pour elle. Elle est déjà près de la jeune Berbère et appelle Aline, qu'elle voit là-bas, immobile, au milieu de la place, qui ne réagit pas, le regard fixé sur la silhouette du cavalier qui disparaît au bout de la ruelle.

Sidi est accouru pour aider la Toubiba à transporter la Berbère à l'intérieur du dispensaire. Et, maintenant, celle-ci est penchée sur sa patiente évanouie. Pas très loin, Aline, qui les a suivis machinalement, s'est laissée glisser par terre à côté de la vieille accoucheuse et semble en état de choc.

– Toubiba, les soldats !

La voix de Sidi tremble de colère. Paula lève la tête pour apercevoir les militaires se déployer dans la salle. Elle tire le rideau derrière elle pour dérober sa patiente à la vue de l'officier qui se précipite vers elle.

– Cette femme est l'épouse d'un dangereux rebelle. Nous devons l'arrêter !

– Vous n'arrêterez rien du tout... Cette femme va faire une fausse couche et même mourir si vous ne me laissez pas la soigner !

– Désolé, mais j'ai des ordres ! Soldats !

Deux hommes s'avancent.

– Mais vous êtes fous ! Elle est en train de se vider de son sang ! Regardez ! Mais regardez !

Elle a soulevé le rideau et un coup d'œil suffit au gradé.

– Très bien ! Mais je la maintiens sous surveillance...

– Dans son état, elle n'ira pas très loin.

L'officier s'éloigne avec le reste de la troupe. Pas un instant, pendant cet incident, Aline n'a tourné la tête. Elle est là, décomposée, absente à elle-même. Paula s'inquiète.

– Aline ! Qu'est-ce qui t'arrive ? Aline !

– C'était Arnaud.

– Qui ? Je ne comprends rien. De quoi tu parles ?

– Il est vivant, Paula ! Il est vivant !

– Écoute, on verra ça plus tard. Là, j'ai besoin de ton aide. Cette femme va mourir...

– Je ne peux pas.

Aline se lève pour fuir, mais un cri terrible l'immobilise.

Paula se penche sur Naïma.

– Chut. Doucement. On va vous soulager.

Aline prend enfin conscience de l'état de la Berbère et demande à Paula ce dont elle a besoin.

– Tout ce qu'il faut pour sortir le bébé.

Aline fonce vers un coin de la salle et revient avec ce qu'il faut. Puis elle s'assoit près de la tête de la jeune femme et lui essuie doucement la sueur qui ruisselle sur son front. Elle lui murmure des mots de réconfort, l'encourage, chantonne quelques mesures de berceuse... Naïma la dévisage avec une intensité peut-être due à la douleur, peut-être sent-elle autre chose entre cette femme et elle. Elle tend la main, Aline la prend et la serre.

Beaucoup plus tard, dans la nuit, le cri d'un nouveau-né perce le silence. Sous les yeux attentifs de la vieille accoucheuse, la Toubiba, épuisée, lave le bébé, le sèche et l'examine. C'est un beau garçon, en pleine santé. Elle cherche Aline pour le lui confier, mais son amie s'est écartée du lit où gît Naïma, inconsciente. La vieille tend les bras, prête à veiller sur le neveu du cheikh, et Paula lui confie le nouveau-né et lui dit de venir avec elle chercher un berceau.

Sur le lit, Naïma revient difficilement à elle et ouvre les yeux. D'une voix à peine audible, elle s'inquiète.

– Le bébé ?

Aline est seule avec elle. Elle hésite, mais finit par s'approcher.

– Il va bien.

Maintenant que cet enfant est né, Aline est assaillie par des émotions très contradictoires. Voir souffrir Naïma l'a bouleversée et remplie de compassion pour cette femme dans les douleurs de l'enfantement. Apercevoir le bébé l'a ramenée brutalement à la réalité : c'est l'enfant d'Arnaud qu'elle a aidé à mettre au monde !

Naïma la fixe et soudain la reconnaît.

– Je t'ai déjà vue.

– Oui... Tu m'as aidée à reprendre mes enfants.

Naïma la regarde longuement sans rien dire et tout lui revient de cette nuit dramatique... Le trouble de Nizam surtout... Elle s'affaiblit encore et Aline s'affole de la difficulté qu'elle a à respirer.

– Chut ! Repose-toi, la Toubiba va revenir...

Mais Naïma s'accroche à sa main.

– Non, écoute. Je voudrais que tu dises à mon époux que je l'aime et que je suis fière de lui donner un fils. Je sais qu'il a un passé qui hante son esprit. J'espère qu'il sera heureux, un jour... Tu lui diras ?

– Oui... Je le lui dirai et...

Naïma s'est tue, un dernier sourire figé sur ses lèvres. La Berbère est morte. Elle réprime un sanglot et ferme les yeux de la jeune femme d'un geste très doux. Paula revient et comprend. Dissimulant son émotion derrière son professionnalisme de médecin, elle vérifie le décès.

– Je ferai ramener son corps dans sa tribu. La vieille Berbère veillera sur le bébé.

Aline la regarde, un fol espoir dans les yeux.

– Quand ?

– Demain. Sidi le fera.

– Laisse-moi y aller.

– Tu es folle. Tu ne peux pas.

– C'est Arnaud, Paula !

Paula, impressionnée par l'expression exaltée de son amie, saisit enfin la situation.

– Tu veux dire que Nizam, le mari de cette femme, c'est ton Arnaud ?

– Oui et je ne peux pas le laisser disparaître à nouveau, tu comprends...

– Pardonne-moi, mais, si c'est vraiment lui, pourquoi n'a-t-il donné aucun signe de vie depuis tout ce temps ?

Mais Aline n'entend rien. Elle est habitée par la certitude d'avoir reconnu Arnaud et plus rien ne peut l'en dissuader.

– Il faut que je le voie, Paula. Qu'il voie ses enfants ! Oh Paula ! C'est ma dernière chance de le retrouver.

Paula cède.

– D'accord, tu iras avec Sidi, demain.

Le soir, quand Aline rejoint les jumeaux, ils dorment déjà. Elle reste longtemps à les contempler, un sourire sur les lèvres à l'idée qu'ils vont pouvoir connaître leur père. Le visage d'Arnaud flotte devant elle. Ses traits sont un mélange de ceux du jeune soldat qu'elle a follement aimé dans le cirque de montagnes au-dessus de Gorbio et de ceux du Berbère en gandoura croisé hier sur la place de Boulmane-Dadès. Elle en oublie que si cet homme est vraiment Arnaud, il est maintenant Nizam, un guerrier de la tribu des Aït Bou M'zaten, symbole de la rébellion contre les Français.

Pas très loin d'elle, de l'autre côté du sentier, Driss fait quelques pas dans son jardin. Il a besoin de réfléchir et la paix de ce coin de paradis y est propice.

Un souffle, presque un râle dans le murmure de la fontaine, une noirceur dans l'ombre d'un rosier, une présence réduite à un regard. Indécelable... Le souffle s'accélère, l'ombre s'attache aux pas de l'homme qui marche...

Mais le caïd est un guerrier dont l'instinct est aiguisé. Il ressent la présence derrière lui et son réflexe est instantané. Il évite de peu la lame qui fend l'espace et lui entaille le bras. Le combat est bref, l'agresseur abandonne très vite. Driss aperçoit une ombre qui s'enfuit...

Au lever du jour, Aline se lève et Nabiha lui tend un café déjà prêt. La vieille Berbère s'active dans la cuisine et la jeune femme savoure le breuvage sur la terrasse en admirant les rayons du soleil teinter de rose les sommets de l'Atlas. François surgit en compagnie de Salem, le jardinier du caïd.

– Quelqu'un a essayé de tuer Driss, cette nuit.

Aline et François se sont précipités chez le caïd. Driss les reçoit dans son bureau, à moitié allongé sur le divan, le bras et l'épaule bandés.

Aline ne peut dissimuler son inquiétude.

– C'est grave ?

Touché, il lui sourit.

– Non, une simple égratignure.

François veut connaître les causes de l'attaque.

– C'est un rebelle qui t'a attaqué ?

– Peut-être...

Il se lève. Aline veut l'en empêcher.

– Ça ira.

Il va jusqu'au secrétaire que François a forcé un jour, il y a longtemps. Le caïd prend une feuille de papier dans un tiroir.

– Je veux vous parler. À tous les deux. Bientôt, les partisans du sultan vont prendre le pouvoir dans tout le Sud. C'est inévitable. La première chose qu'ils feront sera d'expulser tous les Français de leurs terres...

Il croise le regard tendu d'Aline.

– J'ai beaucoup réfléchi... Je souhaite adopter François. Il est déjà comme mon fils. Il suffit de signer ce papier. Ainsi, personne n'osera s'attaquer à vous.

L'émotion paralyse François. Aline est toujours sous le coup de l'attaque contre Driss.

– Mais ils s'en sont bien pris à toi !

– Je ne crois pas que ce soient des rebelles.

D'un seul coup, l'horreur des meurtres perpétrés sur les hommes de son entourage lui revient et la jeune femme ne peut que balbutier.

– Je croyais que l'adoption était interdite, chez les musulmans...

– Oui. Il héritera de ma maison et de mes biens, mais ne pourra pas porter mon nom. Le prophète Mahomet avait adopté Zaïd, mais ne lui a pas donné son nom. Ton fils s'appellera François, fils de Mohamad Driss. Qu'en dis-tu ?

– Je ne sais pas, Driss. C'est... c'est à François de décider.

François a les larmes aux yeux.

– Ce serait un grand honneur, caïd. Je ne sais pas quoi dire...

Driss lui ouvre les bras.

– Ne dis rien. Accepte.

Les deux hommes se donnent une accolade, qui fait grimacer Driss.

– Oh, pardon !

Le nouveau fils aide son père adoptif à s'allonger sur le divan sous le regard ému d'Aline.

Mais déjà les événements se précipitent. Un domestique introduit Nabiha, affolée.

– Ou Allah ! Madame Aline. Viens vite ! C'est ta fille !

Le caïd a envoyé François chercher la Toubiba avec sa voiture. Et maintenant Paula examine Julie, dont l'état s'est brutalement détérioré et qui a vomi à nouveau du sang. Jean les surveille avec inquiétude depuis la terrasse. Aline attend le diagnostic de la doctoresse.

– On a attendu trop longtemps, Aline. Il lui faut une sérothérapie. Je ne peux pas faire ça ici. Il faut la transporter à l'hôpital de Marrakech. Très vite.

– D'accord. Le temps de préparer nos affaires et on part.

Paula acquiesce, soulagée. Elle sait l'espoir qui habite Aline et ce à quoi elle doit renoncer pour sauver sa fille. Elle a craint un instant que la jeune femme ne parvienne pas à faire ce choix si douloureux. Mais Aline ne pense qu'à réconforter Julie.

– Ça va aller, ma chérie. Ce soir, tu seras à l'hôpital. On te soignera bien.

Une heure plus tard, Nabiha termine de préparer Julie pendant que François et Yvon chargent les valises dans une camionnette trouvée par Paula. Aline fait un dernier tour au milieu de ses orangers qu'elle ne verra plus avant longtemps. Elle n'a pas vu les deux garçons se rapprocher d'elle.

– Aline, on voudrait te parler. Yvon et moi, on aimerait bien rester.

– Oui, bien sûr, je comprends.

– Dès que Julie sera soignée, tu reviendras. C'est toi qui as créé tout ça. À ton retour, cette propriété sera la plus belle du pays.

– Tu sais, je ne crois pas que je reviendrai ici. En tout cas, pas avant longtemps. Paula a raison. Les jumeaux sont trop fragiles pour cette vie.

– Tu vas t'installer à Marrakech ?

– Peut-être. Paula me propose de travailler avec elle dans sa nouvelle maternité. Et Flora m'a déjà proposé de nous accueillir chez elle. Mais vous avez raison de vouloir rester. On s'est tellement battus pour ça !

Elle a les larmes aux yeux et fait un effort pour ne pas craquer.

– Ça va me manquer... Vous allez me manquer...

Les deux garçons la prennent dans leurs bras et la serrent contre eux un long moment.

Vient l'instant du départ. Nabiha installe Julie pendant que Jean prend place à l'arrière entre Virginie et Toine. Celui-ci ne lâche pas la main de son frère aîné.

– On va plus se voir, alors.

Le ton est triste et François a une boule dans la gorge malgré la légèreté avec laquelle il répond.

– Eh, moustique ! Marrakech, c'est pas l'Amérique. Cinq heures de voiture et je suis là-bas ! Et je pourrais venir te chauffer les oreilles, si tu ne fais rien en classe !

Toine a le sourire.

– Oh ouais !

Jean les considère avec envie.

– Et nous, alors ?

– T'inquiète, ce qui est valable pour un frère l'est aussi pour l'autre !

Dernières embrassades dans les rires et les plaisanteries pour cacher une certaine nostalgie.

Aline s'attarde pour ramasser, au pied d'un oranger, une poignée de terre qu'elle effrite entre ses doigts. Elle respire la terre avec délices et son regard se perd dans le lointain, vers le Sud.

– Arnaud... Arnaud... Je te perds encore...

C'est Sidi qui, ce jour-là, conduit la voiture qui ramène le corps de Naïma aux siens. Sur le siège près de lui, la vieille accoucheuse berce le bébé sans mère qui pleure.

L'apparition du véhicule suscite un grand mouvement dans la tribu. Les guerriers l'entourent. Nizam sort de sa tente, remercie Sidi et prend son fils des bras de la vieille femme. L'enfant cesse aussitôt de crier. Puis, le bébé serré contre lui, le guerrier se recueille un moment sur le corps de son épouse bien-aimée avant de faire signe aux deux de ses compagnons qui attendent pour transporter le corps. Ce qu'ils font avec une extrême douceur, installant Naïma sous sa tente pour la cérémonie d'adieu. Nizam vient s'asseoir près d'elle, protégeant son fils d'une rafale de vent.

Sur la route de Marrakech, après des heures de voiture, l'angoisse est toujours perceptible autour d'une petite fille très mal en point. Personne ne s'intéresse au paysage et les enfants n'ont pas le cœur à chanter ou même à bavarder. Aline a bien fait quelques tentatives de conversation à propos de telle ou telle curiosité sur la route, mais devant le peu de succès rencontré, elle a fini par conduire en laissant ses pensées revenir toujours au sujet qui l'obsède.

Enfin la voiture franchit les remparts de Marrakech, passant sous une porte monumentale, s'engageant dans des artères rouges de poussière, bordées de maisons de glaise et parcourues d'une foule bigarrée.

Et puis encore d'autres murs et d'autres portes, d'autres artères, des ânes, des chameaux, des calèches, quelques voitures, des charrettes surchargées, des ballots sur des têtes, une foule encore, pressée cette fois sur une immense place avec des cracheurs de feu, des diseurs de bonne aventure et des charmeurs de serpent, dominée par une grande tour carrée. Pas le temps de s'arrêter pour admirer, la voiture passe lentement, mais continue de rouler, à nouveau sur une grande artère, et se gare enfin devant l'hôpital.

Aline laisse les trois enfants garder la voiture et appelle un infirmier pour l'aider à transporter Julie. Elle retrouve Paula qui est venue de son côté et, maintenant, elle attend dans le couloir que son amie lui donne les résultats des examens subis par sa fille.

Elle est debout devant la fenêtre à l'étage de l'hôpital. En contrebas s'étale la ville-oasis du Sud, avec ses toits plats qui s'étendent de tous côtés jusqu'à une ceinture de palmiers bleus, elle-même encerclée par le désert. Quelques minarets, quelques palais se dressent au milieu de cette platitude, mais Aline les remarque à peine. Tout naturellement son regard dérive vers la muraille de l'Atlas éclairée par le soleil couchant, qu'une haute tour de pierre rose défie au sein même de la ville, près de la place aperçue plus tôt. Elle apprendra plus tard que c'est le minaret d'une très ancienne mosquée, la Koutoubia, placée là comme une sentinelle face aux conquérants venant du désert.

Paula sort Aline de sa contemplation.

– Tout va bien. La sérothérapie a été efficace. Le médecin la maintient sous pénicilline encore une semaine, mais il n'y aura aucune séquelle...

– Elle peut sortir quand ?

– Demain.

– Je peux la voir ?

– Oui, mais elle dort. Le médecin lui a donné un léger sédatif.

Elles se dirigent vers la chambre. Paula arrête son amie avant qu'elle n'y entre.

– Je repars tout de suite, je ne peux pas laisser le dispensaire trop longtemps. Mon départ approche. La maternité ouvre dans trois semaines. N'oublie pas, je compte sur toi pour l'inauguration !

– Déjà ? Je croyais que ton dossier n'avançait pas. Finalement, tu t'es bien débrouillée.

Paula, soudain mal à l'aise, embrasse rapidement Aline.

– Bon j'y vais. Appelle-moi s'il y a le moindre problème.

Dans la chambre, toute petite dans ce lit d'hôpital, aussi blanche que la taie d'oreiller, Julie s'agite dans son sommeil. Aline s'approche et lui passe la main sur le front. La petite fille délire et prononce deux fois le prénom de Mathilde.

Aline hésite, puis sort et demande s'il y a un téléphone...

Un quart d'heure plus tard, la porte de la chambre s'ouvre et la tête de Mathilde apparaît. Aline se lève pour l'accueillir.

– Elle vous a réclamée. Vous pouvez rester jusqu'à son réveil ?

– Oh oui, bien sûr !

– Bon, je vous laisse. Je vais m'occuper des autres qui m'attendent dans la voiture.

Elle va vers la porte. Au moment où elle va sortir, la voix de Mathilde l'arrête.

– Aline !

Elle se retourne.

– Merci !

*
**

Au même instant, dans une ruelle sombre d'un vieux quartier de la médina, Henri marche discrètement, le chapeau baissé, vérifiant fréquemment qu'il n'est pas suivi. Le passage resserré qu'il a pris s'enfonce entre des *fondouks*, sortes d'hôtels dont les chambres, réparties sur deux ou trois niveaux autour d'une cour réservée aux chameaux, étaient jadis fréquentées par les caravaniers. Aujourd'hui, des particuliers ont récupéré certains de ces caravansérails pour en faire des *ryads*, des maisons de charme avec leurs jardins intérieurs et leurs fontaines rafraîchissantes. Un miracle accompli grâce au captage des sources par des galeries souterraines qui permit à la ville de se couvrir de verdure et de fleurs.

Henri jette un dernier coup d'œil autour de lui avant de pousser une petite porte bleue. À aucun moment, il n'a pu voir la silhouette attachée à ses pas, qui s'est vite enfoncée dans l'encoignure d'une porte au moment où le directeur de la Sûreté s'est retourné.

Henri traverse le patio au jasmin odorant, grimpe un petit escalier et pousse la porte d'une chambre où l'attend une femme en combinaison, qui fume, assise sur le lit. Elle se lève pour enlacer l'arrivant et tous deux échangent un long baiser passionné qui finit sur le lit.

Lorsque, deux heures plus tard, Henri sort, la silhouette qui le guette est toujours là dans l'ombre, dissimulée dans l'encoignure d'une porte. Mais elle ne bouge pas et voit s'éloigner le directeur de la Sûreté sans le suivre. Elle guette encore et son attente est récompensée. Quelques minutes plus tard, la petite porte bleue s'ouvre et laisse passer le Dr Paula Kosinsky, qui se hâte tout aussi discrètement vers la rue où elle a laissé sa voiture.

Quelques instants plus tard, l'ombre sort de sa cachette. Costume trois-pièces, feutre sur les yeux, grand et sec, regard froid, le commissaire Le Hennin part dans le sens opposé.

*
**

C'est dans la ville nouvelle, où se regroupent les institutions administratives du protectorat, des banques, des bureaux et des cafés, qu'Aline, au volant de la camionnette, cherche la maison des Verlaire. Elle trouve enfin la rue où s'échelonnent des villas de grès toutes nouvellement bâties par les Français. Elle stoppe devant le numéro indiqué par sa tante et les enfants se ruent dehors, pressés de se dégourdir les jambes.

Au premier coup de sonnette, Flora apparaît derrière une domestique, qu'elle bouscule presque tant elle a hâte de serrer sa nièce contre elle. Jean et les deux adolescents lui sautent au cou. Elle est ravie de leur ouvrir sa belle maison meublée avec un luxe tapageur par Gustave dans l'intention d'en mettre plein la vue aux autres nouveaux riches du protectorat. Flora les fait tous entrer dans le salon.

– Voilà, vous êtes ici chez vous. Il y a deux chambres pour vous à l'étage. Une pour toi, Aline, et une pour les enfants.

Elle sourit malicieusement.

– Toine, la cuisine est là-bas...

Toine fonce dans la direction indiquée. Virginie se dirige vers la belle terrasse aux magnifiques bougainvilliers de couleur pourpre. Jean, un peu intimidé, la suit. Les enfants partis, Flora s'inquiète pour Julie.

– Elle va rester longtemps à l'hôpital ?

– Non, elle va sortir demain, mais elle a un traitement lourd. Je préfère rester ici... Je pense même m'installer car Paula m'a proposé de continuer de travailler avec elle dans la nouvelle maternité qu'elle ouvre ici.

– Rien ne me ferait plus plaisir. T'avoir tout près de moi !

La porte d'entrée s'ouvre brutalement. C'est Gustave qui rentre, l'air particulièrement préoccupé.

– Bonjour, Aline.

Il lui a fait un vague signe sans s'arrêter, pressé par on ne sait quelle urgence. Il manque de se cogner contre Toine qui surgit en courant de la cuisine, très excité.

– Oh ! Aline ! La cuisine est incroyable !

Maladroit, le garçon renverse un petit guéridon et casse le pot en faïence posé dessus, déclenchant les foudres de Gustave.

– Mais fais donc attention ! Ah, ces gosses !

Toine, tout confus, se précipite pour ramasser les morceaux et Gustave disparaît en continuant de grommeler. Aline ne veut pas ennuyer Flora. Elle la rassure, elle a l'intention de trouver vite un logement.

Flora rigole.

– Ne t'occupe pas de ce gros balourd. Je ne sais pas ce qu'il a depuis deux jours, mais il est d'une humeur de chien. Tu peux rester ici aussi longtemps que tu veux.

– Merci.

Flora entraîne sa nièce vers le canapé. La domestique apporte du thé et Aline doit patienter. Elle veut profiter de ce moment de tête-à-tête pour annoncer l'incroyable nouvelle, celle qui vient confirmer toutes ses intuitions.

– Flora ! Il est vivant !

– Qui ?

– Arnaud... Je l'ai vu, il est vivant !

– Nom de... Viens, allons dans ma chambre, tu vas me raconter ça.

En suivant Flora, Aline aperçoit, par la porte d'un petit bureau, Gustave qui parle avec un de ses nervis et la jeune femme a la nette sensation de connaître cet homme.

*
**

Mis au courant de la mort de l'autre costaud de son équipe, Gustave Verlaire a demandé aussitôt un rendez-vous avec le directeur de la Sûreté. Et maintenant, il fait face à Henri qui joue avec un crayon sans le regarder.

– ... Ces sauvages ont tué un de mes hommes quand il a tenté d'arrêter leur chef. Vous vous rendez compte ? Si les soldats n'étaient pas intervenus, ils les auraient tués tous les deux.

– Qui est ce chef ?

– Il s'appelle Nizam... C'est le fils adoptif du cheikh des Aït Bou M'zaten. Le vieux cheikh est mort et son fils Abdel a pris la suite. Ce Nizam est un tueur qui massacre tous ceux qui se mettent en travers de sa route !

Henri pointe son crayon vers son interlocuteur.

– Voyez-vous, Gustave, le meilleur atout d'un chef de la Sûreté, c'est d'être bien informé et, surtout, de ne pas sous-estimer ses adversaires. Nizam n'est pas un brigand, mais un vrai chef de guerre. Un leader charismatique et intelligent qui va embraser tout le sud du pays en ralliant les tribus. Le capturer serait une bonne opération. Et vous allez m'y aider.

– Moi ? Mais... comment ?

– J'ai dit en préambule que j'étais bien informé. Ce qui veut dire que je sais que vous vendez des armes aux rebelles. Vous avez essayé de fourguer un vieux stock à Nizam et il vous a jeté dehors. C'est pour ça que vos hommes ont essayé de le tuer.

– Henri... Je vous assure que...

Henri le coupe sèchement.

– Ne mentez pas, ça me met en colère. Vous n'irez pas en prison pour votre petit trafic. Au contraire. Je vais vous fournir des armes neuves, que vous allez vendre à Nizam. Je veux juste savoir quand et où se fera la transaction.

Gustave roule des yeux affolés.

– Je ne peux pas retourner là-bas. Après ce qui s'est passé, il va m'égorger.

– C'est votre problème. Activez vos contacts et faites savoir à Nizam que vous avez des armes pour lui.

Henri fait un geste avec son crayon pour signifier que l'entretien est terminé. Gustave se lève. Henri conclut :

– Soyons clairs, je vous épargne parce que vous êtes le mari de ma tante et surtout parce que vous allez m'être utile. Mais si vous me trahissez, je vous ferai condamner pour haute trahison.

Gustave, qui a du mal à respirer, salue vaguement Henri et se dirige vers la sortie. Brusquement, il sursaute et pousse un cri de surprise en découvrant un homme, encastré dans un fauteuil, qui le regarde de ses yeux morts. Gustave accélère le pas pour quitter le bureau.

Le commissaire Le Hennin et son chef s'observent un long moment, avant qu'Henri ne demande :

– Vous avez d'autres informations, sur ce Nizam ?

– Pas grand-chose. Vous avez raison de penser qu'il est intelligent. Il a organisé la rébellion et il a créé des contacts jusqu'ici, à Marrakech.

– Qui ?

– Un jeune professeur de droit. Saïd Heijdi.

– Je le connais. Il est sous surveillance ?

– Oui.

– Très bien, je vous remercie.

Le Hennin s'extrait lentement. Il va vers la porte, mais s'arrête.

– Ce Nizam, on l'appelle aussi « l'homme sans mémoire ». Certains disent même que c'est un Français...

Henri sourcille. Le Hennin s'éloigne pesamment.

Deuxième fausse sortie.

– Saturnin Lefèvre sera guillotiné dans quinze jours à la prison des Baumettes.

Henri reste de glace. Le Hennin sort.

*
**

Assis en tailleur, seul sur une hauteur, Nizam laisse son esprit dériver avec le soleil qui enflamme la montagne. Le regard de la femme croisée devant le dispensaire le hante. Il revoit son visage et le même trouble toujours s'installe.

Brusquement, il entend des pas derrière lui. Il porte la main à son couteau, mais se détend en reconnaissant Abdel.

– Viens, mon frère. Les chefs des autres tribus t'attendent. Saïd Heijdi est là aussi. Tu es sûr de vouloir l'associer à notre combat ? C'est un homme de la ville, un penseur, pas un combattant...

– Aucune révolution n'est faite par le peuple ou par les combattants. Ils n'en sont que l'instrument. Ce sont les intellectuels et les bourgeois qui fondent une révolution. Parce que ce sont eux qui en écrivent les règles. Quand ce pays sera libre, nous redeviendrons de simples bergers et les hommes comme Saïd Heijdi seront nos maîtres.

– Des maîtres que nous combattrons à nouveau.

– Tu commences à comprendre !

Ils échangent un sourire et descendent vers le camp.

– Le Français, Gustave Verlaire, a de nouveaux fusils à nous vendre.

Le visage de Nizam se durcit.

– Quand je le vois, je l'égorge, ce porc ! C'est à cause de ses hommes que je n'ai pas pu sauver Naïma.

– Il dit que c'est un malentendu. Que ses hommes ont agi sans ordre. Nizam, il nous offre des fusils neufs au même prix que les vieux !

– D'accord, mais méfions-nous. Cet homme est un rat !

***

Pour la Toubiba, une période de sa vie se termine. Elle a définitivement abandonné le dispensaire, et déménagé à Marrakech avec Sidi qui a refusé de la quitter. Et heureusement que l'infirmier est là pour superviser les derniers travaux de la maternité. Sans son sens de la diplomatie, nul doute que le bâtiment ne serait pas prêt pour l'ouverture dans quinze jours.

Ce matin, Paula a donné rendez-vous à Aline devant une petite maison de la vieille ville. Elle a refusé de donner la moindre explication sur ce mystérieux rendez-vous et Aline est impatiente d'en savoir plus.

La Toubiba pousse la porte et la fait entrer dans un patio carrelé au centre duquel, dans un cercle de terre, s'enracine un vieil olivier.

– Voilà ! Tu es chez toi !

Aline reste d'abord sans voix.

– Viens visiter.

Ensemble, elles font le tour et Aline ne peut qu'admirer l'intérieur meublé du strict nécessaire. Un salon et une cuisine en bas, flanqués d'une petite chambre. Et en haut, toutes les chambres qu'il faut pour elle et les enfants.

– Merci. C'est incroyable. J'avais commencé à chercher, sans succès. Comment as-tu fait ?

– Oh, un coup de chance.

– Décidément, tu fais ce que tu veux dans cette ville !

Aline, trop absorbée à tout évaluer, n'a pas vu l'embarras de Paula, vite dissipé par l'urgence du déménagement à prévoir.

Opération rapidement organisée avec l'aide de Sidi, toujours lui, qui a trouvé une charrette à bras pour transporter valises, bibelots et autres bagages.

Les enfants parcourent les pièces en riant et en s'interpellant. Assise sur un fauteuil placé sous l'olivier, Julie, encore faible, préside l'événement.

Sur le seuil de la grande maison voisine, un petit homme d'une soixantaine d'années les regarde s'affairer. Il se présente à Aline.

– Bonjour, je suis David Lévy. Je suis votre voisin.

Aline le salue et aperçoit derrière lui un jeune homme nonchalant et une fillette rieuse, à qui elle donne respectivement vingt ans et dix ans.

– Et voilà mes enfants, Joachim et Sarah... Joachim ! Tu vas donner un coup de main.

Le garçon n'a manifestement pas envie d'aider, quand il aperçoit une ravissante jeune fille qui s'apprête à décharger un gros fauteuil. Il se précipite pour lui donner un coup de main avec un entrain qui surprend son père. Aline s'amuse de l'effet produit par Virginie qui n'est pas encore vraiment consciente de sa beauté.

La vie s'organise vite, avec ses anciennes et ses nouvelles habitudes. Aline, en particulier, adore parcourir l'écheveau inextricable des ruelles du souk protégées du soleil par des lattis de bois ou des treillis de roseaux. Elle erre dans l'immense marché artisanal, allant d'échoppe en échoppe où elle peut tout trouver, des épices aux herbes d'apothicaire, des vêtements chamarrés aux laines teintes de couleurs éclatantes, des cuirs aux tapis, des bijoux aux vanneries. Elle ne s'en lasse pas et, en attendant l'ouverture de la maternité, elle est toujours volontaire pour faire les courses.

Ce jour-là, elle est allée jusqu'au marché central où se succèdent les étals de légumes et de fruits le long de l'artère qui relie le quartier européen à la médina. Son panier plein, elle traverse une très ancienne partie de la ville originelle quand elle aperçoit la voiture de son frère en train de se garer. Henri en descend et s'enfonce dans une petite ruelle. Sans bien savoir pourquoi, Aline le suit. Il s'arrête devant une maison bleue et y entre, non sans avoir jeté un coup d'œil alentour.

Aline s'apprête à faire demi-tour en se demandant ce qui lui a pris lorsque des pas précipités claquent dans la ruelle. Instinctivement, elle s'enfonce sous un porche, d'où elle peut voir Paula pousser elle aussi la porte de la maison bleue. Aline hésite sur ce qu'elle doit faire, puis décidée, elle y pénètre à son tour.

Dans le patio, elle entend des rires et des frôlements. Elle s'avance et voit Paula et Henri qui s'embrassent en se déshabillant mutuellement. Elle ne peut s'empêcher de crier et Paula la voit s'enfuir, abandonnant son panier dont le contenu roule sous le jasmin.

Paula a couru derrière son amie sans parvenir à la rattraper. Elle entre en trombe dans la maison, grimpe à l'étage, cherche Aline, qu'elle trouve sortant de la salle de bains, où la nausée l'a précipitée.

– Laisse-moi !

– Je t'en supplie, écoute-moi !

– Non, tu me dégoûtes. Comment tu as pu ? Avec lui ? Tu sais combien il m'a fait souffrir !

– Ça n'a rien à voir avec toi, Aline. Je suis d'accord, c'était le dernier homme auquel j'aurais dû m'attacher. Mais voilà, je l'aime... Ça a été immédiat. Pour lui comme pour moi. Je sais ce qu'il a été capable de faire, mais avec moi, il est si différent, si fragile...

Aline a un rire de dérision.

– Arrête, tu veux ! Fragile, Henri ? Il a détruit je ne sais combien de vies pour obtenir ce qu'il voulait. Tu l'aimes ? Eh bien il te détruira ! Moi aussi, je l'aimais. Mon Dieu, tu ne peux pas imaginer à quel point. Et vois ce qu'il m'a fait !

Soudain, une pensée la traverse, qui l'horrifie.

– Et Arnaud... Tu lui as parlé d'Arnaud ? Tu lui as dit...

– Non ! Je te jure que non !

– Je ne te crois pas. Je ne te crois plus. S'il lui arrive quelque chose par ta faute... Va-t'en... Sors de cette maison !

Paula regarde son amie, déchirée de l'avoir blessée. Elle sait qu'elle ne peut rien expliquer et qu'Aline ne peut pas entendre. Elle sort.

Il faut un gros effort à Aline pour faire bonne figure avec ses enfants. Elle doit organiser leur nouvelle vie. Elle inscrit Virginie et Toine au lycée où, selon leurs tempéraments, l'une brille et l'autre renâcle. Très vite, au bout d'une semaine, le directeur demande à la voir. Il a déjà constaté les capacités exceptionnelles de la jeune fille et veut la faire passer dans une classe supérieure, estimant qu'elle a la maturité nécessaire. Pour Toine, c'est une autre affaire ! L'adolescent n'aime pas les études, et sa sensibilité le pousse manifestement vers des activités moins intellectuelles...

Aline en convient. Elle a toujours désiré que ses enfants soient heureux, et si le bonheur de Toine passe par la cuisine par exemple, puisqu'il est toujours fourré devant les fourneaux, il sera cuisinier !

Quant aux jumeaux, Jean a commencé l'école et montre de vraies dispositions en calcul, alors que sa sœur ne pense qu'au piano. Rétablie, la petite fille ne cesse d'interroger sa mère pour savoir qui va lui donner ses leçons.

Un après-midi, en rentrant de promenade avec Virginie, Julie saute de joie en apercevant Mathilde et Aline ensemble dans le patio. Les deux femmes, avec un sourire de connivence, ouvrent grand la porte du salon et la fillette pousse un cri d'émerveillement en découvrant son piano installé dans la pièce. Elle se précipite, s'y assoit et joue quelques notes avec un magnifique regard de reconnaissance pour Mathilde.

Aline sourit à sa belle-sœur.

– Merci !

– Bon... Je vais vous laisser...
– Non, restez... Elle a son audition au consulat très bientôt et personne ici ne peut la faire travailler...
Mathilde est surprise.
– Vous voulez que je vienne tous les jours ?
– Pourquoi pas ?
– D'accord. Vous savez quel bonheur c'est pour moi... Au fait, vous serez à l'inauguration de la nouvelle maternité ?
– Heu non...
– Je croyais que vous deviez travailler avec le docteur Kosinsky ?
– Les choses ont changé.
Mathilde a un petit sourire.
– Vous ne pouvez en vouloir davantage à Henri de coucher avec Paula Kosinsky que moi !
Aline reste sans voix.
– Vous savez, il ne se cache pas beaucoup. C'est étrange, je n'éprouve aucune jalousie. En fait, Henri ne m'a jamais aimée. On s'y habitue, à force. Le seul bonheur qu'il m'ait donné, ce sont Jean et Julie. Cela dit, il savait que je ne pourrais pas les garder. Je me souviens de vous le jour de mon mariage. Vous étiez si triste et si forte, en même temps. Je savais qu'une femme comme ça ne me laisserait jamais ses enfants. Pardon d'y avoir cru...
– Il nous a fait beaucoup de mal...
– Oui. Je vous en prie, venez à cette soirée, je me sentirais moins seule...
– Je verrai.
Après des gammes pour se dégourdir les doigts, Julie entame le début d'un impromptu de Schubert. Mais, très vite, une fausse note fait réagir Mathilde.
– Oh là ! Je crois qu'on a besoin de moi.
Elle va s'asseoir près de la petite fille. Aline les contemple un moment, un sourire sur les lèvres, puis les laisse.

L'inauguration de la nouvelle maternité du Dr Paula Kosinsky est le mini-événement mondain qui réunit notables français et quelques personnalités marocaines. Tous se pressent dans les salles du bas du bâtiment fraîchement repeint, où un buffet a été dressé.

La Toubiba, sobrement élégante dans une robe blanche, reçoit les uns et les autres. Soudain elle aperçoit Henri, sa femme à son bras. Très vite, le directeur de la Sûreté est accaparé par quelques personnes et Mathilde croise le regard gêné de Paula.

L'épouse sourit avec provocation et fonce droit sur le buffet où elle demande un verre de champagne. Elle avale sa coupe cul sec et en redemande aussitôt une autre. Un homme l'observe, dont elle croise les yeux sombres. L'homme d'une quarantaine d'années, élégant et raffiné, manifestement marocain, soutient le regard de Mathilde sans ciller, avant de se détourner. Elle frissonne, profondément remuée, et se prépare à l'aborder quand son attention est captée par l'apparition d'Aline, ravissante dans une robe rouge au profond décolleté. Elle va la rejoindre, mais Paula traverse déjà la pièce pour accueillir son amie.

– Merci d'être venue.

– Ce n'est pas pour toi !

Le ton est agressif. Paula encaisse.

– Ne sois pas trop dure. Viens, je voudrais te montrer quelque chose.

Elle entraîne Aline hors de la salle. Avant de sortir, Aline fait signe à Mathilde qu'elle revient.

Dans une grande pièce, très efficacement aménagée avec les tout derniers équipements, la Toubiba allume la lumière.

– Regarde ! C'est magnifique, non ? Tout ce dont on a rêvé, toutes les deux. Un enfant sur trois meurt à la naissance dans ce pays. Simplement parce qu'il n'y a pas de structures pour accueillir les plus démunis. C'est à ça que va servir ce lieu. Il y a un travail gigantesque à accomplir. Et j'ai besoin de toi...

– Tu plaisantes ?

– Non ! Parce que ce rêve, on l'a fait ensemble.

Elle ouvre une porte sur une autre salle organisée pour offrir deux emplacements de soins.

– Voilà, c'est notre cabinet.

Aline est mal à l'aise.

– Paula...

La Toubiba l'interrompt, la forçant à écouter ce qu'elle a à dire.

– Tu feras ce que tu veux. Cette maternité ouvre ses portes demain. Tu peux y être ou pas. Mais, avant que tu prennes ta décision, je veux que tu saches ceci : j'aime Henri éperdument, c'est vrai. Mais s'il te faisait le moindre mal, je le quitterais sans hésiter. Crois-moi.

Aline soupire et repart sans répondre. Paula la suit sans insister. Elles retournent dans la salle du cocktail.

Mathilde est en grande conversation avec le beau Marocain. Elle a trop bu et rit trop fort, de manière provocatrice. Henri la fusille des yeux. Elle vacille en direction d'Aline, qui la rejoint vite.

– Vous avez vu ce type ? Magnifique, non ?

Aline tente de l'emmener prendre l'air.

– Venez, Mathilde, Partons.

– Ah non ! Ça fait trop longtemps que je ne me suis pas amusée comme ça. Je... Je reviens...

Elle récupère une coupe de champagne sur le plateau d'un serveur qui passe et en avale le contenu, avant de se diriger vers le Marocain en grande discussion littéraire avec un professeur français. Brusquement, Mathilde trébuche et éclate d'un rire forcé. L'homme s'approche et, avec élégance, parvient à entraîner la jeune femme dans un coin du salon pour la faire asseoir. Fou de rage, Henri traverse la salle, saisit brutalement sa femme par le bras et l'entraîne vers la sortie. Mathilde, soumise, se laisse faire en riant.

Aline glisse à Paula, en passant près d'elle :

– Fragile, Henri ? Je dirai plutôt dur et sans cœur. Je m'en vais.

– À demain ?

Le ton de la Toubiba n'a rien d'assuré, mais elle espère y avoir mis toute la tendresse qu'elle a pour Aline.

Celle-ci ne répond pas et s'éloigne. Près de la sortie, elle sursaute en reconnaissant le commissaire Le Hennin, appuyé contre un mur, qui observe l'assemblée.

– Bonjour, madame Desmazures.

– Qu'est-ce que vous voulez ?

– Rien. J'observe tout ce petit monde s'agiter. Intéressant, non ?

Aline hausse les épaules et va continuer son chemin mais Le Hennin poursuit :

– Il se prépare de grandes trahisons. Les grands de ce monde font mine de négocier une guerre inévitable. Bientôt les petites gens comme nous devront choisir leur camp.

Il sort un journal plié de sa poche, qu'il lui tend.

– En tout cas, en voilà un qui n'aura plus ces problèmes.

Il la salue et sort.

Le regard d'Aline tombe sur le titre : « Saturnin Lefèvre a été guillotiné ce matin à 5 heures. » Aline ferme les yeux de désespoir.

Chez les Boissières, Mathilde, toujours en tenue de soirée, est recroquevillée sur son lit. Henri lui fait face, animé d'une rage froide.

– C'est la dernière fois que tu me fais ce coup-là !

– Tu es jaloux ?

Elle a la voix pâteuse. Il a un rire méprisant.

– Je m'en fous ! Mais le gars à qui tu t'es frottée comme une putain, c'est Saïd Heijdi, un des dirigeants du Mouvement national marocain. Un ennemi de la France !

Elle sourit.

– C'est encore meilleur !

Il s'approche, prêt à la frapper. Mais il se retient et quitte la chambre en claquant la porte.

Le lendemain, dans son cabinet de la maternité, la Toubiba ausculte un bébé, que tient sa maman, venue avec son mari à la consultation. Tous deux marocains, et visiblement pauvres.

– Il a une laryngite, ce n'est pas très grave. Je vais vous...

Elle s'interrompt en voyant apparaître Aline qui a enfilé une blouse blanche. Elle lui fait un sourire radieux et c'est d'une voix légère qu'elle indique aux parents que c'est sa collaboratrice qui va leur rédiger l'ordonnance.

– Aline, tu vois, pour une laryngite ?

Le père sort quelques pièces de sa poche, que Paula refuse.

Aline emmène le couple dans la partie qui lui est réservée. Elle retrouve vite ses habitudes et son plaisir à s'occuper de gens qui en ont un réel besoin. Elle se plonge dans le travail et cela lui permet d'oublier les désillusions qu'elle vient de vivre et l'obsession qui, en arrière-plan, ne cesse de la ramener quelque part dans une tribu du désert.

*
**

De son côté, pendant que son époux veille à la sécurité du territoire, Mathilde s'enfonce dans une ruelle sombre de la médina derrière un adolescent marocain qui surveille sans cesse leurs arrières. Le jeune guide s'arrête soudain devant une maison aux hauts murs ocre et frappe à la petite porte de bois selon un code précis. La porte s'ouvre et il fait signe à Mathilde d'entrer. Elle hésite un instant.

– Vite, madame.

Elle s'engouffre dans la maison où une vieille femme l'attend et la fait monter à l'étage. Elle entre dans une chambre meublée à la marocaine avec une profusion de tapis et de coussins. Un homme se lève pour l'accueillir.

– Soyez la bienvenue dans ma modeste maison.

Elle se trouble sous son regard, affichant un sourire qui ne cache pas complètement son émotion. Elle est étonnée de le voir en gandoura blanche, lui qu'elle a rencontré en vêtements européens à l'inauguration de la maternité.

Il lui prend la main et l'attire vers lui. Elle se laisse entraîner sur le divan par le beau Saïd, l'homme que son mari veut réduire au silence.

*
**

Un soir, en rentrant chez elle, Aline découvre une surprise préparée par les enfants avec la complicité de Flora. Des tentures ornent les murs. Le salon a été aménagé avec d'épais tapis, des poufs, des aquarelles de paysages du Sud marocain, un vase plein de fleurs sur une grande table basse en cuivre. Toine guette sa réaction.

– Ça te plaît ?

– Et comment ! C'est magnifique !

– Il y a une autre surprise pour toi.

Il l'entraîne vers le salon, où Aline découvre Nabiha qui installe verres et assiettes sur la table.

– Nabiha ! Je suis tellement heureuse de te voir !

Elles s'étreignent.

– Les garçons, ils avaient pas besoin de moi. François, il est toujours chez le caïd.

– Et Yvon ?

– Toujours amoureux, *mesquine.*

– Comment va Driss ?

Nabiha fait signe de la main. Comme ci comme ça.

Toine, très excité, tient à préciser que c'est tante Flora qui a fait venir la Berbère grâce aux Transports Verlaire. Et maintenant, il faut qu'il prépare le dîner avec elle.

– Quel dîner ?

– J'ai invité les voisins, les Lévy, à dîner. Et Paula... Ça te va ?

– Très bien.

Joachim frappe justement à la porte.

– Bonjour, madame Desmazures.

– Bonjour, Joachim. Tu peux m'appeler Aline, tu sais.

Toine, en verve, demande à Joachim, arrivé en avance, de l'aider.

Tête de Joachim qui ne s'attendait pas à être embauché en cuisine. Sourire malicieux de Toine.

– Laisse tomber ! Virginie est là-haut.

Flora fait son apparition, toute pimpante. Elle se réjouit de l'absence de Gustave, parti elle ne sait où, qui lui permet d'être en famille pour la soirée ! Aline la remercie pour son indéfectible générosité.

Une heure plus tard, les autres invités arrivent. David Lévy, accompagné de sa fille Sarah, offre un livre ancien à Aline.

– Je vous ai vu le feuilleter l'autre jour. C'est une édition ancienne des *Histoires extraordinaires* d'Edgar Poe. Elle date de 1839...

Aline est troublée.

– Je vous remercie. C'est magnifique, mais je ne peux accepter. C'est trop...

– Mais si... Et c'est fait pour être lu, hein ? Pas pour être rangé sur une étagère. Un livre ne doit pas être une relique, ni un bibelot. J'espère que vous aimez Poe !

L'arrivée de Paula sauve Aline. La Toubiba est accompagné par un élégant Marocain d'une cinquantaine d'années, qui salue la maîtresse de maison.

– Aline, je te présente Malik Faradji... Toine, monsieur Faradji est un des cuisiniers privés du sultan Mohammed. Je lui ai beaucoup parlé de tes dons.

Toine devient écarlate et disparaît dans sa cuisine. Il ne s'attendait pas à voir un tel maître goûter ses plats et ne peut plus que prier le ciel que son trouble ne fasse pas tourner ses sauces.

Dès l'entrée, David Lévy s'écrie que c'est délicieux. Mais le jeune cuisinier a à peine entendu. Il balbutie un merci, tout en observant subrepticement Malik Faradji, qui mange avec délicatesse. Pas de réaction sur le moment. Toine se liquéfie. Enfin le maître relève les yeux et sourit légèrement à Toine, qui se détend.

*
**

Si Gustave Verlaire n'est pas à Marrakech, c'est qu'il est parti livrer les armes à la tribu des Aït Bou M'zaten. Au petit matin, le camion roule sur une mauvaise piste et s'engage dans une gorge. Il est bloqué par deux cavaliers berbères qui font signe de les suivre. Le camion avance, encadré par les cavaliers armés.

À une centaine de mètres derrière eux, sur une hauteur, deux éclaireurs de l'armée observent la manœuvre avec des jumelles.

Une demi-heure plus tard, camion et cavaliers arrivent au pied d'une immense falaise. Des tentes sont dressées, protégées par la muraille.

Suant à grosses gouttes, Verlaire saute du camion. Les guerriers l'entourent. Et Abdel apparaît.

– Bonjour, grand cheikh. J'apporte ce que j'ai promis. C'est du tout neuf !

Un homme s'avance et les Berbères s'écartent pour le laisser passer.

C'est Nizam, le visage fermé, qui se plante devant Gustave.

– Fais voir les fusils.

Gustave n'en mène pas large et fait signe au costaud qui l'accompagne de débâcher l'arrière du camion. Pendant que les hommes déchargent les caisses, Nizam scrute les hauteurs environnantes.

Au même moment, dans son bureau, le directeur de la Sûreté fait face à deux officiers supérieurs et leur indique, sur une grande carte dépliée entre eux, les endroits indiqués par Gustave Verlaire.

Immobile, le commissaire Le Hennin assiste à l'entretien.

Le même jour encore, près de Boulmane-Dadès, une jeune Berbère voilée entre dans la propriété du caïd et aperçoit François qui sort de la maison. Elle baisse son voile et le jeune homme rougit en reconnaissant la chanteuse qui s'est donnée à lui, la nuit du départ de Flora. Avec un sourire, elle prend la main du garçon et la pose sur son ventre arrondi. Puis elle remet son voile et s'éloigne.

François, abasourdi, met un instant avant de s'élancer derrière elle.

– Mais... c'est mon enfant ? Je ne connais même pas ton nom !

La jeune femme se retourne pour lui répondre en arabe.

– Pas ton enfant. L'enfant que tu as réveillé... Dieu te garde !

Puis elle s'enfuit, laissant son interlocuteur tétanisé. Elle croise la voiture de Driss qui entre de la propriété.

Le caïd rejoint François.

– Qui est-ce ?

Très gêné, le garçon balbutie.

– Elle... m'a dit que j'avais réveillé son enfant...

Driss sourit, amusé.

– Tu as réveillé l'enfant qui dort ! Et tu ignores ce que cela signifie. Je vais te le dire. Le mari de cette femme est parti depuis des mois pour le sud avec une caravane. Il est de tradition de dire qu'en quittant son épouse, il a laissé un enfant qui dort dans son ventre. De cette façon, si sa femme a un rapport avec un autre homme pendant ces longs mois d'absence, l'honneur est sauf. Ce sera son enfant !

– Mais... ça veut dire que... je suis le père ?

Driss prend un ton faussement sévère.

– Bien sûr que non ! Elle t'a juste choisi pour « réveiller » son enfant. Tu ne la reverras plus jamais ! Mais elle t'a choisi, François. Garde ça précieusement dans ton cœur, car c'est un cadeau d'amour que peu d'hommes ont le privilège d'avoir reçu dans leur existence.

François est perplexe.

– Drôle de coutume ! Dans un pays où les femmes sont voilées et ne peuvent pas épouser qui elles veulent !

– C'est un pays un peu plus compliqué que ce que tu crois !

Driss laisse François à ses pensées. Le garçon doit aller aider Yvon. Le caïd le sait et s'éloigne pour voir son jardinier Salem, qui travaille un peu plus loin.

Sur le sentier, François se heurte à trois cavaliers vêtus de gandouras et de chèches noirs, armés de fusils. Leur chef n'est autre que le chioukh Husseini, le collecteur d'impôts qui a tué le cheikh El-Mansour. Il apostrophe le jeune homme avec brutalité.

– Dis à ta famille que tous les Français doivent quitter ce pays. Je te laisse trois jours, après ça je reviendrai.

François ne recule pas et affronte le chioukh.

– Jamais nous n'abandonnerons cette terre. Ma famille a souffert pour créer tout ça. Nous ne céderons pas aux menaces d'un bandit.

– C'est moi que tu traites de bandit ?

Il lève son fusil mais, brusquement, le caïd sort en courant de sa propriété. Le chioukh abaisse son arme.

– C'est mon fils que tu menaces, là !

– Ton fils ?

– Oui. Je viens de l'adopter.

Le chioukh pousse son cheval vers le caïd.

– Non seulement tu refuses de lutter à nos côtés contre l'occupant français, mais en plus tu les protèges ou tu les mets dans ton lit !

D'un geste vif, Driss frappe le chioukh, qui tombe de son cheval. Les deux autres cavaliers s'agitent, mais n'osent pas s'en prendre au caïd. Le chioukh, l'air mauvais, se relève pour se retrouver face à Mohamad Driss, parfaitement déterminé, qui affirme :

– Je lutterai pour que notre pays retrouve son indépendance, mais pas aux côtés d'hommes qui massacrent des villageois innocents et désarmés...

– Des traîtres !

– Les femmes que vous violez, les enfants que vous égorgez sont aussi des traîtres ?

Ils s'affrontent un moment du regard.

– Si tu n'es pas avec nous, tu es contre nous ! Tu le sais ?

– Je le sais.

Le chioukh remonte sur son cheval et s'éloigne, suivi par ses deux hommes, sous les yeux inquiets du caïd et de François.

Le même jour toujours, Saïd Heijdi, un des dirigeants du Mouvement national marocain, est assis, torse nu, sur un lit défait. Il parcourt un journal. Derrière lui, une femme est allongée sous les draps et caresse le dos de son amant. Mathilde, le visage marqué par l'amour, demande légèrement quelles sont les nouvelles importantes.

– Fini la drôle de guerre. Les Allemands sont passés à l'offensive. Pour nous, Marocains, c'est plutôt bien. Les Français auront autre chose à faire qu'à nous coloniser.

– Tu veux nous chasser ? Et nous deux ?

Saïd Heijdi se penche vers elle et l'embrasse tendrement.

– Rien ne t'oblige à partir. Tu pourras rester ici... avec moi.

La perspective de devoir affronter son mari panique Mathilde.

– Mais comment ? Jamais Henri ne voudra. Il peut te faire du mal. Il est dangereux, tu sais...

– Je n'ai pas peur de lui. Je te protégerai.

Mathilde, touchée, n'est pas rassurée.

– Tu ne sais pas de quoi il est capable.

– Si on réussit à chasser les Français, il sera l'un des premiers à partir. Et je t'aurai pour moi seul. Je t'aime, Mathilde...

Il l'attire vers lui. Mais même dans l'étreinte, l'angoisse de la jeune femme ne se dissipe pas.

*
**

Dans la soirée, à Marrakech, au consulat, un concert est donné, qui réunit les meilleurs musiciens de la ville. Aline, Paula, Flora, accompagnées de Toine, de Virginie et de Jean entrent dans la salle, où l'on a disposé des sièges devant un grand piano à queue.

Henri et Mathilde entrent à leur tour. Mathilde adresse un signe discret à Aline tandis qu'Henri salue les diplomates et officiels présents.

Aline consulte le programme qui indique la participation, entre autres interprètes, de Julie Desmazures dans le *Scherzo n° 2* de Frédéric Chopin.

Un homme derrière elle se penche vers sa femme pour lui murmurer qu'il a hâte d'entendre une petite fille de sept ans jouer un tel morceau. Aline sourit et s'aperçoit que Jean, qui a lui aussi entendu, fait la tête. Depuis quelque temps, le succès de sa sœur agace le petit garçon. Il est aussi discret qu'elle aime attirer l'attention, ne supportant pas que ses auditeurs ne soient pas entièrement captivés par son jeu. Aline est consciente de cette pointe de rivalité qui se joue entre ses enfants. Elle prend son fils dans ses bras.

Près d'elle, Virginie s'épanouit en voyant entrer la famille Lévy. Elle a gardé une place à côté d'elle pour Joachim, qui vient vite s'y installer et lui prend la main. La jeune fille, vêtue d'une élégante robe décolletée, a presque l'air d'une femme et forme un très joli couple avec ce beau garçon brun.

Brusquement, Aline et Flora se lèvent ensemble : Yvon, vêtu comme un Marocain, vient d'apparaître à l'entrée de la salle. Elles l'embrassent. Et Aline s'étonne de ne pas voir François.

– Il a préféré ne pas quitter la propriété. Tu sais, la situation est tendue.

Aline est aussitôt inquiète.

– Vous êtes en danger ?

– Non. Driss nous protège, mais bon...

Il embrasse Toine et Virginie qui se sont approchés. Flora l'examine des pieds à la tête.

– C'est quoi, cette tenue ?

– Ben... heu... Je... Je me suis converti à l'islam.

Tous attendent les hurlements de Flora, mais celle-ci, très émue, prend son fils dans ses bras.

– Tu as fait ça par amour pour Zora ?

– Oui. Et son père a accepté que je l'épouse.

– Tu es marié ? Cachottier. Tu ne m'as rien dit ?

– On a fait ça très discrètement. Je ne voyais pas Gustave à la fête !

Elle rit, complice.

– Tu as raison... Mais c'est magnifique, mon fils ! Au fond tu es comme moi : un grand sentimental !

Quelqu'un tape dans ses mains pour signifier le début du concert. Chacun prend place. La lumière baisse doucement, ne laissant que le piano éclairé. Le silence s'installe peu à peu.

Brusquement, l'émotion noue la gorge d'Aline. Julie, en robe de faille bleue à col de dentelle réalisée par Flora, se dirige vers le piano. Elle paraît toute menue devant l'imposant instrument.

Avec calme et sérieux, elle s'installe sur le tabouret. Ses pieds touchent à peine les pédales. Ses mains approchent lentement du clavier. Elle attaque avec quelques notes rapides, suivies par une série d'accords plaqués... Puis la sublime mélodie du scherzo envahit la salle. Son jeu est parfait. Brillant. Impérieux.

Tandis que résonne cette musique céleste, les barbares sont à l'œuvre...

... À Paris, les troupes allemandes défilent sur l'avenue des Champs-Élysées.

La petite fille entame le deuxième mouvement...

... Dans la demeure du caïd, le chioukh Husseini et ses deux hommes traversent silencieusement les couloirs, ouvrant violemment la porte du bureau où Driss est assis devant le secrétaire. Les deux hommes lèvent leurs armes et tirent plusieurs fois. Driss, resté digne jusqu'au bout, s'écroule la poitrine couverte de sang. Le chioukh s'approche et l'achève d'une balle de revolver dans la nuque.

L'adagio du scherzo...

... François découvre le corps ensanglanté de Driss. Il tombe à genoux et pleure en prenant dans ses bras la dépouille de son père adoptif.

Le scherzo se termine sur une longue série d'accords... Le dernier résonne... Julie soulève ses mains et reste un instant encore concentrée devant son clavier. Le silence s'installe puis, peu à peu, les applaudissements éclatent...

Aline est bouleversée, entre les larmes et le rire. Mathilde pleure de bonheur. Les deux femmes échangent un sourire.

Lorsque l'enfant revient, chacun veut l'embrasser, la féliciter.

– C'était comment ?

Aline la serre contre elle.

– C'était fabuleux, magique. Tu es une grande artiste.

À ce moment, un domestique entre et glisse quelques mots à l'oreille d'Henri, qui se lève et se tourne vers l'assistance en tapant dans ses mains.

– Mesdames, messieurs, on vient de m'apprendre que les Allemands sont entrés dans Paris. Le maréchal Pétain devient le nouveau chef de l'État français...

Brouhaha général. Henri entraîne sa femme et quitte la salle. Un domestique revient avec des journaux.

Yvon en récupère un et lit les titres.

– Le gouvernement français va promulguer un nouveau statut des Juifs.

Aline ne comprend pas. Il lui tend le journal, bouleversé.

– Tiens. Regarde, c'est une honte !

Aline lit, de plus en plus indignée.

– Mon Dieu ! Mais, ils n'auront plus aucun droit !

Brusquement, elle prend conscience de l'état de Paula à côté d'elle. La Toubiba est livide.

– Paula ! Qu'est-ce qu'il y a ?

– Je suis juive, Aline.

– Tu n'as jamais rien dit.

– Je l'avais presque oublié. Mais ils vont se charger de me le rappeler.

Aline prend la main de son amie et la serre très fort.

Au même instant, sur la muraille qui domine les tentes de la tribu des Aït Bou M'zaten, un militaire, allongé entre des rochers, ajuste la hausse de son fusil. Dans sa ligne de mire, en contrebas, les tentes d'un campement berbère. La détonation claque et le premier homme s'effondre...

Affolés, les Berbères s'échappent en désordre des tentes et se font cueillir par les tirs. Quelques-uns sautent sur un cheval et parviennent à fuir.

Nizam sort en courant d'une tente, son fils dans les bras. Il essaie d'arrêter une monture affolée qui vient de désarçonner son cavalier et n'y parvient pas. Il tend l'enfant à Abdel qui fonce vers lui au galop, tente de sauter en croupe, mais une balle le fauche.

Le cheikh, l'enfant serré contre lui, éperonne son cheval qui s'échappe à vive allure, abandonnant derrière lui Nizam, étendu face contre terre.

– 15 –

Temps de guerre

L'homme est assis sous un carré de ciel bleu aux arêtes vives. Seul entre quatre murailles rouges. Suffoquant dans l'atmosphère incandescente, aveuglé par la lumière crue. Assis sur une terre sans ombre, un sol presque blanc, éblouissant. Adossé dans un angle pour échapper au vertige de l'air qui vibre, à l'égarement du mirage. Le vide est extrême. C'est un espace comme arrêté entre la vie et la mort. Un espace de fin du monde, un vaisseau de terre perdu sur un océan de rochers et de sable.

L'homme seul est épié par des regards invisibles à travers les meurtrières des murailles. Car il est l'ennemi. Le symbole de la rébellion. Celui qu'il faut détruire.

Isolé, brûlé, desséché, il ne lui reste qu'un seul espoir, l'image d'un enfant qui le maintient en vie. Avec parfois un questionnement, le mystère des yeux d'une inconnue qui se confond avec le grand abîme qui habite sa mémoire.

L'armistice signé, le protectorat vit sous le même régime que la France. Le général Noguès, nommé résident général par le gouvernement du Front populaire en 1936, est toujours en place. Il a choisi de se rallier au maréchal Pétain et de suivre la politique prônée par le gouvernement de Vichy.

Fin octobre 1940, lors des rencontres de Montoire, parce qu'il espère encore l'engagement total de la France dans sa bataille contre l'Angleterre, Adolf Hitler refuse de céder le Maroc français à Franco qui le réclame. Pétain n'a pas l'intention d'abandonner l'Afrique du Nord aux Allemands. Il confie même à un émissaire secret la mission de prévenir Churchill qu'il ne leur fournira pas la moindre base en Méditerranée.

Ce qui n'empêche pas le vieux maréchal, au même moment, de rassurer le Führer en adressant un message à tous les Français, où il présente la nouvelle politique de collaboration de l'État avec l'Allemagne, tant sur le plan politique que sur le plan économique.

C'est au prix de cette honte nationale que la France ne se bat plus, alors que partout ailleurs se prépare une guerre totale.

Les communications entre le Maroc et la France sont interrompues et le pays doit vivre en autarcie. S'il ne connaît pas de pénurie grave, les restrictions en matière de produits de première nécessité comme le sucre, le riz, la farine ou la viande se généralisent et les contrôleurs civils procèdent à des réquisitions allant des céréales aux animaux de trait.

Paradoxalement, l'inflation allège le passif des colons endettés par l'achat de leurs terres. Ceux-ci voient leurs dettes envers le gouvernement diminuées, voire épongées. C'est le cas pour la terre d'Aline qu'Yvon et Zora continuent de faire fructifier.

*
**

Ce n'est pas la préoccupation du ravitaillement qui arrête Paula dans les allées du souk, ce matin de septembre 1942, à Marrakech. La Toubiba s'est immobilisée, indifférente à la bousculade de la foule qui se presse entre les échoppes, pour déployer un journal. Et ce qu'elle y lit manifestement la bouleverse.

Soudain, un peu plus loin, deux jeunes gens portant la kippa sont brutalement interpellés par des policiers qui leur demandent leurs papiers. L'un d'eux s'échappe et se fond dans la foule.

Un policier empoigne celui qui reste.

– Embarquez-moi ce salopard !

Il est interrompu par Victor Le Hennin, qui a surgi au milieu des badauds comme un diable de sa boîte.

– Laissez ce jeune homme !

– Commissaire, on a des ordres de Boissières.

– En attendant, moi, je vous dis de le relâcher. Comportez-vous en policiers, nom de Dieu, pas en voyous ! Vous êtes censés représenter la France !

– C'est votre responsabilité, commissaire...

Le policier hausse les épaules en signifiant à son collègue de laisser tomber. Tous deux plongent dans la foule, abandonnant le jeune homme qui ne demande pas son reste et déguerpit.

Quant à Le Hennin, a-t-il réellement été là ?

C'est la question que se pose Paula qui a assisté à la scène. Elle le cherche du regard, mais lui aussi s'est évaporé. Et, dans la foule qui se presse, la Toubiba ne voit plus aucun visage connu. Elle replie le journal brusquement et s'éloigne à grands pas décidés.

Dans sa maison, Aline, installée à la table du salon, écrit une lettre tout en surveillant d'un bref coup d'œil les opérations que Jean effectue en tirant la langue. L'enfant fait ses devoirs près de sa mère tandis que sa sœur, très concentrée, s'exerce au piano, répétant encore et encore le même passage.

Aline écoute un moment sa fille en souriant.

– C'est bien, ma puce, tu as trouvé le bon rythme. Maintenant, viens faire ton calcul pour demain.

Mais Julie a une autre proposition à faire. Elle plaque un dernier accord et fait un clin d'œil à son frère.

– Le calcul, Jean l'a déjà fait, moi je préfère préparer la dictée.

Aline rit, incapable de garder son sérieux lorsque les jumeaux tentent d'utiliser leur gémellité pour en faire le moins possible.

– Je ne crois pas que votre maître serait d'accord avec cette méthode !

Julie est sauvée par l'apparition d'une ravissante jeune fille de vingt ans qui surgit, rayonnante, avec une grande nouvelle à annoncer.

– Aline ! Ça y est ! Il a fait sa demande !

Les jumeaux pouffent.

– Sa demande ? Ça veut dire quoi ?

Comme toujours, là aussi, ils parlent en même temps pour dire la même chose, ou l'un commence une phrase que l'autre termine.

– Joachim m'a demandé de l'épouser.

La porte de la maison s'ouvre et Paula entre.

Les jumeaux ne la voient pas. Ils sont surexcités par l'annonce de Virginie et répètent, toujours en chœur :

– Tu vas te marier ?

– Oui ! Mais d'abord, on va se fiancer.

La jeune fille est folle de joie, elle le répète, elle danse sur place.

Une voix d'homme l'interpelle de l'escalier.

– Qui va se fiancer ?

Toine, devenu un bel adolescent de dix-huit ans, dégringole les marches et entraîne sa sœur dans un tourbillon.

Aline rejoint son amie, heureuse de lui faire partager leur bonheur.

– Ah ! Paula ! Virginie va se fiancer !

Mais la Toubiba n'a pas le cœur à rire. C'est d'une voix d'outre-tombe qu'elle répond.

– *Mazel Tov* ! Encore faudrait-il que Joachim ne soit pas envoyé en Allemagne...

Panique de Virginie qui s'est arrêtée net de danser avec son frère.

– Pourquoi tu dis ça ?

– Pardon, mais les nouvelles sont tellement mauvaises !

Paula, désolée, tend le journal à Aline.

– Quel article, dis-moi où ?

– Ici... Une rafle de milliers de Juifs à Paris !

Sa voix flanche.

– Des familles entières arrêtées, parquées, livrées aux Allemands ! Des femmes en couches, des enfants, des vieillards...

Toine emmène discrètement Jean et Julie hors de la pièce. Virginie lit par-dessus l'épaule d'Aline. Livide, un sanglot dans la voix, elle n'y croit pas.

– C'est effroyable... Mais, Paula, ici, on est loin de la France !

– On n'est jamais assez loin de ces gens-là !

Aline finit de lire l'article.

– Et ce sont des policiers français qui se sont chargés de cette horreur ! Je n'arrive pas à croire que des Français puissent faire ça...

Virginie s'échappe, bouleversée, pour mettre Joachim et son père au courant.

Aline replie le journal et le pose sur le plateau de cuivre d'une petite table basse.

– Qu'est-ce qu'on peut faire ?

Paula la prend dans ses bras.

– Toi... rester ce que tu es ! Moi... rejoindre les miens, s'ils sont encore...

Sa voix s'étouffe, elle se tait et Aline la serre contre elle. Elles restent un moment comme ça, dans la pensée de l'abomination que vit tout un peuple. Puis Paula s'écarte de son amie.

– Il faut que j'y aille. C'est l'heure de la consultation.

– D'accord ! Je te rejoins dès que j'ai vu les jumeaux. Ils ne doivent pas bien comprendre ce qui se passe.

Aline se dirige vers l'escalier. Paula va sortir lorsque, soudain, un choc métallique et un fracas de verre brisé la stoppent net. Elle se précipite vers son amie debout au pied de l'escalier, près du plateau de cuivre renversé et de verres en mille morceaux. Aline a repris le journal et fixe la dernière page.

– Nizam !

– Quoi, Nizam ?

– La photo ! Regarde !

Aline retourne le journal pour montrer à Paula la photo en dernière page. Celle de Nizam, terriblement amaigri, les yeux creusés, tête nue.

– C'est Arnaud ! Le père de Jean et Julie ! Ils l'ont arrêté !

C'est la même photo qu'un peu plus tard, à la Sûreté, Henri examine. Il est assis derrière son bureau. Le journal est déployé devant ses yeux et Aline se tient debout face à lui, le doigt posé sur l'article, récitant le titre qu'elle sait par cœur.

– Nizam, qu'on croyait mort, a été enfin démasqué comme le renégat Arnaud Villiers, déjà donné pour mort en 1931. Il va être traduit devant un tribunal militaire pour être jugé.

Elle fixe son frère.

– Quand avais-tu l'intention de me le dire ?

– Personne n'était au courant. Les militaires le gardaient au secret depuis sa capture. Jusqu'à ce qu'on retrouve son identité.

– Ne me dis pas que toi tu ne savais rien !

– Non. Rien n'a filtré. Jusqu'à cette fuite dans le journal ! Mes services avaient acquis la certitude que Nizam avait été exécuté discrètement pour ne pas en faire un martyr.

Elle est dans un état de grand bouleversement, passant de l'incrédulité à la passion.

– J'ai toujours senti qu'il était vivant ! Il était là, tout près de moi pendant toutes ces années. Nous n'avons pas arrêté de nous croiser. À chaque fois, j'avais cette sensation bizarre, à laquelle je ne voulais pas croire... Tu dois le sauver, Henri !

– Il va passer devant le conseil de guerre pour haute trahison. Je ne peux rien faire.

Elle a un sanglot.

– Je ne le perdrai pas une seconde fois !

Elle se reprend violemment.

– Je veux le voir ! Tu entends ? Débrouille-toi comme tu veux, mais je veux le voir ! Je t'en supplie...

Quelques jours plus tard, Henri a fait jouer ses relations et se retrouve dans le fort, isolé en plein désert, où l'armée garde son prisonnier. Un homme de troupe les conduit, lui et un gradé qui ne doit pas quitter un seul instant le visiteur. Le soldat les mène jusque devant la porte de la cellule et ouvre le judas.

Henri y jette un coup d'œil et voit son ancien camarade, assis, le regard ailleurs. Soudain, se sentant observé, Arnaud saisit son écuelle et la balance contre la porte. Henri a un brusque mouvement de recul.

– C'est tout le temps comme ça. C'est un dur à cuire. Un irréductible. On lui a fait subir des interrogatoires musclés, vous pouvez me croire ! Il a rien lâché.

– Et son passé, il se souvient de quelque chose ?

– De rien. Et je le crois. À mon avis, il est devenu marteau !

– Son ancienne fiancée voudrait le voir.

Henri se penche sur le judas pour apercevoir une dernière fois le détenu. Arnaud est à nouveau prostré.

– Vous êtes certain qu'il ne se rappelle rien de son passé ? Ce n'est pas un simulateur ?

– Franchement, je mettrais ma main au feu que ce type a perdu la boule, on l'a jamais pris en défaut.

Il faut encore quelques jours et de nouvelles démarches pour qu'Henri obtienne une permission de visite pour sa sœur. Aline ne saura jamais l'accord passé entre le directeur de la Sûreté et les militaires. Tout ce qui l'intéresse pour l'instant, c'est de se retrouver face à Arnaud.

Et en même temps, au moment de descendre de la voiture de Paula qui l'a accompagnée jusqu'au fort, une crainte irrationnelle l'habite.

– J'ai peur, Paula... C'est insensé. Je ne l'ai pas vu depuis dix ans.

– Et tu l'as aimé dès le premier regard !

Le sourire de la Toubiba est encourageant, mais Aline n'est pas prête à sortir du véhicule.

– Nous n'avons passé que cinq jours ensemble, c'est tout ce que la vie nous a accordé !

– C'est le père de tes enfants.

– Tu l'as dit toi-même. Pourquoi est-ce qu'il n'est jamais revenu ? Pourquoi est-ce qu'il n'a jamais donné signe de vie ?

– Vas-y ! Tu dois le faire. Tu ne peux pas reculer.

Aline, paralysée, regarde la porte de la prison...

– Tu sais que tu n'as pas le choix. Vas-y. Je t'attends.

Dernier sourire, dernière hésitation, geste d'encouragement, Aline se raccroche à tout. Enfin, elle ouvre la portière et marche seule dans le vent de sable brûlant vers la porte du fort.

Dans sa cellule, le prisonnier marche d'un mur à l'autre. Et ainsi, à l'infini. À chaque fois qu'il traverse le faisceau de soleil qui passe par la lucarne, c'est comme un éclair qui le fait ciller. Une lumière de plus en plus hachée dont le rythme s'accélère.

Brusquement, il se prend la tête dans les mains et se laisse tomber sur son grabat. Des flots d'images se bousculent derrière ses paupières, des bribes de scènes... Une place de village... Une valse musette et des lampions... Une bousculade, un tohu-bohu... Des éclats de voix, des regards, encore et toujours celui d'une femme... Un soldat dont le visage efface tout le reste et une détonation qui claque...

Un claquement encore, celui d'une serrure. Il reprend conscience de la cellule. Il voit la porte s'ouvrir et un soldat se profiler sur le seuil.

– Parloir ! Passe tes mains...

Le détenu est menotté. Puis il est conduit le long des couloirs sans rencontrer quiconque en dehors des gardiens qui jalonnent le parcours.

Il est poussé dans une salle où il n'a jamais été, le parloir. Il ne sait pas que l'indiscrétion d'un journal lui vaut de ne plus être au secret, mais aussi d'être bientôt déféré devant le tribunal militaire.

Il entre dans la pièce, les mains entravées, escorté par deux gardes armés qui le font asseoir sur une chaise.

Une porte s'ouvre de l'autre côté. Un gardien invite le visiteur à entrer, puis aboie.

– Un quart d'heure !

Arnaud est surpris de découvrir une femme qui s'assoit en face de lui, troublée, intimidée. Ils se dévisagent longuement. Il lui semble l'avoir déjà aperçue, mais il ignore qui elle est. Elle veut prendre sa main...

Un des deux gardiens restés dans la salle, debout derrière Arnaud, gueule.

– Pas de contact physique !

– Arnaud...

Elle a murmuré un nom. Il cherche toujours à faire émerger quelque chose en lui. En vain.

– Qui êtes-vous ?

La femme est jeune. Elle est belle, elle lui a paru grande et il la voit fermer les yeux un instant en cherchant son souffle. Quand elle parle, c'est d'une voix basse, comme si elle voulait ne pas être entendue des gardiens.

– Tu ne te rappelles pas ? Tu ne te souviens de rien ?

– Non... Ma vie a commencé ici, dans le désert...

– Tu as oublié ? Gorbio, le bal du 14 Juillet... Tu es arrivé avec mon frère, Henri. Vous étiez soldats tous les deux... Un garçon m'a agressée et tu m'as défendue... Dès que je t'ai vu, j'ai su que tu allais bouleverser ma vie ! Arnaud...

– Arnaud ? Ils disent que c'est mon nom ?

– Oui. Arnaud Villiers.

Arnaud, pris d'un terrible vertige, passe la main sur son front.

– Je... Je vous ai aimée ?

– Oui... Et de cet amour, deux enfants sont nés.

La confusion est de plus en plus forte.

– Des enfants ?

Elle acquiesce. Il se lève en renversant sa chaise. Le trouble est trop grand. Il s'écroule au sol, inconscient.

Elle se lève pour le secourir, mais les deux gardiens ont déjà pris le prisonnier sous les bras et l'entraînent sans ménagement hors du parloir. Aline, impuissante, voit la porte se refermer.

C'est dans un état second que la jeune femme fait le chemin inverse pour revenir à la voiture où l'attend Paula. La Toubiba est effrayée par l'agitation de son amie, son regard perdu et son incapacité à parler.

– Tu l'as vu ?

Aline acquiesce. Paula attend qu'elle retrouve sa respiration et que les larmes arrivent enfin.

Après un temps, Aline murmure juste :

– Il ne se souvient de rien.

– T'avoir vue peut l'aider. Il faut laisser faire le temps.

Son amie tente de refouler ses pleurs.

– Il n'en a pas. Il est très affaibli... Et puis aussi, il va être jugé pour désertion et passage à l'ennemi. Ils peuvent le fusiller.

Paula fait son possible pour la réconforter, mais que dire devant l'inéluctable ? Aline veut espérer.

– Il faut que je fasse quelque chose. Je vais essayer de contacter ceux pour qui il s'est battu toutes ces années !

Elle se raccroche à la folle perspective que le destin puisse se retourner. Elle ne peut avoir retrouvé l'homme qu'elle n'a jamais cessé d'aimer, le père de ses enfants, pour qu'il lui soit arraché aussitôt.

*
**

À la Sûreté, dans son bureau, le commissaire Le Hennin ferme soigneusement la porte à clé en faisant attention que personne ne l'entende. Puis il fouille des dossiers dont il extrait quelques papiers qu'il fourre dans sa serviette. Il replace ensuite les dossiers dans une armoire métallique à combinaison qu'il referme méticuleusement avant d'aller rouvrir sa porte et de se préparer à sortir. Mais deux hommes s'apprêtent à le rejoindre.

Le directeur de la Sûreté, accompagné d'un trentenaire épais au visage carré s'avance dans le couloir. Le nouveau venu n'est autre que l'inspecteur Morton, celui qui avait accueilli Victor Le Hennin lors de son arrivée au Maroc. Un homme qu'il n'appréciait pas, ce qui du reste était réciproque. La question que pose Morton au directeur ne peut que le confirmer.

– Ce Le Hennin, vous êtes sûr de lui ? Parce que pour moi, déjà, à Mogador, il n'avait pas l'air franc du collier ! J'peux pas dire que j'l'avais à la bonne !

– Eh bien forcez-vous, Morton. C'est un bon policier, un limier qui peut être retors à l'occasion. Il est sûr, a priori. Toutefois, vous avez raison. Il n'est jamais mauvais d'être trop prudent et le tenir à l'œil fera aussi partie de vos nouvelles fonctions ici.

Les deux hommes sont arrivés devant le bureau du commissaire, dont la porte s'ouvre au même instant pour laisser sortir Le Hennin qui s'efface, surpris.

– Ah, bonjour, monsieur Boissières...

Avec un coup d'œil contrarié à Morton, il invite les deux hommes à entrer et retourne s'asseoir à son bureau, glissant rapidement sa serviette à ses pieds.

– Commissaire Le Hennin, vous connaissez déjà l'inspecteur Morton, je crois.

– Oui.

Le ton du commissaire est glacial. Morton lui tend une main plutôt molle et il la serre à regret.

– Ça va comme vous voulez, commissaire ?

Le Hennin ne répond pas. On le sent exaspéré, ce que note parfaitement Henri, qui prend la parole après avoir bien observé les deux policiers.

– Très bien, messieurs ! Commissaire, le général Noguès m'a chargé de renforcer votre équipe pour faire face à la recrudescence des coups de force des nationalistes, qui relèvent la tête en pensant que la France est facile à vaincre. L'inspecteur Morton a fait ses preuves et il a toute ma confiance. Il sera pour vous un excellent adjoint !

– J'ai pour habitude de choisir mes adjoints moi-même...

– Eh bien, nous dirons que c'est pour rompre votre routine ! Bon, la priorité, c'est ce terroriste, Saïd Heijdi. Il a tenu une réunion la semaine dernière où il a lancé le mot d'indépendance. Nous devons le mettre hors d'état de nuire. Nos hommes ont déjà repéré deux de ses planques...

Morton intervient avec brutalité.

– Parfait, on fait une descente. Une balle dans la nuque et c'est réglé !

Henri se penche vers Le Hennin, comme pour lui dire en aparté, mais en prenant soin d'être entendu de l'autre :

– L'inspecteur Morton est un peu vif...

Le commissaire semble ne pas avoir entendu Henri. Toujours glacial, il répond à la remarque de Morton.

– Je suis au courant. Voici mes ordres. On surveille Saïd Heijdi. Si vous le perdez, vous en assumerez les conséquences. Dès qu'il tient une réunion, on l'arrête discrètement avec tout son groupe. Pas de descente musclée, ni de balle dans la nuque.

Henri acquiesce.

– Évidemment ! Nous ne voulons pas en faire un martyr.

Morton s'agite.

– Pardon, mais c'est une perte de temps. Ces bougnoules, ils comprennent que la trique !

Henri intervient avant Le Hennin pour éviter le clash.

– Morton, ne nous enflammons pas ! Le commissaire commence à connaître ce pays et je l'approuve. Nous ferons ce qu'il dit.

Morton lorgne du côté de Le Hennin et son regard ne présage rien de bon. Mais, finalement, il cède et acquiesce.

Satisfait, Henri pose une enveloppe sur la table et s'adresse avant tout au commissaire.

– Nous avons là une liste des collaborateurs qui ont témoigné des sympathies pour de Gaulle. À surveiller... Du moins jusqu'à ce qu'ils montrent des signes d'activités subversives. Auquel cas, ce sera à vous de jouer !

Le Hennin ne bouge pas un cil.

– Bien, monsieur.

– Messieurs, il ne me reste qu'à vous souhaiter bonne chance !

Henri Boissières sort, apparemment content de lui, Morton sur ses talons. Le Hennin se lève et va jusqu'à la porte vérifier qu'ils sont bien partis. Il ferme la porte de son bureau, revient s'asseoir et décroche le téléphone.

– Mademoiselle, je voudrais le 43 à Casa.

Il attend que la communication soit établie. Quelqu'un décroche.

– C'est le flic ! Envoyez-moi quelqu'un, j'ai la liste des gaullistes repérés, il faut les évacuer... Je vais tâcher de trouver qui balance. Et attention, Boissières m'a foutu un cafard sur le dos, l'inspecteur Morton.

Parmi ses responsabilités du moment, le directeur de la Sûreté est le garant de l'exécution des lois de Vichy. Il doit donc s'assurer du port de l'étoile jaune par les Juifs des deux sexes de plus de six ans. Et vérifier qu'ils respectent bien les interdictions de sortir après 20 heures, de changer de domicile, de se réunir ou même de fréquenter des spectacles. Le sultan s'est fermement opposé à ce que ces lois soient appliquées aux juifs marocains, mais les juifs français et étrangers les subissent. De nombreux enseignants, des avocats et des médecins ont déjà été interdits d'exercice. Paula ne devrait plus pouvoir soigner, encore moins diriger la maternité. Elle passe outre et, pour l'instant, elle se sait protégée par Henri. Mais sa relation même avec ce dernier lui pose désormais un problème de conscience.

Dans la maison bleue où le couple se retrouve régulièrement, elle est là, face à son amant qui vient d'entrer. Il veut la prendre dans ses bras mais, doucement, elle le tient à distance.

– Henri, je sais que tu crois pouvoir être libre et agir comme tu l'entends en gardant ton poste, mais c'est une illusion ! Regarde ce qui se passe en France. Tôt ou tard, tu seras obligé de faire ce qu'ils te demanderont !

Henri écarte les mains de Paula, s'assoit sur le lit et l'embrasse tendrement dans le cou.

– Non, Henri, écoute-moi. C'est important... Aide-moi à partir rejoindre les miens. Viens avec moi.

– Je ne peux pas, Paula. Toute ma vie j'ai rêvé d'être quelqu'un d'important. Tu ne peux pas comprendre. J'ai tout sacrifié à ce rêve. Mes amis, ma famille...

Elle se lève, brutale.

– Henri, un jour, ils vont te demander de me livrer moi, et les Lévy. Tu feras quoi ?

Il hausse les épaules.

– Ça n'arrivera pas.

– C'est ce que disaient mes grands-parents... Et puis c'est arrivé ! Et ça arrive en ce moment, tous les jours !

Buté, il se refuse à répondre. Elle insiste.

– Henri, un jour, il faudra rendre des comptes ! Il est encore temps de choisir.

– Je suis un fonctionnaire. Mon premier devoir, c'est d'obéir.

Elle le regarde, atterrée.

– Non. Avant d'être un fonctionnaire, tu es un être humain. Tu as le choix !

– C'est trop tard ! Tu as raison, nous n'avons pas d'avenir, Paula.

Elle s'approche de lui pour lui prouver qu'il a tort, qu'ils ne supporteront pas d'être séparés, qu'il lui suffit de prendre la bonne décision. Mais il s'est raidi et la repousse.

– Paula, je ne peux pas faire autrement. C'est ma vie.

Ils s'affrontent un instant en silence. Puis elle se détache de lui. Lasse. Déjà loin.

– Comme je te plains. Adieu.

Elle ouvre la porte et disparaît. Une expression de douleur déforme les traits d'Henri.

Au même moment, dans le dédale des ruelles de la médina, Mathilde, en tailleur sombre et foulard sur la tête, se faufile dans la foule marocaine. Elle arrive devant une petite maison aux murs roses. Elle frappe selon un code. La porte s'ouvre. Elle entre.

À la Sûreté, dans le bureau des inspecteurs, le téléphone sonne. Morton décroche. Il écoute un moment, avant de demander en arabe à son interlocuteur s'il est sûr de son information. Il a sa réponse, il raccroche, se lève et prend sa veste en balançant à la cantonade.

– On a localisé Saïd Heijdi !

Le commissaire Le Hennin rejoint l'inspecteur et les policiers en civil qui se précipitent dehors. Les portières claquent et les véhicules démarrent en trombe.

Sur le trottoir d'en face, un jeune Marocain qui a assisté à la scène s'élance vers la médina.

Au premier étage de la maison rose, dans une chambre, Mathilde, en déshabillé, est allongée au milieu des coussins. Elle regarde son amant qui se rhabille.

– Mathilde, sois plus prudente. Tu ne dois plus revenir ici, c'est trop dangereux.

– Je ne veux plus retourner chez Henri.

– Tu sais très bien qu'il ne te lâchera pas. Je ne peux pas prendre le risque de te garder avec moi.

– Saïd, je... je suis enceinte... Je ne veux plus être séparée de toi, c'est trop dur !

Saïd la fixe, interloqué. À ce moment, la porte s'ouvre à la volée sur le jeune Marocain qui faisait le guet devant la Sûreté.

– Les flics ! Ils arrivent !

Le garçon file aussitôt. Saïd jure en arabe, attrape un pistolet, une veste, et s'arrête une seconde sur le pas de la porte.

– Mathilde, en m'engageant dans la lutte pour libérer mon pays, je savais que je devrais pouvoir tout quitter d'une seconde à l'autre. Mon engagement est plus important que tout, nous y compris. Je ne veux pas de cet enfant. Je te demande pardon.

On entend des crissements de pneus à l'extérieur.

Saïd renonce à sortir par la porte. Il se précipite par la fenêtre et saute sur une terrasse. Mathilde se retrouve seule et désemparée.

On entend des cris, des coups de feu. Quelques secondes après, les policiers enfoncent la porte de la maison. Ils grimpent bruyamment l'escalier.

Mathilde s'est levée, effrayée. Morton entre le premier et pousse violemment la jeune femme contre le mur. Il jette un coup d'œil dans la pièce et par la fenêtre ouverte. Il gueule à l'intention de Le Hennin.

– Chef, il s'est fait la malle, y a plus que cette pute !

Le commissaire entre en coup de vent et reconnaît immédiatement l'épouse de son directeur. Il la fixe tout en donnant à Morton l'ordre de déguerpir. Et comme l'autre n'a pas l'air décidé à lui obéir, il s'énerve. L'inspecteur obtempère à contrecœur.

Resté seul avec Mathilde, Le Hennin détourne avec gêne les yeux de la jeune femme à peine vêtue.

– Madame Boissières, cette situation est très embarrassante.

Elle n'entend pas. Elle ne pense qu'à le supplier de ne rien dire. Elle se rapproche de lui, suppliante.

Il recule, très mal à l'aise.

– Madame, rhabillez-vous...

Mathilde, qui ne sait rien du passé de l'homme froid qu'elle connaît comme un redoutable policier, implore encore.

– S'il vous plaît, commissaire...

Elle tremble. Il hausse le ton.

– Rhabillez-vous !

Surprise, elle est incapable de bouger.

Lui s'est appuyé contre le mur, des voix résonnent en lui. Des voix étouffées, lointaines, qui surgissent d'un passé qui le hante souvent la nuit. Il entend les mots gravés en lui : « Inspecteur, vous êtes le déshonneur de cette administration, vous êtes rétrogradé et, s'il ne tenait qu'à moi, vous seriez au bagne ! Vos états de service parlent pour vous et vous en dispensent... je dirais, malheureusement ! »

Il fait un terrible effort pour se reprendre, évitant surtout de poser les yeux sur la femme à moitié nue devant lui, et se précipite dehors, visiblement bouleversé.

Mathilde, restée seule, hésite. Puis elle se rue sur ses affaires et s'habille rapidement. Elle sort, descend l'escalier et passe devant le commissaire sans le regarder. Il la suit et fait signe à un de ses hommes de la faire monter dans sa voiture, à l'arrière. Lui grimpe à l'avant, à côté du chauffeur, à qui il donne l'adresse des Boissières.

Deux heures plus tard, Henri, qui a réintégré son bureau, apprend ce qui s'est passé dans la médina. Il demande au commissaire de le rejoindre pour lui faire son rapport. Quand Le Hennin se tait, c'est assez sèchement qu'il s'adresse à lui.

– Merci d'avoir raccompagné mon épouse.

Le commissaire a recouvré toute son assurance. Il fixe Henri avec un sourire.

– On a tous des petites faiblesses, n'est-ce pas ?

Henri fixe le commissaire et soutient son regard.

– Et nous subissons tous des accusations injustes... Vous en savez quelque chose, Le Hennin ! Je crois me souvenir d'une affaire de viol qui vous a bien nui, ça ne remonte pas à si longtemps !

Le commissaire blêmit, ulcéré.

– C'était faux !

– Bien sûr. Vous voyez, Le Hennin, nous avons tous des placards bien remplis, et des fantômes qui ne demandent qu'à être réveillés. Laissons-les tranquilles.

Le commissaire fuit les yeux inquisiteurs. Les siens tombent sur les photos posées sur le côté du bureau de son chef. Toutes sont des clichés d'Aline Boissières et il n'y a aucun portrait de Mathilde.

– Une femme splendide, votre sœur...

Le ton est doucereux. Henri, surpris, ne répond pas et lui montre la porte.

***

Pour Aline, les jours qui suivent sa visite au fort sont abominables. Obsédée par l'idée de sauver l'homme qu'elle a toujours aimé, elle ne cesse de se torturer. Elle a des difficultés pour se concentrer sur son travail ou même pour être vraiment présente auprès de ses enfants. Elle finit par emprunter la voiture de la Toubiba pour retourner à la prison. Elle a décidé d'apporter à Arnaud le livre d'Edgar Poe qu'il lui avait offert. Celui qu'il lisait quand ils étaient ensemble. Elle espère qu'en s'y plongeant il retrouvera un souvenir, une sensation. Peut-être même la phrase – celle dont il lui avait lu le début, se promettant de lui dire la fin lorsqu'il la reverrait – agira-t-elle comme un détonateur.

Elle roule vers la prison et les images d'Arnaud, tel qu'elle l'a revu au parloir, tremblent sur le sable. Le vent tourbillonne autour de la voiture et elle a du mal à discerner la piste. Enfin le fort se profile dans le lointain. Elle s'en approche, abandonne son véhicule et fait les derniers mètres à pied. Elle s'avance vers le planton, le livre à la main.

– C'est pour Arnaud Villiers. Vous pourriez lui faire passer ?

– Non, m'dame, je peux rien prendre pour les prisonniers. Et faut pas rester là !

– Je vous en prie, c'est juste un livre.

– Désolé, m'dame, allez-vous-en maintenant.

Il lui est difficile de renoncer. Il insiste.

– Partez, m'dame. Vous auriez des ennuis.

Elle s'éloigne, abattue. Avant de monter dans la voiture, elle jette un dernier coup d'œil sur le fort et ses murs aveugles. Elle reprend la piste au milieu de nulle part.

– 16 –

Identités

De retour chez elle, la jeune femme sait qu'elle doit faire des efforts pour ne pas décevoir sa famille. Virginie doit se fiancer. La décision a été prise avec le père de Joachim, David Lévy, de ne pas renoncer à faire une petite fête pour marquer l'événement.

Pendant les jours qui suivent, les préparatifs absorbent Aline, Nabiha et Virginie. En dépit des événements, la jeune fille veut croire à son bonheur et Aline tient à la soutenir.

Vient enfin le moment d'ouvrir la maison à tous les amis venus fêter cette promesse d'alliance. Virginie et Joachim, debout sur le perron, accueillent leurs invités, dont beaucoup portent la kippa.

Soudain la jeune fille pousse un cri de joie et s'élance pour tomber dans les bras de son frère aîné, venu spécialement à Marrakech pour l'occasion. François a changé. Depuis la disparition du caïd, il a mûri. Même physiquement, il semble avoir grandi, magnifique dans sa tenue traditionnelle blanche, sa courte barbe taillée. Sans s'en rendre compte, il a pris l'allure de Driss, dont la présence lui manque quotidiennement.

– Félicitations à tous les deux !

Il serre sa sœur dans ses bras, avant de mieux la regarder.

– Tu es magnifique ! Je suis si fier de toi !

Il lui murmure encore à l'oreille :

– Tu ressembles à notre mère... comme je peux me la rappeler.

Virginie a soudain les larmes aux yeux, François aussi. Leur émotion est dissipée par... Toine, en tenue de chef à la marocaine, qui porte un plateau, le pose et se précipite vers eux.

– Viens avec moi à la cuisine !

Impérieux et rieur, Toine prend la main de son frère et l'entraîne. De loin François salue joyeusement Aline qui, en compagnie de David Lévy, fait le tour de ceux qui sont déjà arrivés pour s'assurer qu'il ne leur manque rien. Les jumeaux courent partout, Julie dans une ravissante robe de princesse, Jean en petit homme.

Les fiancés entrent dans la pièce en compagnie de Paula, qu'ils remercient de les avoir gâtés en se débrouillant pour trouver du champagne. Aussitôt, le couple est happé par les uns et les autres.

Nabiha, superbe dans une robe brodée, couverte de ses bijoux d'argent, surveille tout et donne des instructions aux deux serviteurs engagés pour l'occasion. Vêtus de djellabas immaculées, les deux hommes servent boissons et petits plats.

Flora, dans une robe rouge trop habillée, très décolletée à son habitude, un bibi du même ton en équilibre sur les cheveux, arrive très en retard et fonce embrasser les fiancés, les bras encombrés d'un volumineux paquet, toujours aussi volubile.

– Pardon, pardon, mes chéris. Gustave a été retenu et Yvon m'a téléphoné. Il m'a chargé de vous embrasser. Zora est trop enceinte pour voyager... Ah, tenez, c'est pour vous. C'est pour votre future chambre.

Elle a collé le paquet dans les mains de Virginie, rougissante, et sans y prêter attention, sans voir Joachim qui s'éclipse, sans écouter les remerciements de la fiancée, Flora cherche quelqu'un des yeux.

– Et Aline ? Où est ma nièce favorite ?

Ce sont les jumeaux qui le lui indiquent en tournant autour d'elle.

– Bonjour Tatie Flora. Là-bas, Tatie Flora !

– Arrêtez, vous me donnez le tournis !

En riant et en jouant, ils la tirent par la robe et l'entraînent vers Paula, Aline et David Lévy qui conversent.

Aline, souriant un doigt sur les lèvres, murmure :

– Doucement, les enfants !

Les jumeaux s'échappent. Flora se tait et envoie des baisers à Paula et Aline, toutes deux très attentives à David et surtout à Joachim qui vient de les rejoindre pour leur annoncer ce qu'il a appris de l'un de ses amis.

– Il paraît que le bey de Tunis a dit aux Juifs : « Vous êtes mes fils, au même titre que les musulmans... »

– Et ici, le sultan Moulay Mohammed a dit : « Il n'y a pas de Juifs au Maroc, seulement des Marocains ! » Il a ajouté : « Prévoyez cent cinquante étoiles jaunes supplémentaires pour les membres de la famille royale, si cette disposition nous est imposée par la force ! »

– Pour nous protéger définitivement, il a proposé de changer nos noms juifs pour des noms arabes.

– Vous vous rendez compte ? Changer nos noms ? Le nom de mon père, de mon grand-père, de mes aïeux...

David semble bouleversé par cette perspective.

– Papa, je t'ai expliqué...

– David, il faut le faire, cela vous protégera le temps de gagner la guerre.

– Oui, peut-être...

Virginie se glisse près de Joachim dont elle prend le bras. Lc libraire regarde avec attendrissement la jeune fille se blottir contre son fils. Il fait un gros effort pour se reprendre. Il lève sa coupe de champagne.

– Que tout cela ne nous empêche pas de boire au bonheur des enfants !

– Et à la vie qui continue !

– Oui ! À la vie qui continue !

David prend conscience que Flora n'a rien pour trinquer.

– Mais vous n'avez pas de verre ! Venez...

Il l'entraîne. Virginie et Joachim vont au-devant d'un couple de retardataires. Aline et Paula restent seules.

Aline, qui n'a pas vu son amie les derniers jours, ayant cessé son activité pour se consacrer aux enfants, ne peut résister à lui poser la question qui la tarabuste.

– Tu as des nouvelles d'Henri ?

– Non. C'est fini. Il a fait son choix. Je ne sais pas où ça le mènera. Je ne veux plus le fréquenter, plus dans les circonstances actuelles.

– Mon frère est un être dangereux pour ceux qu'il aime.

– J'ai réfléchi, tu sais. Je ne sais pas pourquoi je suis toujours attirée par des hommes qui devraient être mes ennemis. Je pense toujours pouvoir les changer. Évidemment, c'est totalement illusoire ! Ton frère a choisi le mauvais côté de la route.

Aline grimace de douleur.

– Je sais...

Paula a un geste de réconfort.

– Et toi, Arnaud ? Tu t'es décidée à dire la vérité aux jumeaux ?

– Non. Je ne peux pas. Pas avant que leur père ait retrouvé la mémoire. Ce serait trop compliqué pour eux. Ils ont suffisamment souffert. Je ne veux pas en rajouter. Plus tard... j'espère.

Elles sont interrompues par des cris qui proviennent du jardin et du perron.

Une brigade de policiers, menée par l'inspecteur Morton, encercle le groupe des amis qui se pressent dehors.

– Mesdames ! Messieurs ! Contrôle d'identité !

Sortant de la maison, Joachim se précipite, l'air mauvais. Il est stoppé dans son élan par la main vigilante de son père.

– Pas de bêtise, Joachim ! Calme-toi...

C'est Aline qui interpelle Morton, tout en lui tendant ses papiers.

– Ce que vous faites est indigne !

Morton la regarde, une petite moue ironique sur les lèvres. Il prend les papiers, y jette à peine un coup d'œil avant de les rendre à la jeune femme.

– Vous devriez être plus attentive à vos fréquentations, madame. Cela pourrait vous nuire... et porter tort à votre frère !

– C'est mon frère qui devrait être plus regardant sur ses subordonnés !

Morton ne réagit pas au propos. Il semble même très satisfait et ne perd pas son sourire provocateur.

– Vous devriez être moins impulsive, madame. Qui sait qui sera subordonné de qui, demain ? Hein ?

Il la détaille vulgairement.

– Remarquez, une belle fille comme vous, ça a toujours des arguments !

Il lui tourne le dos, appelant ses hommes.

– Allez ! On remballe.

Aline le voit partir avec un frisson de dégoût. L'intervention de la police a jeté un froid sur la fête. Beaucoup d'invités se retirent. Restent les deux familles et quelques irréductibles, bien décidés à ne céder ni à la force, ni à la provocation. C'est en plus petit comité que la soirée se poursuit pour fêter les fiançailles de la belle Virginie avec le fils du libraire.

Au lendemain de la fête, encore sous le coup de l'intervention policière, Aline appelle son frère à la Sûreté pour se plaindre de cette incursion des flics dans un espace privé pour accomplir leur besogne de lâches. Henri ne se justifie pas. Il approuve le fait que ses hommes prennent des initiatives et n'est pas prêt à écouter quiconque voudrait remettre en cause le bon fonctionnement de son service. Sans laisser à Aline le loisir de lui répondre, il lui annonce brutalement qu'Arnaud est traduit au même moment devant le tribunal militaire. Et qu'il a obtenu qu'elle puisse le voir une dernière fois avant une exécution qui paraît inévitable.

Henri est parvenu à ses fins. Aline se tait, sous le choc de la nouvelle. Il lui précise de se tenir prête à se rendre à la prison à la date et à l'heure qu'il lui indiquera. Elle raccroche sans ajouter un mot.

Tassée sur elle-même, elle pense à Arnaud, confronté à ses juges. Elle imagine la scène mais est incapable d'y adjoindre le son.

Dans une salle du fort, Arnaud, à qui on a fait revêtir un uniforme de soldat, est debout devant un aréopage de gradés, assis derrière une table. L'un d'eux prononce la sentence.

– Arnaud Villiers, le tribunal vous déclare coupable de désertion et de trahison. Vous ne bénéficiez d'aucune circonstance atténuante. En conséquence, le tribunal vous condamne à la peine de mort.

Le soldat Arnaud Villiers demeure impassible et regagne sa cellule sans que quiconque ait pu lire en lui la moindre réaction.

Deux jours plus tard, Aline est introduite dans le parloir, où Arnaud est déjà assis derrière la petite table. Elle vient prendre place en face de lui. Ils se regardent sans parler. Et cette fois, la jeune femme, qui lutte contre le désespoir, peut lire dans l'attitude d'Arnaud une émotion semblable à la sienne. Sans la lâcher des yeux, il hésite, puis se décide à parler.

– Comment s'appellent... les... nos enfants ?

Après la façon dont il avait réagi lors de sa première visite, elle ne s'attendait pas à cette reconnaissance, cette acceptation. Et le saisissement lui coupe le souffle. Elle finit par dire, avec difficulté :

– Le garçon s'appelle Jean, la fille, Julie. Ils sont très brillants...

– J'ai compté. Si nous nous sommes rencontrés l'année où j'ai perdu la mémoire, ils ont neuf ans, c'est ça ?

Aline acquiesce la gorge serrée. Incapable de dire un mot.

– Comment j'étais ? Qu'est-ce que j'aimais faire ?

Les souvenirs que provoque la question amènent un petit sourire sur les lèvres d'Aline.

– Tu aimais lire. Tu étais calme, serein... Fort.

Elle le fixe intensément pour graver ses traits d'aujourd'hui dans sa mémoire. Il la dévore des yeux, cherchant à décrypter en elle un temps qui lui a échappé. Ils échangent un long regard muet. La main d'Aline frôle celle de l'homme aimé. Il la retire presque sans le vouloir et c'est avec la violence de ce qu'il sait être inéluctable qu'il lui parle.

– Je vais être fusillé. Oublie-moi ! Oublie-moi comme je t'ai oubliée.

– Jamais, mon amour. Tu vas vivre. Je te le jure.

Il ne veut pas entendre. Au seuil d'une mort annoncée, il refuse l'espoir inutile.

– Va-t'en. Dis à mes enfants que, même s'il ne les connaît

pas, leur père les aime. Avec une mère comme toi, je suis assuré de leur valeur. De l'au-delà, si Allah le permet, je veillerai sur eux.

Entièrement absorbés l'un par l'autre, ils ont oublié les gardiens. Et ils sont inconscients de la présence du judas à travers lequel on les épie. De l'autre côté de la porte, Henri se tourne vers le gradé qui se tient à ses côtés.

– Merci.

L'homme est celui qui avait déjà reçu le directeur de la Sûreté lors de sa première visite. Il se sent autorisé aux confidences.

– Je ne suis pas sûr qu'on ait raison de tuer ce type-là. Mais c'est la guerre...

Henri interrompt froidement ces considérations.

– Où va avoir lieu l'exécution ?

– Je ne le sais pas, le haut commandement ne veut pas qu'il y ait de tombe pour éviter les manifestations et les troubles.

– Ils vont le faire disparaître quelque part dans le désert ou la montagne, pour qu'il n'y ait aucune trace.

– Probablement. Y en a déjà un certain nombre qui pourrissent comme ça dans le djebel Toubkal !

Le temps de visite au prisonnier écoulé, Aline est reconduite jusqu'à la porte du fort. Elle se dirige vers la voiture que Paula lui a prêtée lorsqu'elle aperçoit son frère qui s'apprête à monter dans la sienne. Elle court vers lui.

– Henri !

Il se tourne vers elle.

– Sauve-le !

– Je ne le peux pas, Aline ! Il a été jugé ! Condamné ! Il a tué des soldats français, participé à des raids !

Il lui en veut soudain de l'obliger à avouer son impuissance. Il crie :

– Je ne peux rien faire, bon Dieu ! C'est un traître !

Elle proteste violemment.

– Pas un traître, non !

– Ça ne change rien !

Il s'agace soudain de cet attachement qu'elle manifeste pour son ancien ami alors qu'il est là, lui, pour elle.

– Qu'est-ce que ça peut te faire, le sort de cet homme ? Ça fait dix ans que tu ne l'as pas vu !

– Henri, c'est le père de Jean et Julie, c'est ton ami, c'est toi qui l'as fait entrer dans ma vie.

Il se calme.

– Je ne peux plus rien, Aline.

– Alors, c'est fini ?

– Oui. Je suis désolé...

Elle encaisse douloureusement. Ils échangent un long regard puis, très vite, il grimpe dans sa voiture et démarre en trombe.

Elle reste seule et fait quelques pas sur la piste, tournant le dos au fort. Elle pleure sur l'absurdité de la vie qui lui fait retrouver l'homme qu'elle aime au moment où il va mourir.

*
**

Il a fallu trois jours à Joachim pour convaincre son père d'accomplir les démarches proposées par le sultan. Voilà donc le fils dans l'interminable file d'attente qui s'étire devant le bureau de l'état civil, jusque dans la rue. Quant au père, il s'est effondré sur un banc, la tête dans les mains, et refuse de bouger.

Après des heures d'attente, Joachim s'approche enfin de la table où est installé l'employé d'état civil, devant de grands registres où il inscrit les nouveaux noms marocains.

– Papa, viens...

David ne répond pas, toujours la tête dans les mains, les yeux rivés au sol. Joachim se tourne alors vers l'homme qui le suit et lui dit de passer devant lui.

– Non, non, c'est votre tour. Qu'y a-t-il ?

– C'est mon père. Il ne veut pas bouger. Regardez-le. Depuis des jours qu'il sait qu'il doit changer son nom, il est dans tous ses états. Il ne mange plus, il ne dort plus, il ne parle plus.

– Vous lui avez dit que c'est provisoire ?

– Oui, mais il vit ça comme un déshonneur.

– Et il a raison. Un monde de fous, celui où il faut changer de nom pour sauver sa vie...

Les voici maintenant devant l'employé d'état civil. L'interlocuteur de Joachim l'encourage.

– Venez, vous n'avez pas besoin de votre père pour faire cette démarche. Vous avez choisi un nom ?

– Euh, non, il a refusé d'en parler.

Virginie et François surgissent à l'entrée de la salle. La jeune fille se précipite.

– Ça va ? Comment ça se passe ?

– Mal, mon père n'arrête pas de pleurer.

L'employé s'impatiente. L'homme de la file vient à nouveau au secours du garçon.

– Ben Mokhfia, ça va ?

– Euh, oui. David, Joachim et Sarah.

L'homme indique le patronyme à l'employé, qui remplit un papier, y appose un tampon et le leur tend.

– Voilà... David, Joachim et Sarah Ben Mokhfia... Suivant...

Joachim remercie chaleureusement l'homme qui l'a aidé. Puis, avec Virginie, il retourne auprès de son père et tente de le convaincre de les suivre. La jeune fille prend le bras de son futur beau-père et, avec une grande douceur, l'entraîne vers la sortie.

François les y attend, sensible à la violence subie par tous ces gens qui doivent renoncer à leur identité.

– Si ce nouveau nom ne suffisait pas, vous savez que j'ai de quoi vous cacher dans la maison que Driss m'a léguée.

David lève enfin les yeux pour dévisager le jeune homme.

– Tu es un homme de cœur, merci.

Ils sont tous émus, entre le bouleversement du changement de nom et le bonheur de se sentir soudés au sein de cette vraie famille de cœur, selon le terme de David.

– Bon, je repars maintenant. Et toi, Joachim, prends bien soin de ma petite sœur.

François est ému. Virginie se jette dans ses bras. Son frère la serre à l'étouffer, avant de s'échapper très vite, de peur d'être piégé par son désir de ne pas les quitter.

Un homme est passé devant la préfecture, observant avec satisfaction la très longue file d'attente. Il s'éloigne pour rejoindre un café où il s'installe et commande le breuvage traditionnel, aromatisé à la cannelle et au poivre, qu'il déguste lentement.

Victor Le Hennin attend peu. Un nouvel arrivant s'approche rapidement et s'assoit près de lui. Le commissaire pose sa tasse et sort de sa poche l'enveloppe que lui a remise le directeur de la Sûreté, celle où sont consignés les noms des gaullistes repérés.

L'autre homme la récupère et la fait disparaître rapidement. Puis il se penche vers son contact et lui glisse à voix basse :

– Ça se précise. Le général Giraud s'est rallié à nous en Algérie. Les Allemands sont bloqués à El-Alamein. On va vous faire revenir à Casa pour préparer Torch...

Il a soufflé si bas ce dernier mot que le commissaire se demande s'il a bien entendu.

– C'est le nom de l'opération ?

– Oui. Tenez-vous prêt à partir de maintenant. Vous aurez un rôle important, on ne veut pas de bavure.

– Et Morton ? Cet imbécile devient encombrant...

– On va se débrouiller pour que votre adjoint reste ici. Et Boissières ?

– Retournable. Il ne s'opposera pas à nous avant le grand jour, mais il ne nous aidera pas, c'est un opportuniste. Il croit toujours qu'il peut s'en sortir sans se mouiller.

– Les temps sont proches, flic.

– Tant mieux, je fatigue.

L'autre a déjà disparu, se fondant dans la foule.

– 17 –

Évasion

Sortant de la maternité, Aline marche vite pour rentrer chez elle. Il lui tarde de serrer ses enfants dans ses bras. Ils sont sa seule consolation depuis qu'elle a vu Arnaud et qu'elle sait qu'il va être exécuté. Soudain une silhouette s'approche. Aline tressaille en reconnaissant le commissaire Le Hennin. Elle cherche à l'éviter, mais il vient droit sur elle.

– Qu'est-ce que vous me voulez ? Laissez-moi !

Il a un geste pour la rassurer et esquisse un drôle de sourire qui, en temps normal, aurait intrigué Aline.

– Non, non, madame Desmazures, ne craignez rien. Je ne suis pas là pour vous. Vous avez été blanchie de tout soupçon ! Un procès en bonne et due forme a eu lieu, n'est-ce pas ? La justice est une chose merveilleuse.

Elle n'aime pas son ton, ni les sous-entendus qu'elle y perçoit. Elle répète, violente :

– Qu'est-ce que vous voulez ?

Il allume une cigarette avec désinvolture et lui dit à voix basse :

– Arnaud Villiers sera transféré pour son exécution après-demain. Au lever du jour. Les véhicules prendront la route de l'Atlas.

Elle est déconcertée.

– Pourquoi faites-vous ça ?

– Et pourquoi ne pourrions-nous pas avoir, momentanément, les mêmes intérêts, madame Desmazures ? Vous ne me reverrez pas, je quitte Marrakech pour retourner à Casablanca. Le bord de mer me manque.

Il abandonne son ton léger pour lui murmurer avec gravité :

– Sauvez-le. Adieu ! Et vive la France !

Et, il disparaît, laissant Aline ahurie.

Elle se reprend très vite et sait déjà ce qu'elle doit faire. Elle fonce chez sa belle-sœur. Le temps qui reste est très court. La seule personne de sa connaissance qui a un contact avec ceux dont Arnaud a partagé le combat, c'est Mathilde.

Le soir même, Aline s'enfonce dans l'ombre des ruelles tortueuses et désertes de la médina. Chacun de ses pas répercute un écho sinistre. Elle est tendue, surveille ses arrières, cherche son chemin, observe les repères notés sur un plan.

Brusquement, deux hommes sortent de l'ombre et lui passent une cagoule sur la tête. Aline pousse un cri étouffé et se débat, mais les ravisseurs, sans un mot, l'entraînent rapidement.

Elle est traînée, portée, hissée, enfin posée sur une chaise et quelqu'un lui enlève la cagoule sous laquelle elle étouffe. Elle reprend son souffle sans bien discerner l'endroit où elle se trouve, juste éclairée par une maigre lumière. Elle distingue une silhouette et soudain reconnaît l'homme qui lui fait face. Elle est bien devant Saïd Heijdi. Elle aperçoit un pistolet posé une table, près de lui.

– Désolé pour le procédé. Vous avez demandé à me parler ?

– Oui. Nizam va être exécuté après-demain. Il sera transféré sur le lieu d'exécution à l'aube.

– Vous êtes sûre de vos sources ?

– Oui, certaine.

Saïd la fixe en silence un moment, puis reprend :

– La vie d'un seul homme n'est pas une raison suffisante pour courir de tels risques.

– Mais Nizam est une légende. C'est un symbole. Peut-être celui d'un avenir, quand nos peuples auront guéri leurs plaies.

– Nous verrons...

Il hésite, puis finit par demander des nouvelles de Mathilde.

– Sa grossesse se passe bien. Mon frère la tient cloîtrée chez elle.

– Quand vous la verrez, dites lui...

Il s'interrompt.

– Que vous l'aimez. C'est ça ?

Saïd acquiesce d'un mouvement de tête.

– Merci. Dieu soit avec toi !

– Sauvez Nizam. Il sera plus grand vivant que mort !

Les deux hommes qui ont amené Aline jusque-là la raccompagnent, usant du même procédé qu'à l'aller, et l'abandonnent dans une ruelle déserte, loin de la planque de Saïd. La jeune femme, un peu étourdie, s'enfonce dans le dédale de rues et se perd dans la nuit.

Elle finit par se retrouver dans une avenue éclairée et marche rapidement en direction de sa maison. Il y a peu de circulation à cette heure tardive et elle accélère encore le pas lorsqu'une voiture ralentit à sa hauteur et finit par s'arrêter. Elle reconnaît son frère au volant et son premier réflexe est la peur : sait-il d'où elle vient ? L'a-t-il suivie ?

Mais il s'agit de tout autre chose. Henri se penche vers elle pour lui souffler ceci :

– Préviens Paula. Il va y avoir une rafle et elle est sur la liste.

– Mais pourquoi ?

– Parce que Paula est juive, avec un passeport polonais, et qu'elle a continué à exercer malgré les nouvelles lois !

– Et tu ne peux même pas empêcher ça ?

– Elle a deux jours pour disparaître.

Il a déjà redémarré, laissant sa sœur poursuivre son périple à pied. Un périple dont la direction a encore changé.

Ce n'est qu'au milieu de la nuit qu'Aline regagne sa maison. Elle n'est pas seule. Paula, un sac de voyage à la main, est avec elle. Les deux femmes se glissent dans le jardin après avoir vérifié que personne ne les voyait.

Toine a bondi dès que la porte s'est ouverte. Il s'est inquiété. Mis au courant de la situation, il décide aussitôt de laisser sa chambre à la Toubiba. S'excusant pour son désordre, il range vite le plus gros des affaires qui traînent et aide Aline à préparer le lit. Paula pose son sac.

– L'avantage d'avoir peu de choses, c'est que c'est plus facile à déménager !

– Tu sais que tu ne dois pas retourner à la maternité !

– Toine me passera des vêtements, je me déguiserai en homme.

– Entre toi qui vas faire l'homme et moi qui fais la cuisine, quel couple !

Leur rire est contraint. Toine leur dit bonsoir et s'échappe.

Paula devient grave.

– C'est pour demain ?

Aline acquiesce en silence.

– *Inch Allah...*

*
**

Dans la cour du fort, un sergent distribue des fusils à une douzaine de soldats qui prennent aussitôt place dans un camion bâché.

Un homme sort alors de la prison, poussé sans ménagement vers une voiture garée dans la cour. Dès qu'il est à bord, les portes du fort s'ouvrent et le camion démarre, suivi de la voiture.

Le convoi roule et Arnaud, immobile entre deux soldats, laisse son regard se perdre dans le ciel que l'aube colore de rose.

Plus loin, la piste s'enfonce entre des collines. Des tireurs s'embusquent derrière des rochers et un muletier met en position une carriole de foin. Et c'est l'attente...

Bientôt, les véhicules militaires se dessinent au loin. La carriole s'ébranle et entreprend un demi-tour laborieux au niveau du resserrement de la piste. Le convoi doit ralentir et finalement s'arrêter, le temps que la charrette soit dégagée.

Des soldats jaillissent du camion et de la voiture pour accélérer la manœuvre. Ils sont aussitôt fauchés par les tirs des rebelles embusqués. Puis des cavaliers fondent sur le convoi.

Le canon d'un fusil brise la vitre de la voiture et se colle à la tête du chauffeur. Le prisonnier est extirpé du véhicule. Un des cavaliers lui jette une djellaba sur les épaules en lui tendant les rênes d'un cheval. Arnaud saute en selle et galope déjà à bride abattue avec les cavaliers quand une balle lui traverse l'épaule. Il s'effondre sur son cheval.

À la Sûreté, dans le bureau des inspecteurs, un siège valse à travers la pièce, s'écrasant violemment devant les hommes médusés. Mais cela ne calme pas Morton. Une lampe à la main, il se retourne violemment quand Henri entre dans le bureau, jetant un regard impavide sur la chaise brisée.

– Un problème avec le mobilier ?

Morton pose la lampe, éructant.

– Villiers s'est évadé juste avant son exécution. L'opération était visiblement préparée !

– On a des témoins ?

– Quels témoins ? Il n'y a jamais de témoins. Il y a des traîtres surtout. Des pourris qui balancent des informations à nos ennemis. Il va falloir faire le ménage.

Il se tourne vers l'un de ses hommes, un costaud au crâne rasé.

– Fais arrêter tous les gardiens et cuisine-les.

– Mais chef, si on arrête les matons, qui va garder les prisonniers, alors ?

L'inspecteur le fusille des yeux. Henri regagne son bureau, un petit sourire sur les lèvres.

Une carriole fonce dans les ruelles de la médina, se frayant un chemin parmi les passants qui se jettent sur le côté. Au milieu des cageots de légumes et de fruits, sous une bâche brune, Arnaud grimace de douleur à chaque cahot.

Nabiha, en pleine confection d'un tagine, manque de mourir de peur lorsqu'un Marocain vêtu d'une vieille djellaba marron surgit dans sa cuisine, soutenant un blessé enveloppé dans une couverture sale. Ce dernier a juste la force de prononcer le prénom d'Aline et la vieille Berbère se précipite pour aller la chercher.

– Mon Dieu ! Vite, par là...

Avec le Marocain, Aline aide le blessé à monter jusqu'à sa chambre, où ils l'allongent sur le lit.

– Il a reçu une balle.

– Je vais m'en occuper. Merci.

L'homme s'est déjà éclipsé. Le blessé gémit et ouvre les yeux.

Elle se penche.

– Ça va aller...

Elle déchire sa chemise et examine la blessure.

– La balle est ressortie. Arnaud, je vais te faire mal, il faut nettoyer et suturer.

– Vas-y... J'ai appris à souffrir.

Assistée par Nabiha, Aline accomplit les gestes qu'elle a appris auprès de Paula et qui vont maintenant pouvoir sauver l'homme aimé.

La vieille Berbère, soudain, est aux aguets. Elle est près de la fenêtre, derrière le voilage. Ses yeux fouillent le jardin et, au-delà de la haie, l'enfilade de la rue.

Un souffle, presque un râle près des jasmins, une noirceur dans l'ombre d'un rosier, une présence réduite à un regard. Indécelable... Le souffle s'accélère, l'ombre s'allonge sur les graviers de l'allée... Le regard épie et bute sur les murs et la porte close...

Plus tard, dans la nuit, une fois les enfants profondément endormis, Aline et Nabiha aident Arnaud à descendre au sous-sol de la maison, où elles ont aménagé une cache. Le blessé, l'épaule bandée, s'assoit sur le lit de fortune. Et la Berbère remonte discrètement.

– Je suis désolée, c'est une nouvelle prison. Mais personne ne doit te voir, ni t'entendre.

– Ça ira. Ne t'inquiète pas.

– Dès que tu seras valide, on te fera passer à Boulmane-Dadès. On a une propriété là-bas...

Ils se taisent. Pour la première fois, ils sont seuls sans personne entre eux. Elle arrange machinalement quelques affaires sur une table. Elle effleure le livre de Poe, qu'elle a disposé là. Immobile, il l'observe.

– Aline ?

– Oui.

– Est-ce que je t'ai dit que je t'aimais lorsqu'on s'est connus ?

– Oui...

– Et tu m'aimes toujours ?

– Oui, je crois. Différemment. Tu es l'homme que je devais absolument rencontrer. Ça, j'en suis sûre.

– Mes enfants ?

– Ils sont là.

– J'ai un fils aussi...

– Je sais. J'étais là près de Naïma, quand il est né...

Il est soudain bouleversé.

– Mais comment ?

– Je travaille avec Paula... la Toubiba. On s'est croisés, ce jour-là. Tu avais dû fuir tes agresseurs...

Ils ne parlent plus. Naïma est là, présente entre eux.

Au bout d'un moment assez long, il dit à voix basse :

– Jean et Julie... Je n'aimerais pas qu'ils me rencontrent comme ça, comme un paria. Avant, je voudrais aussi que tu me racontes ta vie, leur vie. Je ne sais rien de cette jeune femme que j'aurais laissée sur la route de Gorbio... De celle que je vois maintenant...

Aline s'est assise près de lui et pose un doigt sur sa bouche, l'empêchant de poursuivre.

– À cet arrêt de car, tu m'as dit une phrase tirée d'un livre que j'ai toujours gardé avec moi... Enfin c'était juste le début de la phrase, tu devais me dire la suite le jour où on se retrouverait... Je peux attendre encore, maintenant que tu es là.

Il la prend dans ses bras et ils s'étreignent, silencieux, en écoutant battre le cœur de l'autre.

*
**

Il est très tard cette nuit-là, lorsque Henri rentre d'une réception en ville. Il voit la lumière encore allumée dans la chambre de Mathilde. Il monte et pénètre dans la pièce. Sa femme est allongée et lit. Sa grossesse est très visible et agresse Henri à chaque fois qu'il est en sa présence.

– Si tu avais été plus discrète, on aurait pu dire que cet enfant était le mien. C'est trop tard maintenant.

Elle le fixe, méprisante.

– Cet enfant est celui d'un homme que j'aime. Je préférerais le noyer plutôt que lui donner ton nom.

Henri recule sous la violence du propos, mais très vite se reprend.

– Dès sa naissance, ton bâtard ira dans une institution. Et tout redeviendra comme avant.

– Non ! Je ne l'abandonnerai pas, Henri. C'est toi que j'abandonnerai.

Henri hausse les épaules et sort de la chambre pour rejoindre la sienne. Mathilde caresse tendrement son ventre et sourit en le sentant bouger. Ses yeux se remplissent de larmes.

*
**

Dans l'air pur du matin, les sommets enneigés de l'Atlas dominent Marrakech. Sur la terrasse du toit de la maison d'Aline, Arnaud admire la vue et laisse sa peau se réchauffer aux premiers rayons du soleil. Après tant d'années, il peut enfin respirer librement et son regard s'échappe jusqu'à l'horizon, libre de toute entrave.

En bas, les enfants partis à l'école, Aline s'étonne d'entendre frapper à la porte. Toine, sur le point de partir à son tour, se précipite pour ouvrir.

– Non, Toine ! Laisse-moi le temps...

Mais le garçon est déjà à la porte et vérifie par le judas l'identité du visiteur.

– C'est Flora et Gustave !

Pour Toine, aucune inquiétude à avoir. C'est la famille. Il ouvre la porte sans voir Aline filer dans l'escalier.

Flora, fidèle à elle-même, fait une entrée froufroutante.

– Mon chouchou !

– Tatie !

Tous deux s'embrassent joyeusement, bloquant plus ou moins le passage. Derrière eux, Gustave piaffe, cherchant à se faufiler dans la maison. Il a la sensation d'avoir vu passer une silhouette masculine qui a disparu derrière une porte. Mais Aline vient à leur rencontre et appelle Nabiha pour qu'elle leur serve un thé.

Le couple s'installe dans le coin salon et c'est autour d'un verre de thé à la menthe que Flora expose leurs déboires.

– On a dû vendre la moitié des camions. Alors il a bien fallu se séparer des chauffeurs. C'est trop dur... Et Paula, comment va-t-elle ?

Gustave, silencieux, examine toute la pièce comme s'il cherchait à mémoriser les lieux ou à découvrir un indice suspect. Son attitude frappe Aline, qui le surveille du coin de l'œil et tarde à répondre à sa tante. Toine s'en charge sans réfléchir.

– Paula ? Elle est avec nous ! Ils voulaient lui faire des ennuis !

Aline fusille le garçon du regard pour lui signaler de se taire. Mais c'est déjà trop tard, Flora rebondit au propos de Toine.

– Ah oui ! C'est vrai, elle est...

Aline interrompt brutalement sa tante qui allait prononcer le mot juive.

– En fait, Paula est partie rejoindre des parents... à Casa !

Cette fois, c'est Toine qui fixe Aline, interloqué, comprenant qu'il a dû faire une gaffe. Il en revient à un domaine plus sûr, la cuisine. Il se réjouit déjà d'avoir un repas à préparer, il lui faut juste être sûr que le couple reste déjeuner. Flora accepte avec enthousiasme. Gustave sort de son mutisme en s'agitant, en consultant sa montre puis se levant.

– Flora va rester, mais pas moi ! Je n'avais pas réalisé l'heure, j'ai des rendez-vous. Ah, les affaires !

Sa femme paraît manifestement surprise de sa défection.

– Mais, chouchou...

– Profite de ta famille. On se retrouve plus tard...

Il est déjà dehors et Flora serait bien plus étonnée si elle pouvait suivre son mari. Gustave a repris sa voiture pour se rendre directement à la Sûreté. Où il se retrouve maintenant, assis devant l'inspecteur Morton qui pianote sur son bureau en écoutant attentivement le compte rendu de son interlocuteur.

– ... Pour la Juive, j'en suis sûr ! Ils me l'ont quasiment dit. Pour le reste, j'ai lu les journaux. Le Yvon, c'est mon beau-fils. C'est lui qui a dit à sa mère que l'homme qui s'est évadé était le premier amoureux de sa cousine. Vous voyez le topo ? Ça m'étonnerait pas que ce traître soit chez elle... Parce que quand on s'est pointés, elle avait pas l'air tellement dans son assiette, l'Aline... Et puis il m'a semblé voir un homme qui pourrait lui ressembler, au renégat... J'ai vu sa photo dans le journal, alors ça m'est facile de le reconnaître...

– Vous êtes un honnête citoyen, m'sieur Verlaire. Il nous en faudrait plus, des comme vous !

Gustave joue les modestes.

– J'aide mon pays, c'est tout.

L'inspecteur Morton se lève.

– Je vais faire le nécessaire pour tirer parti de tout ça...

Gustave se lève à son tour.

– Ça serait bien quand même que monsieur Boissières soit au courant de mon intervention...

– Il le sera... Bien entendu ! Vous pouvez me faire confiance...

– Parce que j'ai une entreprise de transport et j'ai perdu des clients, les temps sont durs ! J'aurais bien besoin d'un coup de pouce... Un petit marché de l'administration.

Morton l'entraîne vers la porte.

– Je vais m'en occuper personnellement... Moyennant une petite commission.

– Bien sûr ! C'est tout à fait normal. Merci. Bon...

L'inspecteur lui serre la main tout en le poussant hors de la pièce.

– On va s'entendre tous les deux. Au revoir, monsieur Verlaire. Merci encore.

Il referme enfin la porte derrière Gustave Verlaire, avec un sourire de satisfaction. Non sans marmonner pour lui-même :

– Eh ben ! Un beau spécimen de pourri, celui-là !

Il ne faut pas longtemps à l'inspecteur pour rassembler des hommes et grimper au volant de sa voiture. Les portières claquent. Les deux véhicules démarrent.

Aline a trouvé une excuse pour se débarrasser de sa tante, qu'elle a envoyé faire des courses avec Nabiha. Elle fait maintenant face à Toine, qui tient un sac de voyage à la main.

– Récupère Jean et Julie à l'école et fais comme je t'ai dit. Dis à Virginie de rester chez Joachim. Ensuite tu vas chez le sultan et tu demandes l'hospitalité à Malik Faradji, celui qui a apprécié ta cuisine...

Le jeune homme lève les yeux au ciel.

– Mais Aline, tu te fais des idées, je vais avoir l'air ridicule...

– Fais ce que je te dis, je ne veux pas prendre de risques ! Je n'ai aucune confiance en Gustave, il me met mal à l'aise. Si dans deux jours, il ne s'est rien passé, on revient... Viens, sors par l'arrière. Vérifie en sortant qu'il n'y a rien de suspect dans la rue.

Toine s'en va à contrecœur. Il croise Paula qui guettait par la fenêtre de la cuisine et vient prévenir son amie.

– Ça y est, l'ambulance attend dans la cour de derrière avec Sidi !

Aline appelle Arnaud, qui monte du sous-sol. Soudain, on entend des crissements de pneus provenant de la rue. Elle réagit vite.

– Merde ! Vite, Arnaud, pars !

Elle l'entraîne vers l'arrière de la maison. Déjà on tambourine à la porte de devant.

– Je ne pars pas sans toi !

Il est là, impassible. Elle le pousse.

– Je ne crains rien ! Je vais les retarder. Je te rejoindrai. Et, cette fois, je te jure que je n'attendrai pas vingt ans !

Arnaud la laisse à contrecœur et grimpe dans l'ambulance conduite par Sidi, qui démarre aussitôt sur un signe d'Aline.

La porte d'entrée de la maison cède au moment où la jeune femme revient dans la pièce. Avec horreur, elle y découvre Paula qu'elle croyait dans l'ambulance. La Toubiba est saisie par les cheveux par cet inspecteur déjà venu pour le contrôle d'identité. Trois de ses sbires l'entourent. L'homme a un sourire mauvais en la menaçant.

– Abriter une Juive non-marocaine, prison ! Abriter un terroriste, déportation ! Vous êtes dans de sales draps, petite madame. Où est Nizam ? Ou plutôt Arnaud Villiers ? Vous êtes très liés, je crois ?

– Qui ça ?

L'inspecteur lui balance une gifle à toute volée. Aline tombe, presque assommée. Après une perquisition générale de toute la maison, les deux femmes sont traînées dans la voiture de Morton qui continue d'abreuver Aline d'injures et de menaces.

– Et si ça te suffit pas, crois-moi, quand tous mes hommes te seront passés dessus, tu supplieras qu'on t'achève, salope !

Dans les caves du bâtiment de la Sûreté, une lourde porte claque derrière les nouvelles détenues. La cellule où elles ont été jetées est bondée. Une cinquantaine de personnes y sont entassées, hommes et femmes, enfants et vieillards, tous accablés par leurs conditions d'enfermement. Tous dans l'angoisse de savoir le sort qui les attend.

Paula et Aline sont serrées contre le mur, près de la porte.

– Je n'aurais jamais dû accepter de me cacher chez toi.

– Ne me redis jamais ça. Tu es mon amie, Paula... Et même si tu ne l'avais pas été, j'aurais fait pareil.

Les deux femmes s'étreignent sous le regard traqué de leurs compagnons de cellules.

Selon les indications d'Aline, Toine est allé chercher les jumeaux à l'école et les emmène rapidement. Julie se plaint qu'il marche trop vite. Jean veut savoir pourquoi ils ne rentrent pas à la maison. Toine, tendu, à l'affût de tout, ne répond pas et les presse un peu plus.

Henri est chez lui, dans son bureau, lorsqu'il aperçoit Toine et les enfants qui ouvrent la porte du jardin et remontent l'allée.

Il court à leur rencontre et les serre dans ses bras. Avant de repartir, Toine ne peut lui dire que ce qu'il sait : Aline lui a demandé d'accompagner son frère et sa sœur chez lui et de les lui confier.

Les jumeaux manifestent leur joie de le voir, mais ils veulent comprendre pourquoi leur mère ne leur a rien dit. Soudain, le téléphone sonne et Henri laisse les enfants pour répondre.

– Allô... Oui...

Il y a un temps de silence, puis un hurlement.

– Quoi ? Morton, vous êtes devenu fou ?

Un peu plus tard, à la Sûreté, l'inspecteur Morton a été convoqué dans le bureau d'Henri, où il se fait sévèrement remonter les bretelles. Il a rarement vu son patron dans un tel état de colère froide et se défend avec la plus grande mauvaise foi.

– Qu'est-ce que je pouvais faire ? Un informateur anonyme nous désigne la cache de Villiers et d'une Juive apatride. J'ai donné l'ordre d'aller les cueillir. J'ai eu la même surprise que vous... Mais quand je suis arrivé sur les lieux, mes hommes avaient déjà embarqué la Juive et votre sœur...

– Mais le fugitif ? Vous avez laissé filer le fugitif !

– On remettra la main dessus.

– J'espère pour vous.

Il fait un effort pour recouvrer son calme et c'est d'une voix posée qu'il conclut :

– Bon, vous avez fait votre devoir. Vous pouvez disposer.

L'inspecteur sort. Henri reste un moment à réfléchir, puis il décroche son téléphone.

– Passez-moi maître Rollin... Oui, mon avocat.

Dans l'après-midi, Mathilde passe un moment délicieux avec les jumeaux, dont elle n'a pas bien compris pourquoi Aline les a envoyés chez elle. Mais elle profite de ce moment de détente avec les deux enfants et joue tranquillement aux petits chevaux avec eux.

Ni elle ni eux n'ont encore aperçu Henri qui vient de rentrer et qui s'est arrêté dans l'entrée pour contempler la jolie scène de bonheur familial. C'est compter sans Julie qui, tout à coup, le repère et se précipite vers lui.

– Ah... Papa Henri, on peut rentrer chez nous, maintenant ?

Il s'avance dans le salon, se forçant à sourire.

– Non, pas tout de suite. Votre mère va devoir se cacher quelque temps.

Jean se lève, inquiet.

– Maman ! Mais pourquoi ?

Son oncle cherche à être le plus rassurant possible.

– Rien de grave, Jean, ne t'inquiète pas. Mais tu sais, en ce moment, c'est difficile, il y a partout des gens qui nous veulent du mal... Et ces gens disent des choses fausses sur ta mère. Alors, pour qu'elle n'ait pas d'embêtements, il faut qu'elle s'éloigne un peu.

– On ne va pas lui faire de mal ?

– Non... Je veille sur elle, ne t'en fais pas. Alors, vous allez rester avec Mathilde et moi ici, comme avant !

Julie refuse avec force.

– Pas question !

Henri est surpris du refus et de la virulence de la petite fille.

– Tu n'as pas le choix, Julie !

L'enfant est sûre d'elle.

– Si maman est en danger, elle a besoin de nous !

Jean vient en renfort.

– Oui ! On doit rester avec elle et veiller sur elle.

– Vous êtes de bons enfants, mais vous savez que c'est votre mère qui vous a envoyés ici pour vous mettre à l'abri. Vous devez être sages et lui obéir. Et moi, pendant que je m'occupe d'elle, je vous demande de veiller sur Mathilde !

Il prend le petit à l'écart.

– Jean, tu es le garçon, je peux compter sur toi ?

L'enfant hésite encore.

– Euh oui...

– Promis ?

– Promis.

– C'est bien.

Henri quitte la pièce. Mathilde le rattrape.

– Dis-moi ce qui se passe.

– Je n'en sais pas plus que ce que tu as entendu. Aline nous a confié les enfants. Je vais tout faire pour tirer cette affaire au clair. Toi, occupe-toi de Jean et Julie.

Il repart. Mathilde et les jumeaux le regardent monter en voiture et démarrer.

– Personne va faire de mal à maman, hein, Mathilde ?

La voix de Julie tremble. Mathilde se baisse avec difficulté et les prend dans ses bras, chacun d'un côté.

– Non, mes chéris. Vous avez entendu votre oncle ? Venez, on va demander à Nourredine de vous préparer un bon chocolat.

*
**

Près de Boulmane-Dadès, le soleil couchant dore la terre du domaine d'Aline. Yvon, coiffé d'un chèche, est encore à l'ouvrage. Il creuse des canaux d'irrigation au pied des orangers nouvellement plantés. Soudain, il est intrigué par une ambulance qui s'engage sur le sentier. Zora, leur bébé sur la hanche, sort sur la terrasse de la maison, attentive à cette irruption d'un véhicule médical en cette fin de journée.

L'ambulance s'est arrêtée et un homme en descend. C'est un inconnu aux yeux clairs, dont le visage est barré d'une cicatrice. L'homme grimpe la pente à grands pas.

– Yvon ? Je suis Arnaud.

Abasourdi, Yvon en lâche sa bêche.

– Arnaud ?

– Arnaud, oui. Arnaud Villiers... Le père de Jean et de Julie.

– Nom de Dieu. Arnaud !

Yvon regarde autour de lui, inquiet... et entraîne précipitamment le fugitif vers la maison. L'ambulance recule, fait demi-tour et disparaît.

*
**

À Marrakech, la nuit est tombée et l'inspecteur Morton quitte les locaux de la Sûreté avec ses hommes pour une nouvelle descente quelque part en ville. À l'étage, Henri traverse les bureaux déserts d'un pas décidé pour aller s'asseoir dans le sien, sous le portrait du maréchal Pétain. Il passe un bref coup de téléphone et attend.

Un peu plus tard, des pas se font entendre, la porte s'ouvre et laisse passer Aline qui se dégage de la poigne des deux nervis qui l'ont accompagnée.

– Laissez-nous.

Les deux hommes ressortent.

Dès qu'ils ont disparu, Aline invective son frère.

– Libère tous ces gens, Henri ! Paula est en bas, prisonnière avec les autres !

– Je ne suis pas là pour parler de ça, Aline.

– Mais moi, si ! Ils ont débarqué chez moi. Ils m'ont frappée. Ils m'ont emmenée avec Paula. Toine a été obligé de s'enfuir. Mais qui donne ces ordres, Henri ?

Il perd brutalement son calme, frappant un grand coup sur le dessus de son bureau.

– Tais-toi !

Le hurlement tétanise Aline.

– Est-ce que tu sais seulement ce que je suis obligé de faire pour rattraper les bêtises que tu ne cesses d'accumuler ?

Aline le regarde sans comprendre.

– Déjà, ton procès... Pauvre Saturnin...

Horrifiée, sa sœur a du mal à réaliser ce qu'il sous-entend.

– Saturnin, c'était toi ?

Il ne répond pas à sa question. Il poursuit son raisonnement.

– Aujourd'hui, il faut mettre Jean et Julie à l'abri. Il n'y a qu'un moyen pour qu'on ne leur fasse pas de mal !

Il pousse vers elle deux feuilles imprimées.

– Voici deux formulaires qui stipulent que tu renonces à tes droits maternels sur Jean et Julie et qui permettent que je les adopte officiellement.

Aline a un petit rire incrédule, vite éteint.

– Mais Henri... C'est ridicule. Je ne vais pas signer ça. Je suis leur mère ! Et ils ne le savent pas encore, mais ils ont un père. Vivant !

Il hausse les épaules.

– Comme tu veux...

Il ouvre un tiroir pour y ranger les formulaires.

– Voilà ce qui va se passer, puisque tu refuses. À l'aube prochaine, Paula va partir en convoi vers la France. De là, elle sera transférée vers un camp quelque part entre la Pologne et la Prusse. Nous sommes près de l'hiver. Quand elle sera dehors à travailler sous la schlague des nazis, il fera moins vingt. Elle ne passera pas l'hiver. Cela arrivera aussi à Joachim et à son père David. Tu signes et je les sauve tous. Tu refuses et tu décides de leur sort. Peut-être qu'ils s'en tireront... Mais là-bas, il paraît qu'il y a des endroits si terribles que même le diable les évite...

Aline considère maintenant son frère avec horreur. Il poursuit sans prêter aucune attention à ses réactions.

– Autre chose. Toi-même, tu es en danger... et donc Jean et Julie aussi !

Un sentiment d'effondrement habite la jeune femme. Incompréhension, abandon, anéantissement, c'est comme si une partie de son être, celle de la petite fille qui admirait et aimait ce grand frère si fort, n'existait plus.

– Qui t'a rendu comme ça, Henri ?

– Je veux te protéger. Et protéger nos... tes enfants !

Il repose les formulaires devant sa sœur et lui tend son stylo.

– Juste une signature, et tu sors d'ici avec Paula !

Un peu plus tard, dans la cave de la Sûreté, la porte de la grande cellule s'ouvre. Un nervi aboie.

– Kosinsky ! Paula Kosinsky !

– C'est moi.

Ses compagnons de détention se pressent un peu plus pour la laisser passer.

– Vous sortez.

– Non. Je ne sortirai qu'avec tous ces gens.

– Sortez, je vous dis. Ou je vous sors de force.

Paula résiste.

Dans la cour, une voiture attend, moteur en marche. Par la vitre de la portière se dessine le profil d'Aline. À côté, debout près du capot, les mains dans les poches, Henri piaffe. Soudain un bruit de moteur le fait se retourner.

Tout va alors très vite.

Paula sort du bâtiment principal, poussée par l'homme qui l'a forcée à quitter sa cellule... Une voiture de police se gare dans la cour. Morton en jaillit. Il regarde Henri puis Paula et met un instant à comprendre ce qui se passe.

Henri profite de cette hésitation pour crier au chauffeur de la voiture, dont le moteur est toujours en marche :

– Merde ! Allez-y. Démarrez. Vite !

Le moteur rugit, la voiture accélère, frôlant Paula. La Toubiba entraperçoit son amie qui hurle son nom. Les deux femmes échangent un regard désespéré. La voiture quitte la cour et file sur l'avenue.

L'inspecteur Morton s'avance vers son patron.

– Monsieur Boissières, vous allez répondre de ça !

Sur le sentier qui longe le domaine d'Aline, un gamin, pieds nus, court à perdre haleine. Il arrive à bout de souffle à la demeure de Driss, au moment où François en sort. L'enfant lui tend le papier qu'il tient à la main.

– Télégramme ! Télégramme !

François envoie l'enfant à la cuisine chercher de quoi boire et manger. Puis il lit le texte du petit bleu et se précipite pour voir Yvon toujours à l'œuvre au milieu de ses nouveaux orangers.

– C'est Aline ! Je ne comprends pas. Elle arrive, mais il faut aller la récupérer dans un coin perdu...

La voiture a roulé des heures sur la route et s'arrête soudain au milieu de nulle part. Le chauffeur fait signe à sa passagère de descendre. Aline en sort, épuisée, encore sous le choc des événements de la nuit. Aussitôt la voiture redémarre, la laissant seule. La jeune femme hésite, cherche à se repérer en fonction du soleil et des ombres des montagnes. Elle finit par déterminer une hypothétique direction, dans laquelle elle commence à marcher.

Elle n'a aucune notion du temps écoulé lorsque, soudain, une ombre apparaît au loin, précédée d'un nuage de poussière. Elle s'immobilise en plein soleil et attend le moment où elle distingue clairement un cavalier qui s'approche d'elle en galopant. Enfin, le cavalier stoppe sa monture et ôte son chèche...

– Arnaud !

Il lui tend la main et la fait monter derrière lui. Puis il éperonne le cheval et elle se serre contre lui.

Après des retrouvailles chaleureuses avec Yvon et François, Aline a embrassé Zora qui n'a plus rien de la jeune fille souffrante connue autrefois au dispensaire. La jeune femme a été transformée par son mariage avec celui qui l'a soignée avec tant de douceur, l'homme qui est devenu musulman par amour pour elle. Elle présente avec fierté Aïcha, leur petite fille, à Aline.

Le dîner est un moment de tranquillité, éclairé par un coucher de soleil qui fait flamboyer les murs du ksour. Mais comment oublier qu'Arnaud est recherché pour être fusillé et qu'Aline s'est enfuie de la Sûreté où elle était retenue pour avoir caché le fugitif et une Juive polonaise ? Et comment ne pas penser à ceux qui sont restés ? Les jumeaux, Toine, Virginie et la famille Lévy. Et Paula ? Henri va-t-il pouvoir la protéger, ou l'affreux Morton la fera-t-il transférer en France, d'où elle sera envoyée dans un camp de travail en Allemagne ?

En dépit des ces questions douloureuses, le dîner se termine sur une note pacifique et tendre. Éclairés par la lampe à pétrole, Yvon, assis sur le banc, tient serrée contre lui sa jeune femme qui donne le sein à leur bébé.

C'est cette vision qu'Aline et Arnaud emportent au moment de se retirer dans la chambre de la jeune femme. Par la fenêtre, Arnaud lève les yeux vers le ciel pur et son regard se perd dans l'immensité lumineuse, comme s'il y discernait un appel. Aline le sent et se serre contre lui. Ils s'étreignent. Elle sait qu'il pense à son fils, dont il n'a aucune nouvelle depuis le jour où il a été capturé par les militaires et où il n'a eu que le temps de le confier à Abdel. Peut-être a-t-il aussi la nostalgie de sa vie parmi les Berbères, une vie de liberté et d'infini ?

– Quand resteras-tu avec moi, Arnaud ? Quand reviendras-tu vers tes enfants ?

– Quand j'aurai payé ma dette envers ceux qui m'ont sauvé. Quand ce pays sera enfin libre. Quand mon dernier fils pourra être fier de son père.

Elle murmure dans son dos.

– Je t'aime.

Il se retourne et l'enlace.

– Je t'aime aussi.

Ils se laissent aller sur le lit. Il la caresse doucement, respirant à nouveau cette peau dont il attend l'écho du passé.

– Est-ce que mon amour de maintenant est aussi fort que le premier ?

– Il est différent. Le premier était incandescent, il m'a laissé le souvenir d'une brûlure. Celui que tu me donnes maintenant m'apaise...

Il embrasse ses lèvres et la sensation la fait défaillir. Elle ne bouge plus, tout entière tendue vers lui, et le désir leur fait tout oublier.

À l'aube, Aline dort profondément. Soudain, un frisson la réveille. Elle est seule dans le lit. Elle se lève et passe dans la pièce voisine. Vide. Par la fenêtre en moucharabieh, elle regarde au-dehors.

Au loin, le long des murs du ksour, Arnaud, à cheval, s'éloigne lentement. Il s'arrête un instant et fixe la fenêtre d'Aline, puis repart vers le sud. Elle reste là, immobile, à voir sa silhouette diminuer puis disparaître.

– 18 –

Libération

Aline n'a pas quitté sa chambre, prolongeant le souvenir de ces moments intenses passés avec Arnaud, des instants toujours aussi courts, comme si le destin lui refusait de vivre avec cet homme.

Soudain, des cris se font entendre du côté de la terrasse et des coups sont frappés violemment à la porte. Elle distingue un bruit de pas dans la maison, sans doute Yvon qui va ouvrir. Elle entend alors la voix joyeuse de François qui annonce la nouvelle :

– Les Américains ont débarqué !

Il ne faut pas longtemps à la jeune femme pour prendre la décision de retourner immédiatement à Marrakech. Yvon fait tout pour l'en dissuader : c'est de la folie ! Sur la route, elle risque d'être piégée dans des règlements de comptes ou simplement dans des mouvements de panique.

– Je ne peux pas laisser les enfants ! Et il faut que je retrouve Paula.

Face à son entêtement, François a décidé de ne pas la laisser seule et de l'accompagner. Il a pris le fusil de Driss et s'installe au volant.

– Allez... Prions pour qu'on arrive vivants, ce soir !

Après de rapides adieux, la voiture démarre pour un trajet long et incertain.

Dans une avenue de la ville impériale, un petit crieur de journaux, tenant un paquet presque aussi lourd que lui, hurle les dernières informations.

– 8 novembre 1942 ! Débarquement allié à Casablanca ! Trente-cinq mille hommes commandés par le général Patton ont débarqué à Casablanca, Safi, Port-Lyautey ! L'opération Torch, engagée dans le plus grand secret, est une réussite !

Joachim et Virginie se précipitent pour acheter un exemplaire et repartent en déployant le journal.

La jeune fille est inquiète pour Aline, dont ils n'ont aucune nouvelle. Joachim ne pense qu'à la situation mondiale.

– Enfin ! Le sort de la guerre va peut-être tourner !

La résistance des troupes fidèles au régime de Vichy a été vaine. Les combats se sont soldés par des pertes minimes et les Alliés prennent position au Maroc et en Algérie. Le maréchal Pétain a rompu toute relation diplomatique avec les États-Unis. Il a aussi désavoué le commandant en chef de ses forces armées, l'amiral Darlan, qui a déjà ouvert les négociations avec Eisenhower pour se faire nommer représentant officiel de la France en Afrique du Nord. L'amiral sera vite concurrencé par le général Giraud et, bien sûr, par le chef de la France libre, le général de Gaulle.

Pour l'instant, dans les administrations du protectorat mises en place par le gouvernement de Vichy, c'est la panique. Dans les bureaux de la Sûreté règnent une agitation et une pagaille indescriptibles. Des employés vont et viennent. Les bras encombrés de piles de documents, ils dévalent les escaliers vers la cour...

Contrastant avec l'animation ambiante, Henri Boissières est assis à son bureau et semble méditer. Devant lui, des dossiers brûlent dans un poêle chargé jusqu'à la gueule. Un fonctionnaire entre en coup de vent et y lance encore une dernière brassée de feuilles imprimées.

– Vous feriez mieux de filer, monsieur.

L'homme hausse les épaules devant l'apathie de son chef et file sans demander son reste. Il est remplacé par l'inspecteur

Morton, qui passe la tête dans le bureau, jetant un regard méprisant sur Henri.

– Chacun pour soi, monsieur le directeur !

– Foutez-le camp !

Morton ricane et disparaît. L'inspecteur abandonne son patron et fonce dans le couloir. Il commence à dévaler l'escalier quand il se ravise et rebrousse chemin. Dans son bureau, il décroche un fusil-mitrailleur de son râtelier et repart en courant.

Dans la cave du bâtiment, les gardiens se sont enfuis, abandonnant leurs prisonniers toujours enfermés dans les cellules. Ces derniers s'agitent, conscients qu'il se passe quelque chose de grave. Paula, accrochée à la porte, cherche à voir par les interstices du bois.

– Hé ! Il y a encore quelqu'un ?

Une voix lui répond, suivie du bruit d'un fusil qu'on arme. La porte s'ouvre à la volée et Paula se retrouve face à l'inspecteur Morton.

– Ouais, y a moi ! Toi... approche !

Il met la Toubiba en joue.

Tous les prisonniers hurlent et se bousculent vers le fond de la cellule.

Le coup de feu claque... et l'inspecteur grimace de surprise, la bouche ouverte, avant de s'écrouler aux pieds de Paula qui tremble de tous ses membres.

Henri enjambe le corps de Morton et, sans émotion apparente, prend les clefs des cellules et les ouvre toutes. Les prisonniers, terrorisés, se précipitent au-dehors dans l'affolement.

Paula a recouvré un peu de son calme.

– Qu'est-ce qui se passe ?

– Les Américains ont débarqué !

– Qu'est-ce que tu vas faire ?

– Fuir... peut-être en métropole.

Elle le regarde. Il a l'air indifférent.

– Fuir ? Pourquoi ? Reste ici, Henri ! Je témoignerai de ce que tu viens de faire. Je t'aiderai !

Henri a un geste fataliste.

– Non, je sais ce qui m'attend ici, j'ai trop d'ennemis. Bonne chance, Paula, je t'ai aimée.

– Je t'ai aimé aussi, Henri. Mais ça me paraît si loin...

– Fais-toi une belle vie, tu le mérites. Dis à Aline que je prendrai soin de Jean et Julie. Ils seront bien avec moi. Adieu.

Lui ayant effleuré la joue, il disparaît dans l'escalier. Paula se laisse glisser à terre, envahie par une peur rétrospective et submergée par le chagrin. Soudain, elle réalise le sens des derniers mots prononcés par Henri. Il va emmener les jumeaux avec lui ! Elle fait un effort pour se relever et quitter la cave de la Sûreté. Parvenue dans la cour, elle se faufile dans un grand désordre de piétons et de voitures qui fuient. Elle se retrouve sur le trottoir et part en courant.

Henri est repassé chez lui. Il a garé la voiture devant la porte et laissé le moteur tourner. Croisant les domestiques qui quittent la maison et emportent leurs affaires, il va chercher Jean et Julie qui jouent dans le salon.

– Venez, les enfants. On s'en va.

– Pourquoi Nourredine et les autres, ils partent tous ?

– Parce qu'ils ne veulent plus rester ici... Allez, venez.

Julie n'est pas prête à obéir.

– Où on va ? Et maman ? Il faut aller la chercher. Je veux voir maman !

– Elle est loin. On ne peut pas la rejoindre tout de suite, ce serait trop dangereux. On va partir les premiers, elle nous rattrapera.

Jean, lui aussi, veut des précisions.

– On va partir où ?

– On va retourner en France, mais pas pour longtemps.

– Et Mathilde ? Elle vient ?

– Pas pour l'instant, ma Julie. Elle ne peut pas voyager à cause du bébé, mais elle viendra plus tard elle aussi.

Mathilde, encombrée par un ventre très proéminent, descend l'escalier et Henri l'aperçoit.

– Allez à la voiture, les enfants, j'arrive. On va bien s'amuser, vous allez voir...

Julie et Jean sortent dans le jardin. Henri referme la porte derrière eux.

Mathilde comprend soudain les intentions de son mari.

– Tu ne peux pas partir avec eux ! Tu ne peux pas les voler à leur mère, Henri ?

Il a un sourire cruel.

– C'était pourtant toi qui les voulais, ces enfants. Souviens-toi !

– J'avais tort. Je ne voulais pas vieillir sans enfants.

Il ricane en désignant son ventre.

– Eh bien ton vœu est exaucé. Je te rends ta liberté.

Elle se dirige vers la porte.

– Laisse-moi leur parler une dernière fois.

Henri se place entre la porte et elle.

– Non.

Mathilde l'ignore et veut le contourner.

Un éclair de folie passe dans les yeux d'Henri.

– Mathilde... Si tu ouvres cette porte, je ne suis pas sûr de ne pas te tuer.

Mathilde s'immobilise, effrayée par son expression et son ton. Il sort sans lui accorder un regard. Par la fenêtre, Mathilde distingue les silhouettes des enfants à l'arrière de la voiture, puis voit Henri s'installer au volant et démarrer. Elle a un sanglot et ne peut retenir ses larmes lorsque, soudain, une douleur violente la traverse.

Bouleversée, comprenant que le temps est venu pour elle et le bébé, elle attend que le calme revienne dans son ventre et avance à tout petits pas vers l'escalier. Elle grimpe laborieusement jusqu'à sa chambre, où elle s'écroule sur le lit, attendant la prochaine contraction. Elle est seule dans la maison désertée et ses cris résonnent à chaque vague qui broie son corps, de plus en plus violente, de plus en plus proche de la précédente.

Une silhouette se faufile dans le jardin et pénètre dans la maison. Paula est venue pour empêcher le départ des enfants d'Aline, mais il est trop tard. Elle va repartir lorsque, alertée par les cris, la Toubiba comprend qu'elle n'est pas venue pour rien. Elle monte vite à l'étage.

La route de Boulmane-Dadès à Marrakech s'est à peu près bien passée pour Aline et François. Le jeune homme, vêtu d'une tenue semblable à celle de son père adoptif, a su négocier le passage quand cela s'est révélé nécessaire.

Pendant ces heures d'angoisse et de fatigue, Aline a découvert chez son beau-fils une nouvelle confiance et une certaine forme de gravité, ainsi qu'une vraie habileté dans la négociation. François Desmazures, fils adoptif de Mohamad Driss, a appris des deux civilisations et des deux hommes qui lui ont donné une image de père, le sien et le caïd. Depuis la mort de ce dernier, il a repris la propriété dont il a hérité avec un sérieux qui lui a valu la fidélité de tous les ouvriers employés par son père adoptif. Tous sont restés travailler avec lui, assurant la prospérité du domaine pendant ces années difficiles.

La voiture se fraie maintenant un chemin dans les rues encombrées de Marrakech, où la cohue est encore plus impressionnante que d'habitude. Avant de se rendre dans sa maison, Aline veut récupérer les jumeaux et indique à François l'itinéraire pour rejoindre la belle demeure des Boissières. Quand ils sont enfin devant, ils constatent que la grille est grande ouverte. François s'engouffre dans le parc et se gare devant le perron. Aline, inquiète, jaillit de la voiture et grimpe les marches.

Le rez-de-chaussée paraît vide. La jeune femme parcourt toutes les pièces quand elle entend un cri à l'étage. Elle monte l'escalier quatre à quatre et débouche sur le palier.

Là, elle aperçoit, par la porte ouverte d'une chambre, sa belle-sœur allongée et le dos de la Toubiba, penchée entre ses jambes, qui l'incite à un nouvel effort.

– Pousse Mathilde ! Pousse encore, je vois la tête du bébé.

Aline s'avance dans la pièce et Paula se retourne, se contentant de lui crier.

– Fais vite ! Il est parti il y a quelques minutes ! Il veut rejoindre la France !

Mathilde, toute à sa concentration, pousse un long hurlement suivi du cri d'un nourrisson.

Sans s'arrêter, Aline dévale l'escalier et rejoint François qui est resté au volant de la voiture.

– Ils ne sont plus là ! Il a dû prendre la route de Rabat, fonce !

La voiture d'Henri avance avec beaucoup de difficultés dans les rues bondées de la médina. Il s'énerve, mais il est totalement impuissant face à cette marée humaine de plus en plus dense. Soudain le jeune Marocain, qui avait l'habitude de faire le guet devant la Sûreté pour prévenir Saïd des mouvements des flics, reconnaît le directeur si arrogant qui le frôlait sans le voir. Il crie pour prévenir les passants qui, aussitôt, s'agglutinent autour de la luxueuse berline. Henri est pris à partie, le véhicule secoué.

Julie et Jean sont terrifiés. Henri tente une marche arrière pour se dégager mais, gêné dans sa manœuvre, il termine sa course dans l'étalage d'un marchand de légumes. Sous le choc, les jumeaux paniquent. Henri bondit hors de la voiture et fait vite sortir les enfants avant que la foule, maintenant très excitée, ne les rattrape. Tenant Jean et Julie par la main, il s'enfuit à pied dans une ruelle.

François, de son côté, s'est heurté à la même foule. Il a dû chercher un chemin à peu près dégagé et s'est perdu. En arrivant à un carrefour où il espère pouvoir se repérer, il aperçoit un véhicule à l'avant couvert de légumes et malmené par la foule.

– Regarde !

– C'est la voiture d'Henri !

Aline court vers les passants pressés contre les portières et les interroge sur la direction prise par le conducteur. Ils la lui indiquent avec de grands gestes et des invectives plus ou moins violentes.

Aline et François n'ont pas d'autre choix que de laisser leur propre véhicule et de partir en courant dans la rue où Henri et les enfants sont censés être partis.

Ceux-ci ont peu d'avance. Mais ils parviennent sur une place où un car est stationné, attendant que les derniers voyageurs soient installés pour partir. Henri se précipite mais le chauffeur l'arrête.

– C'est complet, m'sieur, je prends plus personne...

Henri se tourne vers les passagers et brandit des billets qu'il a sortis de son portefeuille.

– Trois places ! Allez ! Je paye cinq mille francs !

Les gens restent impassibles. Il insiste, doublant le nombre de billets qu'il agite. Un homme se lève enfin...

Mais, au même instant, Aline et François débouchent sur la place et foncent vers l'arrêt de l'autocar devant lequel se tiennent les jumeaux, debout sur le trottoir. La jeune femme, dans une course désespérée, court vers ses enfants.

– Julie ! Jean !

– Maman !

Julie s'élance, Henri veut la retenir, mais Jean suit sa sœur et tous deux lui échappent. Au même instant une Jeep américaine fait irruption, accueillie par les hourras de la foule.

Henri sait qu'il est battu. Ses épaules s'affaissent comme si l'inéluctabilité de son échec lui retirait toute force. Il s'avance vers la Jeep.

– Je suis Henri Boissières, directeur de la Sécurité du district de Marrakech.

Un civil avec un brassard debout dans une voiture arrêtée derrière la Jeep désigne Henri à l'un des militaires américains.

– C'est le chef de la Sûreté. Un collabo !

Aline serre très fort les deux petits et leur masque la scène lorsqu'elle voit son frère saisi par quelques civils sous l'œil des Américains.

Parmi les Français se détache le commissaire Le Hennin, qui s'approche rapidement d'Henri.

– Le vent tourne, monsieur Boissières...

– On va te buter, ordure !

Un civil a crié et s'est précipité sur le prisonnier, brandissant un pistolet dont il pose le canon sur sa tempe.

Le commissaire détourne l'arme.

– Pose cette arme ! Ce ne sont pas nos méthodes !

Henri Boissières est menotté, frappé, traîné vers une voiture par les autres civils.

Aline continue de cacher le spectacle aux yeux des enfants, qu'elle confie vite à François.

– Emmène-les plus loin !

Elle court vers le groupe qui tient son frère.

– Laissez-le !

Impuissante, elle pleure en voyant Henri jeté brutalement dans la Jeep qui démarre sur les chapeaux de roues.

*
**

Dans la demeure des Boissières, des pleurs de nourrisson résonnent à l'étage. La Toubiba finit d'habiller le bébé, qu'elle a lavé, après avoir vérifié qu'il était en parfaite santé. Elle revient dans la chambre et le pose sur le ventre de Mathilde. Dès qu'il est sur sa mère, l'enfant cesse de crier.

– Il est magnifique, Mathilde.

– Hassan... Il s'appellera Hassan.

Paula est attendrie par le spectacle de la mère et de l'enfant.

– Ça veut dire bon et beau... C'est ce qu'il sera !

– Le temps du bonheur est venu, n'est-ce pas, Paula ?

– Oui, ma chérie. Et on va le construire, ce bonheur. Bien solide, pour qu'il dure tout ce qu'il nous reste de vie !

*
**

Pas très loin de là, chez les Verlaire, il n'est pas vraiment question de bonheur et de lendemains qui chantent.

Dans la chambre, Gustave sort des liasses de billets d'un coffre et les enfourne dans une petite mallette posée près de deux grands sacs bourrés à craquer. Flora entre dans la pièce et découvre avec stupéfaction le spectacle.

– Qu'est-ce qui se passe ?

– Dépêche-toi. Prends le maximum d'affaires.

– Où est-ce qu'on va ?

– À Ouarzazate. Chez mon frère.

– Qu'est-ce qu'on va faire là-bas ?

– On va se planquer quelques jours, le temps que ça se tasse !

– Mais pourquoi ?

– Fais ce que je te dis !

– Gustave... Qu'est-ce que tu as fait ?

– Ce qu'il fallait pour nous offrir cette maison, tes bijoux et tout le reste. Dépêche-toi, nom de Dieu !

Il prend une valise et la porte dans le couloir. Il revient dans la chambre. Flora s'est assise sur le lit.

– Tu es folle ! Qu'est-ce que tu veux ?

– Savoir ce que tu as fait en échange.

– Ben... Je leur ai donné le copain de ta nièce. On s'en fout, c'est un terroriste !

Flora est effondrée.

– Tu as donné Arnaud ! C'était toi ?

Elle ne parvient pas à y croire. Il la regarde, exaspéré par son sentimentalisme.

– Ben oui, là ! Mais je l'ai livré à ton neveu, comme ça, ça reste en famille. Allez, maintenant dépêche-toi.

Sans bouger, elle ne le quitte pas des yeux, comme si elle cherchait à lire en lui ce qui avait pu tant l'aveugler.

– Je te faisais confiance...

Gustave hausse les épaules et ferme un sac. Flora ouvre le tiroir de la table de nuit, en sort un pistolet et le met maladroitement en joue. Il rit.

– Eh ben, vas-y ! Tire !

Il s'approche en la provoquant.

– Alors ? Qu'est-ce que t'attends ?

Elle le fixe, le tenant toujours en joue.

– Tu ne vaux même pas la peine que je te haïsse. Tu n'es rien, Verlaire. Rien qu'une petite ordure minable. Rien qu'un rat qui vit des rognures des autres.

Elle laisse retomber son bras. Celui qui était son mari ramasse son sac sans demander son reste et quitte la pièce.

Elle se laisse tomber sur le lit et le pistolet chute à ses pieds.

*
**

Aline retrouve sa maison de Marrakech et reprend sa vie avec les jumeaux. La présence des Américains et la disparition du régime de Vichy apportent dans un premier temps une légèreté et une gaieté dont tout le monde profite. Même si la guerre se poursuit sur d'autres fronts, dans des conditions difficiles, même si les rationnements se durcissent, même si des colons sont mobilisés, un sentiment de liberté règne pendant cette période particulière.

Rassurée par le regroupement de sa famille, Aline se soucie très vite du sort réservé à son frère. Elle n'en a parlé ni à Mathilde ni à Paula, mais elle a fait une démarche qu'elle aurait pensée impossible il y a encore peu de temps. Elle a demandé au commissaire Le Hennin de lui permettre de voir Henri. Et, plus improbable encore, il l'a convoquée.

C'est ainsi qu'Aline se retrouve en compagnie du commissaire devant la porte de la prison qui s'ouvre devant eux. Ils sont conduits par les gardiens le long de couloirs sans fin, jusqu'à la porte d'une cellule devant laquelle ils s'arrêtent.

Le Hennin se tourne vers Aline.

– C'est tout à fait exceptionnel. Il n'a droit à aucune visite.

– Je sais, commissaire. Mais dites bien à ses juges qu'il a sauvé Paula et tous ceux qui étaient enfermés avec elle.

– Nous le savons, madame. Il a aussi malheureusement donné de nombreux patriotes.

Il fait signe au gardien d'ouvrir et rappelle à Aline qu'elle n'a que cinq minutes.

– Merci, commissaire.

Le gardien fait jouer la porte, laissant passer la jeune femme avant de la refermer derrière elle. Le commissaire colle immédiatement son œil au judas.

À l'intérieur de la cellule, Henri, amaigri, est allongé sur la banquette, le regard vide. Traces de coups et séquelles de mauvais traitements sont visibles. Il n'a pas réagi quand sa sœur est entrée.

Aline reste un moment sans réaction, bouleversée par l'état de son frère. Sa voix s'étrangle quand elle l'appelle.

– Henri !

En entendant sa voix il lève enfin la tête, incrédule. Aline lui sourit. Il se lève brusquement et elle se jette dans ses bras. Il la serre violement contre lui.

– Nous n'avons que quelques minutes.

Il la serre un peu plus fort.

– Chut, reste là, ne dis rien.

Elle se tait et tous deux demeurent ainsi dans les bras l'un de l'autre... sous le regard du commissaire Le Hennin qui sourit, satisfait.

De retour chez elle, Aline sait qu'elle ignore quand elle pourra revoir Henri. Elle enfouit sa peine au fond d'elle et se consacre à la préparation de la Noël.

Julie a retrouvé son piano et la petite fille y passe encore plus de temps qu'avant les événements qui viennent de la secouer. Elle apporte à son interprétation une richesse de sentiments qu'elle n'avait pas auparavant et son jeu a gagné en force, sinon parfois en violence.

En cette fin d'après-midi, toute la maison vibre des accents de la fugue de Bach à laquelle elle s'est attaquée.

Près d'elle Nabiha va et vient, terminant la décoration de la pièce.

Dans la pièce voisine, assise sur le divan, bien calée dans les coussins, Mathilde donne le sein à son fils. Aline est assise près d'elle et les deux femmes conversent doucement.

Aline a fini par parler à sa belle-sœur de sa visite à Henri. Elle confie aussi sa perplexité quant aux rapports que son frère entretenait avec elle. Comment a-t-il pu se conduire de manière si cruelle et en même temps éprouver une véritable affection ? De la tendresse même, comme celle qu'elle a ressentie quand il l'a serrée dans la cellule ?

– Tu es la seule femme de sa vie, Aline, que tu le veuilles ou non.

– Bien sûr, c'est mon frère...

– Non ! C'est autre chose, crois-moi. L'amour qu'il te porte n'a rien de l'amour d'un frère. C'est comme s'il se raccrochait à toi pour ne pas sombrer. Même après toutes ces années, je ne sais toujours pas qui est Henri... Et je crois qu'il ne le sait pas, lui non plus.

Aline est pensive. Elle revoit son frère, ce garçon si vivant, dans la montagne...

– Il aurait dû rester berger. C'est le monde et cette ambition stupide...

– Non ! Tu te trompes. Henri n'est victime que de lui-même.

Aline ne répond pas et se lève, songeuse, incapable d'aller plus loin dans cette discussion. Elle rejoint Nabiha et l'aide à terminer la décoration, tout en jetant des coups d'œil attendris à la mère et à son bébé. Mathilde croise son regard et lui sourit. La musique s'envole, brillante, inventive...

– Écoute-la !

Elles tendent l'oreille, complices.

– Grâce à toi, elle ne cesse de faire des progrès. Tu lui as vraiment fait un cadeau exceptionnel en l'initiant au piano.

La porte d'entrée s'ouvre et surgit Toine, élégamment vêtu comme un Marocain.

– Oh, Toine ! Tu es magnifique !

Embrassades et caresses au bébé. Le jeune homme félicite l'heureuse maman et admire le petit Hassan, mais on le sent impatient d'annoncer une grande nouvelle à Aline.

– Malik Faradji m'a engagé au Palais ! Cuisinier du sultan ! Tu te rends compte ?

– Oh, mon Dieu ! Tout va si vite. Je suis fière de toi.

Elle l'embrasse. Il prend soudain conscience du piano, qui attaque un mouvement d'arpèges très rapides.

– Dis donc, elle joue de mieux en mieux.

Il l'a dit tout bas. Aline va pour répondre sur le même ton lorsque la musique s'achève sur un léger couac. Dans la pièce voisine, le couvercle du piano se referme brutalement, dans un éclat de colère de la part de l'artiste en herbe.

– J'en ai marre, marre, marre !

Aline rit, attendrie.

– Oui, et elle a de plus en plus mauvais caractère, elle aussi...

Toine profite de l'interruption pour aller embrasser sa petite sœur.

Le lendemain, tout est prêt pour le déjeuner de Noël. Dans un coin trône un pin orné de papillotes et de guirlandes. Une belle table a été dressée, sur laquelle Nabiha et Toine disposent toutes les entrées.

Le jeune homme réclame à Aline des nouvelles de François et d'Yvon.

– Ils vont très bien. François a racheté une nouvelle terre et a planté des dattiers. Le domaine de Driss est plus prospère que jamais. Il serait très fier... Tu m'écoutes, Toine ?

Toine s'est détourné pour fouiller dans les tiroirs du vaisselier.

– On a des cuillères à entremets ?

– Non, monsieur. Tu deviens snob, ma parole !

– Je ne suis pas snob, je suis perfectionniste. Bon on mettra des petites cuillères... Pardon, continue... Et tante Flora, elle est là-bas ?

– Oui, elle se remet peu à peu. Heureusement, la joie de découvrir Aïcha, sa petite-fille, la console... Mais elle a du mal à se pardonner d'avoir pu se tromper, à ce point, sur un homme !

Virginie et la famille Lévy, David, Joachim et Sarah, arrivent à leur tour avec des cadeaux dans les bras. Virginie est soufflée par l'élégance de son petit frère en tenue traditionnelle.

– Quel honneur, on reçoit un prince chez nous !

Après les embrassades et accolades de rigueur, Virginie se précipite pour voir le petit Hassan que Julie tient dans ses bras tandis que Jean l'amuse. La jeune fille est en extase devant le bébé, ce qu'Aline ne manque pas de faire remarquer à Joachim.

– Si tu veux la rendre heureuse, tu vois ce qu'il te reste à faire !

Soudain, au milieu de cette parfaite scène familiale, une silhouette en uniforme militaire se dessine sur le seuil. Aline met un instant à reconnaître la Toubiba.

– Paula ? Mais... Qu'est-ce que c'est que cette tenue ?

– Je pars, Aline.

Son amie croit avoir mal entendu.

– Tu pars ? Mais où ?

– Je pars avec les Américains. Je veux être là lorsqu'on pourra fouler à nouveau le sol de la Pologne. Je veux savoir ce que sont devenus mes parents, ma famille...

Aline sent sa gorge se nouer.

– Je comprends... Mais tu vas tellement me manquer...

Émus, tous ont un mot à dire à la Toubiba qui est devenue un membre à part entière de leur tribu de cœur.

– Tu nous as tellement donné, Paula...

Les deux femmes s'étreignent. Aline ne peut retenir ses larmes tandis que Paula plaisante.

– Allez, c'est pas la fin du monde !

Aline essuie ses larmes.

– Je suis gourde, aussi ! Mais tu es comme ma sœur...

Paula la serre un peu plus.

– On se reverra, Aline chérie, j'ai confiance, moi. On se reverra dans des jours meilleurs. Et crois-moi, on saura en profiter !

Elle montre un sac qu'elle a posé par terre.

– Des cadeaux. Il y en a pour tout le monde. Et vous, les petits, ne vous jetez pas sur le chewing-gum !

Un soldat américain se profile discrètement à la porte.

– *Sorry, m'am, you must leave...*

– *OK, I'm coming...*

Dernier sourire. Dernier signe à tous.

Aline la prend à nouveau dans ses bras.

– Donne des nouvelles !

Les deux femmes ont du mal à se séparer. Paula délie doucement les bras de son amie et s'échappe très vite.

Aline, soudain perdue, se retourne vers sa famille.

– Elle va être bizarre, la vie sans elle...

– 19 –

Traqués

Les Américains sont bien installés sur le territoire, avec leurs bases aériennes et navales. Ils apportent leur mode de vie, mais surtout des idées neuves qui vont bousculer le destin du pays.

Dès le tout début de l'année 1943, le Président Roosevelt vient au Maroc pour une réunion avec Churchill et les représentants français, les généraux de Gaulle et Giraud. Le Président américain, sans tenir compte de la position française, en profite pour rencontrer le sultan, à qui il affirme clairement que le protectorat est un régime dépassé et que le Maroc devra accéder à l'indépendance à la fin de la guerre. Parallèlement, la propagande américaine distribue des tracts, rédigés en français et en arabe, qui annoncent que les Américains viennent pour libérer tous les peuples.

Ces déclarations ne peuvent que bouleverser les données du pays. Et le mouvement nationaliste en profite immédiatement. Jusque-là divisés en plusieurs tendances, leurs différents représentants vont se rencontrer et tenter de définir une action commune, ce qui ne se fera pas sans difficultés.

Un soir, dans le désert, quelque part dans une oasis, un conseil extraordinaire est réuni sous une tente. Sous la direction de l'avocat Saïd Heijdi, l'un des dirigeants du mouvement nationaliste dans le Sud, tous les dignitaires berbères de la région discutent de la situation. Parmi ces hommes qui parlementent et palabrent entre eux selon d'antiques coutumes, on reconnaît le chioukh Husseini, le collecteur d'impôts assassin, et Abdel, le chef des Aït Bou M'zaten.

Avec son arrogance habituelle, le premier a pris la parole.

– La résistance faiblit. Il devient difficile de récolter l'impôt. Nous n'avons plus d'argent pour les armes ! Notre tribu ne peut continuer ainsi...

Il apostrophe directement Saïd Heijdi.

– ... sans que vous nous souteniez !

– Nous vous soutiendrons.

– Des mots ! Nous voulons des actes. Sinon, nous nous retirerons du combat. Donnez-nous Nizam !

Abdel bondit.

– Jamais ! Ta haine te perdra, chioukh Husseini ! Nizam est loyal...

L'autre ne le laisse pas parler.

– Nizam doit mourir. C'est ainsi ! Ce sera le symbole de notre détermination et les journaux français s'en feront l'écho. C'est en réveillant la haine que notre combat triomphera. C'est en terrorisant chaque étranger, fût-il de notre côté, que nous gagnerons.

Abdel se tourne vers Saïd Heijdi, qui demeure silencieux.

– La mort de Nizam, qui a embrassé notre cause, nous déshonorera.

Le chioukh prend tous les participants à témoin.

– Elle réunira au contraire toutes nos forces.

Doigt accusateur tendu vers Abdel.

– Tu refuses ?

Abdel se lève avec dignité.

– Comme mon père, je me battrai pour que notre pays retrouve son indépendance, mais pas au prix de la trahison et du déshonneur.

Les deux hommes s'affrontent un moment du regard.

– Si tu n'es pas avec nous, tu es contre nous ! Tu le sais ?

– Je le sais.

Abdel quitte la tente du conseil, suivi par deux membres de sa tribu.

Dans le brouhaha qui résonne soudain, le chioukh fait un

signe discret à deux hommes qui l'accompagnent, ceux-ci se glissent dehors sans que personne ne leur ait prêté attention.

Les chevaux piaffent et se bousculent. Abdel tient fermement les rênes de sa monture qui se cabre avec nervosité. Ses deux compagnons ont déjà enfourché les leurs. Le cheikh va sauter en selle lorsqu'un des hommes du chioukh se glisse près de lui et, avec une extrême rapidité, lui plante plusieurs fois son poignard dans le ventre.

Dans l'aube glacée du désert, un cavalier galope à bride abattue jusqu'à un campement de tentes berbères. Il saute à terre et pénètre dans celle du centre.

À l'intérieur, il secoue l'homme qui dort et qui se réveille brutalement, déjà prêt à sauter sur une arme, puis se calme en reconnaissant un compagnon d'Abdel.

– Le chioukh a fait tuer Abdel !

Nizam se redresse avec un cri de désespoir.

– Mon frère ! Je dois y aller.

– Non ! Il faut fuir. Ils vont te tuer ! Le chioukh a obtenu ta tête. Il a trop d'influence pour qu'ils ne lui cèdent pas. Et le fils d'Abdel est trop jeune pour résister. Nizam, vite ! Prends Zohaïr et fuis. Suis l'ancienne trace, je dirai que tu as pris une autre route.

Il faut peu de temps pour réveiller l'enfant et sauter à cheval, avec le peu qu'il est possible d'emporter sur une seule monture. Zohaïr, un beau petit garçon de quatre ans, au teint caramel de sa mère, la tête enroulée d'un chèche, est calé, encore à moitié endormi, contre son père. Nizam part au galop et s'éloigne rapidement du campement pour s'enfoncer dans le désert et rejoindre une piste aujourd'hui abandonnée parce que trop périlleuse.

*
**

Dans sa cellule, Henri rêve-t-il de sable à l'infini où chevaucher en liberté ? Toujours aussi amaigri, il est allongé dans sa cellule, le regard perdu. Il ne réagit pas lorsque la porte s'ouvre. Il ne tourne même pas la tête, les yeux toujours rivés au plafond.

Le commissaire Le Hennin reste un moment debout à examiner le prisonnier, avant de prendre l'unique chaise pour s'y asseoir.

– Il est temps qu'on se dise certaines choses, monsieur Boissières. Qu'en pensez-vous ?

Henri ne bouge ni ne répond.

Le policier poursuit.

– Vous voyez, le seul truc qui me chiffonne, c'est cette histoire de Gaumont. Vous vous souvenez de cet officier ? Il était amoureux d'Aline. Ont-ils couché ensemble ? Moi, je ne le crois pas. Et vous ?

Toujours pas de réponse. Le Hennin ne semble pas affecté.

– Parce que pour le reste... Antoine Derrain, massacré avec une lame crantée le soir du bal du 14 Juillet dans une ruelle déserte de Gorbio... Paul Desmazures, poignardé, sans doute avec la même arme, dans une salle de classe de son école, en plein jour cette fois, toujours à Gorbio... Le juge Carton, lacéré de coups de couteau, lame crantée également, dans son bureau à Nice... Ce pauvre Saturnin... Ah lui, ce n'est pas vraiment la même chose, plutôt une machination perverse mais terriblement efficace, sur laquelle je n'ai pas de doutes même si je n'ai pas de mobile... Encore que... Vous aimez beaucoup votre sœur, monsieur Boissières, n'est-ce pas ? Remarquez, c'est normal. J'aurais bien aimé avoir une sœur moi aussi... Un frère, une sœur, c'est le premier couple, n'est-ce pas ?

Il se tait, laisse passer un silence, puis reprend.

– ... Et puis un jour, elle en aime un autre. Parfois, c'est un ami qu'on lui a présenté... Ça arrive... Mais même un ami, est-ce qu'on a envie d'imaginer ses pattes sur sa propre sœur ? Non !

Le commissaire observe Henri qui demeure imperturbable.

Après un temps, il se lève.

– J'ai tout mon temps, je reviendrai.

Il va jusqu'à la porte et frappe pour que le gardien lui ouvre. Il va sortir lorsque la voix d'Henri retentit, sarcastique.

– Que cherchez-vous, commissaire ? Toutes vos belles

hypothèses ne seraient-elles pas l'écho de vos propres turpitudes ? Mais vous avez une jolie imagination. Plus utile dans une carrière de romancier que dans celle de policier !

– À bientôt, monsieur Boissières. Je n'ai pas tant d'imagination que ça. Vous aurez un jour rendez-vous avec votre passé... Et ce jour n'est pas si loin que vous l'imaginez.

En quittant la cellule, le commissaire s'est fait conduire chez le directeur de la prison, à qui il a soumis sa demande.

L'homme, fluet et nerveux, fait les cent pas en s'agitant.

– Non, non et non ! Je ne peux pas vous laisser faire ça ! Je ne peux pas relâcher un prisonnier, serait-ce Boissières, pour vous faire plaisir, commissaire !

– Il ne s'agit pas vraiment de le relâcher, il s'agit de le confondre.

– J'appelle le procureur !

Le Hennin se lève, prend le combiné que l'autre a déjà décroché et le repose sur son socle.

– Monsieur Fourrier... Ne m'obligez pas à vous rappeler à quel point vous avez été complice de choses peu recommandables. Je crois savoir qu'ici même ont été détenus des gens dont la seule faute était d'être juifs, communistes ou simplement pas du goût de vos amis. Et là, vous n'y avez rien trouvé à redire ! Ce serait regrettable que je sois amené à envoyer un rapport sur vous à Londres...

L'homme fixe Le Hennin, puis se décide.

– Après tout... Si vous en prenez la responsabilité...

– Pleine et entière.

*
**

Au même moment, un homme enveloppé dans un burnous, la tête coiffée d'un chèche, se glisse jusqu'à la maison d'Aline et frappe à la porte. C'est Aline qui ouvre.

– Monsieur ?

– Vous ne me reconnaissez pas ?

L'homme déroule le tissu et son visage apparaît à découvert.

– Saïd ? Saïd Heijdi ! Vite, entrez.

Elle referme vite la porte derrière lui.

– Je n'ai pas beaucoup de temps et je suis porteur d'un message que je ne pouvais confier à personne. Nizam a été obligé de fuir... Il est en danger de mort. Nos hommes le cherchent pour le tuer.

Aline est horrifiée.

– Mais pourquoi ? Il s'est engagé à vos côtés !

– Peu importe... Votre armée le cherche aussi et, s'ils le trouvent, ils le tueront de la même façon. Il est quelque part entre Ouarzazate et Taroudant. Probablement vers Goulimine... Il a pris une ancienne trace, le chemin des esclaves.

– Merci, Saïd...

– C'est un homme d'honneur.

Dans le sable, en plein soleil, Nizam marche à côté du cheval qu'il tient par la bride. Son fils dodeline sur l'animal, s'accrochant comme il peut pour ne pas tomber, et gémit.

– J'ai trop soif... Je peux avoir un peu d'eau ?

Le père mouille les lèvres de l'enfant avec quelques gouttes parcimonieusement extraites de la gourde.

– Attends encore, mon fils. Si le puits est sec, nous serons contents d'avoir résisté à notre soif et d'avoir encore quelques gorgées en réserve.

À Marrakech, dans la maison d'Aline, un autre père se penche sur un berceau et prend dans ses bras le fils qu'il n'a encore jamais vu.

Avant de quitter les lieux, Saïd a demandé des nouvelles de Mathilde. Avec un sourire Aline a appelé la jeune femme, qu'elle a recueillie chez elle, et laissé le couple à ces retrouvailles inattendues.

Saïd repose Hassan dans son berceau.

– Il est beau.

Mathilde est émue.

– C'est ton fils, Saïd.

– Nous ne nous reverrons plus, Mathilde.

Elle contient difficilement ses larmes.

– C'est dommage pour ton fils.

– J'ai choisi un chemin fait de sang et de larmes. J'ai choisi mon pays plutôt que ma vie. Je ne m'appartiens pas.

– Si j'étais musulmane, tout serait différent, n'est-ce pas ?

Il ne répond pas.

Elle sait qu'elle ne peut rien faire.

– Pars. Va-t'en ! Souviens-toi que tu as été aimé, si cela peut un jour soulager ton cœur. Ton combat ne te donnera pas ce que moi je t'aurais donné.

Après un dernier regard pour son fils, Saïd quitte la pièce. Mathilde l'entend descendre. Elle prend Hassan dans ses bras et le serre contre son cœur.

– Mon tout petit. Mon bébé...

Elle le berce, laissant couler ses larmes. Elle entend la porte de la maison se refermer et des pas dans l'escalier.

Aline la rejoint. Elle a un geste de consolation pour la femme abandonnée et caresse la tête du bébé.

Mathilde a soudain un petit rire étranglé de larmes.

– Mon père rêvait d'un petit-fils. Hassan n'est pas exactement celui qu'il imaginait, mais je sais déjà qu'il ne pourra pas lui résister.

Aline craint que Mathilde ne prenne une décision intempestive. Elle lui sourit.

– Pour présenter Hassan à ses grands-parents, il faudra patienter encore un peu. C'est trop dangereux pour vous deux de traverser la Méditerranée maintenant. Attends ici que les Alliés aient débarqué de l'autre côté !

Comment pourraient-elles deviner que, à cet instant, le frère de l'une, mari de l'autre, se retrouve libre, debout devant la porte de la prison, un sac à la main ? Après avoir hésité, Henri Boissières se met en marche...

... sans voir la voiture conduite par le commissaire Le Hennin qui le suit à distance.

En fait, toutes les pensées d'Aline sont tournées vers Arnaud. Elle sait maintenant les risques qu'il court et sa fuite solitaire dans le désert. Après la visite de Saïd, elle a très vite pris sa décision. Elle est la seule à pouvoir aider l'homme qu'elle aime. Sans confier le but de son départ à Mathilde, à

Toine ou à Virginie, elle annonce son intention de rendre visite au reste de la famille sur la propriété.

Paula lui ayant laissé sa voiture au moment de quitter le Maroc, Aline se lance à nouveau sur la route de Boulmane-Dadès en compagnie des jumeaux, ravis de l'escapade.

Voilà plusieurs heures qu'ils ont quitté Marrakech. Au milieu d'un paysage qui arrache des cris d'admiration aux enfants, Aline se gare sur le côté de la route. Elle descend du véhicule et les jumeaux jaillissent par les portières arrière.

– Pourquoi on s'arrête ?

– Parce que je conduis depuis notre départ. J'ai besoin de faire une pause. Mais ce n'est pas tout. Je voudrais vous parler.

Elle s'installe à l'ombre d'un arbre et sort quelques dattes et abricots secs qu'elle leur distribue. Elle leur tend aussi une gourde d'eau qu'ils se passent. Julie observe sa mère et s'impatiente.

– Alors ? Tu as dit que tu voulais nous parler...

– C'est au sujet de votre père...

Jean se souvient brusquement du jour où elle a fait allusion à lui pour la première fois.

– Notre vrai père ?

– Oui. C'était un ami de votre oncle Henri, il était soldat et...

Julie l'interrompt, toujours sûre d'elle.

– Et il a été tué avant qu'on naisse. On sait.

– Oui, ça c'est ce que l'armée a affirmé. Mais on n'a jamais eu la preuve qu'il était vraiment mort...

Julie ne sait ce qu'elle doit comprendre.

– Qu'est-ce que ça veut dire ?

Jean a déjà tiré la conclusion, sans oser y croire.

– Il est encore vivant ?

– Oui. Il est vivant.

Les deux enfants se regardent, abasourdis, et posent la question ensemble :

– Mais alors où il est ?

– Quand il a été blessé, il a perdu la mémoire. Il ne l'a toujours pas retrouvée.

– Il sait pas qu'il a des enfants, alors...

– Si ! Je le lui ai dit.

Ébahis, ils demandent en chœur :

– Tu l'as vu ?

– Oui. Mais il doit se cacher. C'est une longue histoire...

C'est en poursuivant leur route au milieu des terres rouges qu'Aline raconte aux jumeaux l'histoire de leur père. Elle évoque leur première rencontre, sa propre sauvagerie et la façon dont elle a rembarré ce garçon qui avait l'air si sûr de lui...

– Tu l'as vraiment envoyé promener ?

– Oui, mais ça n'a pas duré longtemps. En fait, je l'aimais déjà. Un vrai coup de foudre.

– Et après ?

Aline décrit les moments merveilleux passés dans la montagne, l'amour toujours plus fort, un amour qui les a emportés, Arnaud et elle, et dont eux sont nés...

Ils ne disent plus rien, émus. Elle poursuit avec la séparation, les lettres, puis le silence et le retour d'Henri avec l'horrible nouvelle. Ce qu'elle est devenue après, ils le savent. Ce qui les intrigue, c'est ce qui est arrivé à leur père.

– Il a été recueilli par une tribu berbère et il est devenu l'un d'entre eux. Il s'est même marié avec la fille du chef et ils ont eu un garçon...

– On a un frère ?

– Mais notre père, il est où ?

Elle doit avouer qu'elle ne le sait pas.

– On va le retrouver. Je l'ai toujours retrouvé.

À la sortie de Marrakech, sur la route qu'Aline vient d'emprunter, Henri marche, croisant quelques paysans à pied ou juchés sur un âne, qui se pressent vers la ville. Il arrive à la hauteur d'un camion arrêté sur le bord de la route et s'en approche. Il échange quelques mots avec le chauffeur et se hisse à l'arrière au milieu du chargement...

Le camion démarre, suivi à bonne distance, pour ne pas être repéré, par la voiture du commissaire Le Hennin.

À Boulmane-Dadès, heureuse de retrouver sa terre, Aline,

assise sur la terrasse, contemple les orangers et les murs du ksour qui se découpent sur un ciel teinté d'orange par le soleil couchant. Un peu plus loin, Jean et Julie aident Yvon à rentrer du bois. Des pleurs de bébé percent le silence et se calment lorsqu'une voix de femme chante une berceuse en arabe. Flora sort de la cuisine avec un plateau qu'elle pose près de sa nièce, perdue dans ses pensées. Elle sert le jus des oranges de la propriété et lui tend un verre.

– Ne t'inquiète pas, ma chérie. Il est assez malin pour leur échapper.

Yvon et les jumeaux les rejoignent et se jettent sur le jus d'orange. Aline semble avoir perdu son bel enthousiasme de l'après-midi.

– Flora, il est seul avec un garçon de quatre ans !

Jean, surpris, intervient.

– Tu as dit que tu allais le retrouver. Que tu l'avais toujours retrouvé.

– Oui. Demain, je partirai à sa recherche...

Yvon bondit.

– Dans le désert ? C'est de la folie ! Tu vas te perdre. Et comment veux-tu savoir où le chercher ?

– Je connais *la trace des esclaves*, Driss m'y avait emmenée. Saïd m'a dit qu'il prendrait ce chemin. Je partirai demain matin... Et vous, Jean et Julie, pendant mon absence, tâchez de ne pas faire tourner tante Flora en bourrique !

Les jumeaux ne répondent pas, mais le coup d'œil qu'ils échangent est éloquent.

Devant Arnaud et son fils, s'ouvre une gorge assez resserrée qui leur offre une ombre bienvenue après cette progression difficile en plein soleil. Arnaud a laissé partir le cheval trop épuisé et Zohaïr s'est arrêté pour regarder l'animal s'éloigner.

– Nous n'aurons plus besoin de lui, fils. Il va se débrouiller tout seul. Ne t'inquiète pas.

L'enfant, décidé à prouver à son père qu'il est fort et ne se plaint pas, ne dit rien et glisse sa main dans la main de l'adulte.

– Tu es courageux, c'est bien. Je suis fier de toi.

Il sourit au petit, dont la ressemblance avec Naïma le frappe chaque jour un peu plus, et l'entraîne vers l'autre bout du défilé.

Il n'a pas vu les deux éclaireurs français qui marchent sur la crête et se sont aplatis en apercevant leurs silhouettes.

Le premier les observe lorsqu'il entend son compagnon derrière lui armer son fusil.

– Encore deux de ces salauds ? Je vais me les faire !

Joignant le geste à la parole, le soldat vise soigneusement le Berbère tout en bas. Il tire mais manque sa cible car son camarade a dévié son coup. La détonation se répercute entre les parois de la gorge comme un coup de tonnerre.

– Mais t'es con ?

– On est des soldats, pas des tueurs !

En bas, plus personne n'est visible. Arnaud s'est caché avec son fils derrière un amas de rochers.

La détonation a résonné loin dans le désert. À quelques kilomètres de là, Aline, debout près de sa voiture, observe le paysage devant elle avec une paire de jumelles. Elle se tourne en direction du coup de feu et les silhouettes des montagnes se dessinent à travers les verres. Elle va se rasseoir au volant, lorsqu'elle entend des bruits inattendus provenant de l'arrière. Inquiète, elle redescend et va ouvrir le coffre. Jean et Julie en jaillissent, au bord de l'asphyxie. Abasourdie, elle ne parvient pas à les gronder et les serre dans ses bras.

– Mais qu'est-ce que vous faites là ? Mes chéris, mais vous êtes fous...

– Non, on avait ce qu'il faut !

Il lui montre une gourde d'eau et les oranges embarquées.

– Maman, on pouvait pas te laisser partir toute seule dans le désert !

– Oui, et nous aussi on veut sauver notre père et notre frère.

Mi-pleurant, mi-riant, Aline les embrasse.

– Allez vite, montez. J'ai des enfants aussi fous que moi. Ça promet !

Les enfants grimpent dans la voiture, Aline reprend le volant et suit des traces à peine visibles qui ont l'air de se diriger vers les montagnes.

Après un temps très long passé derrière les rochers, Arnaud tente une sortie jusqu'au milieu du défilé, en terrain découvert. Rien ne se produit. Il attend encore un moment, observant le haut des murailles qui le dominent. Il appelle enfin son fils et, tenant Zohaïr par la main, il court droit devant lui.

La voiture d'Aline fonce sur la piste caillouteuse, soulevant des nuages de poussière. Elle parvient enfin aux premiers contreforts et s'arrête. Devant elle, la piste disparaît dans un défilé sombre qui s'enfonce dans la montagne. Elle hésite, puis finit par avancer lentement entre les deux à-pics.

Arnaud a entendu le moteur. Mû par un réflexe de survie, il jette son fils à terre. Le véhicule s'arrête soudain et le nuage de poussière retombe doucement. Arnaud aperçoit une silhouette qui descend d'une voiture civile. Il reste à guetter jusqu'à ce que la visibilité lui permette de réaliser que la silhouette est une femme, et que celle-ci est...

– Aline !

Aline peut voir devant elle, à une centaine de mètres, deux Berbères en djellaba et chèche, un homme et un enfant qui se relèvent...

– Arnaud ! Arnaud !

Elle court vers eux. Derrière elle, les jumeaux descendent et se mettent eux aussi à courir...

Arnaud et Aline se jettent dans les bras l'un de l'autre.

Derrière son père, Zohaïr n'a pas bougé et attend, intrigué. De leur côté, les jumeaux se sont eux aussi immobilisés, intimidés.

Soudain le couple réalise. Arnaud se tourne vers son fils et va le prendre par la main.

– Aline, mon fils, Zohaïr.

Elle a fait de même avec les jumeaux.

– Arnaud, Zohaïr, je vous présente Jean et Julie. Tes enfants, Arnaud. Ton frère et ta sœur, Zohaïr.

Il y a un grand moment de confusion pour s'embrasser et se dire bonjour.

– Bonjour, Zohaïr...

Aline a voulu embrasser le petit garçon, mais il a reculé en la saluant d'un mouvement de tête. Elle lui sourit.

– Bienvenue à toi.

Arnaud est aussi intimidé que les jumeaux en se retrouvant devant eux.

– Jean et Julie, je vous vois enfin... Je peux vous embrasser ?

Ils se jettent tous les deux dans ses bras.

– Papa... C'est comme ça qu'on va t'appeler ?

Leur père sourit.

– Votre frère, lui, m'appelle...

L'enfant l'interrompt pour dire, très fier :

– *Vava.*

– C'est papa en berbère.

Au milieu de ces belles effusions, Aline reste pragmatique.

– La région est infestée de soldats. Ne restons pas là, dépêchons-nous. J'ai des vêtements européens pour vous deux dans la voiture !

Les jumeaux prennent chacun une main de Zohaïr, qui se laisse faire. Ils reviennent tous les cinq rapidement vers la voiture. Jean et Julie ne lâchent pas leur frère et ouvrent la portière arrière pour le faire monter entre eux.

Aline se penche vers l'oreille d'Arnaud.

– La prochaine fois que tu t'en vas, je te tue !

– Je ne partirai plus.

Son regard est une promesse d'avenir.

Le camion qui a embarqué Henri s'arrête dans un paysage rocailleux désertique. Henri saute à terre et remercie le chauffeur.

– *Choukran !*

L'autre lui répond.

– *Al hamdoulilah !*

À quelques centaines de mètres, la voiture de Le Hennin s'est arrêtée dans le fond de l'oued, derrière une avancée de rocs. Mais Henri ne se retourne pas. Il semble savoir où il va. Il quitte la route et prend une piste.

Sur une autre piste, plus au sud, dans le désert, une voiture remonte vers le nord. Les occupants ont tout d'une vraie famille française, le père, la mère et les trois enfants qui, comme tous les enfants, n'arrêtent pas de bavarder. Leur jeu du moment consiste à traduire des mots français en berbère.

Le plus grand des garçons demande.

– Et *frère*, comment ça se dit ?

Le plus petit répond.

– *Ougma*

C'est au tour de la fille.

– Et *sœur* ?

Le petit encore :

– *Wetma.*

La mère les fait taire.

– Chut, les enfants. Des soldats.

En effet, un peloton d'éclaireurs remonte la piste et les croise. Aline les salue de la main. L'apparition féminine fait grosse impression sur la troupe qui agite le bras dans sa direction avec un bel ensemble.

– 20 –

Lumière

La voiture poursuit son chemin et atteint la région de Tinerhir. Au-dessus des montagnes, le soleil tombe lentement.

La voiture s'arrête enfin, à l'entrée de gorges spectaculaires de terre ocre que les rayons teintent d'écarlate.

Arnaud descend du véhicule, suivi d'Aline et des enfants.

– C'est là...

– C'est là que ça s'est passé ?

– Oui, vous aviez grimpé tout en haut. C'est ce que m'a dit le soldat qui t'a vu tomber.

Arnaud se met en marche, les enfants lui emboîtent le pas, mais Aline les rappelle tous les trois.

– Laissez-le seul. C'est son passé, c'est ce qui a changé nos vies. Il faut qu'il l'affronte.

Au sommet de la muraille enflammée par le soleil couchant, Henri s'est assis sur un rocher, dominant l'oued où jadis est tombé son ami. Il est perdu dans ses pensées. Soudain la silhouette d'un grimpeur s'approche...

Henri ne se retourne pas.

– Je savais que tu viendrais ici, tôt ou tard. Je t'aurais attendu mille ans...

Plus bas, la voiture du commissaire Le Hennin roule doucement pour s'immobiliser près de celle d'Aline. Les enfants examinent avec curiosité l'inconnu qui en descend. Aline ne comprend pas ce que le policier fait encore à ses trousses.

– Je croyais que vous en aviez fini avec moi ?

– Arnaud Villiers n'est pas avec vous ?

– Vous le recherchez ?

– Non, je ne suis ni l'armée ni ses anciens amis. Répondez...

Elle soutient son regard, cherche à y lire si elle peut lui faire confiance, se souvient que c'est lui qui lui a permis de sauver Arnaud du peloton d'exécution.

– Il est sur le plateau. Il a besoin d'être seul. C'est là qu'il a perdu la mémoire lorsqu'un rebelle a tiré sur lui.

– Ce n'est pas un rebelle qui a voulu l'abattre, madame Desmazures. C'est votre frère qui a tenté de le tuer. Il est de nouveau en danger, maintenant.

Sans attendre, le commissaire dégaine son pistolet et se met à grimper la pente, trébuchant sur les pierres...

Aline s'affole.

– Les enfants, restez là, surtout ! Jean et Julie, occupez-vous de Zohaïr.

Elle s'élance vers le haut de la pente derrière le commissaire, dérapant elle aussi sur la roche.

Assis côte à côte, Arnaud et Henri regardent le soleil s'abîmer doucement derrière les montagnes. Ils restent silencieux devant la beauté sauvage du lieu. Les yeux fixés sur le dessin des sommets dentelés, Henri lâche quelques mots.

– On n'avait rien en France, mais on a été heureux...

Arnaud est absorbé par le spectacle grandiose. Il se contente d'acquiescer. Henri, lui, semble happé par le passé.

– On a été heureux jusqu'à ce que je t'amène avec moi. Jamais je n'aurais imaginé alors que tu me prendrais Aline...

Arnaud sursaute.

– Je ne te l'ai pas prise.

– Oh si ! Tu me l'as prise. D'autres avaient essayé. Mais toi, tu me l'as prise. Tu lui as même fait deux enfants.

– Que tu lui as volés.

– On peut voir ça comme ça.

– Il faudrait que rien ne bouge, qu'on puisse arrêter le temps au moment où l'on est le plus heureux et rester à ce moment-là... indéfiniment.

Henri se lève et passe derrière Arnaud.

– Mais malheureusement, ce n'est pas possible... Alors il faut lutter, et lutter encore, pour garder ce qu'on a.

Le long de la pente, le commissaire, essoufflé, peine mais ne renonce pas. Il est rattrapé par Aline et, contre toute attente, la jeune femme se jette sur lui. Surpris, il essaye d'échapper à la violence de l'attaque. Avec la force qu'il lui connaît, elle a saisi son poignet et cherche à lui prendre son pistolet. Ils roulent tous les deux à terre. Elle étrangle son adversaire d'une poigne de fer, le forçant à lâcher l'arme. Elle s'en saisit et le braque.

– Je ne vais pas vous laisser tuer mon frère ! Vous avez déjà fait assez de mal à ma famille !

– Je vous ai longtemps crue coupable, c'est vrai. Même après l'acquittement. Qu'est-ce que ça prouvait, cet acquittement ? Rien.

– Que ça ne pouvait pas être moi. Saturnin...

Il l'interrompt brutalement.

– Saturnin y a laissé sa tête. Pour rien. Mais votre frère Henri était là. À chaque meurtre. Sauf pour celui de Georges de Gaumont...

– Monsieur Le Hennin, tout ça est très loin maintenant...

Il y a soudain de la lassitude dans sa voix et il la surveille, prêt à récupérer l'arme. Mais elle s'est déjà reprise et il poursuit sa démonstration.

– Laissez-moi finir. Pour ce dernier meurtre, votre frère avait un alibi. Il affirmait être resté à son bureau. Ces derniers jours, je suis passé interroger votre belle-sœur. Elle a fini par se souvenir qu'en fait, ce matin-là, son mari avait quitté Marrakech précipitamment. Elle n'a jamais su pourquoi et n'a jamais posé la question. Voilà ! La clé est là. Votre ange gardien de mort, celui qui tuait les hommes qui vous approchaient, c'est Henri Boissières, madame. Votre frère.

– Assez ! Pourquoi aurait-il fait cela ?

Bouleversée, elle a hurlé.

– Pour comprendre cela, madame, il faut plonger un peu plus profond dans les arcanes de la psychologie. Votre frère est un être étrange...

Mais Aline ne l'écoute plus. Elle s'est élancée, l'arme à la main, vers le sommet...

Un sommet où Henri parle toujours.

– ... Et pour garder ce qu'on a, il faut parfois laisser la morale aux faibles.

– Tu te trompes, Henri. La morale appartient aux forts, ce sont les faibles qui la dédaignent. C'est bizarre, je nous revois...

Il s'interrompt soudain, submergé par des images qui se pressent et effacent la vision du moment présent. Il voit... *Henri danser sur les accents d'une valse et entraîner les filles dans son sillage... Henri qui enlace sa sœur si fière de ce grand frère charmeur et déterminé... Henri qui s'agace dans le désert des lettres d'amour écrites à cette sœur par un autre... Les soldats qui tombent sous les balles des rebelles, la course dans la montagne et soudain, l'inimaginable... Henri qui pointe son arme vers lui et fait feu... La haine dans le regard d'Henri au moment où son ami recule sous l'impact et bascule en arrière... La chute qui s'achève au fond des eaux tourbillonnantes... Son corps rejeté par les eaux... Le visage du cavalier penché sur lui, lui qui semble mort et dont la poitrine se soulève soudain...*

Arnaud ne bouge plus, n'entend rien, ne dit rien. Henri comprend que la mémoire de son ami se libère.

– Tu te souviens, hein ? C'est ça ?

Il s'empare d'une grosse pierre.

– Arnaud !

Le hurlement d'Aline force ce dernier à se retourner. Au-dessus de lui, Henri brandit la pierre... Et reste ainsi, son geste arrêté.

Arnaud roule sur le côté et se relève.

La voix douloureuse d'Aline atteint à peine son frère.

– Henri ! Henri ! Qu'est-ce que tu fais ?

Il la fixe et ses yeux sont vides. Le temps semble suspendu. Elle laisse tomber son arme. Il repose la pierre.

Arnaud est encore sous le choc, ne parvenant pas à croire à ce que sa mémoire lui a révélé.

– Henri ! Je me souviens que tu as voulu me tuer, ici même !

Elle supplie ce frère qu'elle ne reconnaît plus.

– Dis-moi que ce n'est pas vrai !

Il a un sourire triste qui est un aveu.

– Je t'aime, petite sœur. J'aurais voulu être à jamais le seul homme de ta vie. Nous sommes la même chair, le même sang, le même souffle. Nous sommes comme un même être coupé en deux. Mais il est arrivé... Et la vie... J'ai tant souffert...

Il a un geste las, elle est incapable de bouger. Il la regarde, elle, sa sœur tant aimée.

– Pardon pour tout le mal. Pardon pour Jean et Julie. Je ne voulais pas être comme je suis. Pardon...

Le Hennin arrive enfin, essoufflé. Il se précipite sur son arme, qu'il ramasse, mais avant que personne ne puisse réagir Henri court vers le précipice et se jette dans le vide.

Son corps tournoie un instant avant de s'écraser sur les rochers en contrebas. Aline se précipite en hurlant. Arnaud la retient et l'enlace. Il la serre contre lui tandis qu'elle continue de crier...

Il a fallu du temps à Aline pour surmonter le choc de la disparition de son frère. Arnaud ne l'a pas quittée. Les enfants se sont glissés près d'elle pour lui offrir fleurs et oranges.

Peu à peu elle est revenue à la réalité, au bonheur de leur présence. Elle est à nouveau parmi ceux qu'elle aime, même si, parfois, un voile de tristesse passe dans ses yeux.

Elle est là, debout sur cette terre qui l'a accueillie quand elle n'avait plus rien, une terre qu'elle a su faire fructifier avec l'aide de sa tribu et de la générosité du caïd, à qui elle pense avec nostalgie tandis qu'elle marche au milieu des orangers croulant de fruits. Elle entend Zohaïr, Jean et Julie qui jouent en criant de plaisir. Les rires d'enfants font flotter devant elle l'image d'Henri à quinze ans, courant dans la montagne à sa poursuite. Et l'interrogation revient de ce qu'elle aurait pu faire pour empêcher ce drame.

Elle s'arrête et se retourne vers Arnaud qui est là, près d'elle, et qui lui tend la main.

– Est-ce que j'ai été assez là pour lui ? Il m'aimait tellement...

– Ce n'est pas toi qu'Henri aimait, c'était un souvenir. Au fond de lui, il était toujours cet enfant terrorisé que tu consolais lorsqu'il était petit...

Arnaud attire Aline à lui. Elle ferme les yeux. Il murmure tout contre elle :

– C'est fini. Nous avons assez souffert. Tu sais, notre phrase, la phrase du livre...

Elle se blottit un peu plus dans ses bras.

– Dis-la-moi.

– *Pour être heureux jusqu'à un certain point... il faut avoir souffert jusqu'à un certain point.*

Elle a un sourire.

– Alors nous avons assez souffert, mon amour. Donnons-nous du bonheur.

Ils restent ainsi soudés l'un à l'autre. Ils écoutent les cris de leurs enfants qui se poursuivent en riant à travers l'orangeraie, dans l'éblouissante clarté d'un nouveau matin. Sur leur terre de lumière.

– 21 –

Épilogue

La nouvelle du débarquement allié sur les côtes normandes a fait espérer une fin imminente de la guerre. Mais il faudra encore de longs mois pour que tous les conflits qui ont embrasé le monde aboutissent à des traités de paix.

La famille d'Aline passe cette période sur le domaine, où Arnaud vit comme un colon ordinaire, sous la fausse identité d'Arnaud Meilland. Ce nom, surprenant cadeau fait par le commissaire Le Hennin juste avant qu'il ne quitte le Maroc pour rejoindre les forces de la France libre, protège l'ancien soldat d'éventuelles recherches du côté français.

Quant à Nizam, sa légende se répand dans les tribus. Ce nom devient celui d'un grand guerrier apparu un jour dans le désert pour disparaître ensuite dans les sables avec son fils, après la mort de sa bien-aimée. On raconte son histoire lors des veillées et, très vite, plus personne ne sait s'il a réellement existé.

Sur le plan politique, le mouvement pour l'indépendance du Maroc s'unifie, prenant de plus en plus d'importance. Des manifestations violentes opposent les nationalistes aux gendarmes et aux spahis. Le sultan prend la mesure du mouvement et y choisit des conseillers.

La crise entre les indépendantistes et les immobilistes s'intensifie dans les années cinquante. L'impuissance de la Résidence à régénérer sa forme de gouvernement et son administration développe un climat d'inquiétude favorable à l'anarchie. De très graves affrontements valent à la France une semonce de la part de l'Onu, qui recommande de « développer les libres institutions du peuple marocain ».

La déposition du sultan, dont les tribus berbères sont rendues responsables, envenime encore la situation. Attentats en ville et incendies dans le bled sont presque quotidiens.

Sur le domaine d'Aline, comme sur celui de Driss, il faut organiser des tours de garde et se méfier de tous.

Aline a envoyé les jumeaux poursuivre leurs études. En Angleterre pour Julie, sélectionnée par la Royal Music Academy de Londres. Et en France pour Jean, qui prépare le concours des grandes écoles en internat à Nice, pas très loin de Mathilde repartie vivre dans sa maison du Canet.

À Marrakech, Virginie a épousé Joachim, portant ainsi le nom marocain de son mari. Elle attend son deuxième enfant, après avoir mis au monde le fils dont elle rêvait. Toine, lui, est resté fidèle au sultan et l'a suivi dans son exil.

Sur la propriété, Yvon et Zora ont donné un petit frère à Aïcha et Flora semble comblée par son rôle de grand-mère.

Zohaïr fait la fierté de son père en se passionnant pour l'agronomie. Si, pour l'instant, sa place dans ce pays bouleversé n'est pas évidente, en dépit de son jeune âge il rêve déjà de pouvoir un jour contribuer à la modernisation du Maroc. Une éventualité qui semble bien lointaine au vu de la situation qui ne cesse de s'aggraver.

Un soir dans la maison de Driss, quelqu'un tambourine à la porte. François constate que tous les serviteurs ont disparu. Il se souvient du caïd le prévenant d'une pareille éventualité : un homme qui se présente comme un ami et qui supplie qu'on lui ouvre, annonçant un problème grave sur le domaine. En temps de troubles, ne surtout pas ouvrir, avait recommandé Driss.

François prend le pistolet qui ne le quitte plus et entrouvre la porte. Un premier tir le rate et il fait feu à son tour dans la nuit.

Un cri, un bruit de cavalcade, puis le silence.

Il se risque dehors, mais il n'y a plus personne.

Soudain, il aperçoit une lueur qui enfle au-dessus du domaine d'Aline. Les flammes dévorent déjà la maison...

Au matin, dans ce qui était une propriété florissante, tout n'est plus que cendres et ruines. Vingt ans de travail ont disparu en fumée. Tous marchent en silence. Aline ramasse une bêche, dont le manche a été noirci par les flammes, et se souvient.

– Quand on est arrivés ici, on n'avait rien, rien que ça, deux-trois outils et notre courage.

Flora est la première à évoquer l'éventualité du départ.

Yvon refuse violemment.

– Cette terre, je l'ai tellement retournée, je l'ai tellement respirée, aimée, haïe aussi. Je ne la quitterai pour rien au monde ! Zora et moi, on nous enterrera dedans !

Aline le raisonne.

– Si les troubles s'étendent, personne ne sera plus en sécurité. Tu sais ce qu'ils font aux femmes qui ont épousé des Français ? Pense à la tienne...

Soudain, en haut d'une colline proche, apparaissent trois cavaliers, qui semblent observer le domaine, faisant peser une sourde menace...

Aline murmure.

– Nous allons devoir tous partir. Ça devient trop dangereux...

Submergée par le chagrin, elle se laisse tomber à genoux en pleurant et plonge ses mains dans la terre.

Arnaud la relève et la garde contre lui.

– Aline, nous reviendrons. Nous reviendrons tous...

C'est ainsi que, quelques jours plus tard, Aline, Arnaud et Zohaïr, Yvon, Zora, leurs deux enfants et Flora débarquent à Marseille au milieu de centaines de Français rapatriés, chargés de bagages, de poussettes, de cartons, poussant des enfants devant eux.

Marie Boissières est là sur le quai pour les accueillir et c'est à la ferme, à Gorbio, qu'ils vont tous s'installer. Là aussi, il faut tout refaire et agrandir.

Les deux années qui suivent sont laborieuses, et tellement heureuses aussi !

Les jumeaux viennent pour les vacances, Mathilde monte parfois avec Hassan. Mais la plus grande surprise, c'est l'apparition un jour d'une voiture conduite par une femme, dont Aline s'est résignée à ne plus avoir de nouvelles et qui est restée dans son cœur comme une sœur perdue : Paula !

Retrouvailles bouleversantes pour toutes les deux, même si la Toubiba semble peu disposée à confier ses souvenirs des dernières années. Tout juste Aline sait-elle que son amie a accompli ce qu'elle voulait. Elle a accompagné l'armée américaine jusqu'en Pologne. Mais, en route, la découverte des camps de concentration s'est révélée une épreuve intolérable. La perte de la plus grande partie de sa famille l'a poussée à se consacrer aux enfants survivants... Et puis le Rideau de fer est tombé et ses prises de position ont mis sa vie en danger. Elle a pu passer à l'Ouest dans des conditions rocambolesques et a décidé de retourner au Maroc. C'est en cherchant à prendre contact avec Aline à Marrakech qu'elle a appris par Virginie le retour de son amie et des siens en France.

Paula reste un certain temps à Gorbio et les deux femmes sont ensemble lorsque, un matin, des cris les appellent près du poste de radio. Elles écoutent, émues, le journaliste annoncer que la France vient d'accorder l'indépendance au Maroc. Le sultan Mohammed Ben Youssef est revenu en héros dans son pays pour en devenir le roi sous le nom de Mohammed V.

Mais personne ne s'attend à la surprise qui se produit quelques mois plus tard. Une énorme voiture américaine fait sensation en pénétrant dans la cour de la ferme.

Un élégant dignitaire, habillé comme un Marocain, en sort en râlant.

– Nom de Dieu ! C'est loin de tout, ici !

– Toine !

Aline, folle de joie, se jette dans les bras de ce bel homme de trente-deux ans. Très vite, toute la famille est agglutinée autour de lui.

Installé comme un pacha, Toine sirote une mauresque dans le crépitement des cigales et raconte son retour avec Sa Majesté le roi, comme cuisinier officiel. Il les amuse tous de mille anecdotes, avant de révéler à Aline la grande nouvelle qu'il est venu lui transmettre en personne.

– J'ai demandé au roi d'accorder la nationalité marocaine à Aline et à Arnaud Meilland. Sa Majesté a accepté et a fait ce qu'il fallait pour qu'ils retrouvent leur terre. François s'est occupé avec moi de faire reconstruire la maison et, comme Driss autrefois, de faire planter des orangers à la place des arbres morts.

Ainsi, grâce aux enfants de Paul, Aline, Arnaud et Zohaïr retrouvent-ils avec une profonde émotion cette terre tant aimée.

Zohaïr, fou de joie, aperçoit Nabiha et court vers la vieille Berbère, plus ridée et voûtée que jamais, qui attend assise à l'ombre.

Dans une camionnette suivent Flora, qui n'a rien perdu de sa verve et fait des commentaires sur tout, Yvon, très ému, Zora et les enfants. Puis tous les autres les rejoignent, venant de loin pour être là en ce jour de renouveau.

Éblouie, Aline découvre les jeunes orangers, près de la grande maison blanche qui a remplacé la vieille bâtisse bricolée.

Sa famille la rejoint.

Arnaud, son amour...

Leurs enfants, Jean et Julie, le jeune ingénieur et la pianiste virtuose...

Zohaïr, le fils d'Arnaud et de Naïma, la Berbère...

Marie, leur grand-mère...

François au côté d'une jeune femme, Aïssata...

Virginie, Joachim et leurs deux enfants, accompagnés de Toine...

Flora, Yvon, Aïcha et son petit frère, et Zora de nouveau enceinte...

Nabiha, la protectrice...
Enfin Paula, la sœur de cœur.

Un camion fermé approche. Toine emmène Aline en découvrir le contenu. Deux hommes soulèvent la bâche, mettant au jour quelques très beaux meubles marocains, dont un superbe piano blanc.

– Cadeau personnel du roi !

Toine sort une feuille de papier à en-tête royal et lit :

– En gage de paix pour celle qui a tant aimé ce pays et qui, avec Paula Kosinsky, a soigné indifféremment, avec un dévouement sans bornes, les Français et les Marocains.

Paula sourit à son amie avec qui elle partage un nouveau projet de maternité, ici, dans la région.

Julie monte à l'arrière du camion et s'installe au piano. Les premières notes d'une sonate de Chopin éclatent dans l'air léger.

Arnaud enlace la femme avec qui il partage un amour inconditionnel pour cette terre qui les a sauvés quand le sort s'était retourné contre eux. Une terre qui les a réunis et qu'ils désirent faire fructifier pour lui rendre ses bienfaits.

Une terre où ils ont désormais choisi de vivre et de mourir.

TABLE DES MATIÈRES

Composition PCA
44400 – Rezé

Impression réalisée sur Variquik par
Corlet Imprimeur
14110 Condé-sur-Noireau
pour le compte des Éditions Michel Lafon

Imprimé en France
Dépôt légal : juillet 2008
N° d'imprimeur : 113857
ISBN : 978-2-7499-0862-5
LAF 1122